冕宅禹蹟

李伯謙

鼎宅禹迹

夏代信史的考古学重建

孙庆伟 著

生活·讀書·新知 三联书店

Copyright © 2018 by SDX Joint Publishing Company.
All Rights Reserved.

本作品版权由生活·读书·新知三联书店所有。
未经许可,不得翻印。

图书在版编目(CIP)数据

鼏宅禹迹:夏代信史的考古学重建/孙庆伟著.—北京:生活·读书·新知三联书店,2018.5
(文史新论)
ISBN 978-7-108-06122-5

Ⅰ.①鼏… Ⅱ.①孙… Ⅲ.①夏文化(考古)-研究 Ⅳ.①K871.34

中国版本图书馆CIP数据核字(2017)第238586号

责任编辑	冯金红
装帧设计	薛 宇
责任校对	张国荣 张 睿
责任印制	宋 家
出版发行	生活·讀書·新知 三联书店
	(北京市东城区美术馆东街22号 100010)
网 址	www.sdxjpc.com
经 销	新华书店
印 刷	北京隆昌伟业印刷有限公司
版 次	2018年5月北京第1版
	2018年5月北京第1次印刷
开 本	635毫米×965毫米 1/16 印张39
字 数	505千字 图102幅
印 数	0,001-8,000册
定 价	98.00元

(印装查询:01064002715;邮购查询:01084010542)

以不知为不有,是谈史学者极大的罪恶。

——傅斯年《战国子家叙论》

夏文化不是没有发现,而是用什么方法去辨认它。

——邹衡《对当前夏文化讨论的一些看法》

目录

前言 人人争说夏文化是不严肃的 · 1

第一章 夏史考索 · 1

    第一节 系年 · 3

    第二节 都邑 · 29

    第三节 族氏 · 47

    第四节 史事 · 83

第二章 "禹域"内的龙山遗存 · 135

    第一节 豫西和豫中地区的龙山遗存 · 137

    第二节 豫东鲁西皖北地区的龙山遗存 · 198

    第三节 豫北冀南地区的龙山遗存 · 233

    第四节 晋南地区的龙山遗存 · 248

第三章　二里头遗址与二里头文化 · 313

第一节　二里头遗址 · 315
第二节　二里头文化的分期与测年 · 335
第三节　二里头文化的核心器物群 · 348
第四节　东下冯类型的归属与"新砦期"的困惑 · 365

第四章　解读"夏文化" · 385

第一节　对"夏文化"相关概念的解读 · 387
第二节　对夏文化上限的解读 · 403
第三节　对夏商分界的解读 · 439

结语　牢记学科使命，重建夏代信史 · 484

附录 · 491

附录一　疑古还是信古：民国史家对于古史的基本态度 · 493

附录二　考古学与古史重建 · 524

附录三　如何通过考古学重建上古史？ · 583
　　　　——《上海书评》专访

后　记 · 596

前言　人人争说夏文化是不严肃的

一

早在1979年，邹衡先生就语重心长地指出：

> 在古代文献记载中所见夏商两族活动范围内即在黄河中下游的中原地区，已经不太可能再发现什么新的考古学文化了。同时，因为夏朝同商朝一样是客观存在的，所以，考古学上的夏文化必然就包含在这一空间和这一时间已经发现的诸文化诸类型的各期段之中。我们说，夏文化不是没有发现，而是用什么方法去辨认它。[1]（着重号为引者所加）

邹先生其实是在告诫我们，探索夏文化，"方法"远比"发现"重要。邹先生不幸而言中，过去数十年的考古实践表明，学术界对于夏文化的认识不但没有形成共识，反而有渐行渐远的趋势，甚至有学者开始怀疑历史上是否真的存在夏代。毫无疑问，导致这种局面的根本原因就在于探索夏文化的方法出现了偏差。

---

[1] 邹衡：《对当前夏文化讨论的一些看法——1979年5月在成都"中国先秦史学会成立大会"上的发言稿》，原载《夏史论丛》（齐鲁书社，1985年），收入《夏商周考古学论文集》（续集），科学出版社，1998年，第24—30页。

回望夏文化探索历程，不难发现居于主导地位的研究方法是"都邑推定法"。[1] 此种方法又可粗分为两类：一类是直接将某处遗址推定为夏代某都，典型者如以登封王城岗遗址为禹都阳城，以偃师二里头遗址为桀都斟寻，然后据此推定王城岗的河南龙山文化晚期为早期夏文化，二里头文化为夏代晚期文化；另一类则是先论定成汤亳都所在，由此来定早商文化，进而向前追溯夏文化，在夏商文化讨论中先后居于统治地位的二里头遗址西亳说和偃师商城西亳说都是循此思路而展开研究的。

学者们偏爱"都邑推定法"，固然是因为它具有一定的合理性，更在于潜意识中希望能够找到一处"殷墟"般的"夏墟"，从而一劳永逸地解决夏文化问题。这就说明"都邑推定法"是有严苛的前提条件的，它必须寄托于王陵、文字这一类"铁证"的基础之上。试想，如果在殷墟没有发现西北冈王陵，也未发现甲骨文，现在恐怕依然会有很多人怀疑殷墟的性质，晚商的信史地位也就岌岌可危。

表面上看，以都邑遗址中王陵、文字等特殊类遗迹遗物为标准来探寻夏文化是在追求更为坚实可信的科学依据，殊不知，对于此类证据的刻意追求早已偏离了考古学的轨道——因为考古学从来就不是，也不应该把这类遗迹遗物作为自己的研究主体。换言之，尽管以王陵、文字等"铁证"为主要依据的"都邑推定法"在某些情况下能够有效地解决夏文化问题，但它却不能算作考古学研究——道理很简单，作为一门学科，考古学不可能把自身的研究基础建立在那些可遇而不可求的遗迹遗物之上。换句话说，离开了这些"铁证"，考古学真的就对夏文化束手无策了吗？答案当然是否定的。邹衡先生早就说过，有人

---

[1] 杜金鹏先生曾将夏文化探索的方法归纳为三种，分别是：对证法、都邑推定法和文化因素分析法。参看《试论夏文化探索》，《夏商周考古学研究》，科学出版社，2007年，第199—216页。

之所以"怀疑遗址中常见的陶片能据以断定文化遗迹的年代和文化性质",那是"因为他们对现代科学的考古工作还不十分了解的缘故"。[1] 俞伟超先生其实也有类似的论断,他说:

> 严格讲来,真正属于考古学自身特有的方法论,主要只有地层学、类型学以及从不会说话的实物资料中观察和分析社会面貌的方法。这里所以把实物资料强调为"不会说话的",即意味着研究考古发现的文字资料的工作,主要是属于古文字学、古文书学的范畴;至于利用这些文字资料来研究各种古代状况的工作,当然更应是属于其他学科的范畴。[2]

所以,在探索夏文化的过程中,刻意追求文字一类的证据,实际上是对考古学研究方法的不了解和不信任。[3]

"都邑推定法"盛行的后果就是研究者往往容易深陷于某一处遗址或某一个考古学文化,期盼能够从一个点上形成突破口,从而"毕其功于一役"。这种思维方式导致的结果就是大量研究者围绕二里头遗址

---

[1] 邹衡:《对当前夏文化讨论的一些看法——1979年5月在成都"中国先秦史学会成立大会"上的发言稿》,《夏商周考古学论文集》(续集),第24—30页。

[2] 俞伟超:《关于"考古类型学"的问题——为北京大学七七至七九级青海、湖北考古实习同学而讲》,《考古学是什么——俞伟超考古学理论文选》,中国社会科学出版社,1996年,第54—107页。

[3] 文字证据也并非是万能的,比如对于甲骨文和金文中"夏"字的辨析,学术界即有很大的分歧。参看曹定云:《古文"夏"字考——夏朝存在的文字证据》,《中原文物》1995年第3期;葛英会:《夏字形义考》,原载《中国历史文物》2009年第1期,收入《古汉字与华夏文明》,上海古籍出版社,2010年,第146—149页。此外,李维明先生认为,河南新密黄寨遗址一座二里头文化二期晚段灰坑出土卜骨上的一个刻辞是"夏"字的早期写法。参看《"夏"字形探源》,《郑州青铜文化研究》,科学出版社,2013年,第61—63页。再如,陕西周原遗址出土的西周文字材料可谓多矣,但从考古学层面而言,周原遗址是否就是古公亶父所迁之地仍存在讨论的空间。参看拙文《联裆鬲还是袋足鬲——先周文化探索的困境》,《追迹三代》,上海古籍出版社,2015年,第501—572页。

和二里头文化大做文章，企图从遗址性质或文化分期上来解决夏文化问题，由此产生了诸多的异说和无谓的纷争。对于这种现象，邹衡先生一针见血地指出：

> 从50年代末期开始，夏文化的探索者几乎都把注意力集中在二里头文化。不过，他们大多数并没有重视徐旭生先生提出来的正确途径和方法，也没有人对二里头文化进行比较系统的研究，直到70年代初期，还都主要从年代上考虑问题。……所有这些论点几乎都没有经过周密的论证，多少都有猜测之嫌，谈不上有什么把握。总之，这些探索只是为数不多的学者用简单的方式各抒己见而已，在学术界的影响并不是很大。[1]

表面上的轰轰烈烈，实际上只不过是研究者们"用简单的方式各抒己见"而造成的虚假繁荣。如此严厉、尖锐的批评，应当引起每一位研究者的警惕和反思。人人争说夏文化，实际上是对学术研究工作的不了解和不尊重，是非常不严肃的。

二

徐旭生先生在夏文化探索领域先驱者的地位，不仅仅因为他是最早调查夏墟的学者，更主要的是，他是第一位摸索出探索夏文化"正确途径和方法"的学者。[2]

徐先生夏文化研究的基石是他对夏代信史地位的笃信。长期以来，

---

[1] 邹衡：《夏文化研讨的回顾与展望——为参加1990年在美国洛杉矶"夏文化国际研讨会"而作》，《夏商周考古学论文集》（续集），第45—56页。
[2] 有关徐旭生先生探索夏文化的缘起和思路可参看拙文《问禹为何物——顾颉刚的夏史研究》之序言"徐旭生与顾颉刚的'君子交绝，不出恶声'"，《追迹三代》，第41—76页。

他对于极端疑古派"漫无别择",混淆神话与传说,"对于夏启以前的历史一笔勾销","对于夏朝不多几件的历史"解释为东汉人的伪造,从而将"殷墟以前漫长的时代几乎变成白地"的做法极为不满,为此对探索夏文化的方法进行了系统周全的思考。[1]

在1959年开展"夏墟"调查之前,徐先生早已设定了他的研究逻辑:

> 如果看准当日的中国远非统一,那夏氏族或部落活动的范围就相当地有限制,我们就可以从它活动范围以内去研究夏文化有什么样的相同或相类的特征,再到离它活动中心较远的地方看看这些地方的文化同前一种有什么样的差异。用文化间的同异来作比较,就渐渐地可以找出来夏氏族或部落的文化的特点。[2]

乍看起来,徐旭生的方法与前述"都邑推定法"并无不同,都是通过对特定区域考古遗存的研究来判断夏文化,但实际上两者有着本质的区别。徐先生研究的重点是"文化间的同异",即将"夏墟"的考古学文化与"较远的地方"的考古学文化进行比较,根据它们之间的差异"比较出"夏文化,因此夏代都邑确定与否并不影响他对夏文化的判断。而"都邑推定法"则是径奔都邑而去,直接以夏都文化为夏文化,如果不能论定某遗址为夏代某都,则夏文化也就无从谈起。从表面上看,"都邑推定法"显得干净利落,简洁明快,但如上文所说,它是把自身研究寄托在考古发现的偶然性上——如果考古学家"手气"不好,没有找到夏都,则一切免谈。而偏偏天不遂人愿,迄今为止也没有确认一处如殷墟一般的夏代都邑,由此"都邑推定法"便生出了

---

[1] 徐旭生:《中国古史的传说时代》序言,广西师范大学出版社,2003年。
[2] 徐旭生:《1959年夏豫西调查"夏墟"的初步报告》,《考古》1959年第11期。

无穷的争端,直至开始怀疑夏代的有无。[1] 徐旭生先生从"夏墟"而非"夏都"出发来探索夏文化,这一字之差的背后其实蕴含着深刻的学术思考,代表了两种截然不同的研究思路和研究方法。

徐旭生所秉持的这种研究方法或可称为"文化比较法",这种方法想要获得成功,需要两个基本前提:一是对"夏墟"的正确判断,二是对"夏墟"及其以外区域考古学文化的正确认识。而这两项工作分别是由徐旭生和邹衡两先生完成的。

对于"夏墟"的界定,徐先生说:

> 我们想找出夏氏族或部落所活动的区域,就需要从古代所遗留下来的传说中去找,这就是说在文献所保留的资料中去找。……约略地统计一下:在先秦书中关于夏代并包括有地名的史料大约有八十条左右;除去重复,剩下的约在七十条以内。此外在西汉人书中还保存有三十条左右,可是大多数重述先秦人所说,地名超出先秦人范围的不多。……对我们最有用的仅只不到三十条关于夏后氏都邑的记载,绝大部分在《左传》《国语》《古本竹书纪年》里面。……从剩下来不多条的史料比较探索的结果,觉得有两个区域应该特别注意:第一是河南中部的洛阳平原及其附近地

---

[1] 目前中外学者中仍有极少数人怀疑夏代是真实的历史存在,较具代表性的说法是,"夏的记载最早出现在周代,而时间上离夏最近的商代甲骨中却未见有关夏的片言只语,因此,夏有后人杜撰的嫌疑"。(参看陈淳、龚辛:《二里头、夏与中国早期国家研究》,《复旦学报》〔社会科学版〕2004 年第 4 期)沈长云先生对于这种主张进行过批驳,指出:"现在仍有相当部分外国学者对夏代的存在持根本否定的态度。他们不熟悉我国的历史文献,不了解我国学者对于夏史研究的基本思路,也不愿去认真思考我国学者在对夏的探索中有了哪些值得重视的新材料和新论点,他们对夏的否定仍基本停留在过去杨、陈二位先生(引者按,指杨宽、陈梦家)所持的那些理由上。更有甚者,其中一些人十分不恰当地将我国学者对夏及其以前历史的探究归结为某种政治行为或受某种道德观念的驱动,这就更不是一种平心静气地讨论问题的态度了。"参看《夏代是杜撰的吗——与陈淳先生商榷》,《河北师范大学学报》(哲学社会科学版)2005 年第 3 期。

区,尤其是颖水上游的登封、禹县地带;第二是山西西南部的汾水下游(大约自霍山以南)一带。[1]

徐旭生先生的上述认识只是准确地界定了"夏墟",但在当时,对"夏墟"及其以外地区考古学文化的认识还十分粗浅,这就注定了徐先生不可能有效地完成对上述第二个前提条件的研究,从而在考古学上对夏文化做出具体、准确的判断。归根结底,学者的个人研究一定会受到他所处时代的束缚,即便是徐旭生也莫能例外。

诚所谓"一时代之学术,必有其新材料与新问题。取用此材料,以研求问题,则为此时代学术之新潮流。治学之士,得预于此潮流者,谓之预流(借用佛教初果子名)。其未得预者,谓之未入流"[2]。就他所处的时代而论,徐旭生先生能够在传统文献梳理的基础上,利用考古学这种新方法,提出夏墟调查这类新问题,并就调查所获新材料而提出建设性设想,是当之无愧的"预流"。此后邹衡先生审时度势,当仁不让,继徐旭生之后而奋起,也堪称夏文化探索的"预流"。

邹先生自述其夏文化探索的学术背景为:

> 夏文化研讨之所以进展缓慢,还因为要进行比较全面深入地研究,客观条件仍然不十分成熟,这主要表现在:考古工作的开展还很不平衡,整个60年代考古新发现不多;就是已获得的考古资料还来不及消化,研究仍不够深入。这种情况到70年代才逐渐有所改变。
>
> 首先是豫西地区的考古工作得到了进一步的开展。例如郑州

---

[1] 徐旭生:《1959年夏豫西调查"夏墟"的初步报告》,《考古》1959年第11期。
[2] 陈寅恪:《陈垣敦煌劫余录序》,《金明馆丛稿二编》,生活·读书·新知三联书店,2001年,第266—268页。

商城本来在50年代就已发现，60年代又做了不少工作，但有些关键问题并未彻底解决。经过70年代的继续工作，郑州商城才最后肯定下来。又如偃师二里头遗址中的一号宫殿基址也早已发现，但到70年代才发掘完毕，并提出来二里头文化新的分期。其次，在晋南地区新发现了东下冯遗址和陶寺遗址。再次，就全国范围而言，整个东半部中国的考古工作已全面展开，各种文化的面貌和发展序列已大致清楚。在这种情况下，除了继续深入进行分期工作外，已有可能开展文化类型的研究了。[1]

基于对考古形势的上述判断，从1977年以后，邹衡先生强烈意识到"讨论夏文化的基本条件已经基本上具备"，"是讨论夏文化的时候了"，并放言"夏文化不是没有发现，而是用什么方法去辨认它"。阅读邹衡先生的相关著述，可以看出他是踵接徐旭生而前行，他的研究也分两步走：先确定"夏墟"的范围，再通过对"夏墟"内外考古学文化的比较来"挤出"夏文化。

邹衡先生《夏文化分布区域内有关夏人传说的地望考》一文就是他为界定"夏墟"范围所做的研究。[2] 在这一问题上，他的结论与徐旭生的认识大同而小异，认为夏人的活动区域主要有三处：

> 一是豫西，可能延及陕东、鄂西，其影响所及，甚至远达川东等地的部分地区。二是晋西南，其影响所及，或可到晋北，甚至内蒙古。三是豫东，可能延及皖西、鄂东部分地区；其影响所及，或可至长江下游。[3]

---

[1] 邹衡：《夏文化研讨的回顾与展望——为参加1990年在美国洛杉矶"夏文化国际研讨会"而作》，《夏商周考古学论文集》（续集），第45—56页。
[2] 邹衡：《夏商周考古学论文集》第伍篇，文物出版社，1980年，第219—252页。
[3] 邹衡：《试论夏文化》，《夏商周考古学论文集》，第95—182页。

但上述地域内文化众多，而且按照张光直先生的说法，"在夏代的活动地理范围之内分布，在时代上可以判定为公元前2000年前后的考古学上的文化，就有当作夏代文化考虑的资格"。[1]那么，在这些文化中如何抉择，便是一个至为关键的问题。而邹衡先生最主要的贡献正在于他完成了徐旭生先生未竟的事业——对"夏墟"内外考古学文化的比较研究，其研究成果就是《试论夏文化》和《关于夏商时期北方地区诸邻境文化的初步探讨》两文。[2]邹先生自己对这两项研究意义的认识是：

> 《论夏文化》一文对商文化的年代与分期问题算了一个总账，把以往关于这方面的研究统统串联起来，并对早商文化重新做了分期。这样，商文化的来龙去脉就基本上清楚了。夏文化的年代与分期问题比商文化要简单一些，该文完全吸取了以往的研究成果，而着重地把夏、商文化各期的对应关系作了比较研究。
> ……
> 《论北方邻境文化》一文是与《论夏文化》一文密切相关的，

---

[1] 张光直：《从夏商周三代考古论三代关系与中国古代国家的形成》，《中国青铜时代》，生活·读书·新知三联书店，1999年，第66—97页。

[2] 对于邹衡先生《试论夏文化》一文的重大贡献，学术界多有认识和评价，但对于《关于夏商时期北方地区诸邻境文化的初步探讨》一文的意义，学术界则普遍淡漠。对该区域夏商文化做过深入研究的青年学者常怀颖认为："对于冀州范围内的夏商时期而言，这一时期（引者按，指1977—1997年）的标志性著作就是邹衡先生的《关于夏商时期北方地区诸邻境文化的初步探讨》。在这篇文章中，邹衡先生利用有限的材料，将冀州区域的夏商时期考古学文化分为夏家店文化、先商文化和光社文化，并将其渊源上溯至龙山时期河北龙山文化的三个类型——雪山型、涧沟型和许坦型。邹衡先生在详细讨论了三支考古学文化的年代与分布区域后，与文献相联系，尝试讨论了其族属。……对于冀州区域的大范围观察与整合，在邹衡先生提出后，这一时期虽再也没有学者进行同样的大范围整合尝试，但是邹衡先生提出的问题却在这一时期被各地的学者化整为零地进行了研究。"参看常怀颖《夏商时期古冀州之域的考古学研究》，北京大学考古文博学院博士学位论文，2010年，第31页。

也可说是后者的补充。以往的历史学者和考古学者多认为商人起源于东方。该文根据大量可靠的考古材料论证了商文化并非起源于海滨，亦非起源于东北。……最后的结论是：历史上夏、商两族的斗争只不过是居于冀州之域的共工族与主要居于豫州之域的夏族斗争的继续。[1]

概言之，邹衡先生通过对上述三个地区夏商时期考古学文化的系统研究，特别是辨析出豫州之域二里头文化系统与冀州之域先商文化系统在文化面貌上的显著差别，最终得出了二里头文化一至四期为夏文化的结论，从而第一次在考古学意义上完成了对夏文化的完整论述。至此，一个由徐旭生最早提出，邹衡积二十余年之力才最终完成的夏文化探索的学术体系和研究范式正式确立。

三

当前的夏文化研究依然是在徐旭生和邹衡两先生创立的学术范式中进行，未见有突破的迹象。[2] 本书的写作，并不敢奢望发凡体例，确立典范，而是企图在以下几个方面对原有范式有所修正和补充：

第一，试图以一种比较合理的逻辑来证明夏文化应该包括河南龙山文化晚期和二里头文化的一至四期，而非邹先生所坚持的只有二里头文化一至四期才是夏文化；

---

[1] 邹衡：《夏商周考古学论文集》前言。
[2] 在徐旭生、邹衡先生之后，夏文化探索领域最系统的研究成果当推郑杰祥先生的《夏史初探》（中州古籍出版社，1988年）最为系统。该书分两编：第一编"夏代历史简论"，是"根据文献记载对夏族的起源及其活动地域、夏王朝国家政权的形成及其兴亡作一简略的探讨"。而该书第二编"夏代文化探索"则是对河南龙山文化、二里头文化的分析研究，其核心是在论定郑州商城是商汤亳都的基础上来论证二里头文化是夏文化。从该书的体例和内容来看，完全因循了徐、邹的范式。

第二，试图通过对夏代社会结构的研究，对相关考古学文化的属性做出新的判断，从而更为准确细致地理解夏文化的内涵；

第三，试图从历史背景入手，通过对特定考古遗存的研究来考察某些具体的夏代史事，从而在一定程度上体现考古学研究"透物见人"的诉求；

第四，试图以夏文化研究为范例，促进考古学界深入思考重建古史的正确方法与途径。

围绕上述目标，本书设计了以下章节：

第一章主要是对夏代历史的考证，分别考察夏代的王世与积年、都邑、族氏、重大史事四个方面。各部分内容的目的是显而易见的：王世与积年旨在解决夏代的年代问题，这是从考古学上探索夏文化的基本前提；对夏代都邑的考订，当然不是要重走"都邑推定法"的老路，而是拟以都邑为核心，确定"夏墟"的基本范围；对夏人同姓和异姓族氏的考察，则有双重意图——既可以通过族氏的分布进一步确定夏王朝版图，也可以通过族氏间的相互关系来了解夏代的社会结构；对夏代重大史事的分析也包含多重意图——在宏观上，可以借此探求导致考古学文化变迁的历史动因；在微观层面，则可以为理解某些具体遗存提供必不可少的线索。概言之，本章是为探索夏文化提供一个必要的历史背景。

第二、三章则是完成"文化比较法"的关键一环，即对"夏墟"内外相关考古学遗存的分析。根据前章所确立的夏文化时空框架，本章重点对黄河中下游地区的龙山时代诸遗存和二里头文化进行了详细梳理。对考古学文化的研究是考古学的基础工作，但在具体实践上，却普遍存在标准不一、主观随意的弊病，亟须考古界同人集思广益，深入思考，尽早提炼出一套规范的操作模式，以改变当前研究中的乱象。本书力求在此方面能够有所突破，在对相关遗存的考古学文化属性进行判断时，均采取统计的方法，首先以翔实的统计数据来辨析出每一处典型遗址的核心器物组合,再以此为主要依据来判断某类遗存的文化属性。按照这种方法,本书对所有考古遗存文化属性判断的标准是一致的,因此所得结论也就具有更强的说服力。

第四章是在厘清广义和狭义夏文化的基础上,着重对两个问题进行解读,即为什么夏文化之始在河南龙山文化晚期,以及为什么夏文化之终在二里头文化四期之末。夏文化的起点和终点,在本质上讲是一个绝对年代问题,而这恰恰是考古学研究的盲点。以往已有学者从文化面貌和文化分期入手,提出过类似观点,但由于方法上的局限性,始终难以令人信服。[1] 针对这种目的和方法的不对称性,本书力求在论证逻辑和论证过程上更加顺畅合理。对于夏文化上限的判断,本章从河南龙山文化的统一性和多样性、"禹征三苗"在考古学上的反映以及夏王朝核心礼器玄圭的使用与扩张等不同角度和层面来加以论证;而对于夏文化的下限,本章也从二里头文化的嬗变、偃师商城的文化内涵以及郑州地区二里岗期商文化的大势等不同方面加以考察。上述研究,实际上是把夏文化的绝对年代问题转化为直观可视的考古学现象,从而较好地化解了用考古材料解决绝对年代问题时所面临的窘迫。

本书的研究,读者通常会归入"二重证据法"的研究范式。笼统而言,这样的理解并无不对,因为本书确实是以"地下材料"和"纸上材料"来立论的。但细究起来,称之为"二重证据法"并不十分妥当,原因有二:首先,王国维以"二重证据"作"古史新证",主要是为了破除"信古之过"和"疑古之过"这两种对待古史的态度,尤其是后者,因此,"二重证据"的主要目的一是取地下材料"以补正纸上之材料",二是"证明古书之某部分全为实录"。但"补正"也罢,"证

---

[1] 比如有研究者就认为,考古发掘的"夏文化"材料,只是提供了考古学讨论的基础而已,这些考古学上的"夏文化"材料,与夏史之间的关系,是依靠推论达成的,缺乏直接联系的条件。参看王仲孚《试论夏史研究的考古学基础》,《中国考古学与历史学之整合研究》上册,"中研院"史语所,1997年,第257—288页。

明"也罢,都是旨在说明古史之可信,而无涉古史之重建。⁽¹⁾其次,王国维所用的"地下材料",主要是出土的文字材料,属于考古材料中的特殊门类,因此他的研究对象既有限⁽²⁾,所用方法也很难照搬到其他那些"哑巴"的考古材料上去,局限性十分明显。⁽³⁾所以,"二重证据法"的上述特点决定了它不可能成为考古学研究的主要范式,严格地说,它甚至不能算是考古学的研究方法。⁽⁴⁾

确切地讲,本书旨在提倡一种历史语境下的考古学研究,它是比"二重证据法"更具广泛意义,适用于各类考古材料的一种研究方法。此种方法的关键有二:第一,要求研究者带着具体的历史问题来处理

⟨1⟩ 王国维:《古史新证——王国维最后的讲义》,清华大学出版社,1994 年,第 1—3 页。从王国维所说的两个目的来看,"二重证据法"更多的是为了"证经补史"。但是,如朱凤瀚先生所指出,"出土文献的作用绝非仅是用来'证经补史',其置身于特定的考古学文化环境中,作为考古资料的一部分,往往会与其他考古实物资料一起,极大地扩充我们从传世文献中所不能得知的对中国古代文明的了解"。或者说,出土文字资料的意义,"并非在于仅仅揭示一些前所未知的史实,提供一些新的具体的史料,更在于它们常常会冲击旧有的观念与定论,给研究者以深刻启示,促使研究者在理论、方法上不断深化与更新"。参看朱凤瀚:《出土文献与考古学》,《光明日报》2013 年 9 月 11 日第 14 版;《新发现古文字资料对先秦史研究的推进》,《中国社会科学报》2009 年 9 月 24 日第 5 版。

⟨2⟩ 比如《古史新证》凡五章,第一章总论,主要讲述"二重证据"的意义;第二章以秦公敦、齐侯鎛钟铭文,结合《诗经》等纸上材料,论证禹是真实的上古帝王;第三章"殷之先公先王"、第四章"商诸臣"和第五章"商之都邑及诸侯"都是据殷墟卜辞和相关传世文献研究商代史事。

⟨3⟩ 杨宽先生曾经这样评价"二重证据法"之不足,称:"自王国维创二重论证之说,以地下之史料参证纸上之史料,学者无不据之以为金科玉律,诚哉其金科玉律也!然此二重论证之方法,惟殷史因殷墟卜辞之出土乃得位置,夏以上则病未能。近人或以山西西阴村之发现为夏民族之遗址,或以仰韶之彩陶文化为夏文化之遗留,皆证据薄弱,仅因与夏民族之地域传说相合而谓即夏民族之遗址,实近武断!"参看《中国上古史导论》自序,上海古籍出版社,2016 年。

⟨4⟩ 如谢维扬先生认为:"二重证据法的本质正是使来源不同的相关证据资料相互证明的作用得以发挥。在王国维看来,相对于纸上材料,地下材料就是具不同来源、属其他记述系统的证据资料。"参看谢维扬:《古书成书的复杂情况与传说时期史料的品质》,载《出土文献与古书成书问题研究——"古史史料学研究的新视野研讨会"论文集》,中西书局,2015 年,第 121—140 页。

考古材料，或者说，考古材料的收集、整理和分析的具体方式是由问题决定的，比如本书就是围绕如何辨析夏文化这个历史问题来处理考古材料的。第二，要求研究者尽可能地在历史背景下理解考古材料，或者说，借助于文献记载等历史信息，有效地将考古材料转化上升为史料，从而成为古史重建切实可用的素材。[1]因此，本书第一章实际上是对夏代历史语境的建构，第二、三章则是围绕夏文化这个重大历史问题对考古材料所做的整理，而第四章则是在所建构的历史语境之下对相关考古学现象所做的解读，而解读的过程实际上就是重建的过程。经由上述途径，就可以揭示出考古材料中所蕴含的历史内涵，从而较好地达到考古学"透物见人"的目的。

当然，在一个强调"考古学纯洁性"的时代主张开展"历史语境下的考古学研究"，主张借助文献材料来理解考古材料，这无疑是有风险，容易引起非议的。[2]但正如张光直先生所言："历史文献并

---

[1] 我们在这里强调文献的重要性，并不是说要完全地相信文献、依赖文献。因为正如余嘉锡先生所言，"若夫诸子短书，百家杂说，皆以立意为宗，不以叙事为主；意主于达，故譬喻以致其思；事为之宾，故附会以圆其说；本出荒唐，难与庄论"，概言之，则"古书多造作故事"，"史书纪事不能尽实，势之所必至也"。（参看《古书通例》，上海古籍出版社，1985年）所以，在研究中我们应该尽最大限度地辨析出文献记载中的"真实的素地"，在此基础上再对考古材料进行解读。

[2] 比如有研究者认为当前学术界的主流观点——"二里头遗址证明了夏文化"其实是考古学界和历史学界"在互相利用"，"考古学家引用几条提到'夏'的古文献来佐证考古，历史学界引用二里头、陶寺等考古发现来证明夏的存在是铁证如山"。参看吴锐：《中国上古的帝系构造》，中华书局，2017年，第184页。而许宏先生则认为，"我们只要充分地意识到考古学材料和学科手段的局限性，注意过度解释的危险，避开它回答不了的具体族属、国别等问题，考古学还是可以提供丰富的历史线索的。……要强调的是，整个学科意欲逐渐摆脱'证经补史'的取向，意识到必须用自己特有的'语言'才能做出历史性的贡献，也只是十几年间的事。这使我们有理由对考古学参与古史重建的能力和前景感到乐观"。参看许宏：《何以中国——公元前2000年的中原图景》，生活·读书·新知三联书店，2014年，第150页。殷玮璋先生早在多年前就强调，夏文化探索作为一个考古学课题被提上研究日程，表明中国考古学已经走出证经补史的阶段，已独立地开展对重大课题的探索研究。参看《近几年来的考古发现与研究》，《人民日报》1980年4月25日。

不是考古学家的额外负担,而是他们的福分,如此一来,他们用来复原历史原貌的那些材料就有了强力胶黏剂,从而达到浑然一体的效果。……通过文字记载下来的历史文献是资料,正如考古学资料是我们复原历史的材料一样。"[1] 裘锡圭先生则认为,即便是研究出土文献,也必须要以对传世文献的深入研究为基础。[2] 而其实早在近代考古学传入中国之初,傅斯年就已经告诫研究者要注意"间接材料(传世文献)"和"直接材料(出土材料)"之间的相互关系,因为如果"我们不先对于间接材料有一番细工夫,这些直接材料之意义和位置,是不知道的;不知道则无从使用",研究者对直接材料的了解,从根本上讲要"靠间接材料做个预备,做个轮廓,做个界落"。[3] 陈寅恪先生对两者关系的表述则更加形象,称"正像一幅已残破的古画,必须知道这幅画的大致轮廓,才能将其一山一树置于适当位置,以复旧观"。[4]

李零先生治学出入于"三古"(考古、古文字和古文献)之间,对考古学的局限性最具"了解之同情"。他最近苦口婆心地向考古界同人建议:

> 考古是基础工作,似乎是个自我满足的体系,我离开谁都行,谁离开我都不行。但我们的知识永远残缺不全,漏洞百出,再多的发现也填不满这些漏洞。我们只能虚实结合,反复调整。见得越多,学得越多,越需要提炼,越需要归纳,用最

---

[1] 张光直著,印群译:《古代中国考古学》,生活·读书·新知三联书店,2013年,第346页。
[2] 裘锡圭、曹峰:《"古史辨"派、"二重证据法"及其相关问题——裘锡圭先生访谈录》,《文史哲》2007年第4期。
[3] 傅斯年:《史学方法导论》,《傅斯年全集》第二卷,湖南教育出版社,2003年,第307—351页。
[4] 蒋天枢:《陈寅恪先生编年事辑》(增订本),上海古籍出版社,1997年,第97页。

简单的话讲最简单的道理。开动脑筋,对考古很重要,愿与大家共勉。⁽¹⁾

这些宝贵的意见当然值得我们深思。本书是作者在"历史语境下"开展考古学研究的初次尝试,知识既不足,方法也稚嫩,之所以不揣冒昧地写出来,也正是为了与学界同人共勉。

有夏以来,后世无不以"鼏宅禹责(迹)"(秦公簋)、"处禹之堵"(叔夷钟)为王朝的地理正统,禹迹、九州、天下已经成为"中国"的代名词。⁽²⁾本书以"鼏宅禹迹"名之,也是旨在强调探索夏文化、重建夏代信史实在是中国考古学者不可推卸之责任。

⟨1⟩ 李零:《雍州日记》,《我们的中国》第三编《大地文章》,生活·读书·新知三联书店,2016年,第263页。
⟨2⟩ 唐晓峰:《大禹治水的新证据》及《中国古代王朝正统性的地理认同》,《人文地理随笔》,生活·读书·新知三联书店,2005年,第9—14、20—26页;《"芒芒禹迹,画为九州":元典区域观念的诞生》,《从混沌到秩序——中国上古地理思想史述论》,中华书局,2010年,第208—237页。

第一章

夏史考索

系 年
3

都 邑
29

族 氏
47

史 事
83

本章根据传世和出土文献中与夏代历史有关的材料，对夏代王世、积年、都邑和族属进行详细梳理，为夏文化的考古学探索确立必要的历史框架。具体来讲，就是要大致确定夏文化的年代、地域、族属和演变等核心要素，这是从考古研究向历史研究转化的必要基础。

第一节 | 系　年

这里所说的系年,是指夏后的世系和夏代的积年。王世的更迭既反映了夏代的历史演进,又不断累积为夏代的积年。考察夏代的系年,实际上就是把握夏代的时间主轴,这是探索夏文化的必要前提。

一　夏后世系

《史记·三代世表》载太史公曰:

> 五帝、三代之记,尚矣。自殷以前诸侯不可得而谱,周以来乃颇可著。孔子因史文次《春秋》,纪元年,正时日月,盖其详哉。至于序《尚书》则略,无年月;或颇有,然多阙,不可录。故疑则传疑,盖其慎也。

按司马迁所言,早在孔子时代对于不同历史时期王世和年代的认识就已经有相当程度的差异:殷商以前,诸侯世系就已经无法详知;西周以降,诸侯世系则相对清楚,"颇可著";至于春秋历史,则可以"纪元年,正时日月",时间序列相当完整。但实际上,在当时还有若干种历谱和牒记流传,只不过孔子和司马迁认为其中的年表多不可信据，没有采信，取"疑则传疑"的谨慎态度。[1]

在现存文献中，不同程度地保留有夏后世系的文献主要有以下几种：

1.《世本》[2]

《世本》中有关夏后世系的内容很不完整，其中《帝系》部分记载了夏族的来源：

> 黄帝生昌意，昌意生高阳，是为帝颛顼。
> 颛顼生穷蝉，五世而生瞽叟，瞽叟生重华，是为帝舜。
> 帝颛顼五世而生鲧，鲧生高密，是为禹。[3]

自黄帝至禹仅七世，自然是不可信据的。

《世本·帝系》还记载了鲧、禹两代的婚姻关系：

> 鲧娶有辛氏女，谓之女志，是生高密。

---

[1] 如《汉书·艺文志·数术略》载有谱牒类著作三种：《太岁谋日晷》二十九卷、《帝王诸侯世谱》二十卷、《古来帝王年谱》五卷。其中，《太岁谋日晷》是合《太岁谋》和《日晷》为一书，"世谱"即世表，有世无年，"年谱"即年表。此外，《六艺略》有"《世本》"十五篇，古史官记黄帝以来讫春秋时诸侯大夫"《太古以来年纪》二篇"《汉著记》百九十卷"以及"《汉大年纪》"等年表。有学者认为，《六艺略》的年表可能侧重的是事，而历谱类的年表可能侧重的是年。参看李零《兰台万卷——读〈汉书·艺文志〉》，生活·读书·新知三联书店，2011年，第48、180页。

[2] 关于《世本》之作，《史记集解序·索隐》引刘向《别录》云："古史官明于古事者之所记，录黄帝以来帝王诸侯及卿大夫系谥名号。"但今人陈梦家考证"《世本》之篇，盖战国末赵人所作，其书成于赵政称帝前十余年"。参看陈梦家《〈世本〉考略》，《西周年代考 六国纪年》，中华书局，2005年，第191—197页。另外，崔晶晶《〈世本〉研究》一文（浙江大学人文学院博士学位论文，2011年）对该书的相关问题有系统梳理，也可供参考。

[3] 此节所引《世本》除注明者外均据《世本八种》雷学淇校辑本，中华书局，2008年。

> 禹娶塗山氏子，谓之女娲，是生启。

《世本·王侯》则记载了数代夏后，分别是：

> 启，禹子；帝伫；帝芬；帝降；帝皋生发及履癸，履癸一名桀。

从启到桀仅见六代夏后的称谓，其中的缺环很多，这主要是因为《世本》本身散佚严重，难见全帙的缘故。[1]

2．古本《竹书纪年》[2]

在古本《纪年》"五帝纪"中，有关于鲧的记载：

> 黄帝死七年，其臣左彻乃立颛顼。
> 颛顼产伯鲧，是维若阳，居天穆之阳。

这与《世本》所谓"帝颛顼五世而生鲧"的说法明显不同。

古本《纪年》"夏纪"是记载夏代年纪的专章，内容丰富，兹录如下：

(1) 禹
居阳城。
黄帝至禹，为世三十。

---

[1] 据研究，大约在战国末年有人以当时各国的《世》为依据，合编为一书，共十五篇，即后世所传的《世本》，该书经刘向校订，是为古本。汉、魏间宋衷为之注，凡四卷；又有宋均注《帝谱世本》，凡七卷，是为注本。古本与注本分别行于世，宋代以后古本先亡，注本也逐渐亡佚。参看王树民《史部要籍解题》，中华书局，1981年，第21页。

[2] 此处所引古本《竹书纪年》除注明者外皆据范祥雍编《古本竹书纪年辑校订补》，上海人民出版社，1962年。

禹立四十五年。

(2) 启

启曰"会"。

益干启位,启杀之。

九年,舞九韶。

二十五年,征西河。

即位三十九年,亡年七十八。

(3) 大康

大康居斟寻。

乃失邦。

(4) 仲康

(5) 相

后相即位,居商邱。

元年,征淮夷、畎夷。

二年,征风夷及黄夷。

七年,于夷来宾。

相居斟灌。

(6) 少康

少康即位,方夷来宾。

(7) 杼(帝宁)

帝宁居原,自原迁于老邱。

柏杼子征于东海及三寿,得一狐九尾。

(8) 芬

后芬即位,三年,九年来御。

后芬立四十四年。

(9) 荒(芒)

后荒即位,元年,以玄珪宾于河,命九东狩于海,获大鸟。

后芒陟位，五十八年。

(10) 泄

后泄二十一年，命畎夷、白夷、赤夷、玄夷、风夷、阳夷。

二十一年，[陟]。

(11) 不降

不降即位，六年，伐九苑。

六十九年，其弟立，是为帝扃。

(12) 扃

(13) 廑

(14) 胤甲（孔甲）

帝廑一名胤甲。⟨1⟩

胤甲即位，居西河。

天有妖孽，十日并出，其年胤甲陟。

(15) 昊

后昊立三年。

(16) 发

后发一名后敬，或曰"发惠"。

后发即位，元年，诸夷宾于王门，再保庸会于上池。

其自立为桀。

(17) 桀

居斟寻。

畎夷入居豳、岐之间。

后桀伐岷山，岷山女于桀二人，曰琬、曰琰。桀受二女，无子，刻其名于苕华之玉，苕是琬，华是琰，而弃其元妃于洛，曰末喜氏。末喜氏以与伊尹交，遂以间夏。

⟨1⟩ 胤甲即孔甲，是帝廑之子，而非帝廑之名。说详范祥雍《古本竹书纪年辑校订补》，第14页。

> 筑倾宫，饰瑶台。
> 大夫关龙逢谏瑶台，桀杀之。
> 夏桀末年，社圻裂，其年为汤所放。
> 汤遂灭夏，桀逃南巢氏。

"夏纪"还对夏代世系做了一个总结，即：

> 自禹至桀十七世，有王与无王，用岁四百七十一年。

虽然古本《纪年》记事简略，且已残缺不全，但它对于了解夏代的系年具有决定性意义，即：夏后共历十七君，夏代总积年长达四百七十一年。

3.《史记·夏本纪》

《夏本纪》实际上是第一部夏代断代史，它主要包括两方面内容，一是夏代的重要史事，二是夏后世系。前者的核心部分是司马迁摘录《尚书·虞夏书》中的《禹贡》《皋陶谟》和《甘誓》诸篇的相关材料，并以西汉的语言习惯表述组合而成，后者则是司马迁依据《世本》等多种先秦时期的"谱牒旧闻"加以考证排定的。[1]

---

[1]《汉书·司马迁传·赞》："故司马迁据《左氏》《国语》，采《世本》《战国策》，述《楚汉春秋》，接其后事，讫于天汉，其言秦汉详矣。"《史记·太史公自序》："维三代尚矣，年纪不可考，盖取之谱牒旧闻，本于兹，于是略推，作三代表第一。"《史记·三代世表》则云："余读谍记，黄帝以来皆有年数。稽其历谱谍终始五德之传，古文咸不同，乖异。夫子之弗论次其年月，岂虚哉！于是以《五帝系谍》《尚书》集世纪黄帝以来讫共和为《世表》。"有学者认为"谍记"即《世本》，乃五帝三代历谱之总称（金德建：《司马迁所见书考》，上海人民出版社，1963年，第19页），但也有人认为《三代世表》所提到的《谍记》《历谱谍》《终始五德之传》和《五帝系谍》均是不同于（转下页）

《夏本纪》开首即述夏人的渊源：

> 夏禹，名曰文命。禹之父曰鲧，鲧之父曰帝颛顼，颛顼之父曰昌意，昌意之父曰黄帝。禹者，黄帝之玄孙而帝颛顼之孙也。

《世本》说"帝颛顼五世而生鲧"，而《夏本纪》则说"鲧之父曰帝颛顼"，司马迁当是另有所本。

《夏本纪》随后引《禹贡》述大禹治水，引《皋陶谟》谈如何建立德教、禹如何受舜禅即天子位，再引《甘誓》记录启与有扈氏战于甘等史事。这三部分内容实际上是讲述了夏王朝建立的三个核心环节——由治水而奠定了大禹法定继承人的地位，舜禹禅让所代表的权力交接以及启伐有扈而确立的"父死子继"这种家天下的政权继承新模式。

启的地位巩固之后，夏王朝才算真正确立。《夏本纪》接着叙述夏后世系，其间穿插少量史事，均十分简洁。这里照录其文：

> 夏后帝启崩，子帝太康立。帝太康失国，昆弟五人，须于洛汭，作《五子之歌》。
>
> 太康崩，弟中康立，是为帝中康。帝中康时，羲、和湎淫，废时乱日。胤往征之，作胤征。
>
> 中康崩，子帝相立。帝相崩，子帝少康立。帝少康崩，子帝予立。帝予崩，子帝槐立。帝槐崩，子帝芒立。帝芒崩，子帝泄

（接上页）《世本》的谱牒类著作（张大可：《史记研究》，商务印书馆，2011年，第246页）。李学勤先生则指出，1977年安徽阜阳双古堆一号墓出土的竹简，内有《年表》一种，上起西周，下迄于汉，记周秦以来各国君王的在位年数，李先生以为该年表即此类谍记（参看《古本〈竹书纪年〉与夏代史》，《走出疑古时代》，辽宁大学出版社，1994年，第46—54页）。

立。帝泄崩，子帝不降立。帝不降崩，弟帝扃立。帝扃崩，子帝廑立。帝廑崩，立帝不降之子孔甲，是为帝孔甲。帝孔甲立，好方鬼神，事淫乱。夏后氏德衰，诸侯畔之。天降龙二，有雌雄，孔甲不能食，未得豢龙氏。陶唐既衰，其后有刘累，学扰龙于豢龙氏，以事孔甲。孔甲赐之姓曰御龙氏，受豕韦之后。龙一雌死，以食夏后。夏后使求，惧而迁去。

孔甲崩，子帝皋立。帝皋崩，子帝发立。帝发崩，子帝履癸立，是为桀。帝桀之时，自孔甲以来而诸侯多畔夏，桀不务德而武伤百姓，百姓弗堪。乃召汤而囚之夏台，已而释之。汤修德，诸侯皆归汤，汤遂率兵以伐夏桀。桀走鸣条，遂放而死。桀谓人曰："吾悔不遂杀汤于夏台，使至此。"汤乃践天子位，代夏朝天下。

以区区数百字叙述自启到桀十六世夏后的史事，当然是史料不足的缘故。甚至可以说，《夏本纪》最主要的贡献就在于保留了完整的夏后世系。或者说，在司马迁读到的文献中，他认为夏后世系的记载最可信据。这里可以把古本《纪年》和《夏本纪》所列夏代世系做一比较：

世 系	古本《纪年》	《夏本纪》
1	禹	禹
2	启	启
3	大康	太康
4	仲康	中康（太康弟）
5	相	相
6	少康	少康
7	杼（帝宁）	予
8	芬	槐
9	荒（芒）	芒
10	泄	泄
11	不降	不降
12	扃（不降弟）	扃（不降弟）

续表

世 系	古本《纪年》	《夏本纪》
13	廑	廑（扃子）
14	胤甲	孔甲（不降子）
15	昊	皋
16	发	发
17	桀	桀

对照古本《纪年》和《夏本纪》，可以看出两者对夏代世系的记载基本相同，说明它们有共同的史料来源，其间的小异，如几位夏后名字的差别，应是所见传本不同的缘故。相比古本《纪年》，《夏本纪》的一大贡献是它特别指明了孔甲为不降之子，由此后人才能洞察从不降到孔甲这四位夏后实际上只是两代人，再加上仲康为太康弟，所以有夏一代，"从禹至桀，十七君，十四世"。[1]

古本《纪年》和《夏本纪》最显著的差别是，古本《纪年》保留了多位夏后的在位年数，并归纳出"自禹至桀十七世，有王与无王，用岁四百七十一年"这一总结性判断。而反观《史记》，无论是在《夏本纪》还是《三代世表》中，司马迁都没有涉及具体纪年。司马迁当然可以读到古本《纪年》一类的史料，但依然如此处理，必然是深思熟虑的结果。关于这一点，司马迁在《史记·三代世表》中有明确的交代：

> 余读谍记，黄帝以来皆有年数。稽其历谱谍终始五德之传，古文咸不同，乖异。夫子之弗论次其年月，岂虚哉！于是以《五帝系谍》《尚书》集世纪黄帝以来讫共和为《世表》。

在《史记·太史公自序》中，他再次强调三代年纪之不可考，称：

---

[1]《史记·夏本纪·集解》引徐广曰。

维三代尚矣，年纪不可考，盖取之谱牒旧闻，本于兹，于是略推，作《三代世表》第一。

因此，司马迁在《夏本纪》中只列出夏代的世系而"弗论次其年月"，正是他效仿孔子，坚持"疑则传疑"原则的具体表现。[1]

二 夏代积年

有关夏代积年，历来说法不一，有学者归纳出七说十二家，具体是：（1）483年说一家（《路史》），（2）471年说一家（古本《竹书纪年》，《路史》引作472年），（3）459年（实458年）说一家（《文献通考》），（4）441年说一家（《皇极经世》），（5）439年说一家（《资治通鉴前编》），（6）432年说五家（《世经》《帝王世纪》《大衍·日度议》《资治通鉴外纪》《通志》），（7）431年说二家（《易纬·稽览图》、今本《竹书纪年》）。[2]

以上虽然诸说纷陈，但实际上差异并不甚大，悬殊最大者也不过52年（483年说和431年说）。在这些文献中，古本《竹书纪年》《易纬·稽览图》《世经》和《帝王世纪》为唐以前文献，它们有关夏代积年的记载实际上集中为两说——471（472）年和431（432）年，因此值得格外注意。现将相关记载征引如下：

---

[1] 司马迁著《史记》，本来就是以孔子作六经为榜样。《史记·太史公自序》记其父司马谈告诫他："'自周公卒五百岁而有孔子。孔子卒后至于今五百岁，有能绍明世，正易传，继春秋，本诗书礼乐之际？'意在斯乎！意在斯乎！小子何敢让焉。"孔子对司马迁的影响堪称是全方位的，可参看李长之《司马迁之人格与风格》第三章"司马迁和孔子"，天津人民出版社，2015年。

[2] 中国社会科学院考古研究所等：《夏县东下冯》附录"山西夏县东下冯遗址与传说中的'夏墟'与夏年"，文物出版社，1988年，第247—252页。

1．471（472）年

《史记·夏本纪·集解》引徐广曰："从禹至桀，十七君，十四世。"裴骃案："《汲冢纪年》曰：'有王与无王，用岁四百七十一年矣。'"《史记·夏本纪·索隐》与《集解》相同。《太平御览》卷八二引《竹书纪年》也记："自禹至桀十七世，有王与无王，用岁四百七十一年。"《路史·后纪》卷一三下注引《汲冢纪年》则称："并穷寒四百七十二年。"

从上引文献来看，471年和472年说实际上都来源于《竹书纪年》，除《路史》引作"四百七十二年"，其他各书均作"四百七十一年"，这一年之差或有可能是《路史》误引所致。

2．431（432）年

《古经解汇函·易纬八种》所收《易纬·稽览图》曰："禹四百三十一年。"这里的"禹"显然是指整个夏代。《汉书·律历志》引刘歆《世经》"伯禹"条也有类似的记载：

> 伯禹 《帝系》曰："颛顼五世而生鲧，鲧生禹，虞舜嬗以天下。"土生金，故为金德。天下号曰夏后氏。继世十七王，四百三十二岁。

《初学记》卷九引《帝王世纪》：

> 自禹至桀，并数有穷，凡十九王，合四百三十二年。

一般认为，471（472）年和431（432）年两说的尾数之差，可能是辗转传抄致误。至于两说相差40年的原因，则历来有两种解说：一是认为471年包括后羿和寒浞代夏的所谓"无王"阶段，而431年则否⁽¹⁾；二是认为471年自禹代舜事起算，431年则自禹即位的元年起算。⁽²⁾ 但这两种解释都难称圆满，前者与《帝王世纪》所说的"自禹至桀，并数有穷，凡十九王，合四百三十二年"相矛盾，而后一种解释则纯属推测。但相比而言，前说证据充分一些。

有学者曾经指出，如果夏代积年按十四世十七王471年算，则平均每世近34年，不合情理，由此怀疑"夏代起始之年很可能没有这么早"，并推测"夏代始于前18或前19世纪是很有可能的"。⁽³⁾ 每世夏后在位近34年，确实是偏长的，但也并非没有可能，这是因为夏代十七王中有多位高年世的夏后。据古本《竹书纪年》，"禹立四十五年"，启"即位三十九年亡，年七十八"，"后芬立四十四年"以及"后芒陟位，五十八年⁽⁴⁾"。这四位夏后在位总年数长达186年，其他十三王在位285年（按总积年471年计算），平均每王在位年数不足22年，完全在合理范围之内，因此，夏代积年400余年说不可轻易否定。

除了上述两说外，夏代积年还有所谓的"夏年多殷"说，源出《晋书·束晳传》：

⟨1⟩ 这种解释主要有两个依据，一是《路史·后纪》卷一三下注引《汲冢纪年》所谓"并穷寒四百七十二年"；二是今本《竹书纪年》所记："（帝相）二十八年，寒浞使其子浇杀帝，后缗归于有仍……夏世子少康生（原注：丙寅年），少康自有仍奔虞（原注：乙酉年）……世子少康使汝艾伐杀浇（原注：甲辰年）……伯靡杀寒浞，少康自纶归于夏邑（原注：乙巳年）。"据今本《竹书纪年》的原注，从少康生的丙寅年到少康归于夏邑的乙巳年，正好是40年。

⟨2⟩ 夏商周断代工程专家组：《夏商周断代工程1996—2000年阶段成果报告·简本》，世界知识出版社，2000年，第74页。

⟨3⟩ 刘绪：《对探讨早期夏文化的几点看法》，《早期夏文化与先商文化研究论文集》，科学出版社，2012年，第7—15页。

⟨4⟩ 夏商周三代颇见高年世的君王，如据《尚书·无逸》记载，殷太宗"享国三十有三年"，殷中宗"享国七十有五年"，殷高宗"享国五十有九年"；而周文王"受命惟中身，厥享国五十年"，即中年即位称王，仍在位超过五十年。由此可见，古本《纪年》所记禹、启、后芬、后芒的在位年数是可以相信的。

> 初，太康二年，汲郡人不准盗发魏襄王墓，或言安釐王冢，得竹书数十车。其《纪年》十三篇，记夏以来至周幽王为犬戎所灭，以（晋）事接之，三家分，仍述魏事至安釐王之二十年。盖魏国之史书，大略与《春秋》皆多相应。其中经传大异，则云夏年多殷；益干启位，启杀之；太甲杀伊尹；文丁杀季历；自周受命，至穆王百年，非穆王寿百岁也；幽王既亡，有共伯和者摄行天子事，非二相共和也……

要判断"夏年多殷"是否可靠，首先要了解商代的积年。商代的总积年，文献中也是说法不一，归纳起来，主要有三种：

一是六百或六百余年说，主要有：

> 《左传》宣公三年："桀有昏德，鼎迁于商，载祀六百。"
> 《史记·殷本纪·集解》引谯周曰："殷凡三十世，六百余年。"
> 《汉书·律历志》引刘歆《世经》："自伐桀至武王伐纣，六百二十九岁，故《传》曰殷'载祀六百'。……凡殷世继嗣三十一王，六百二十九岁。"

二是五百余年说，主要有：

> 《鬻子·汤政天下至纣》："汤之治天下也……，积岁五百七十六至纣。"
> 《孟子·尽心下》："由汤至于文王，五百有余岁。"

三是四百余年说，如：

> 《史记·殷本纪·集解》引《汲冢纪年》："汤灭夏以至于受，

二十九王,用岁四百九十六年。"

上述三说,都有战国时期的文献为依据,所以单从文献本身而言,都不能轻易否定。在这三种说法中,前两说的积年数比较接近,大体上可以归入《左传》所说的"载祀六百"。《竹书纪年》的496年说与前两说差距甚远,虽然《竹书纪年》明确说这496年只是"汤灭夏以至于受,二十九王"的积年数,但即便加上帝辛(商纣)在位的30年,总积年也只有526年,距离"载祀六百"仍有相当的距离。[1]

因此,如果采信《竹书纪年》的"夏年多殷"说,就意味着夏代积年至少在526年以上,甚或超过600年。但此说最大的问题是,夏代十四世十七王的积年数居然比商代十七世三十王的在位年数更长,这在情理上是难以接受的。如果夏代积年以600年计,则每一王的平均在位年数超过35年,这已经远远超出了常理。因此,"夏年多殷"说可靠性较小,夏代积年仍以400余年说更具合理性,而且471(472)年说有较早的文献依据,显然优于431(432)年说。

当然,目前学术界仍有部分学者对传世和出土文献中的夏商王世持怀疑态度,认为当前中国考古学界"重建夏商世系的总体取向存在着一个明显的缺陷","它混淆了编年史和口传世系间的差异"。[2] 他们强调:

> 甲骨文和后代文献中某些早期君主的名字,可能的确是经若

---

[1] 帝辛在位年数是依据夏商周断代工程的研究结果,参看《夏商周断代工程1996—2000年阶段成果报告·简本》,第48页。

[2] 实际上中国古代并非口传世系,《国语·晋语九》韦昭注称"太史掌氏姓",《周礼·春官·大宗伯》则称"小史掌邦国之志,奠系世",由此可见贵族氏姓和世系是载诸史册的。而钱穆先生更是指出:"各民族最先历史无不从追记而来,故其中断难脱离'传说'与带有'神话'之部分。若严格排斥传说,则古史即无从说起。……欲排斥某项传说,应提出与此项传说相反之确据,否则此传说不能断其必伪或必无有。……而且中国古代历史传说,极富理性,切近事实,与并世其他民族追述古史之充满神话气味者大不相同。"参看《国史大纲》(修订本),商务印书馆,1996年,第8—9页。

干世代口口相传的真实人物，但这些王系并非王朝历史完整的记述或确切的序列。被数百年乃至上千年后的历史学家安排给夏商王朝的各种时间跨度，不应被当作等同于编年史的时间框架。利用这些文献材料进行与考古学的整合研究之前，我们首先要搞清它们为何又是如何被创作出来的。⁽¹⁾

正如上述学者所言，在利用出土和传世文献进行考古学的整合研究时，确实需要"搞清它们为何又是如何被创作出来的"。但如果仅仅强调编年史与口传世系之间可能存在差异，而不具体阐明差异何在以及差异是如何产生的，就主动舍弃文献中的相关记载，似乎也不是应取的态度。在这一方面，美国学者艾兰教授曾经做过尝试，她认为文献中有关夏代的记载，"主要是从神话而来，不是从历史而来的"，这些神话被记录下来之后才逐步被"历史化"了——具体来说就是，"商代确实有一个关于夏人的神话，而且是商代神话'二元对应'的一种反应，这个神话后来被周人转变为一种历史"。⁽²⁾艾兰教授的上述理解无疑是受了陈梦家⁽³⁾和杨宽先生⁽⁴⁾早年观点的影响，但正如朱凤瀚先

⟨1⟩ 许宏、刘莉：《关于二里头遗址的省思》，《文物》2008年第1期。
⟨2⟩ 艾兰：《关于"夏"的神话》，洛阳市第二文物工作队编《夏商文明研究》，中州古籍出版社，1995年，第122—140页。更系统完备的论述可参看艾兰著，孙心菲、周言译：《世袭与禅让：古代中国的王朝更替传说》，北京大学出版社，2002年。
⟨3⟩ 陈梦家先生曾有著名的"夏世即商世"说，他的理由包括：(1)"地理文化相同"；(2)"兄终弟及之制"；(3)"治水之世也"；(4)"先妣为神媒"；(5)"禹为商人之祖"；(6)"夏商帝王名，多相重复"。参看《商代的神话与巫术》，《燕京学报》1936年第20期。
⟨4⟩ 早在20世纪30年代，杨宽先生就认为："'下土''有夏'本为周人成语，且初为自称之辞，则夏史传说之由周人展转演变造成，盖亦可见矣。'禹'神话之初相，实为一受命于上帝之'下后'，所降所有者为'下土''下国'，亦称'九有'。'平九有'亦即'敷下土'，又展转而成治水之传说。而禹为尧舜臣等传说，亦上帝降下后神话之推演耳。"顾颉刚先生虽然并不同意上述判断，认为"吾人虽无确据以证夏代之必有，似亦未易断言其必无也"，但也承认"杨先生此文最大之贡献，在指出'夏国'之传说与'下国'之传说有关系，或禹启等人物与夏之代名合流之由来，即缘'下后'而传化者乎？"参看杨宽《说夏》一文，载《中国上古史导论》，第185—198页。

生所说，诸如此类的解读，"由于无法拿出确凿的证据，因而自身也成了一种很难令人信服的假说"。⁽¹⁾

实际上，考古学者对于"重建夏商世系"是十分谨慎的，并不会将它简单地等同于夏商王朝"编年史的时间框架"，更非盲目的"信古"或"复古"。⁽²⁾ 就以与年代学密切相关的"夏商周断代工程"而论，它对夏商年代的研究目标也仅仅是：商代后期武丁以下各王，提出比较准确的年代；商代前期，提出比较详细的年代框架；至于夏代，则仅仅要求"提出基本的年代框架"。⁽³⁾ 这样的目标定位，显然是充分考虑了各方面因素的。

对于如何正确对待夏商古史，傅斯年先生有一段话甚为公允：

> 古史者，劫灰中之烬余也。据此烬余，若干轮廓有时可以推知，然其不可知者亦多矣。以不知为不有，以或然为必然，既违逻辑之戒律，又蔽事实之概观，诚不可以为术也。今日固当据可知者尽力推至逻辑所容许之极度，然若以或然为必然，则自陷矣。即以殷商史料言之，加入洹上之迹深埋地下，文字器物不出土中，则十年前流行之说，如"殷文化甚低""尚在游牧时代""或不脱石器时代""《殷本纪》世系为虚造"等见解，在今日容犹在畅行中，持论者虽无以自明，反对者亦无术在正面指示其非是。差幸今日可略知"周因于殷礼"者如何，则"殷因于夏礼"者，不特不能断其必无，且更当以殷之可借考古学自"神话"中入于历史为例，设定其必有矣。夏代之政治社会已演进至如何阶段，非本

⑴ 朱凤瀚：《论中国考古学与历史学的关系》，《历史研究》2003 年第 1 期。
⑵ 有学者将近年学术界的"信古"和"复古"思潮现象概括为以下几种典型情形：传说人物地域固定化、传说人物年代精确化、传说人物世系谱牒化以及传说人物社会活动政治化。参看周书灿《目前古史研究中的"信古"和"复古"倾向评析》，《社会科学评论》2009 年第 2 期。
⑶ 夏商周断代工程专家组：《夏商周断代工程 1996—2000 年阶段成果报告·简本》，第 2 页。

文所能试论，然夏后氏一代之必然存在，其文化必颇高，而为殷人所承之诸系文化最要一脉，则可就殷商文化之高度而推知之。[1]

毋庸置疑，我们需要对传世和出土文献中有关夏代历史与系年的史料进行必要的审查，但更应意识到它们大多具有重要的学术价值，是探索夏文化必不可少的工具，不可轻言放弃。朱凤瀚先生在谈到探索夏文化问题时特别强调，"中国原史与历史考古学研究似乎不必为了追求'纯洁'与独立的地位而刻意造成一种绝缘于丰富历史文献之外的学问"，这一意见应该引起全体夏文化研究者的高度重视[2]，也得到多数西方汉学家的一致认同。[3]

附：今本《竹书纪年》"夏纪"

夏代纪年材料，以今本《纪年》所记最成系统，但后人对此书多持将信将疑甚或全盘否定的态度。王国维《今本竹书纪年疏证》称：

> 余治《竹书纪年》，既成《古本辑校》一卷，复怪今本《纪年》为后人搜辑，其迹甚著，乃近三百年学者疑之者固多，信之者亦且过半。乃复用惠、孙二家法，一一求其所出，始知今本所载殆无一不袭他书。其不见他书者，不过百分之一，又率空洞无

---

[1] 傅斯年：《性命古训辨证》，《傅斯年全集》第二卷，湖南教育出版社，2000年，第594页。
[2] 朱凤瀚：《论中国考古学与历史学的关系》，《历史研究》2003年第1期。
[3] 《剑桥中国古代史》堪称西方汉学界最具影响力的代表作，在鲁惟一和夏含夷两位学者执笔的序言中，就明确提出"文献资料与考古资料有同等的价值"，认为"考古学家决不应该将文献材料弃之不用"；他们虽然"对史料也有所怀疑"，但是"不能够完全接受这种一概疑古的态度"，并且认为"很难否认最近几十年以来的考古发现基本上证实了，而决没有推翻中国传统文献的可靠性"。参看《西方汉学的古史研究——〈剑桥中国古代史〉序言》，《中华文史论丛》2007年第2期。

事实，所增加者年月而已。且其所出，本非一源，古今杂陈，矛盾斯起。既有违异，乃生调停，纠纷之因，皆可剖析。夫事实既具他书，则此书为无用；年月又多杜撰，则其说为无征。⁽¹⁾

所以王国维主张"废此书可也"。但也正因为今本《纪年》全袭他书，而且还有极少量"不见他书者"，所以在一定程度上保留了一些早期文献。另外，按有些学者的意见，今本《纪年》不少部分甚至直接反映了墓本的样子，它"并不可能是什么后人伪造的"。[2] 总之，今本《纪年》对于了解夏代系年仍具一定的参考价值。

兹据王国维《今本竹书纪年疏证》，录今本《纪年》的"夏纪"部分如下，以备参考[3]：

帝禹夏后氏

母曰修己，出行，见流星贯昴，梦接意感，既而吞神珠。修己背剖，而生禹于石纽，虎鼻大口，两耳参镂，首戴钩钤，胸有玉斗，足文履己，故名文命。长有圣德。长九尺九寸。梦自洗于河，取水饮之。又有白狐九尾之瑞。当尧之时，舜举之。禹观于河，有长人白面鱼身，出曰："吾河精也。"呼禹曰："文命治水。"言讫，授禹《河

---

[1] 参看方诗铭、王修龄《古本竹书纪年辑证》所附的《今本竹书纪年疏证》，《方诗铭文集》，第一卷，上海社会科学出版社，2013年，第452页。
[2] 夏含夷：《〈竹书纪年〉的整理和整理本——兼论汲冢竹书的不同整理本》，《古史异观》，上海古籍出版社，2005年，第395—469页。但据天文史家张培瑜先生的研究，今本《纪年》不会是"墓本"的另一整理本，理由有三："（一）'今本'新增加的仲康、《诗经》日食记载实际上是汉魏以后学者才考证分析得出的结果，而这些结果也并非斯时的观察实录；（二）黄帝起，各朝各代每位帝王均给出在位年数，实属不可能和无法想象的事，因为那时特别是开始时期还没有文字；（三）更令人无法想象和理解的是，帝尧陶唐氏起，历代君王不仅给出在位年数，并且列出即位年的纪年干支，并且这些干支还和现今的纪年干支相接。我们知道，战国秦汉古人采用十二辰来纪年，并未涉及十日天干。"参看张培瑜《先秦秦汉历法和殷周年代》，科学出版社，2015年，第257页。
[3] 此据方诗铭、王修龄《古本竹书纪年辑证》所附的《今本竹书纪年疏证》。

图》，言治水之事，乃退入于渊。禹治水既毕，天锡玄珪，以告成功。夏道将兴，草木畅茂，青龙止于郊，祝融之神降于崇山。乃受舜禅，即天子之位。洛出龟书，是为《洪范》。三年丧毕，都于阳城。

元年壬子，帝即位，居冀。

颁夏时于邦国。

二年，咎陶薨。

五年，巡狩，会诸侯于涂山。

南巡狩，济江，中流有二黄龙负舟，舟人皆惧。禹笑曰："吾受命于天，屈力以养人。生，性也；死，命也。奚忧龙哉。"龙于是曳尾而逝。

八年春，会诸侯于会稽，杀防风氏。

夏六月，雨金于夏邑。秋八月，帝陟于会稽。

禹立四十五年。

禹荐益于天。七年，禹崩，三年丧毕，天下归启。

帝启

元年癸亥，帝即位于夏邑。

大飨诸侯于钧台。

诸侯从帝归于冀都。

大飨诸侯于璇台。

二年，费侯伯益出就国。

王帅师伐有扈，大战于甘。

六年，伯益薨，祠之。

八年，帝使孟涂如巴莅讼。

十年，帝巡狩，舞九韶于大穆之野。

十一年，放王季子武观于西河。

十五年，武观以西河叛。

彭伯寿帅师征西河，武观来归。
十六年陟。

帝太康
元年癸未，帝即位，居斟寻。
畋于洛表。
羿入居斟寻。
四年陟。

帝仲康
元年己丑，帝即位，居斟寻。
五年秋九月庚戌朔，日有食之。
命胤侯帅师征羲和。
六年，锡昆吾命作伯。
七年陟。
世子相出居商丘，依邳侯。

帝相
元年戊戌，帝即位，居商。
征淮夷。
二年，征风及黄夷。
七年，于夷来宾。
八年，寒浞杀羿，使其子浇居过。
九年，相居于斟灌。
十五年，商侯相土作乘马。
遂迁于商丘。
二十年，寒浞灭戈。

二十六年，寒浞使其子帅师灭斟灌。

二十七年，浇伐斟寻，大战于潍，覆其舟，灭之。

二十八年，寒浞使其子浇弑帝，后缗归于有仍。

伯靡出奔鬲。斟灌之墟，是为帝丘。后缗方娠，逃出自窦，归于有仍。伯靡奔有鬲氏。

夏世子少康生。

少康自有仍奔虞。

伯靡自鬲帅斟寻、斟灌之师以伐浞。

世子少康使汝艾伐过杀浇。

伯子杼帅师灭戈。

伯靡杀寒浞。

少康自纶归于夏邑。

明年，后缗生少康。既长，为仍牧正，惎浇，能戒之。浇使椒求之，将至仍，少康逃奔有虞，为之庖正，以除其害。虞思于是妻之以二姚，而邑诸纶。有田一成，有众一旅，能布其德，而兆其谋，以收夏众，抚其官职。夏之遗臣伯靡，自有鬲氏收二斟以伐浞。浞恃浇皆康娱，日忘其恶而不为备。少康使汝艾谍浇。初，浞娶纯狐氏，有子早死，其妇曰女歧，寡居。浇强圉，往至其户，阳有所求。女歧为之缝裳，共舍而宿。汝艾夜使人袭断其首，乃女歧也。浇既多力，又善走，艾乃畋猎，放犬逐兽，因喉浇颠陨，乃斩浇以归于少康。于是，夏众灭浞，奉少康归于夏邑。诸侯始闻之，立为天子，祀夏配天，不失旧物。

帝少康

元年丙午，帝即位，诸侯来朝，宾虞公。

二年，方夷来宾。

三年，复田稷。

后稷之后不窋失官，至是而复。

十一年，使商侯冥治河。

十八年，迁于原。

二十一年，陟。

帝杼

元年己巳，帝即位，居原。

五年，自原迁于老丘。

八年，征于东海及三寿，得一狐九尾。

十三年，商侯冥死于河。

十七年，陟。

杼或作帝宁，一曰伯杼。杼能帅禹者也，故夏后氏报焉。

帝芬

元年戊子，帝即位。

三年，九夷来御。

十六年，洛伯用与河伯冯夷斗。

三十三年，封昆吾氏子于有苏。

三十六年，作圜土。

四十四年，陟。

芬或曰芬发。

帝芒

元年壬申，帝即位，以玄珪宾于河。

十三年，东狩于海，获大鱼。

三十三年，商侯迁于殷。

五十八年，陟。

芒或曰帝荒。

帝泄
元年辛未，帝即位。
十二年，殷侯子亥宾于有易，有易杀而放之。
十六年，殷侯微以河伯之师伐有易，杀其君绵臣。
殷侯子亥宾于有易而淫焉。有易之君绵臣杀而放之。故殷上甲微假师于河伯，以伐有易，灭之，遂杀其君绵臣。中叶衰而上甲微复兴，故商人报焉。
二十一年，命畎夷、白夷、玄夷、风夷、赤夷、黄夷。
二十五年，陟。

帝不降
元年己亥，帝即位。
六年，伐九苑。
三十五年，殷灭皮氏。
五十九年，逊位于弟扃。

帝扃
元年戊戌，帝即位。
十年，帝不降陟。三代之世内禅，惟不降实有圣德。
十八年，陟。

帝廑
一名胤甲。
元年己未，帝即位，居西河。
四年，作西音。

昆吾氏迁于许。

八年，天有妖孽，十日并出，其年陟。

帝孔甲

元年乙巳，帝即位，居西河。

废豕韦氏，使刘累豢龙。

三年，王畋于萯山。

五年，作东音。

七年，刘累迁于鲁阳。

王好事鬼神，肆行淫乱，诸侯化之，夏政始衰。田于东阳萯山，天大风晦盲，孔甲迷惑，入于民室，主人方乳，或曰："后来见良日也，之子必大吉。"或又曰："不胜也，之子必有殃。"孔甲闻之曰："以为余一人子，夫谁殃之。"乃取其子以归。既长，为斧所戕，乃作《破斧之歌》，是为东音。

刘累所畜龙一雌死，潜醢以食夏后，夏后飨之，既而使求之，惧而迁于鲁阳，其后为范氏。

九年，陟。

殷侯复归于商丘。

帝昊

昊一作皋。

元年庚辰，帝即位。

使豕韦氏复国。

三年，陟。

帝发

一名后敬，或曰发惠。

元年乙酉，帝即位。

诸侯宾于王门，再保墉会于上池，诸夷入舞。

七年，陟。

泰山震。

帝癸

一名桀。

元年壬辰，帝即位，居斟寻。

三年，筑倾宫。

毁容台。

畎夷入于岐以叛。

六年，岐踵戎来宾。

十年，五星错行，夜中，星陨如雨。

地震。

伊、洛竭。

十一年，会诸侯于仍，有缗氏逃归，遂灭有缗。

十三年，迁于河南。

初作辇。

十四年，扁帅师伐岷山。

癸命扁伐山民，山民女于桀二人，曰琬，曰琰。后爱二人，女无子焉，斲其名于苕华之玉。苕是琬，华是琰，而弃其元妃于洛，曰妹喜，于倾宫饰瑶台居之。

十五年，商侯履迁于亳。

十七年，商使伊尹来朝。

二十年，伊尹归于商及汝鸠、汝方，会于北门。

二十一年，商师征有洛，克之。遂征荆，荆降。

二十二年，商侯履来朝，命囚履于夏台。

二十三年，释商侯履，诸侯遂宾于商。

二十六年，商灭温。

二十八年，昆吾氏伐商。

商会诸侯于景亳。

遂征韦，商师取韦，遂征顾。

太史令终古出奔商。

二十九年，商师取顾。

三日并出。费伯昌出奔商。

冬十月，凿山穿陵，以通于河。

三十年，瞿山崩。

杀其大夫关龙逢。

商师征昆吾。

冬，聆隧灾。

三十一年，商自陑征夏邑。

克昆吾。

大雷雨，战于鸣条。

夏师败绩，桀出奔三朡，商师征三朡。

战于郕。

获桀于焦门。

放之于南巢。

自禹至桀十七世，有王与无王，用岁四百七十一年。

第二节　都　邑

有夏一代，都邑屡迁，通过考察夏代都邑的变迁可以了解夏族的活动空间，从而确定夏文化的分布地域。[1]虽然文献中关于夏代都邑的记载零散且分歧迭出，但通过历代学者的考证梳理，依然可以看出夏代都邑变迁的大趋势。[2]

一　夏都综考

1．禹都

关于禹都，文献中有阳翟、阳城和平阳三种不同的说法。

（1）阳翟

禹都阳翟，见于多种文献，如：

① 《汉书·地理志》颍川郡阳翟县下班固自注："夏禹国。周

---

[1] 这一方面的代表性著作是邹衡先生的《夏文化分布区域内有关夏人传说的地望考》一文，载《夏商周考古学论文集》，文物出版社，1980年，第219—252页。
[2] 有关夏代都邑研究的著作颇多，较具代表性的有：顾颉刚、史念海：《中国疆域沿革史》之第三章"夏民族历史传说与活动范围"，商务印书馆，2000年；辛德勇：《夏及商前期都城文献资料的初步研究》，《历史的空间与空间的历史》，北京师范大学出版社，2005年，第179—256页；曲英杰：《先秦都城复原研究》，黑龙江人民出版社，1991年；曲英杰：《史记都城考》，商务印书馆，2007年。

末韩景侯自新郑徙此。"唐颜师古注引应劭《汉书音义》:"夏禹都也。"

② 《太平御览》卷一五五引晋皇甫谧《帝王世纪》:

> 禹受封为夏伯,在《禹贡》豫州外方南,角亢氏之分,寿星之次,于秦汉属颍川,本韩地,今河南阳翟是也。受禅都平阳。

③ 《史记·周本纪·集解》引徐广《史记音义》:"夏居河南,初在阳城,后居阳翟。"

④ 《史记·夏本纪·正义》引《帝王纪》云:"禹受封为夏伯,在豫州外方之南,今河南阳翟是也。"

⑤ 《水经·颍水注》:"颍水……经阳翟县故城北,夏禹始封于此为夏国。"

(2) 阳城

禹都阳城主要见于以下数种文献:

① 《汉书·地理志》颜师古注引臣瓒云:"《世本》禹都阳城,《汲郡古文》亦云居之,不居阳翟也。"

② 《史记·封禅书·正义》引《世本》:"夏禹都阳城。"

③ 《续汉书·郡国志》颍川郡阳翟县下刘昭注引《汲冢书》:"禹都阳城。"

④ 《孟子·万章上》:

> 昔者舜荐禹于天,十有七年,舜崩。三年之丧毕,禹避舜之子于阳城,天下之民从之,若尧崩之后不从尧之子而从舜也。

⑤ 《史记·夏本纪》:

> 帝舜荐禹于天，为嗣。十七年而帝舜崩。三年丧毕，禹辞避舜之子商均于阳城。天下诸侯皆去商均而朝禹。禹于是即天子位，南面朝天下，国号曰夏后。

在上述几条文献中，《竹书纪年》和《世本》仅说禹都阳城，而《孟子》和《夏本纪》则特别强调禹避舜之子商均而居于阳城，意指禹先居阳翟，后避居于阳城。

（3）平阳

① 《史记·封禅书·正义》引《世本》云：

> 夏禹都阳城，避商均也。又都平阳。或在安邑，或在晋阳。

② 《太平御览》卷一五五引《帝王世纪》：

> （禹）受禅都平阳。或在安邑，或在晋阳。

③ 《水经·涑水注》：

> 安邑，禹都也。禹娶涂山氏女，思恋本国，筑台以望之。今城南门台基犹存。

关于禹都平阳，有两个问题需要讨论。一是《史记正义》和《帝王世纪》都提到的"或在安邑，或在晋阳"，这显然不是《竹书纪年》的原文，而是后人对平阳地望的解释，由此说明《史记正义》和《帝王世纪》都不能肯定平阳究竟是在安邑还是在晋阳。二是晋阳的地望问题。丁山指出，这里所说的晋阳实际上就是指平阳，也即今山西临汾，因为位于汾河的支流平水之阳，故称平阳，但魏晋间平水还被称作晋水，晋水、晋阳是古称，而平水和平阳是后起的称呼。[1]

综合上述记载，可以对禹都做如下判断：阳翟是禹受封立国的始居之地；阳城是禹避商均的临时居地，禹在此地受禅即位；禹即位后，又曾一度都于平阳。对于这三地的具体所在，历代以来也是意见纷陈，但较为普遍的看法是阳翟在今河南禹州，阳城在今河南登封，平阳在今山西夏县。

2．启都

从文献记载来看，夏启的都城是和钧台密切联系在一起的。

①《左传》昭公四年：

> 夏启有钧台之享，商汤有景亳之会，周武有盟津之誓……

②《续汉书·郡国志二》颍川郡阳翟县："禹所都。有钧台。"梁刘昭注引皇甫谧《帝王世纪》称："在县西。"据此可知，钧台在阳翟，而阳翟又称夏邑。如今本《竹书纪年》记：

> 帝启，癸亥即帝位于夏邑，大飨诸侯于钧台，诸侯从。

此外《吴越春秋·越王无余外传》也记：

> 禹崩，传位于益。益避禹之子启于箕山之阳，诸侯去益而朝启曰："吾君帝禹子也。"启遂即天子之位，治国于夏。

---

[1] 丁山：《由三代都邑论及民族文化》，《古代神话与民族》，商务印书馆，2005年，第5页。

这里"治国于夏"的"夏"应是指夏邑，也即阳翟。[1] 根据上文对禹都的分析，阳翟是禹受封为夏伯时的居地，是夏族的大本营，故称"夏邑"。虽然禹后来先后都于阳城和平阳，但阳翟作为夏族宗邑始终保留，并居于突出地位。特别是启改禅让为世袭，不都于平阳而都于阳翟，既可以回避平阳的旧势力，又可以突出本族宗邑而彰显夏人的"家天下"色彩，可谓一举两得。《史记·夏本纪·集解》引徐广《史记音义》称"夏居河南，初在阳城，后居阳翟"，应该就是针对禹都阳城和启都阳翟而言的。

3．太康都

《史记·夏本纪·正义》引《汲冢古文》云："太康居斟寻，羿亦居之，桀又居之。"

斟寻是夏人的同姓诸侯，斟寻的地望，《史记正义》引《括地志》有两说，一说是"斟寻故城在今青州北海县是也"，另一说则称"故寻城在洛州巩县西南五十八里，盖桀所居也"。对于两说的矛盾，《史记正义》又引臣瓒云"斟寻在河南，后盖迁北海也"。

启都阳翟，而其子太康却迁居斟寻，原因就在于太康曾经"失邦"。这一事件见诸多种文献，如：

> 《尚书序》："太康失邦，兄弟五人，须于洛汭，作《五子之歌》。"
>
> 《史记·夏本纪·集解》引孔安国曰："太康五弟与其母待太康于洛水之北，怨其不反，故作歌。"

---

[1] 辛德勇：《夏及商前期都城文献资料的初步研究》，《历史的空间与空间的历史》，第191—192页。

《水经·洛水注》:"洛水又东北流入于河,……谓之洛汭。……昔太康失政,为羿所逐,其昆弟五人,须于洛汭,作《五子之歌》于是地矣。"

太康失政,为羿所逐,不能继续居于旧都阳翟而出亡于洛汭。太康居斟寻,其实是失国后的无奈之举。按《括地志》的说法,故寻城在"巩县西南五十八里",虽在巩义,但实际上已经相当靠近今河南偃师了。

至于青州北海县(今山东潍坊)也有斟寻,应该是斟寻东迁的结果,这种因某族迁徙而造成异地同名的现象在古代甚为常见。有关斟寻的迁徙问题,下文再做讨论。

4. 仲康都

今本《竹书纪年》卷上:"帝(仲康)即位居斟寻。"

《夏本纪》称:"太康崩,弟中康立,是为帝中康。"仲康应该是"须于洛汭"的太康"昆弟五人"之一,太康崩于斟寻,故仲康即位于斟寻。

5. 相都

关于相都,主要有帝丘和斟灌两说。

(1)帝丘

① 《左传》僖公三十一年:

> 冬,狄围卫,卫迁于帝丘,卜曰三百年。卫成公梦康叔曰:"相夺予享。"公命祀相。宁武子不可,曰:"鬼神非其族类,不歆

其祀。杞、鄫何事？相之不享于此久矣，非卫之罪也，不可以间成王、周公之命祀，请改祀命。"

②宋王应麟《通鉴地理通释》卷四"夏都"条引《世本》称："相徙帝丘，于周为卫。"

《世本》和《左传》均述相居帝丘，所以此说是十分坚实可靠的。帝丘即今河南濮阳，但在《竹书纪年》和《帝王世纪》等书中，"帝丘"被误作了"商丘"。《太平御览》卷八二引《竹书纪年》：

> 帝相即位，处商丘。元年，征淮夷。二年，征风夷及黄夷。

同卷又引《帝王世纪》：

> 帝相一名相安。自太康以来，夏政凌迟，为羿所逼，乃徙商丘，依同姓诸侯斟灌、斟寻氏。羿遂袭帝号，是为羿帝。

《帝王世纪》虽然把"帝丘"误作了"商丘"，但明确指出了相都帝丘是"为羿所逼"。太康、仲康兄弟被迫从阳翟出奔斟寻，但两地相距并不甚远。相即位后，后羿步步紧逼，相无法再在豫西立足，转而向东奔帝丘而去。这里特别值得注意的是，《帝王世纪》强调相徙帝丘是"依同姓诸侯斟灌、斟寻氏"，说明至晚在此时斟寻也从豫西的巩义、偃师一带东迁到今河南濮阳附近。

(2) 斟灌

据上引《帝王世纪》，相徙帝丘，所依靠的除了斟寻，还有另一同姓诸侯斟灌。关于斟灌的地望，《水经·巨洋水注》称：

> 尧水又东北，经东、西寿光二城间。应劭曰寿光县有灌亭。

杜预曰在县东南，斟灌国也。又言斟亭在平寿县东南。……薛瓒《汉书集注》云：按《汲郡古文》相居斟灌，东郡灌是也。

这里列出了多处与斟灌有关的地点，但最重要的是薛瓒据古本《纪年》所说的"东郡灌"，也即汉代东郡观县，在今河南清丰县南。清丰在帝丘（濮阳）范围之内，所以今本《竹书纪年》就径言"斟灌之墟，是为帝丘"。帝丘未必是斟灌的原居地，不排除也是从豫西迁此的可能性。从《巨洋水注》的记载来看，斟灌后来又东迁到山东。对于二斟居处的频繁变动，辛德勇先生有个很好的解释与总结：

案斟灌、斟寻的居处地点，均屡有变动。夏朝当太康至少康之际，斟灌、斟寻两大同姓氏族，成为支撑王朝的骨干。斟寻本处于河、洛之间，臣瓒早已做出很好的论述。羿入居斟寻故地后，逐渐逼迫夏后，思图取而代之，所以帝相不得不东徙帝丘。《帝王世纪》云相徙至帝丘，是"依同姓诸侯斟寻"，足见斟寻已先于帝相东徙。今本《竹书纪年》卷上也说"相出居商（帝）丘"，是"依同姓诸侯斟灌、斟寻"，这正与东郡观县说相印证，说明斟灌确曾居处于帝丘附近。

夏后相东徙后，羿袭帝号。至寒浞少羿，遣其子浇"用师灭斟灌及斟寻氏"。……（斟寻）其地在今山东潍坊境内，距潍河亦即古潍水不远，与寿光、淳于二斟灌相距都比较近。浇灭斟灌、斟寻，前后相次，知二者亦应相互毗邻。所以相居帝丘后，斟灌肯定又曾与斟寻一道，继续向东迁徙，并最终被浇灭掉。[1]

---

[1] 辛德勇：《夏及商前期都城文献资料的初步研究》，《历史的空间与空间的历史》，第196页。

由此可见，相都斟灌说其实就是相都帝丘说，都是指相受后羿的逼迫从伊洛地区迁到豫北的濮阳一带。

6．少康都

关于少康都，有夏邑和原两说。

（1）夏邑

今本《竹书纪年》卷上：

> 伯子杼帅师灭戈，伯靡少寒浞，少康自纶归于夏邑。
> 于是夏众灭浞，奉少康归于夏邑，诸侯始闻之，立为天子，祀夏配天，不失旧国。

如前文所述，夏邑即阳翟，既是禹的始封之地，也是启都所在，是夏族的宗邑。少康复国后回归旧都，很近情理。

（2）原

今本《竹书纪年》卷上："（帝少康）十八年，迁于原。"

这里有两个问题需要解决：一是少康为何迁都于原；二是原地在何处。但因为这条文献是孤证，实际上已经无法细究。后人多以春秋时期的原地（今河南济源）作为少康所迁的原，可备一说。

7．宁（杼）都

文献记载帝宁先从少康居原，后迁于老丘。

《太平御览》卷八二引《纪年》："帝宁居原。"同卷又引《纪年》称："自（原）迁于老丘。"帝宁迁都的原因同样不明，但老丘见于《左传》定公十五年："郑罕达败宋师于老丘。"

杜预注释老丘为宋地。《太平寰宇记》卷一"开封府陈留县"记此老丘城在北宋陈留县北四十五里，也就是在今河南开封陈留镇以北一带。近年有学者依据相关考古线索，提出今开封县杜良乡国都里村及其附近区域应是夏都老丘所在地。[1]丁山则指出，陈留东南不足百里有"雍邱"，正是殷周时期封夏遗民于杞的所在，而杞封在此，自然是"因于帝宁之故都"的缘故。[2]

帝宁之后，帝槐（芬）至帝扃的都邑失载于文献，故存疑。

8．帝厪都

《太平御览》卷八二引《纪年》："帝厪，一名胤甲。即位，居西河。"

但上文已经说明，帝厪非胤甲，胤甲当为孔甲。所以，这里以帝厪居西河就不能成立了，帝厪之都也当存疑。

9．孔甲（胤甲）都

今本《竹书纪年》："帝（孔甲）即位居西河。"

此外，上引《太平御览》卷八二引《纪年》"帝厪，一名胤甲。即位，居西河"也可以作为孔甲居西河的旁证。但对于西河的具体所在，历来说法不一，归纳起来有魏西河郡和卫地之河两种意见，前者又有陕西合阳和晋西南等不同意见，后者则主要是河南安阳、内黄一带。现代学者多倾向于后一说。[3]

---

[1] 刘春迎：《夏都"老丘"考——从开封地区已经发现的二里头文化遗存中求证》，《中原文物》2014年第3期。
[2] 丁山：《由三代都邑论及民族文化》，《古代神话与民族》，商务印书馆，2005年，第7页。
[3] 方诗铭、王修龄：《古本竹书纪年辑证》，《方诗铭文集》，第一卷，第277页；辛德勇：《夏及商前期都城文献资料的初步研究》，《历史的空间与空间的历史》，第201—205页。

古本《竹书纪年》记启"二十五年，征西河"，可见对于夏人而言，西河是一个很重要的所在，启征西河与孔甲居西河之间应有某种联系。

10．帝昊（皋）、帝发都

帝昊（皋）和帝发的都城，文献失载。但《左传》僖公三十二年载秦蹇叔哭送秦师时提到了夏后皋之陵：

> 崤有二陵焉：其南陵，夏后皋之墓地；其北陵，文王之所避风雨也。

如果蹇叔所述属实，按夏商时代通例，夏后皋之陵应该在其都邑附近。崤山在今河南渑池，是夏族传统势力范围，帝皋建都于此在情理上也可以说通。1959年徐旭生先生在豫西进行"夏墟"调查时，"中途在陕县的雁翎关村，调查了传说中的夏后皋墓。冢不小，但古器物一点未露头，所以也无法猜测它的年代"。[1] 邹衡先生则认为，既然今河南渑池和陕县一带都发现有夏文化遗址，那么"春秋时代的这个传说，或者是有其来历的"。[2]

11．夏桀都

关于夏桀的都城，文献记载比较一致，都认为是在斟寻。

---

[1] 徐旭生：《1959年夏豫西调查"夏墟"的初步报告》，《考古》1959年第11期。
[2] 邹衡：《夏文化分布区域内有关夏人传说的地望考》，《夏商周考古学论文集》，第228页。

《史记·夏本纪·正义》引《汲冢古文》："太康居斟寻，羿亦居之，桀又居之。"

上文已经指出，斟寻既是族名，也是地名，太康失国后即避居于斟寻，其地在今河南巩义、偃师一带。但因受后羿逼迫，斟寻一族先东迁到豫东濮阳，再迁至山东。夏桀所都的斟寻，自然不会是东迁后的斟寻，而应是地处伊洛地区的斟寻故地，所以文献中又有不少夏桀居洛的记载，如：

①《国语·周语上》载周大夫阳处父曰：

> 昔伊、洛竭而夏亡，河竭而商亡。……夫国必依山川。山崩川竭，亡之征也。

②《战国策·魏策一》载吴起曰：

> 夫夏桀之国，左天门之阴，而右天溪之阳，庐、睪在其北，伊、洛出其南。有此险也，然为政不善，而汤伐之。

③《史记·孙子吴起列传》：

> 夏桀之居，左河济，右泰华，伊阙在其南，羊肠在其北。修政不仁，放汤故之。

从以上记载来看，桀都斟寻和夏桀居洛其实是一事。"居斟寻"是指具体地点，而"夏桀之国""夏桀之居"则就斟寻所处的区域而言，实际上就是夏桀的王畿之地，其四至是东有河济，南有伊阙，西有华山，北有太行。斟寻在今巩义、偃师一带，正处于这一范围之内。

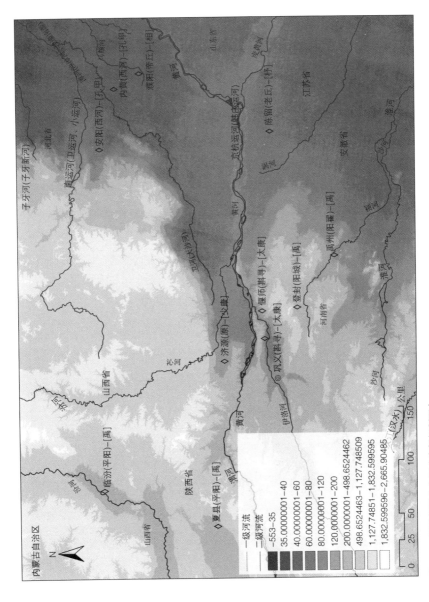

图 1-1 夏代都邑分布图（安妮娜制图）

第一章 夏史考索 | 41

二　都邑变迁与王朝兴衰

都邑是一个王朝的政治中心，都邑变迁在很大程度上折射出王朝的兴衰、族群的流动和疆域的升缩。顾颉刚和史念海先生曾经主张夏代中期之前，夏王朝的政治中心在今山东省，势力范围则涉及河北、河南，而夏代晚期其政治中心才西移到伊洛河流域。[1] 但从上文所分析的夏代都邑变迁来看，实际情况可能更加复杂。

为方便讨论，我们可以先把历代夏后的都邑列表如下。

序号	夏后	都邑
1	禹	始封居阳翟（今河南禹州）、辟舜子商均于阳城（今河南登封）、受禅都于平阳（今山西安邑或临汾）
2	启	阳翟（夏邑）
3	太康	斟寻（今河南巩义、偃师一带）
4	仲康（太康弟）	斟寻
5	相	帝丘（今河南濮阳）
6	少康	夏邑（阳翟）、原（或在今河南济源）
7	杼（帝宁）	原、老丘（今河南开封陈留）
8	芬（槐）	不明
9	荒（芒）	不明
10	泄	不明
11	不降	不明
12	扃（不降弟）	不明
13	廑（扃子）	不明
14	孔甲（胤甲，不降子）	西河（或在今河南安阳、内黄一带）
15	皋（昊）	不明，但很可能已迁回豫西
16	发	不明
17	桀	斟寻

---

[1] 顾颉刚、史念海：《中国疆域沿革史》，第17—18页。

夏王朝都邑变迁显示，夏族的主要活动区域在今河南境内的黄河沿线地区，势力范围则涉及晋南和山东部分地区。在众多都邑中，阳翟和斟寻是最为特殊的两处。前者是禹的始封之地，堪称夏族的圣地，所以多代夏后均定都于此。可以想见，有夏一代，无论其都邑迁往何地，阳翟的礼仪设施始终存在，它的都邑功能始终存在，它实际上是夏人不祧之圣都，在性质上与殷商王朝之商丘以及西周王朝的岐周故地类似。[1]《夏本纪》载夏桀"乃召汤而囚之夏台"，《索隐》："狱名。夏曰均台。皇甫谧云：'地在阳翟'是也"，据此可知直到夏代末年阳翟不仅没有废弃，而且在王朝政治活动中依然发挥着重要作用。斟寻的情况类似，它地处豫西腹地，既是夏人同姓部族的居地，也是太康、仲康失国后的临时避难所，《史记·夏本纪·正义》引《汲冢古文》称"太康居斟寻，羿亦居之，桀又居之"，可知在斟寻东迁之后，其故地未遭毁弃，不但被羿、浞之族袭用，而且在夏代末年又重新成为王朝的一个政治中心。

相居帝丘、帝宁居老丘以及孔甲居西河，说明今豫东和豫北一带曾经是夏王朝的势力范围。相居帝丘的主要原因是受后羿、寒浞的逼迫，而不得不离开豫西故地。但值得注意的是，古本《竹书纪年》记载，相"元年，征淮夷"，"二年，征风夷及黄夷"，"七年，于夷来宾"，这种连年征伐与夏后相的流亡政权似乎颇不相称，很有可能是相的东迁侵入了东方夷人的势力范围，因此发生了剧烈冲突。而另一方

---

[1] 张光直先生曾有夏商周三代"圣都"和"俗都"的说法。他指出："三代虽都在立国前后屡次迁徙，其最早的都城却一直保持着祭仪上的崇高地位。如果把最早的都城比作恒星太阳，则后来迁徙往来的都城便好像是行星或卫星那样围绕着恒星运行。再换个说法，三代各代都有一个永恒不变的'圣都'，也各有若干迁徙行走的'俗都'。圣都是先祖宗庙的永恒基地，而俗都虽也是举行日常祭仪所在，却主要是王的政、经、军的领导中心。"但张先生主张晋南的大夏是夏人的圣都，而三代俗都屡变的原因"以追寻青铜矿源为主要的因素"之见解则非本书所认同。参看《夏商周三代都制与三代文化异同》，《中国青铜时代》，第42—65页。

面,既然夏后相能够压服多支夷人,说明流亡的夏王室仍然保存有一定的实力,或者也是仰仗了同姓诸侯斟灌、斟寻的力量。

少康回归夏邑(阳翟),标志着夏王朝走出了太康失国的低潮,重新建设王朝故都。古本《竹书纪年》载"少康即位,方夷来宾",堪称是"少康中兴"。[1] 古本《纪年》又称"帝宁居原,自原迁于老丘",如上文所分析,原或即济源,老丘在今河南开封陈留,说明夏人势力又自豫西向东、北方向扩张,这应该是夏人有意识地将战略重心东移以便更好地镇抚新领地,在性质上与成汤灭夏后居西亳、武王克商后营洛邑相类似。古本《纪年》记"伯杼子(帝宁)征于东海及三寿,得一狐九尾",应该与这一时期夏王朝战略重心东移相关。

从后芬到帝廑这六位夏后的都邑均已失载,但结合古本《纪年》中的相关记载,可以做些探讨。这一时期的史事主要有:"后芬即位,三年,九夷来御";"后荒即位,元年,以玄圭宾于河,命九东狩于海,获大鸟";"后泄二十一年,命畎夷、白夷、赤夷、玄夷、风夷、阳夷";"不降即位,六年,伐九苑"。除"九苑"的性质不清楚之外,后芬、后荒和后泄都与东夷发生密切关系,由此基本上可以判断这几位夏后应该也在东方建有都邑。

上文已经提到,胤甲(孔甲)"居西河"可以和夏启二十五年"征西河"相发明。启征西河一事,方诗铭先生曾有详考:

> 《帝王世纪》:"(启)三十五年,征河西。"(《御览》卷八二引,"河西"当即"西河"。)启征西河必有史实。今本《纪年》:"(帝启)十五年,武观以西河叛,彭伯寿帅师征西河,武观来归。"其说当出于《逸周书·尝麦》:"其在启之五子,忘伯禹之

---

[1] 杨树达先生认为这里的方夷以及殷墟卜辞常见的"方",就是"三代五霸"之一的大彭。说详《释方》,《积微居甲文说》,中华书局,1954年,第63—66页。

命，假国无正，用胥兴作乱，遂凶厥国，皇天哀禹，赐以彭寿，思正夏略。"朱右曾《逸周书集训校释》云："五子，五观也，亦曰武观，启子。"《吕氏春秋·音初》："殷整甲徙宅西河。"古本《纪年》："河亶甲整即位，自嚣迁于相。"（见后）是西河即相，今之河南安阳，与观地（观在卫）相近。所谓"启征西河"，疑即指启诛五观。〈1〉

《国语·楚语上》载士亹之语曰："……故尧有丹朱，舜有商均，启有五观，汤有太甲，文王有管、蔡。是五王者，皆有元德也，而有奸子。……"既然五观与丹朱、商均、太甲、管叔、蔡叔等人并列为古之"奸子"，可见启征西河确为史实。孔甲再居西河，反映了这一地区始终是夏王朝的密切关注点。

至晚在夏后皋一代，夏人已经将都城迁回豫西。夏人回归豫西，固然因为这里是夏族的传统势力范围，但更可能的原因是今豫北、豫东和鲁西南一带此时已经被崛起的商人所控制，退守豫西是不得已而为之。王国维曾经指出："然夏自太康以后以迄后桀，其都邑及他地名之见于经典者，率在东土，与商人错处河济间盖数百岁。"〈2〉王国维的观察无疑是正确的，但需要说明的是，夏人在积极拓展东方的同时，一直没有放弃豫西旧地，终夏之世，夏人始终在经营阳翟（夏邑）、斟寻等故都。有夏一代，很有可能是实行"两都制"甚至"多都制"的，一方面固守豫西地区的阳翟、阳城、斟寻等都邑，与此同时在其他关键地区建设新的据点，豫北的西河和晋南的平阳（安邑）就是其中最重要的两处。

从夏代都邑的上述变迁，可以总结出夏王朝兴衰的大势：

〈1〉方诗铭、王修龄：《古本竹书纪年辑证》，《方诗铭文集》，第一卷，第277页。
〈2〉王国维：《殷周制度论》，《观堂集林》卷第十，第二册，中华书局，1959年，第451—480页。

夏代早期（禹至少康前期）：这是夏王朝的创立期。王朝的建立，可谓是历经磨难——大禹随山刊木，敷土浚川，划九州，作土贡，会诸侯，受舜禅，是夏王朝的奠基人；后启不仅赢得了启益之争，并且伐有扈，诛五观，废禅让，继父位，真正建立了"家天下"的王朝；王朝建立伊始即迎来太康、仲康、夏后相两代三王的低潮期，政权危在旦夕，可谓命悬一线，所幸斟寻、斟灌等同姓诸侯有所凭依，又得有仍、有虞等姻亲部族之助，少康才能力挽狂澜，并成中兴之业，夏王朝得以真正稳定。

夏代中期（少康后期至帝廑）：这是夏王朝的鼎盛期。夏人不仅巩固了豫西、晋南等传统势力范围，更积极拓展豫东、豫北和山东（至少是鲁西）地区，所谓后荒"命九东"、后泄命诸夷、不降"伐九苑"，应该都是夏人势力扩张的具体反映。此种扩张的结果便是"方夷来宾""九夷来御"，夏王朝进入兴盛阶段。

夏代后期（孔甲至夏桀）：这是夏王朝的衰落期。所谓盛极必衰，孔甲之世，是夏王朝由盛到衰的转折点。古本《纪年》所谓"胤甲（孔甲）居于河西，天有妖孽，十日并出"，暗示王朝已然积弊深重，现衰败之象。《史记·夏本纪》称"帝孔甲立，好方鬼神，事淫乱"，由此导致"夏后氏德衰，诸侯畔之"。但此时夏王朝仍有相当的实力，后发即位，尚有"诸夷宾于王门""诸夷入舞"的盛事。但无奈夏桀"作倾宫、瑶台，殚百姓之财""不务德而武伤百姓"，终于败走鸣条而王朝崩溃。夏代之亡，固然是亡于夏桀之手，但亡国之因早在孔甲时即已种下。[1] 从都邑变迁看夏代兴衰，也正符合"其兴也勃焉，其亡也忽焉"的历史惯性。

---

[1] 如《史记·夏本纪》就说："帝桀之时，自孔甲以来而诸侯多畔夏，桀不务德而武伤百姓，百姓弗堪。"但文献中对孔甲也有截然相反的看法，如《左传》昭公二十九年杜预注："孔甲，少康之后，九世君也，其德能顺于天。"清华简《厚父》篇也称孔甲为"先哲王"。参看赵平安：《〈厚父〉的性质及其蕴含的夏代历史文化》，《文物》2014年第12期。

第三节　族　氏

从文献记载来看，夏代社会的基础是部族之间的联盟关系。了解夏代的族氏，既是把握夏代社会结构的前提条件，更是正确理解各类考古学遗存，将相关考古学文化与特定族属群体相联系的关键所在。

一　同姓族氏

《左传》隐公八年载众仲之语曰："天子建德，因生以赐姓，胙之土而命之氏。"故赐姓、胙土、命氏实为先秦封建的三要素。[1] 夏王朝的建立，与舜时的赐姓命氏关系甚大。

《尚书·禹贡》载禹治水成功之后：

> 锡土姓。祗台德先，不距朕行。

这里所谓"锡土姓"，意指上天赐给禹以土地和姓氏。[2]《国语·周语下》记太子晋述大禹和四岳的治水功绩，其中对禹的赐姓命氏有更

---

[1] 有关先秦赐姓命氏制度可参看杨希枚先生《先秦文化史论集》中的多篇论文，中国社会科学出版社，1995年。
[2] 可参看顾颉刚、刘起釪：《尚书校释译论》第二册"禹贡"篇，中华书局，2005年，第813—814页。以下所引《尚书》内容的断句及标点均据此书。

完整的记载，文曰：

> 帅象禹之功，度之于轨仪，莫非嘉绩，克厌帝心。皇天嘉之，祚以天下，赐姓曰"姒"、氏曰"有夏"，谓其能以嘉祉殷富生物也。祚四岳国，命以侯伯，赐姓曰"姜"、氏曰"有吕"，谓其能为禹股肱心膂，以养物丰民人也。

所谓"皇天嘉之"，实际上是当时的天下共主舜对禹进行赐姓命氏。有学者指出，禹和四岳的受赐命，实质是舜使之分别成为各自姓族的大宗和首领，并为其确定分管区域。[1] 这一解释甚为允当，所谓"赐姓曰姒"，就是命禹为姒姓之长；"氏曰有夏"，就是命禹之国为夏。[2]

与赐姓相比，命氏的实际意义更加重要。因为在当时，姒姓之国众多，它们之间仅是一种松散联盟关系，同姓未必同心，禹为姒姓之长，更多是名义上的首领。而"氏曰有夏"，则是一种实实在在的分封，因为立氏必须和胙土联系在一起，而土地又与民人相联系。"氏曰有夏"也就是把某一区域及其民人赐给禹，"夏"从此作为一个政治实体，而非一个单纯的血缘共同体，它在本质上已经与后世的诸侯国非常接近。赐姓与命氏共存，是血缘政治向地缘政治过渡阶段所特有的现象——赐姓，表示这一时期的政治力量还在相当程度上要依赖有血缘关系的同姓部族；命氏，则说明已经形成了以宗族力量为核心，超血缘关系的政治实体——国族。[3] 李零先生曾谓，"姓是血缘

---

[1] 雁侠：《中国早期姓氏制度研究》，天津古籍出版社，1996年，第105页。
[2] 有学者据鲧称"崇伯鲧"（《国语·周语下》）、禹称"崇禹"（《逸周书·世俘》）而推测在"氏曰有夏"之前夏族为"有崇氏"。参看沈长云、张渭莲：《中国古代国家起源与形成研究》，人民出版社，2009年，第215页。
[3] 《礼记·檀弓下》："晋献文子成室，晋大夫发焉。张老口：'美哉轮焉，美哉奂焉，歌于斯，哭于斯，聚国族于斯。'"

关系，氏是地缘关系"，可谓得其精髓。⁽¹⁾从这层意义上讲，那种认为中国古代有所谓的"宗法制的血缘国家"的看法确实是一种虚妄的构想。⁽²⁾

《逸周书·度邑解》载"自伊汭延于洛汭，居阳无固，其有夏之居"，这里所谓的"有夏之居"就是"氏曰有夏"时赐给禹的封地。《度邑解》并述其大致范围是"我南望过于三涂，北望过于有岳，丕愿瞻过于河，宛瞻于伊洛，无远天室"⁽³⁾，也即北有黄河，南有伊洛，北有太行（豫北）或霍山（晋南），南有三涂山，包括了今河南省西部的嵩县、临汝、洛宁、宜阳、伊川、洛阳、孟津、偃师、巩县、登封、禹州等地。⁽⁴⁾这样一个广大的范围，当然不可能仅仅只有姒姓部族在此生活，而必然是多族姓杂处的状态。《墨子·鲁问》称"禹、汤、文、武，百里之诸侯也"，受命伊始的"有夏"，实际控制范围应该是很有限的。

夏王朝建立之后，夏人成为天下共主，继续赐姓命氏，进行分封。在所分封的邦国中，其中不少是姒姓的部族，这就是《史记·夏本纪》所记载的：

> 太史公曰：禹为姒姓，其后分封，用国为姓，故有夏后氏、有扈氏、有男氏、斟寻氏、彤城氏、褒氏、费氏、杞氏、缯氏、

⟨1⟩ 李零：《两周族姓考（上）》，载《我们的中国》第一册《茫茫禹迹》，生活·读书·新知三联书店，2016年，第91页。葛志毅先生也持同样看法，认为"禹受姒姓当承自先人，'氏曰有夏'乃据封地。"参看葛志毅、张惟明：《先秦姓氏制度与宗法分封社会》，《先秦两汉的制度与文化》，黑龙江教育出版社，1998年，第1—34页。
⟨2⟩ 林沄：《关于中国早期国家形式的几个问题》，《林沄学术文集》，中国大百科全书出版社，1998年，第85—99页。
⟨3⟩ 此处引《度邑解》据黄怀信等人所著《逸周书汇校集注》，上海古籍出版社，1995年。
⟨4⟩ 邹衡：《夏文化分布区域内有关夏人传说的地望考》，《夏商周考古学论文集》，第221页。

辛氏、冥氏、斟（氏）戈氏。

太史公这里所说的"用国为姓"其实就是"用国为氏"，国、姓、氏三者称呼不同，但在这里实质上是一致的。[1]因此，所谓有扈、有男等氏，实际上就是夏王朝分封的同姓诸侯国。但需要注意的是，太史公将夏后氏与有扈氏等其他十一个姒姓国相提并论，说明这些姒姓国与夏后氏具有某种平等地位，这也就意味着当时的命氏和后代的分封是有不同的。夏代的命氏，更多的是夏后氏作为姒姓族长对其他同姓部族作为诸侯地位的一种确认，在命氏之前，这些姒姓部族（至少部分部族）早已存在并占据了某一区域；而周代的分封，则是真正意义上的裂土分疆，是经周天子的册命，是"无中生有"地创造出一个诸侯国。《公羊传》隐公元年何休注："有土嘉之曰褒，无土建国曰封。"夏初的命氏，更多的是"褒"；而西周初年的分封，更多的是"封"。[2]

当然，既然夏后氏可以对其他部族"命氏"，说明它应该是"国上之国"。《国语·周语上》内史过引《夏书》曰："众非元后，何戴？后非众，无与守邦"，就夏王朝的实际情况而言，夏后氏堪称"元后"，而诸多同姓和异姓国族则是"众"邦，两者相互依存，形成一种所谓

---

[1] 先秦时期"氏"的用法多样，主要有：其一，指称个人；其二，与表示姓族之姓意思相同；其三，指一些上古的部族，也就是一些非单纯血缘关系的政治区域性集团；其四，指家族组织；其五，专指族氏这种血缘亲族组织之名号；其六，西周、春秋贵族家族之"氏"，已经从血缘组织发展成为一种政治、军事和经济的共同体。参看朱凤瀚：《商周家族形态研究》，天津古籍出版社，1990年，第22—25页。

[2] 当然，西周初年也有一些"褒"，如《史记·周本纪》就称："武王追思先圣王，乃褒封神农之后于焦，黄帝之后于祝，帝尧之后于蓟，帝舜之后于陈，大禹之后于杞。"李零先生认为西周封国，大别为三种：一种是周王赐给内服王臣的采邑和封地，旧称畿内封国；一种是周王封建的诸侯国，其实是周人的军事占领区和武装殖民区；一种是商代留下的古国或周人改姓易封的古国。参看李零《两周族姓考（中）》，载《我们的中国》第一册《茫茫禹迹》，第97页。

的"复合制国家结构"[1]或"统一的中央集权的贵族国家"。[2]有迹象表明，这种国家形态在商代初年得以延续。[3]

以下对这些姒姓封国分别加以讨论。

1．夏后氏

夏后氏即禹所立之国，是姒姓部族集团的大宗。上文已经提到，帝舜对禹赐姓命氏，实际上就是分封夏后氏。《史记·夏本纪》就直言：

> 帝舜荐禹于天，为嗣。十七年而帝舜崩。三年丧毕，禹辞辟舜之子商均于阳城。天下诸侯皆去商均而朝禹。禹于是遂即天子位，南面朝天下，国号曰夏后，姓姒氏。

---

[1] 王震中：《中国古代国家的起源与王权的形成》，中国社会科学出版社，2013年，第438—439页。郜丽梅：《有关夏代族邦及夏文化的几点思考》，《南方文物》2014年第4期。杜勇则认为："夏朝既是一个对本土进行统治的独立的贵族统治单元，又是一个代表中央政权而凌驾于万国之上、以贵族国家作为统治形式并初步具备地方二级制政区体系的早期统一国家。"《论夏朝国家形式及其统一的意义》，《天津师范大学学报》（社会科学版）2007年第1期。

[2] 杜勇：《中国早期国家的形成与国家结构》，中国社会科学出版社，2013年，第50—73页。杜勇先生采纳了德国政治学家罗曼·赫尔佐克《古代的国家——起源和统治形式》一书所提出的"贵族国家"概念。按照赫尔佐克的观点，贵族国家是指单个的贵族领主拥有自己的部落国，形成了多个各自为政的小国家，这些部落国通过自愿或被迫的方式联合成一个较大的贵族国家，该贵族国家以一个强有力的宗主国为首领。杜勇先生认为，具体到夏时期，大禹所属的夏后氏就是这样的宗主国，它联合其他同姓和异姓诸侯组成一个统一的中央集权的贵族国家。宗主国的夏后既是自己王国的最高统治者，也是整个贵族国家体系中各方国诸侯认同的中央政权的政治领袖。他认为："尽管夏后的专制权力或多或少地受到各诸侯国的制约，无法达到秦汉帝国那样的高度，但并不妨碍夏朝成为一个统一的中央集权的贵族国家。"

[3] 《史记·殷本纪》引《汤诰》："维三月，王自至于东郊。告诸侯群后：'毋不有功于民，勤力乃事。予乃大罚殛女，毋予怨。'……曰：'不道，毋之在国，女毋我怨。'"由此可见，商汤对其他诸侯群后也具有命令征伐的权力。

前文提到，夏后氏控制的区域，就是所谓的"有夏之居"，主要在今河南西部和山西南部，它在性质上相当于夏王朝的王畿之地，夏代最重要的几个都邑如阳翟、阳城、平阳、斟寻都处于这一区域之内。

2．有扈氏

有扈氏是一个重要的姒姓国，《淮南子·齐俗训》高诱注甚至说有扈是"夏启之庶兄"。庶兄说当然不可信，但反映了有扈在姒姓诸国中比较尊崇的地位。有扈氏虽是夏人同姓，但对启破坏禅让制甚为不满。《史记·夏本纪》称：

> 及禹崩，虽授益，益之佐禹日浅，天下未洽。故诸侯皆去益而朝启，曰："吾君帝禹之子也。"于是启遂即天子之位，是为夏后帝启。……有扈氏不服，启伐之，大战于甘。

《尚书序》记"启与有扈战于甘之野，作《甘誓》"。甘之战的结果，按《逸周书·史记解》的记载，以有扈氏"身死国亡"而告终。《甘誓》完整保留了下来，启在其中列举有扈氏的罪状是"威侮五行，怠弃三正"，显然是托词。按当时禅让之制，本应由益即位，而启破坏此种制度，故"有扈氏不服"，这才是它遭受征伐的关键原因。有扈虽是姒姓之国，但在君位继承上"坚持原则"，站在伯益一方，所以《淮南子·齐俗训》称有扈氏是"为义而亡"。

关于有扈氏的居地，《史记》三家注的说法完全一致，都以为在今陕西户县，所以有学者认为客省庄二期文化即有扈氏之遗存。[1] 启与有扈大

---

[1] 李民：《〈尚书·甘誓〉所反映的夏初社会——从〈甘誓〉看夏与有扈的关系》，《河南文博通讯》1979年第4期。

战的甘，也无异说，认为就是有扈氏境内的甘水。《水经·渭水注》记：

> 渭水又东合甘水，水出南山甘谷，……又北径甘亭西，在水东鄠县。昔夏启伐有扈，作誓于是亭。故马融曰："甘，有扈南郊地名也。"

也有学者认为有扈氏在今河南原武[1]或原阳[2]一带，但并无确凿证据，当以汉人旧说为是。2012 年，在陕西宝鸡石鼓山 M3 西周墓中出土了两件户卣和一件户彝，发掘者推断该墓墓主应来自当时的户氏家族[3]，李学勤先生更是进一步申论此"户"应该就是有扈之"扈"。[4]

3．有男氏

《史记·夏本纪·索隐》："《世本》'男'作'南'"，可知有男氏即有南氏。《逸周书·史记解》也提到有南氏：

> 昔有南氏有二臣，贵宠，力钧势敌，竞进争权，下争朋党，君弗禁，南氏以分。

清代学者对有南氏及其地望多有考证，如孙诒让就说："韩婴《叙

---

[1] 顾颉刚、刘起釪：《尚书校释译论》，第二册，第 866—867 页；刘绪：《从夏代各部族的分布和相互关系看商族的起源地》，《史学月刊》1989 年第 3 期；王琳：《夏代有扈氏历史地理问题考辨》，《陕西师范大学学报》（哲学社会科学版）2015 年第 1 期。
[2] 郑杰祥："甘"地辨》，《中国史研究》1982 年第 2 期。
[3] 石鼓山考古队：《陕西省宝鸡市石鼓山西周墓》，《考古与文物》2013 年第 1 期；石鼓山考古队：《陕西宝鸡石鼓山西周墓葬发掘简报》，《文物》2013 年第 2 期。
[4] 李学勤：《石鼓山三号墓器铭选释》，《文物》2013 年第 4 期。

图1-2 户彝、户卣及其铭文

诗》云：'其地在南郡南阳之间'"[1]，钱穆先生也持此说。[2] 据此，有男氏应在今南阳和汉水以北地区，这一判断与《史记·货殖列传》所谓"颍川、南阳，夏人之居也"的说法相吻合。

4．斟寻氏

斟寻的地望，《史记·夏本纪·正义》引《括地志》有两说：一说是"斟寻故城在今青州北海县是也"，另一说为"故寻城在洛州巩县西南五十八里，盖桀所居也"。《史记正义》并引臣瓒云"斟寻在河南，后盖迁北海也"，即斟寻先在洛州巩县（今河南巩义），后迁青州北海（今山东潍坊）。1981 年在山东临朐一座两周之际的齐国墓中曾出土一件"㝬中"（寻仲）所做的媵器，也可以作为斟寻曾经迁至山东潍坊一带的旁证。[3]

此外，前引辛德勇先生的研究还认为斟寻并非直接从洛州巩县迁徙到青州北海，其间很有可能先迁居到帝丘（今河南濮阳）附近，这一说法值得注意。[4]

5．彤城氏

《史记·夏本纪·索隐》称："周有彤伯，盖彤城氏之后。"彤伯也见于《尚书·顾命》，孔颖达《正义》引王肃云："彤，姒姓之国。"但文献中另有彤为姬姓的说法，如《广韵·二冬》引《世本》："彤氏，彤伯，周同姓为氏，成王宗伯。"《路史·国名纪》更称："彤，伯爵，

---

[1] 参看黄怀信等《逸周书汇校集注》，第 1026—1027 页。
[2] 钱穆：《史记地名考》，商务印书馆，2001 年，第 257 页。
[3] 临朐县文化馆、潍坊地区文物管理委员会：《山东临朐发现齐、郯、曾国青铜器》，《文物》1983 年第 12 期。
[4] 辛德勇：《夏及商前期都城文献资料的初步研究》，《历史的空间与空间的历史》，第 196 页。

成王子,《唐韵》作肜,云成王支庶。"刘起釪先生指出,从《顾命》所述"太保奭芮伯肜伯毕公卫侯毛公"几位顾命大臣的身份来看,其他四人均是姬姓宗亲,"故此肜伯,以成王子肜伯为最合"。[1]据此可以折中两说,即先有夏代姒姓的肜城氏,西周初年又另封了姬姓贵族于此,并袭用了肜的国号,这种现象在周初大分封中颇为常见。

《通鉴·周纪》胡三省注"肜"地云:"其地当在汉京兆郑县界。郑县,今陕西西安府华州,州西南有肜城。"华州即今陕西华县。华县紧邻前述"有夏之居"的核心地带,在此处分封同姓诸侯也合乎情理。

6．褒氏

褒氏因西周幽王的宠妃褒姒而著名,《史记·周本纪》花费了相当长的篇幅描述褒姒的传奇。《史记正义》引《括地志》云:"褒国故城在梁州褒城县东二百步,古褒国也",也即今陕西汉中勉县的褒城。著名的褒斜道(石牛道)即南起褒城,北抵陕西眉县的斜谷。褒国位于汉中,说明夏人的势力已经越过秦岭进入四川地区。

7．费氏

春秋时期有滑国,都于费。《左传》成公十三年记有"费滑",杜预注:"费滑,滑国都于费,今缑氏县。"1962 年考古工作者在今河南偃师县滑城村发现了一座东周时期的古城,南北长约 2000 米,东西宽约 1000 米,城址西北距离缑氏镇约 10 公里,推测这就是春秋滑国的费城。[2]据此,夏代的费氏也当在今偃师一带,与同姓的斟寻毗邻。另外,1972 年

---

[1] 顾颉刚、刘起釪:《尚书校释译论》,第四册,第 1719 页。
[2] 中国科学院考古研究所洛阳发掘队:《河南偃师"滑城"考古调查简报》,《考古》1964 年第 1 期。

在山东邹县邾国故城内发现一件春秋时期之铜鼎,其铭文为:"弗奴父作孟妣寇媵鼎,其眉寿万年永宝用。"有学者认为弗即费,此为费奴父为其女孟妣所做的媵器,证明费确为妣姓,春秋的费国是夏代费氏之后。[1]

8．杞氏

《逸周书·王会解》:"成周之会,……堂下之左,殷公、夏公立焉。"孔晁注:"杞、宋二公。"可知这里的夏公就是杞国国君。《史记·陈杞世家》记杞国之封为:

> 杞东楼公者,夏后禹之后苗裔也。殷时或封或绝。周武王克殷纣,求禹之后,得东楼公,封之于杞,以奉夏后氏祀。

《史记索隐》和《集解》均引宋忠曰:"杞,今陈留雍丘县",也就是现在的河南杞县。据研究,春秋时期杞人屡次迁徙,曾先后都于昌乐、安丘和新泰等地。[2]周武王封东楼公于陈留雍丘,当缘于这里是夏代杞氏的原居地。雍丘(杞县)邻近帝宁所居的老丘(开封陈留),说明夏王朝对今豫东地区确实已经有相当的控制力。

9．缯氏

《世本·氏姓篇》:"曾氏,夏少康封其少子曲烈于鄫。襄六年莒灭之。曾太子巫仕鲁,去邑为曾氏。"[3]但《路史·后纪》又记缯为夏帝杼

---

[1] 赵丛苍、徐葆:《费国史迹述略》,《夏文化研究论集》,中华书局,1996年,第207—211页。
[2] 参看陈槃《春秋大事表列国爵姓及存灭表撰异》(三订本)上册,上海古籍出版社,2009年,第205—215页。
[3] 《通志·氏族略》引《世本》,《世本八种》孙冯翼辑本,第15页。

仲子曲列的封地,未知其所据。[1]

文献中杞和缯又经常并称,如《国语·周语中》"杞、缯由大姒",韦昭注:"杞、缯二国姒姓,夏禹之后,大姒之家也。大姒,文王之妃,武王之母也。"在周代,姬姓常与姒姓通婚,除文王之妃为太姒之外,西周十二王中,成王和幽王都娶姒姓女子为后。[2]

《春秋》僖公十四年记"使鄫子来朝",杜预注:"鄫国,今琅琊鄫县",也即今山东枣庄市峄城区。上海博物馆藏的两周之际青铜器曾子𪓣鼎铭文中提到"惠于剌曲",学者们相信此"剌曲"就是"曲烈",由此说明《世本》记载缯出于少康子的说法确有所本。[3] 而前述在山东临朐发现的齐国墓葬出土有"上曾太子般殷"所作器,也从一个侧面支持姒姓之缯在今山东地区的判断。[4] 如缯氏确实始封于少康时期,当与少康中兴之后加强对东夷的控制有关。

10. 辛氏

辛氏即有莘氏,也作"姺"。《大戴礼记·帝系》记:"鲧娶于有莘氏之子,谓之女志氏,产文命。"又记:"鲧产文命,是为禹。"《史记·夏本纪·索隐》也称:"按《世本》:'鲧娶有辛氏女,谓之女志,是生高密。'宋衷云:'高密,禹所封国。'"按此,辛氏当是夏禹的母族,不应是姒姓。

但《史记·周本纪》记西伯被囚于羑里,"闳夭之徒患之,乃求

---

[1] 陈槃:《春秋大事表列国爵姓及存灭表撰异》(三订本)中册,第562页。
[2] 谢乃和:《金文中所见西周王后事迹考》,《华夏考古》2003年第3期。
[3] 董珊:《从"曾国之谜"谈国、族名称的沿革》,《古文字与古代史》第五辑,"中研院"史语所,2017年。
[4] 临朐县文化馆、潍坊地区文物管理委员会:《山东临朐发现齐、郯、曾国青铜器》,《文物》1983年第12期。

有莘氏美女”。《史记正义》称：“《世本》云：‘莘国，姒姓，夏禹之后。’”《世本》秦嘉谟辑本称：“夏启封支子于莘，莘辛声相近，遂为辛氏。”按此，有莘氏是夏人同姓部族。

上述两说都源于《世本》，很难抉择。陈槃先生折中二说，主张二者实为一国，先是鲧妃母家，至夏启时已灭，而改封其支子。陈先生又考证出文献所述的莘地共8处，其中“属陕西者一，河南者五，山东者二”，并推断“莘之初始，盖西方之国，厥后河南陕以至伊水、郑、汝南、杞、山东莘、曹诸县并有莘地者，其东向迁徙之遗迹也”。[1] 按《楚辞·天问》有“成汤东巡，有莘爰极，何乞彼小臣，而吉妃是得”的说法，故有莘应在成汤居地之东。《左传》僖公二十八年载“晋侯登有莘之虚以观师”，杨伯峻先生注称：“据《春秋舆图》，有莘氏之虚在今山东省曹县西北。”[2]

11．冥氏

《左传》僖公二年记晋荀息假道于虞时曾“伐鄍三门”，鄍即冥。杜预注：“鄍，虞邑。”《括地志》：“故鄍城在陕州河北县东十里，虞邑也。”陕州河北县即今山西平陆，晋南历来称“夏墟”，冥氏在此合乎情理。

12．斟戈氏

《史记·夏本纪·索隐》：“斟戈氏，按《左传》《世本》皆云斟灌氏”，可知斟戈氏就是斟灌氏。关于该族的居地在上文已有分析，它先居于东郡观县（今河南清丰一带），后迁至青州寿光（今山东青州）或

〈1〉 陈槃：《春秋大事表列国爵姓及存灭表撰异》（三订本）下册，第1176页。

〈2〉 杨伯峻：《春秋左传注》（修订本），中华书局，1990年第2版，第460—461页。

淳于（今山东安丘）。

除《夏本纪》所提到的这些姒姓国族之外，《史记》还提到了另一个同姓封国——越国。《史记·越王句践世家》记载：

> 越王句践，其先禹之苗裔，而夏后帝少康之庶子也。封于会稽，以奉守禹之祀。文身断发，披草莱而邑焉。后二十余世，至于允常。允常之时，与吴王阖庐战而相怨伐。允常卒，子句践立，是为越王。

《史记正义》引《吴越春秋》：

> 禹周行天下，还归大越，登茅山以朝四方群臣，封有功，爵有德，崩而葬焉。至少康，恐禹迹宗庙祭祀之绝，乃封其庶子于越，号曰无余。

禹葬会稽，远离"有夏之居"，当然有必要在此分封同姓诸侯以奉禹祀。又《国语·鲁语》载孔子曰：

> 丘闻之：昔禹致群神于会稽之山，防风氏后至，禹杀而戮之，其骨节专车。此为大矣。

可见禹致群神和禹葬会稽确有所本。司马迁对越为禹后也是深信不疑，他自述年二十"而南游江、淮，上会稽，探禹穴"（《史记·太史公自序》），并在《越王句践世家》中写道：

> 禹之功大矣，渐九川，定九州，至于今诸夏艾安，及苗裔句践，苦身焦思，终灭强吴，北观兵中国，以尊周室，号称霸王，句践可不谓贤哉！盖有禹之遗烈焉。

虽然今绍兴一带颇多与禹相关的传说和遗迹[1]，但后世不少学者怀疑这一说法是春秋时期越国强大之后越人编造出来的。[2] 其实，越为禹之苗裔不仅有较强的文献证据，而且也得到考古材料的支持，如有研究者就认为上海马桥遗址第四层突然出现的觚、鬶和瓦足皿等二里头文化陶器实际上反映了夏文化已经南渐到今沪杭一带。[3]

根据上述分析，可以把夏人同姓邦国的有关情况表列如下。

国氏	始封	都邑或居地
夏后氏	禹	都邑多变，但多在豫西晋南
有扈氏	不明	陕西户县
有男（南）氏	不明	河南南阳一带
斟寻氏	不明	先居河南巩义，后迁山东潍坊
彤城氏	不明	陕西华县
褒氏	不明	陕西汉中勉县
费氏	不明	河南偃师
杞	不明，西周初再封东楼公	河南杞县，春秋时先后都于山东昌乐、安丘和新泰等地
缯	帝少康少子曲烈	山东枣庄
辛（莘，姺）氏	夏启支子	不确定
冥氏	不明	山西平陆
斟戈（斟灌）氏	不明	先居于今河南清丰一带，后迁至山东青州或安丘
越	帝少康庶子	浙江绍兴

---

[1] 参看孟文镛《越国史稿》第三章"大禹的传说——越立国以前的历史"，中国社会科学出版社，2010年。
[2] 相关观点可参看陈志坚《"越为禹后"说新论》，《清华大学学报》（哲学社会科学版）2013年第4期。
[3] 林华东、何春慰：《再论绍兴会稽与大禹》，《浙江学刊》1995年第4期。有关二里头文化与马桥文化的关系也可参看段天璟《二里头文化时期的中国》一书中的有关论述，社会科学文献出版社，2014年，第327—337页。

从上述十三个姒姓国族的分布来看，主要集中在陕西关中、豫西、豫东和鲁西地区，大体沿着今黄河中游一线由西向东延伸，但其势力所及东达山东中东部，西至陕西汉中，南及江汉平原，东南延伸至越地，北过黄河进入晋南，几乎涵盖了"九州"之域。[1]

二　异姓族氏

《左传》哀公七年载"禹会诸侯于涂山，执玉帛者万国"，《战国策·齐策四》则说"古大禹之时，诸侯万国"。虽然"万国"不必是实数，但由此可见夏代部族之多，邦国之众，其中的多数应该都是异姓族氏。

这里选择与夏人关系密切的若干族氏分述如下。

1．涂山氏

文献中有很多关于禹娶于涂山的记载，如《尚书·皋陶谟》载禹曰：

> 予娶于涂山，辛壬癸甲；启呱呱而泣，予弗子，惟荒度土功，弼成五服，至于五千，州十有二师。

孔安国传：

> 涂山，国名。惩丹朱之恶，辛日娶妻，至于甲日，复往治水，不以私害公。

---

[1] 按徐中舒先生的考证，夏商之际夏民族一部分北迁为匈奴，一部分南迁于江南为越，而夏之与国豕韦更是远徙东北为室韦。参看《夏史初曙》，《中国史研究》1979年第3期。

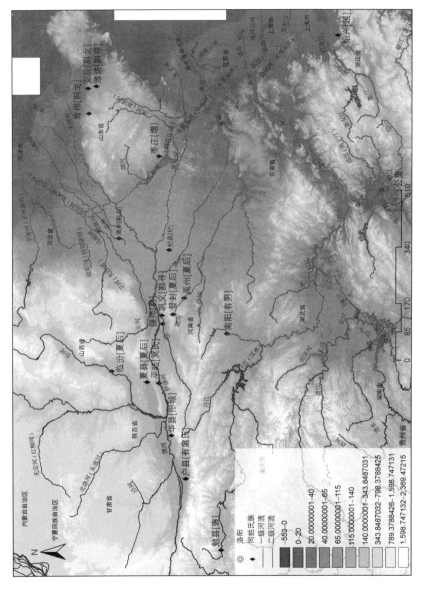

图 1-3 夏代同姓氏族分布图（安妮娜制图）

第一章 夏史考索 | 63

《史记·夏本纪》全采此说,称:

> 禹曰:"予(辛壬)娶涂山,(辛壬)癸甲,生启予不子,以故能成水土功。辅成五服,至于五千里,州十二师,外薄四海,咸建五长,各道有功。苗顽不即功,帝其念哉。"

涂山氏是启之生母,其化石生启的传说流传甚广。《汉书·武帝纪》记武帝在中岳"见夏后启母石",颜师古注称:

> 师古曰:"启,夏禹子也。其母涂山氏女也。禹治鸿水,通轘辕山,化为熊,谓涂山氏曰:'欲饷,闻鼓声乃来。'禹跳石,误中鼓。涂山氏往,见禹方作熊,惭而去,至嵩高山下化为石,方生启。禹曰:'归我子。'石破北方而启生。事见《淮南子》。"[1]

《史记·夏本纪·索隐》引《世本》称"涂山氏女名女娲",又引杜预称"涂山在寿春东北",引皇甫谧云"今九江当涂有禹庙"。但后世学者对涂山所在异说纷陈,先后有会稽说(绍兴)、渝州说(重庆)、濠州说(蚌埠怀远)、当涂说(当涂)等。[2] 现在学者多取蚌埠说,近年更有蚌埠禹会村考古材料支持。

2. 有仍氏

有仍氏也是夏人的重要姻亲部族。《左传》哀公元年:

---

[1] 孙作云先生认为"启母石"的传说源自上古时期的高禖习俗,参看《中国古代的灵石崇拜》,原载《民族杂志》1937年五卷一期,此据马昌仪编《中国神话学文论选萃》上编,中国广播电视出版社,1994年,第347—370页。
[2] 李修松:《涂山汇考》,《中国史研究》1999年第2期。

昔有过杀斟灌，以伐斟寻，灭夏后相。后缗方娠，逃出自窦，归于有仍，生少康焉，为仍牧正。

《史记·吴太伯世家》也载同事，《史记集解》引贾逵曰："有仍，国名，后缗之家。"

关于有仍的地望，《史记·吴太伯世家·索隐》称：

（仍）未知其国所在。《春秋经》桓五年"天王使仍叔之子来聘"，《穀梁》经传并作"任叔"。仍任声相近，或是一地，犹甫吕、虢郭之类。案：《地理志》东平有任县，盖古仍国。

根据《史记索隐》的上述解释，则有仍之居当在今山东泰安。

3．有缗氏

《左传》昭公四年记："桀为仍之会，有缗叛之。"杜预注："仍、缗，皆国名。"《左传》昭公十一年又记："桀克有缗，以丧其国。"杜预注："桀为仍之会，有缗叛之，故伐而克之。"

春秋时宋国有缗地，《春秋经》僖公二十三年："齐侯伐宋，围缗。"杜预注："缗，宋邑。高平昌邑县东南有东缗城。"

此外，《续汉书·郡国志》山阳郡有"东缗"，《元和郡县图志》将此东缗列在兖州金乡县，认为"即古之缗国城"。据此，有缗之地在今山东省济宁市金乡县。

4．有虞氏

上文提到，后缗逃归有仍，生少康，后少康为有仍牧正，但寒浞依然穷追不舍，少康只好继续逃亡。《左传》哀公元年载：

> 浇使椒求之，逃奔有虞，为之庖正，以除其害。虞思于是妻之以二姚，而邑诸纶，有田一成，有众一旅。能布其德，而兆其谋，以收夏众，抚其官职；使女艾谍浇，使季杼诱豷。遂灭过、戈，复禹之绩，祀夏配天，不失旧物。

杜预注："虞舜后诸侯也。梁国有虞县。"
《史记·吴太伯世家·集解》引贾逵曰："有虞，帝舜之后。"《史记·陈杞世家》所记更详，称："舜已崩，传禹天下，而舜子商均为封国。"《史记正义》也引谯周云："以虞封舜子。"《史记·五帝本纪》载尧妻舜以二女，《史记正义》称："二女，娥皇、女英也。娥皇无子，女英生商均。舜升天子，娥皇为后，女英为妃。"
综上，有虞当是舜子商均的封国。《史记·陈杞世家·索隐》释其地为："按：商均所封虞，即今之梁国虞城是也。"
据此，有虞氏之地当在今河南省商丘市虞城县。

5．有鬲氏

有鬲氏也是后羿代夏和少康复国这一重要史事的参与者。《左传》襄公四年晋卿魏绛所述甚详：

> 昔有夏之方衰也，后羿自鉏迁于穷石，因夏民以代夏政。恃其射也，不修民事，而淫于原兽，弃武罗、伯因、熊髡、龙圉，而用寒浞。寒浞，伯明氏之谗子弟也，伯明后寒弃之，夷羿收之，信而使之，以为己相。浞行媚于内而施赂于外，愚弄其民而虞羿于田。树之诈慝，以取其国家，外内咸服。羿犹不悛，将归自田，家众杀而亨

之,以食其子,其子不忍食诸,死于穷门。靡奔有鬲氏。浞因羿室,生浇及豷,恃其谗慝诈伪而不德于民,使浇用师,灭斟灌及斟寻氏。处浇于过,处豷于戈。靡自有鬲氏,收二国之烬,以灭浞而立少康。少康灭浇于过,后杼灭豷于戈,有穷由是遂亡,失人故也。

从这段记载来看,夏遗臣靡是以有鬲氏为复国基地,联合同姓诸侯斟寻和斟灌的残余力量,灭寒浞,并拥立寄居于有虞氏的少康为夏后;而后少康灭浇于过,少康子杼灭豷于戈,彻底剿灭了伯明氏。因此,有鬲氏可谓是少康复国的大功臣。

有鬲又称有隔,《路史·国名纪》即释有鬲为"有隔"。有鬲是皋陶之后,偃姓之国。如《潜夫论·志氏姓》称:"鬲,偃姓。"《水经·河水注》:"应劭曰:'鬲,偃姓,咎繇后。'"《路史·国名纪二》引《郡国县道纪》也说:"古鬲国,偃姓,皋陶后。"

据《尚书·尧典》《皋陶谟》等篇所载,禹与皋陶同为尧舜的重臣,禹是夏族首领,皋陶则出于少皞之族,是东夷首领。禹与皋陶和睦相处,禹并有嗣位皋陶的计划。当后羿代夏,夏人面临覆灭之际,作为皋陶之后的有鬲氏鼎力相助,也反映了夏与皋陶之族关系密切。

《左传》襄公四年杜预注:"有鬲,国名,今平原鬲县。"平原鬲县即今山东德州一带,有研究者认为山东龙山文化城子崖类型的晚期遗存或即是有鬲氏的遗存。[1] 又《史记·夏本纪》记载:

> 帝禹立而举皋陶荐之,且授政焉,而皋陶卒。封皋陶之后于英、六,或在许。

六即今安徽六安,英在六安以西,故江淮之间多偃姓之国。《夏本

---

[1] 栾丰实:《略论海岱龙山文化的地方类型》,《济南大学学报》1995年第3期。

纪》又说皋陶之后"或在许",即今河南许昌,说明偃姓之国甚众,因此它们的分布地域并不局限在江淮之间,向北也可至河南许昌和山东德州一带。

6．有穷氏

在太康失国到少康中兴的这段历史中,有仍、有虞和有鬲是拥戴夏人的一方,而导致太康失国的始作俑者则是有穷氏,这就是《左传》襄公四年魏绛所说的"昔有夏之方衰也,后羿自鉏迁于穷石,因夏民以代夏政",《楚辞·天问》所谓"帝降夷羿,革孽夏民"也是指此事。

《说文·邑部》有"竆"国,释为"夏后时诸侯,东夷国也"。但有穷的始封和都邑已失考,杨伯峻先生《春秋左传注》综合前人之说,以鉏为今河南滑县东,以穷石为穷谷,地在今河南洛阳市南。[1] 清代学者雷学淇对有穷氏"自鉏迁于穷石"有一个解释:

> 羿本国于滑东之鉏,入为王朝卿士,乃迁于穷谷。太康失政,袭居帝都,以代夏政;仍令其子居穷,以为犄角之势。及寒浞杀羿以食其子,其子不忍食而死于穷门,皆谓此穷谷也。[2]

有穷出于东夷,所以其原居地理应在东方,滑县地处河南东北部,位置适当。根据上文的分析,启都在阳翟,太康居斟寻(很可能是先阳翟,后斟寻),距离洛阳均不远。有穷氏既然要"因夏民以代夏政",所以后羿自然要"自鉏迁于穷石",进入夏王朝的核心控制区。有关"后羿代夏"的经过与性质,我们留待下文详细讨论。

---

[1] 杨伯峻:《春秋左传注》(修订本),第936页。
[2] 雷学淇:《介庵经说》七"穷鉏鄩灌考",此据陈槃《春秋大事表列国爵姓及存灭表撰异》(三订本)下册,第1183页。

7．寒氏（附过、戈）

后羿虽然"因夏民以代夏政"，但很快就被"伯明氏之谗子弟"寒浞所杀。据《左传》襄公四年杜预注："寒，国。北海平寿县有寒亭。伯明，其君名。"北海平寿县即今山东潍坊，该市现在还设有寒亭区，可谓渊源有自。

按《左传》襄公四年所载，寒浞遭寒国国君驱逐后，寄居于有穷氏，因受宠于后羿而任有穷之相。寒浞依靠"行媚于内而施赂于外"的手段，最终杀后羿而烹之，"以取其国家"。杀羿之后，"浞因羿室"，霸占了羿的妻室，并"生浇及豷"；以后又将二子分封，"处浇于过，处豷于戈"，杜预注称，"过、戈皆国名。东莱掖县北有过乡，戈在宋、郑之间"。

东莱掖县，即今山东莱州，距离斟寻所在的潍坊和斟灌所在的青州或安丘均不甚远。更重要的是，寒浞本是寒氏弃子，其族祖居今山东潍坊一带，所以封浇于过，既可以压制夏之同姓二斟，又可以联络这一地区的寒氏力量，所以此举对于寒浞而言是十分必要的。

《左传》哀公十二年提到宋郑之间有六邑隙地，其中就包括"戈"邑，这应该就是杜预将戈国定在宋郑之间的依据。邹衡先生曾根据商代卜辞和西周金文所见戈族材料，将该族主要居住地归纳为两处：一是陕西，二是安阳。[1] 戈族原居地当在今安阳一带，大体上可以视为"宋郑之间"，而陕西的戈族应该是武王克商后迁殷遗民所致。

8．观

《左传》昭公元年载赵孟之语称："虞有三苗，夏有观、扈，商有姺、邳，周有徐、奄。"杜预注："观国，今顿丘卫县。"《汉书·地理

---

[1] 邹衡：《夏商周考古学论文集》，第246页。

志》东郡观县条颜师古注引应劭云:"夏有观扈,世祖更名卫国,以封周后。"《后汉书·郡国志》也称:"卫,本观故国,姚姓。"

据上述记载,观国应是舜之后,其地在今河南濮阳清丰县一带。赵孟将"夏有观、扈"与"虞有三苗"以及"商有姺、邳,周有徐、奄"并举,足证观氏势力颇盛,且给夏王朝造成很大的隐患。

但文献中也有观为启子的说法,《国语·楚语上》:

> 尧有丹朱,舜有商均,启有五观,汤有太甲,文王有管蔡,是五王者皆有元德也,而有奸子。

顾颉刚和童书业先生认为《左传》中的"观扈"就是《国语》所说的"五观",是启的奸子。[1] 前文在讨论"启征西河"时,也有多条文献认为五观(武观)是启之子,因此,观的族姓目前很难确定。

9. 吕、申

吕、申都是姜姓,为四岳之后裔。据前引《国语·周语下》太子晋所述,四岳因佐禹治水有功绩而赐姓姜。太史公采其说,《史记·齐太公世家》载:

> 太公望吕尚者,东海上人。其先祖尝为四岳,佐禹平水土甚有功。虞夏之际封于吕,或封于申,姓姜氏。夏商之时,申、吕或封枝庶子孙,或为庶人,尚其后苗裔也。

据此,吕、申均由四岳后裔分封而来。《史记集解》引徐广曰:

---

[1] 顾颉刚、童书业:《夏史三论》,《顾颉刚古史论文集》卷一,中华书局,2011年,第560—562页。

"吕在南阳宛县西。"《史记索隐》则称:"《地理志》:'申在南阳宛县,申伯国也。吕亦在宛县之西也。'"则吕、申两国之始封均在今河南南阳,与前述夏人同姓邦国有男(南)氏的居地相近。

10. 韦(豕韦)、豷夷

韦即豕韦。《诗经·商颂·长发》叙成汤伐夏的顺序为"韦顾既伐,昆吾夏桀",郑玄笺:"韦,豕韦,彭姓也。顾、昆吾,皆己姓也。"

彭姓是"祝融八姓"之一。[1]《国语·郑语》所载史伯与郑桓公的一段对话,是了解"祝融八姓"的关键史料,文曰:

> 祝融亦能昭显天地之光明,以生柔嘉材者也,其后八姓于周未有侯伯。佐制物于前代者,昆吾为夏伯矣,大彭、豕韦为商伯矣,当周未有。己姓昆吾、苏、顾、温、董。董姓鬷夷、豢龙,则夏灭之矣。彭姓彭祖、豕韦、诸稽,则商灭之矣。秃姓舟人,则周灭之矣。妘姓邬、郐、路、偪阳,曹姓邹、莒,皆为采卫,或在王室,或在夷狄,莫之数也。而又无令闻,必不兴矣。斟姓无后。融之兴者,其在芈姓乎?

昆吾、大彭、豕韦、齐桓和晋文合称"三代五霸",而前三者皆出于祝融八姓,由此可见祝融族势力之强盛。八姓中的彭姓之祖可上溯到尧时的彭祖,《史记·五帝本纪》记载:

> (舜)摄政八年而尧崩。三年丧毕,让丹朱,天下归舜。而禹、皋陶、契、后稷、伯夷、夔、龙、倕、益、彭祖自尧时而皆

---

[1] 有关祝融八姓的研究可参看李学勤先生《谈祝融八姓》一文,《江汉论坛》1980年第2期。

举用，未有分职。

《索隐》：

> 彭祖，即陆终氏之第三子，篯铿之后，后为大彭，亦称彭祖。

据此可知，彭姓至晚在尧舜时期即已勃兴，大彭（彭祖）是其大宗，豕韦则是其别支。豕韦的历史颇为曲折，《左传》襄公二十四年记载了晋卿范宣子和鲁大夫叔孙豹有关何为"不朽"的一段精彩对话，其中范宣子自述其先世如下：

> 昔匄之祖，自虞以上为陶唐氏，在夏为御龙氏，在商为豕韦氏，在周为唐杜氏，晋主夏盟为范氏，其是之谓乎！

《左传》昭公二十九年晋大夫蔡墨对此事的来龙去脉有更详细的说明：

> 昔有飂叔安，有裔子曰董父，实甚好龙，能求其耆欲以饮食之，龙多归之，乃扰畜龙，以服事帝舜，帝赐之姓曰董，氏曰豢龙，封诸鬷川，鬷夷氏其后也。故帝舜氏世有畜龙。及有夏孔甲，扰于有帝，帝赐之乘龙，河、汉各二，各有雌雄。孔甲不能食，而未获豢龙氏。有陶唐氏既衰，其后有刘累，学扰龙于豢龙氏，以事孔甲，能饮食之。夏后嘉之，赐氏曰御龙，以更豕韦之后。龙一雌死，潜醢以食夏后。夏后飨之，既而使求之。惧而迁于鲁县，范氏其后也。

杜预注："以刘累代彭姓之豕韦。累寻迁鲁县。豕韦复国，至商而灭。累之后世，复承其国为豕韦氏，在襄二十四年。"有学者认为，所谓"豢龙"和"御龙"其实就是对鳄鱼的驯化。[1] 如果此说不误,确实是一项专业技能很强的工作,自然需要特定的族氏从事。

《史记·夏本纪》采信了《左传》的说法称:

> 帝孔甲立,好方鬼神,事淫乱。夏后氏德衰,诸侯畔之。天降龙二,有雌雄,孔甲不能食,未得豢龙氏。陶唐既衰,其后有刘累,学扰龙于豢龙氏,以事孔甲。孔甲赐之姓曰御龙氏,受豕韦之后。龙一雌死,以食夏后。夏后使求,惧而迁去。

《集解》引服虔曰:"后,刘累之为诸侯者,夏后赐之姓。"《正义》引《括地志》云:"刘累故城在洛州缑氏县南五十五里,乃刘累之故地也。"《集解》引贾逵曰:"刘累之后至商不绝,以代豕韦之后。祝融之后封于豕韦,殷武丁灭之,以刘累之后代之。"而《索隐》则据《世本》称:"豕韦,防姓。"但有学者指出,"防"其实是"彭"的同音假借,所以豕韦为彭姓无疑。[2]

综合上述记载,大致可以把豕韦氏、豢龙氏和御龙氏之间的复杂关系梳理如下:先是董父因善豢龙而被帝舜赐姓董,命氏为豢龙,封地在鬷川;到夏后孔甲时,陶唐之后刘累随豢龙氏学扰龙,被孔甲命为御龙氏。孔甲在命刘累为御龙氏的同时,还令御龙氏替代彭姓的豕韦氏,但很快刘累因无龙可供夏后享用,逃亡到鲁县,而彭姓的"豕韦复国",重为豕韦氏。又据《史记集解》所引贾逵的说法,彭姓豕韦氏在商代被商王武丁所灭,但刘累的御龙氏此时依然存在,因为曾经有替代豕韦的经历,所以御龙氏再一次替代豕韦,这就是范宣子称其先祖"在商为豕韦氏"的原因。概言之,彭姓的豕韦氏在夏、商两代

---

[1] 李修松:《豢龙、御龙考》,《东南文化》1993年第5期。
[2] 徐少华:《论己姓、彭姓诸族的流变和分布》,《江汉考古》1996年第2期。(清)马瑞辰《毛诗传笺通释》卷三十二释《长发》也指出防、彭音近可通,中华书局,1989年,第1182页。

两度被御龙氏所替代。[1]

关于豕韦的地望,《左传》襄公二十四年杜预注称"东郡白马县东南有韦城",所以后世学者多据此认为豕韦在今河南滑县,距离夏后相所居之帝丘(今河南濮阳)甚近。但邹衡先生释"韦"为"鄩",读若"殷",其地在今河南郑州,并认为商人曾居于夏代的鄩地,故改"商"为"殷"。[2]

上引《左传》昭公二十九年蔡墨提到帝舜将豢龙氏"封诸鬷川,鬷夷氏其后",杜预注称:"鬷,水上夷,皆董姓。"可见鬷夷氏应是从豢龙氏分化而出。《国语·郑语》载史伯论祝融八姓时也提到"董姓鬷夷、豢龙,则夏灭之矣",也说明鬷夷确是董姓之国。

而《史记·殷本纪》提到的"三鬷",应该是鬷夷的别称:

> 桀败于有娀之虚,桀奔于鸣条,夏师败绩。汤遂伐三鬷,俘厥宝玉,义伯、仲伯作《典宝》。

《集解》引孔安国曰:"三鬷,国名,桀走保之,今定陶也。"《正义》引《括地志》云:"曹州济阴县即古定陶也,东有三鬷亭是也。"据此,董姓的鬷夷当居于今山东定陶一带。

11. 顾和昆吾

《诗经·商颂·长发》"韦顾既伐,昆吾夏桀",郑玄笺:"韦,豕韦,彭姓也。顾、昆吾,皆己姓也。"据此可知顾和昆吾都是祝融八姓

---

[1] 对于御龙氏如此曲折的经历,徐旭生先生颇疑是汉儒为呼应"汉为尧后"而对有关文献进行篡改的结果。参看《中国古史的传说时代》,第137—138页。
[2] 邹衡:《夏商周考古学论文集》,第249—250页。

的己姓之国。

《左传》哀公二十八年记"秋,八月,公及齐侯、邾子盟于顾",杜预注:"顾,齐地。"《元和郡县图志》卷十一濮州范县条:"故顾城在县东二十八里,夏之顾国也。"据此,则顾在今豫东范县,西距濮阳也不远。后来不少学者据王国维《殷虚卜辞中所见地名考》,释"雇"为"扈",认为其地在今河南原武县一带。[1]但此说并没有坚实的文献证据,杜预释顾为齐地的旧说不可轻易否定。

昆吾是祝融八姓中最重要的一支,势力强大,所以《国语·郑语》称"昆吾为夏伯"。《史记·殷本纪》记载商汤时,"夏桀为虐政荒淫,而诸侯昆吾氏为乱",《正义》曰:

> 帝喾时陆终之长子,昆吾氏之后也。《世本》云"昆吾者,卫氏"是。

又《左传》哀公十七年记:

> 卫侯梦于北宫,见人登昆吾之观,被发北面而噪曰:"登此昆吾之墟,绵绵生之瓜。余为浑良夫,叫天无辜。"

据此,昆吾之居当在卫地。但《左传》昭公十二年又记楚灵王曰:

> 昔我皇祖伯父昆吾,旧许是宅。今郑人贪赖其田,而不我与。我若求之,其与我乎?

杜预注:

---

[1] 邹衡:《夏商周考古学论文集》,第248页。

> 昆吾尝居许地，故曰"旧许是宅"。

许初封在今河南许昌，后迁于叶，再迁于夷，其原居地被郑国所得，故称"旧许"。[1] 昆吾之居先在卫，后在旧许，所以《国语·郑语》韦昭注称：

> 昆吾，祝融之孙，陆终第一子，名樊，为己姓，封于昆吾。昆吾，卫是也。其后夏衰，昆吾为夏伯，迁于旧许。

按韦昭此注，昆吾迁于旧许（今河南许昌）的时间正在夏代。邹衡先生以"许昌地区尚未发现较大的夏文化遗址，而在新郑地区及其附近却发现了两处较大的夏文化遗址"为据，推断旧许的地望"似乎并不在今许昌东，而有可能就在今新郑'郑韩故城'附近"，理由并不充分。[2]

12．葛

《尚书》逸篇《汤征》之《书序》：

> 汤征诸侯，葛伯不祀，汤始征之，作《汤征》。

《孟子·梁惠王下》则记：

> 汤一征，自葛始。

《孟子·滕文公下》记汤征葛伯之事更为详细：

---

[1] 杨伯峻：《春秋左传注》，第1340页。
[2] 邹衡：《夏商周考古学论文集》，第230—231页。

孟子曰："汤居亳，与葛为邻。葛伯放而不祀，汤使人问之曰：'何为不祀？'曰：'无以供牺牲也。'汤使遗之牛羊，葛伯食之，又不以祀。汤又使人问之曰：'何为不祀？'曰：'无以供粢盛也。'汤使亳众往为之耕，老弱馈食。葛伯率其民，要其有酒食黍稻者夺之，不授者杀之。有童子以黍肉饷，杀而夺之。《书》曰：'葛伯仇饷'，此之谓也。为其杀是童子而征之，四海之内皆曰：'非富天下也，为匹夫匹妇复雠也。'汤始征，自葛载。十一征而无敌于天下。"

赵岐注："葛，夏诸侯，嬴姓之国。"葛既为嬴姓，当是少皞之后。《史记·殷本纪》也记载了汤征葛伯的史事，但相对简单：

汤征诸侯。葛伯不祀，汤始伐之。

《史记集解》则云：

《孟子》曰："汤居亳，与葛为邻。"《地理志》曰："葛，今梁国宁陵之葛乡。"

据此，葛应在今河南商丘的宁陵县。邹衡先生创立郑亳说后，从文献中搜寻出多处葛地，认为葛应在今郑州附近。[1]

13．有施氏

《国语·晋语一》记：

---

[1] 邹衡：《夏商周考古学论文集》，第200页。

> 昔夏桀伐有施，有施人以妹喜女焉，妹喜有宠，于是乎与伊尹比而亡夏。

韦昭注："有施，喜姓之国。"喜又作僖，《国语·晋语四》载司空季子论黄帝十二姓，其中即有僖姓：

> 凡黄帝之子，二十五宗，其得姓者十四人为十二姓。姬、酉、祁、己、滕、箴、任、荀、僖、姞、儇、依是也。

据此则知有施为黄帝之后。《左传》定公四年载子鱼论周初封建，在康叔所封的"殷民七族"中就有"施氏"，但该族原居地已不可考。

14．岷山氏

古本《竹书纪年》载：

> 后桀伐岷山，岷山女于桀二人，曰琬、曰琰。桀受二女，无子，刻其名于苕华之玉，苕是琬，华是琰，而弃其元妃于洛，曰末喜氏。末喜氏以与伊尹交，遂以间夏。

《楚辞·天问》则记：

> 桀伐蒙山，何所得焉？

按，蒙山即岷山，即今四川岷山，则《天问》与古本《纪年》所载为同一事。

综上，我们可以把夏代重要的异姓氏族列如下表。

氏族	族姓与来源	都邑或居地
涂山氏	不明	安徽蚌埠
有仍氏	不明	山东泰安
有缗氏	不明	山东济宁金乡县
有虞氏	姚姓，舜子商均的封国	河南虞城
有鬲氏（有隔氏）	偃姓，皋陶之后	山东德州
有穷氏	族姓不明，东夷	先居河南滑县，后迁洛阳
寒（附过、戈）	不明	寒在山东潍坊；过在山东莱州；戈在宋郑之间，很可能在今安阳一带
观	姚姓，舜之后	河南清丰
吕、申	姜姓，四岳之后	河南南阳
韦（豕韦）	彭姓，祝融之后	河南滑县
毆夷	董姓，祝融之后	山东定陶
顾	己姓，祝融之后	河南范县
昆吾	己姓，祝融之后	原居卫地，夏时已迁至许昌
葛	嬴姓	河南宁陵
有施氏	喜（僖）姓，黄帝之后	不明
岷山氏	不明	四川岷山

从以上所列各异姓族氏的分布地域来看，主要是集中在今河南和山东两省，特别是河南东部和山东中西部一带。从各族的渊源来看，则以祝融之后、虞舜之后和皋陶之后为主。从大的族团而言，祝融本属华夏集团，禹征三苗之后，祝融成为南方苗蛮集团的领袖。[1] 皋陶偃姓，是少皞之后，属于东夷集团无疑。而虞舜的情况比较复杂，文献中有截然不同的说法。《孟子·离娄下》说舜是"东夷之人也"，而《史记·五帝本纪》则说舜"冀州之人也"。按前者，属东夷；按后者，则为华夏。但既然西周初年武王封虞舜之后胡公满于陈，陈在今河南

〔1〕 徐旭生：《中国古史的传说时代》，第140页。

淮阳，为太皞之墟，说明虞舜之族更近东夷。⁽¹⁾

总体而言，夏代同姓和异姓国族的地理分布表现出比较明显的规律性，这就是傅斯年先生所谓的"夷夏东西"。⁽²⁾傅先生指出：

> 据以上各书所记夏地，可知夏之区域，包括今山西省南半，即汾水流域，今河南省之西部中部，即伊洛嵩高一带，东不过平汉线，西有陕西一部分，即渭水下游。东方界限，则其盛时曾有济水上游，至于商邱，此便是与夷人相争之线。

就上文分析来看，姒姓各族确实集中分布在豫西、晋南和关中等西部地区，祝融和有虞之后主要分布在豫东和豫北地区，而东夷各族则遍布于豫东和山东。有学者指出，殷墟武丁卜辞和清华简《尹至》篇中的"西邑"、《礼记·缁衣》和清华简《尹诰》篇的"西邑夏"等称呼都是指"夏"⁽³⁾；甚至有人主张"夏"的本义就是"西"，大禹之族起源于关中的渭水流域，由此可见"夷夏东西"的观念在上古时期即已有端倪。⁽⁴⁾但另一方面，夏与其他部族在空间分布上并非泾渭分明，而是呈犬牙交错之势。特别是夏代早中期，就总体态势而言，夏人是逐步向东方推进，在豫东、豫北和山东地区或设有都邑，或建有封国，夷、夏和祝融之族呈现出"一体化"趋势，以致李学勤先生有"夏朝不是一个夷夏东西的问题，而是夷本身就在夏朝的范围之内"的

⟨1⟩ 《左传》昭公十七年载梓慎曰："宋，大辰之虚也；陈，大皞之虚也；郑，祝融之虚也，皆火房也。"
⟨2⟩ 傅斯年：《夷夏东西说》，《中央研究院历史语言研究所集刊》外编第一种《庆祝蔡元培先生六十五岁论文集》，1933年。
⟨3⟩ 蔡哲茂：《夏王朝存在新证——说殷卜辞的"西邑"》，《中国文化》第四十四期，2016年10月。
⟨4⟩ 参看吴锐《中国上古的帝系构造》第三章"西部夏国与夏文化"。

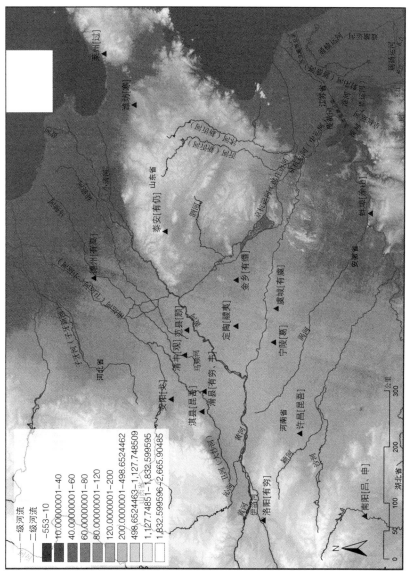

图 1-4 夏代异姓族氏分布图（安妮娜制图）

论断。[1] 终夏之世，异姓国族或与夏人互通婚姻，或在王朝出任卿士，或直接介入王朝政治斗争，从而与夏族水乳交融。[2] 凡此种种，都必然造成人群的流动、文化的融合，从而使得夏时期区域文化呈现出异常的复杂性和多样性。

---

[1] 李学勤：《夏商周与山东》，《烟台大学学报》（哲学社会科学版）2002年第3期。
[2] 《尚书·甘誓》有所谓"六卿""六事之人""三正"等与职官相关的称谓，而夏王朝的职官颇见异姓族氏的首领，典型者如皋陶作士（《左传》昭公十五年"夏书曰：'昏墨贼杀。皋陶之刑也'"）、昆吾为夏伯（《国语·郑语》："昆吾为夏伯矣，大彭、豕韦为商伯矣"）、奚仲为车正（《左传》定公元年"薛之皇祖奚仲居薛，以为夏车正"）、后羿为射正（《史记·夏本纪》正义引《帝王纪》"帝羿有穷氏，未闻其何姓先。帝喾以上，世掌射正。至喾，赐以彤弓素矢，封之于鉏，为帝司射，历虞、夏"）、商冥为水官（《国语·周语下》"冥勤其官而水死"）、后稷为农官（《国语·周语下》"稷勤百谷而山死"）。

第四节 | 史　事

有夏一代，四百余载，从禹勤沟洫到桀败鸣条，其间多少风云诡谲和波澜壮阔。但早在司马迁时代，文献已然不足征，无法构建完整翔实的夏代史，而只能征引《禹贡》《皋陶谟》等《尚书》诸篇内容，集中叙述大禹功绩作为《夏本纪》的骨干。这里以《夏本纪》为纲，佐以其他文献记载，综考夏代重大史事，为夏文化探索勾勒出必要的历史背景。

一　茫茫禹迹

1．大禹治水

大禹治水是中国上古史上的"大事件"，但近代以来，受"疑古"风潮的影响，颇有把它一笔抹杀的趋势。大禹治水同时兼有传世文献、出土文献和考古学证据，所以不能轻易否定它的历史真实性。

关于大禹治水，以《尧典》《皋陶谟》和《禹贡》三篇《尚书》所记最为系统完备，兹分述如下。

（1）《尧典》

《尧典》是今文二十八篇《尚书》中的第一篇，因为它"牵涉古史的各个方面，所以问题成堆"，但仍是研究上古史的关键史料。[1]《尧典》中与治水有关的记载共三条：

一是帝尧听从四岳的建议命鲧治水，九年而无功：

> 帝曰："咨！四岳！汤汤洪水方割，荡荡怀山襄陵，浩浩滔天，下民其咨，有能俾乂？"佥曰："於，鲧哉！"帝曰："吁！咈哉！方命圮族。"岳曰："异哉，试可，乃已。"帝曰："往，钦哉！"九载，绩用弗成。

二是鲧治水失败，被帝舜视为"四罪"之一，殛之于羽山：

> 流共工于幽洲，放驩兜于崇山，窜三苗于三危，殛鲧于羽山，四罪而天下咸服。

三是帝舜命禹为司空，继续治水大业：

> 舜曰："咨！四岳！有能奋庸，熙帝之载，使宅百揆，亮采惠畴？"佥曰："伯禹作司空。"帝曰："俞！"咨禹："汝平水土，惟时懋哉！"禹拜稽首，让于稷、契暨皋陶。帝曰："俞！汝往哉！"

(2)《皋陶谟》

《皋陶谟》是今文《尚书》中的第二篇，记录了皋陶和禹在帝舜朝廷上的对话。他们谈论的要点是如何引导德教，建设和谐社会，所以该篇开首就是：

> 曰若稽古皋陶，曰："允迪厥德，谟明弼谐。"禹曰："俞，

---

[1] 顾颉刚、刘起釪：《尚书校释译论》，第一册，第358页。

如何？"

禹的发问，引出了皋陶关于"九德""五典""五礼"和"五刑"的长篇大论。《皋陶谟》的后半部分则记录了禹的大段言论，其中陈述了他治水的情况：

> 帝曰："来，禹！汝亦昌言。"禹拜曰："都，帝！予何言？予思日孜孜。"皋陶曰："吁！如何？"禹曰："洪水滔天，浩浩怀山襄陵；下民昏垫。予乘四载，随山刊木。暨益奏庶鲜食。予决九川距四海，浚畎浍距川。暨稷播奏庶艰食、鲜食，懋迁有无化居。烝民乃粒，万邦作乂。"皋陶曰："俞，师汝昌言。"

然后禹向帝舜建言要谨慎执政，舜表示首肯：

> 禹曰："都，帝！慎乃在位。"帝曰："俞。"禹曰："安汝止，惟几惟康，其弼直；惟动丕应。徯志以昭受上帝，天其申命用休。"帝曰："吁！臣哉邻哉！邻哉臣哉！"禹曰："俞。"

在向帝舜的建言中，禹提到了自己娶涂山之女，生子启；并述治水成功后海内咸归，划天下为五服，但苗民依然冥顽不化：

> 禹曰："予娶于涂山，辛壬癸甲；启呱呱而泣，予弗子，惟荒度土功，弼成五服，至于五千，州十有二师。外薄四海，咸建五长，各迪有功。苗顽弗即工，帝其念哉。"

(3)《禹贡》

《禹贡》是《尚书》中的鸿篇巨作，也是与大禹治水关系最为密切的一篇文献，一般认为它的最终写定应该是在战国时期。[1]《禹贡》讲述了禹治理洪水，奠定疆土，按照自然地理划分九州，并按州记录各州的山川、土壤和物产，以及根据田地的等级和经济繁荣程度确定各州贡赋的高低。篇末又有一段关于"五服制"的论述，与全篇以自然地理为主的描述颇不协调，应出于后人的附会。[2]

《禹贡》的核心内容，可以全篇开首第一句作为总括：

> 禹敷土，随山刊木，奠高山大川。

禹"奠高山大川"的结果就是划定了"九州"，《禹贡》的"九州"依次是：冀州，济、河惟兖州，海、岱惟青州，海、岱及淮惟徐州，淮、海惟扬州，荆及衡阳惟荆州，荆、河惟豫州，华阳、黑水惟梁州，黑水、西河惟雍州。

全篇以禹的声教达于四海而结尾，与篇首前后呼应：

> 东渐于海，西被于流沙，朔南暨，声教讫于四海。禹锡玄圭，告厥成功。

《禹贡》是《尚书》研究的焦点，历代学者意见纷陈。但《禹贡》既然是司马迁作《夏本纪》的主要史料来源，它无疑具有极高的史料

---

[1] 史念海：《论〈禹贡〉的著作年代》，《河山集》二集，生活·读书·新知三联书店，1981年，第391—415页。史先生考定《禹贡》这篇书是战国时期魏国人著作的，与梁（魏）惠王的霸业密切相关。需要注意的是，《禹贡》最终写定是在战国，但并不代表没有早期流传的版本，更不代表其中的内容均属于战国。如据刘起釪先生统计，先秦文献征引《禹贡》内容者多达7次，其中包括《国语》和《墨子》等较早文献，由此可见《禹贡》流传和成书过程很长。参看刘起釪《尚书学史》，中华书局，1989年，第16页。
[2] 顾颉刚、刘起釪：《尚书校释译论》，第二册，第521页。

价值，理应成为我们今天研究大禹治水和夏代史的核心材料。

除上述三篇《尚书》外，其他先秦文献中还有很多与大禹治水相关的记载，兹不赘引。近年与大禹治水相关的新发现是保利艺术博物馆收藏的一件西周中期青铜器豳公盨，器底有铭文10行98字，铭文开首即说：

> 天命禹敷土，随山浚川，乃差地设征，降民监德，乃自作配享民，成父母。⁽¹⁾

铭文内容与上引《尧典》《皋陶谟》和《禹贡》诸篇的思想乃至语句都惊人地相似，足证至晚在西周中期大禹治水、划土作贡的事迹及其爱民敬德的思想已经十分流行。很显然，铭文所述内容不会出于周人的杜撰，而是夏商以降口耳相传、书于竹帛并铸为彝铭的结果。

另外，上博简《容成氏》也有关于大禹治水、疏通河道的记载，其中提到"舜听政三年，山陵不序，水潦不湝，乃立禹为司工"，并记禹"既受命"之后，亲执耒耜，开始了治水的伟业，决河之阻，东注之海，天下九州乃"始可处也"。⁽²⁾

从简文来看，禹治水的范围涉及九州，治水之后，九州方可居处。《容成氏》所述九州与《禹贡》九州之名不完全相同，学者对此已经多有考证，兹不赘述。⁽³⁾ 而禹的功绩之大，无人可匹，所以简文又说"舜有子七人，不以其子为后，见禹之贤也，而欲以为后"。

⟨1⟩ 保利艺术博物馆：《豳公盨》，线装书局，2002年。
⟨2⟩ 李零：《〈容成氏〉释文考释》，马承源主编：《上海博物馆藏战国楚竹书（二）》，上海古籍出版社，2002年，第247—293页。
⟨3⟩ 可参看孙飞燕《上博简〈容成氏〉文本整理及研究》绪论中有关九州的综述，中国社会科学出版社，2014年，第9—10页。

图 1-5　豳公盨及其铭文

88　鼏宅禹迹

综合上述记载，发生在尧舜时期的这次大洪水具有三个显著特点，即水大、时长、地广。《尧典》说"汤汤洪水""浩浩滔天"，可见洪水之大；鲧治水九年而"弗成"，而"禹抑洪水，十三年过家不入门"（《史记·河渠书》），大洪水前后肆虐长达二十余年，生民深受其苦；《夏本纪》描述大禹治水时"左准绳，右规矩，载四时，以开九州，通九道，陂九泽，度九山"，"九"是数之大者，极言其多，可见当时遭受水患的地域十分广泛，至少整个黄河下游地区都在洪水的暴虐之下。[1]

近年来有不少学者从自然科学的角度对这次异常大洪水进行了分析。有研究指出，在相关遗址所发现的异常洪水地质记录，表明距今4000年前后确实是我国北方超大洪水多发的时期，黄河流域、淮河流域和海河流域在这一时期均普遍出现了不同形式的史前异常洪水事件。研究表明，此次异常洪水的出现与这一时期的降温事件有密切关系，气候变冷引发的相对湿度加大和降水量增多可能是造成大洪水的主要原因。[2]

一般认为，鲧治水失败是因为他一味地壅堵洪水，而禹的成功则在于他采用了疏导的方法。《国语·周语下》记"灵王二十二年，穀、洛斗，将毁王宫"，而"王欲壅之"，太子晋向灵王进谏"古之长民者，不堕山，不崇薮，不防川，不窦泽"，并以共工、鲧、禹和四岳的治水经历为例加以对比说明：

> 昔共工弃此道也，虞于湛乐，淫失其身，欲壅防百川，堕

---

[1] 徐旭生先生曾考证大禹治水的地域，认为"主要地是治黄河下游的水患。施工最多的地方在兖州。而在豫州东部及徐州的部分平原，可能也曾施工"，而且禹也很可能"对淮水做了一些工作"。参看《尧舜禹》，载《文史》第三十九、四十辑。
[2] 夏正楷、杨晓燕：《我国北方4 ka B.P.前后异常洪水事件的初步研究》，《第四纪研究》第23卷第6期，2003年11月。

高堙庳，以害天下。皇天弗福，庶民弗助，祸乱并兴，共工用灭。其在有虞，有崇伯鲧，播其淫心，称遂共工之过，尧用殛之于羽山。其后伯禹念前之非度，厘改制量，象物天地，比类百则，仪之于民，而度之于群生，共之从孙四岳佐之，高高下下，疏川导滞，钟水丰物，封崇九山，决汨九川，陂鄣九泽，丰殖九薮，汨越九原，宅居九隩，合通四海。故天无伏阴，地无散阳，水无沉气，火无灾燀，神无间行，民无淫心，时无逆数，物无害生。

按太子晋所言，禹为鲧之子，四岳乃共工之后，鲧和共工都因为没有遵守"不堕山，不崇薮，不防川，不窦泽"的古训，反而"壅防百川，堕高堙庳"，破坏自然环境而导致洪水泛滥，最终身败名裂，禹和四岳则依靠疏川导滞而大获成功，如此鲜明对比的历史经验当然很具有说服力。[1]但稍加分析，便不难看出治水的成败绝不可能简单地归结于疏或堵，因为任何治水活动都必然要疏、堵结合方可奏效，即便在当今社会，壅堵（如加高堤坝）依然是最常见、必要的治水方式，疏与堵绝不是非此即彼的单一选择。所以，早在战国时代屈原就已经心生疑虑，在《天问》中写道：

> 洪泉极深，何以填之？地方九则，何以坟之？河海应龙，何尽何历？鲧何所营？禹何所成？

---

[1] 关于鲧和共工之死，文献中另有说法。《韩非子·外储说右上》："尧欲传天下于舜，鲧谏曰：'不祥哉！孰以天下而传之于匹夫乎？'尧不听，举兵而诛，杀鲧于羽山之郊。共工又谏曰：'孰以天下而传之于匹夫乎？'尧不听，又举兵而诛共工于幽州之都。于是天下莫敢言无传天下于舜。"按此，鲧和共工之亡与治水无涉，而是因为他们反对禅让。此外，杨宽先生曾举九证来证明"鲧即共工"，认为："'鲧'与'共工'声音相同，因言之急缓而有别：急言之为'鲧'，长言之为'共工'也。"参看《鲧、共工与玄冥、冯夷》，《古史探微》，上海人民出版社，2016年，第347—359页。

在屈原看来，禹之"成"是基于鲧之"营"的，两者根本不可截然分开，所以屈原在《天问》中又写道："伯禹愎鲧，夫何以变化？纂就前绪，遂成考功。"而童书业先生甚至认为鲧、禹的治水方法根本不存在本质差别：

> 禹治水之事见于《诗经》与《周书》，只言其"甸山""敷土""平水土"，而未明言如何从事。读《山海经》《天问》及《淮南子》等书，始知禹所用之治水方法与鲧相同，为"堙"为"填"。[1]

因此，大禹治水成功的原因需要从其他角度来考虑，从《尧典》等篇章的相关记载来看，有以下几点值得注意：

首先是技术环节。从文献记载来看，大禹治水确实注重疏导，但他并不是一般意义上的疏导，而是大范围、因地制宜式的疏导。治水是个系统工程，尤其是尧舜时期这种异常大洪水，小范围的疏堵不但无法根治，而且带来的必然结果就是以邻为壑，反而阻碍了治水的实施。因此，此时的疏堵必须是广大区域内集体行动才可以奏效，通过设立分洪区，主动淹没一些区域，形成新的泄洪道，才能真正根治洪水。而文献记载显示，大禹及其治水团队较好地解决了这个问题，具体方法就是《皋陶谟》所说的：

> 洪水滔天，浩浩怀山襄陵；下民昏垫。予乘四载，随山刊木。暨益奏庶鲜食。予决九川距四海，浚畎浍距川。暨稷播奏庶艰食、鲜食，懋迁有无化居。烝民乃粒，万邦作乂。

---

[1] 童书业：《春秋左传研究》，上海人民出版社，1980年，第16—17页。

毫无疑问，洪水肆虐给生民带来的最大困扰显然是吃饭问题，而设置泄洪区疏导洪水就会加剧该地区的灾情。在益和稷等人的辅佐下，大禹使"烝民乃粒，万邦作乂"，充分调剂和分配粮食，较好地化解了分洪区居民的后顾之忧，使得他们在分洪后能够有基本生活保障。司马迁对《皋陶谟》中的上述记载笃信不疑，所以在《夏本纪》中将这段话转述如下：

> 禹乃遂与益、后稷奉帝命，命诸侯百姓兴人徒以傅土，行山表木，定高山大川。禹伤先人父鲧功之不成受诛，乃劳身焦思，居外十三年，过家门不敢入。薄衣食，致孝于鬼神。卑宫室，致费于沟淢。陆行乘车，水行乘船，泥行乘橇，山行乘檋。左准绳，右规矩，载四时，以开九州，通九道，陂九泽，度九山。令益予众庶稻，可种卑湿。命后稷予众庶难得之食。食少，调有余相给，以均诸侯。禹乃行相地宜所有以贡，及山川之便利。

在禹的一系列举措中，最关键的一点就是"命后稷予众庶难得之食。食少，调有余相给，以均诸侯"。只有在这种大范围的粮食调配，排除分洪区民众后顾之忧的前提下，大禹才有可能动员天下诸侯"舍小家，顾大家"，齐心协力，"开九州，通九道，陂九泽，度九山"，从而彻底疏导洪水。[1]

大禹治水成功的另一个关键因素是他的治水精神。很多先秦文献都记载大禹常年奔走在治水第一线，如《庄子·天下篇》就有以下的描述：

---

[1]《山海经》之《海外北经》和《大荒北经》均有禹杀共工之臣相柳（相繇）的说法，或许反映了禹治水过程中对于那些不听号令、不予配合的诸侯也有惩治之权。

墨子称道曰："昔禹之湮洪水，决江河而通四夷九州也，名山三百，支川三千，小者无数。禹亲自操橐耜，而九杂天下之川；腓无胈，胫无毛，沐甚雨，栉疾风，置万国。禹大圣也，而劳天下也如此。"

《韩非子·五蠹》也有类似的记载：

禹之王天下也，身执耒锸以为民先，股无胈，胫不生毛，虽臣虏之劳，不苦于此矣。

上博简《容成氏》也讲大禹受命治水，亲持耒耜，面容乌黑粗糙，"胫不生之毛"。很显然，这些记载都有共同的来源，大禹这一辛劳形象可谓深入人心并传之后世。直到汉代画像石中，大禹依然是头戴斗笠、手执木耒、奔走在山川之间的勤劳造型。

发生在尧舜时期的这次大洪水无疑是一次巨大的自然灾害⁽¹⁾，在与洪水长期抗争的过程中，古代先民在治水技术、保障机制和社会组织等各个方面不断积累经验，这是大禹治水终获成功的根本原因，故梁启超特别指出："兹事虽出天变，而影响于古代人民思想及社会组织者盖至大，实史家所最宜注意也。"⁽²⁾《国语·鲁语上》记"鲧障洪水而殛死，禹能以德修鲧之功"，豳公盨铭文也反复称颂禹之"德"和禹

⟨1⟩ 吴文祥、葛全胜：《夏朝前夕洪水发生的可能性及大禹治水真相》，《第四纪研究》第25卷第6期，2005年11月。该文认为史前洪水和大禹治水成功均与气候变化相关，具体来讲就是，我国在公元前4200—前4000年气候发生了突变，导致季风雨带的北撤，致使降水量增加或降水时间延长，而由气候变化导致的植被覆盖率降低可以引起土壤抗侵蚀力减弱，增加水沙含量，从而增加黄河决溢的可能性。这几种因素共同作用，可能导致史前异常洪水的发生。但气候重建也表明公元前4200—前4000年气候事件的结束时间，亦即气候好转的开始阶段，在测年误差范围内恰好对应于夏朝的始建时期，二者在发生时间上的一致性表明大禹治水成功可能得益于气候的好转。

⟨2⟩ 梁启超：《洪水（附：洪水考）》，马昌仪编：《中国神话学文论选萃》上编，第54—62页。

图 1-6 武梁祠汉画像石
大禹形象

之"明德",都可谓是一语道破,大禹治水成功的关键不在"术",而在"德"也。大禹之"德",催生了治水所需的社会机制,促使史前部落联盟向早期王朝的演变,因此具有极其重要的历史意义,堪称中国上古史上最为人瞩目的历史事件。

2. 禹征三苗

据徐旭生先生的研究,我国上古部族大体上可分为华夏、东夷和苗蛮三集团,三苗是苗蛮集团中重要的一支。[1]《战国策·魏策一》对三苗的活动空间有一个界定:

---

[1] 参看徐旭生《中国古史的传说时代》第二章"我国古代部族三集团考"。

> 昔者，三苗之居，左彭蠡之波，右有洞庭之水，文山在其南，而衡山在其北。恃此险也，为政不善，而禹放逐之。

徐先生据此判断三苗的活动地域"似乎以湖北、湖南、江西等地为中心，迤北到河南西部熊耳、外方、伏牛诸山脉间"。

三苗是尧舜时期的大患，双方纷争不休。如《史记·五帝本纪》记载尧在位时：

> 三苗在江淮、荆州数为乱。于是舜归而言于帝，请流共工于幽陵，以变北狄；放驩兜于崇山，以变南蛮；迁三苗于三危，以变西戎；殛鲧于羽山，以变东夷。四罪而天下咸服。

《吕氏春秋·召类》也记载：

> 尧战于丹水之浦，以服南蛮。

虽然尧"迁三苗于三危"，但只是取得了局部胜利。[1]虞舜在位时，三苗依然是心腹大患，故《左传》昭公元年就有"虞有三苗，夏有观、扈，商有姺、邳，周有徐、奄"的说法，可见三苗对中原华夏集团危害之大。因此，舜继续对三苗进行征伐，如《吕氏春秋·召类》在记尧伐南蛮之后，紧接着又说：

> 舜却苗民，更易其俗。

---

[1] 关于"三危"的所在，汉代以来多认为在瓜州，即今甘肃敦煌；但汉代以降，也有以三危山为岷山的说法。据蒙文通先生早年的考释，当以后说为是。参看《瓜州与三危》，《蒙文通中国古代民族史讲义》，天津古籍出版社，2008年，第148—149页。从考古材料来看，成都平原屡见二里头文化的典型因素，表明两地交往甚为频繁，似乎有利于岷山说。可参看俞伟超《三星堆蜀文化与三苗文化的关系及其崇拜的内容》，《文物》1997年第5期。

从文献记载来看，虽然是舜在位时彻底征服三苗，但禹在其中发挥了关键作用。如《韩非子·五蠹》记：

> 当舜之时，有苗不服，禹将征之。舜曰："不可。上德不厚而行武，非道也。"乃修教三年，执干戚舞，有苗乃服。

还有记载表明，舜、禹之所以能够征服三苗，其实得益于三苗的内乱。《墨子·非攻下》说：

> 昔者三苗大乱，天命殛之，日妖宵出，雨血三朝。龙生于庙，犬哭乎市。夏冰，地坼及泉。五谷变化，民乃大振。高阳乃命玄宫，禹亲把天之瑞令，以征有苗。四电诱祗，有神人面鸟身，若瑾以侍。搤矢有苗之祥，苗师大乱。后乃遂几。禹既已克有三苗，焉磨为山川，别物上下，卿制大极，而神民不违，天下乃静，则此禹之所以征有苗也。

《墨子·兼爱下》还引禹征三苗时所发布的《禹誓》：

> 禹曰：济济有众，咸听朕言。非惟小子，敢行称乱，蠢兹有苗，用天之罚。若予既率尔群对诸群，以征有苗。

但令人费解的是，虽然此战舜禹一方取得了决定性胜利，但舜又崩于苗蛮之地。《史记·五帝本纪》于此言之凿凿：

> 舜年二十以孝闻，年三十尧举之，年五十摄行天子事，年五十八尧崩，年六十一代尧践帝位。践帝位三十九年，南巡狩，崩于苍梧之野。葬于江南九疑，是为零陵。

《礼记·檀弓下》也有"舜葬于苍梧之野，盖三妃未之从也"的记载，郑玄注称"舜征有苗而死，因留葬焉"。郑玄的说法应该合乎史实，舜崩于苍梧，必然与征伐三苗集团有关，由此可以想见当时战争的惨烈程度。帝舜的葬地，文献中也有其他说法，但以苍梧九疑说影响最大，在战国秦汉间十分流行，其中应该包含了某些史实的素地。[1]至于《五帝本纪》说舜践帝位时已61岁，39年后以百岁高龄而南巡狩，这自然是出于后世的附会。

禹征三苗是上古史中的大事，是中原华夏集团压服苗蛮民族的关键一役，在后世记忆犹新，成为重要的历史教育素材。如《尚书·吕刑》本是记载吕侯为周穆王言"作修刑辟"之事[2]，但把五刑之作追溯到苗蛮的作乱：

> 若古有训，蚩尤惟始作乱，延及于平民，罔不寇贼，鸱义奸宄，夺攘矫虔。苗民弗用灵，制以刑，惟作五虐之刑曰法，杀戮无辜。爰始淫为劓、刵、椓、黥，越兹丽刑并制，罔差有辞。

综合上述分析，大体可以肯定上古时期华夏与苗蛮集团之间确实发生过剧烈冲突，并以华夏集团获胜而告终，故有学者称"虞夏之际，其兵戈扰攘而生民困厄可知"。[3]近些年有不少学者尝试从江汉

---

[1] 有关舜葬地的各种说法及其优劣，可参看陈泳超《尧舜传说研究》"舜崩"一节，南京师范大学出版社，2000年。此外，马王堆三号汉墓出土的"地形图"即在九嶷山之旁标有"帝舜"字样，而近年在湖南宁远县九嶷山玉琯岩发现了不晚于汉代的舜庙遗址，均表明舜葬于九嶷的说法渊源有自。参看李学勤：《舜庙遗址与尧舜传说》，《光明日报》2005年8月17日第11版。
[2] 《尚书序》："吕命穆王训夏赎刑，作《吕刑》。"
[3] 参看蒙文通先生《古史甄微》之"虞夏禅让"一节，商务印书馆，1933年，第75—85页。

平原考古学文化变迁来理解"禹征三苗",取得了显著成绩。[1]有关"禹征三苗"这一历史事件在考古学文化上的反映,我们将在下文再做详细讨论。

3. 禹合诸侯于涂山、禹娶于涂山

《左传》哀公七年载:

> 禹合诸侯于涂山,执玉帛者万国。

而禹会诸侯于涂山,是以禹娶涂山氏女为基础的。《尚书·皋陶谟》载大禹曰:

> 予娶于涂山,辛壬癸甲;启呱呱而泣,予弗子,惟荒度土功,弼成五服,至于五千,州十有二师。

上文已经指出,涂山在今安徽蚌埠。而近年来蚌埠禹会村的考古发掘为"禹合诸侯于涂山"增加了有力的考古学证据,在这里发现了龙山时期的大规模祭祀遗存以及多种文化因素共存的现象。发掘者认为,禹会村遗址集中出土多种文化背景的陶器,应是来自不同地区的人们在此参加某种盟会而制作的结果,这与文献记载的"禹会涂山"可相契合。[2]

---

[1] 韩建业、杨新改:《禹征三苗探索》,原载《中原文物》1995年第2期,收入《五帝时代——以华夏为核心的古史体系的考古学观察》,学苑出版社,2006年,第1—16页;湖北省文物考古所:《大洪山南麓史前聚落调查——以石家河为中心》,《江汉考古》2009年第1期。

[2] 中国社会科学院考古研究所、安徽省蚌埠市博物馆:《蚌埠禹会村》,科学出版社,2013年;王吉怀:《"禹会诸侯"之地:禹会村遗址的考古学解读》,《中国社会科学报》2014年7月4日第3版。

图 1-7　禹会村祭祀台基及其效果图

与此同时,也有学者对禹会村遗址进行了环境考古研究,发现公元前4100年前后是淮河流域洪灾发生的高峰期,因此它有可能是大禹治水的客观前提。[1]

要论定禹会村遗址的上述发现一定就是"禹会诸侯"这一历史事件的遗存,当然还需要更为确凿的考古学证据。但该遗址所表现出的上述特征都是值得高度重视的现象,需要考古学者深入阐释这些现象背后所蕴含的历史内涵。

4. 禹葬会稽

古本《竹书纪年》载:

> (禹)八年春,会诸侯于会稽,杀防风氏。

《国语·鲁语下》也记载此事:

> 昔禹致群神于会稽之山,防风氏后至,禹杀而戮之。

但禹也崩于这次会稽之会,《史记·夏本纪》记载:

> 十年,帝禹东巡狩,至于会稽而崩。……或言禹会诸侯江南,计功而崩,因葬焉,命曰会稽。会稽者,会计也。

《正义》引《括地志》云:

---

[1] 张广胜等:《安徽蚌埠禹会村遗址 4.5—4.0 ka BP 龙山文化的环境考古》,《地理学报》第64卷第7期,2009年7月。

禹陵在越州会稽县南十三里。庙在县东南十一里。

《墨子·节葬》有"禹东教乎九夷，道死，葬会稽之山"的说法，可知所谓禹葬会稽的性质与舜崩于苍梧之野、葬于九疑是一致的，实际上反映的都是中原尧舜禹集团对长江流域土著民族的征伐。

上文已述，因禹崩于会稽，并葬于会稽，故夏人封其后裔于此以祭祀禹。这就是《史记·越王句践世家》所记的："越王句践，其先禹之苗裔，而夏后帝少康之庶子也。封于会稽，以奉守禹之祀。"

会稽即今浙江绍兴，今绍兴市东南会稽山香炉峰北麓即有大禹陵和大禹庙。[1] 虽然传世文献对禹葬会稽均言之凿凿，但今人却以夏文化不可能影响到浙江地区为由而对此说多持怀疑态度[2]，并推测这是越人为提高本族地位而虚构的故事。[3] 但以《史记》所载，禹崩于巡守途中，或崩于会诸侯于江南之际，都是突发事件，就近而葬是迫不得已的选择，《史记·夏本纪·集解》更引多条文献述禹之节葬。此外，秦始皇统一六国后巡视天下，专门"上会稽，祭大禹"(《史记·秦始皇本纪》)，而司马迁本人也曾经"上会稽，探禹穴"(《史记·太史公自序》)。所有这些记载和举措不宜简单地归于后人附会，禹葬会稽当有其历史依据。

二　禅让与世袭

在禹崩会稽之前，禹已经对接班人问题做了周密的安排。《史记·夏本纪》记载：

---

[1] 金经天：《大禹陵和禹王庙》，《浙江学刊》1985年第2期。
[2] 林华东：《绍兴会稽与禹无涉——兼论於越源流》，《浙江学刊》1985年第2期。
[3] 陈桥驿：《"越为禹后说"溯源》，《浙江学刊》1985年第3期。

> 帝禹立而举皋陶荐之，且授政焉，而皋陶卒。封皋陶之后于英、六，或在许。而后举益，任之政。十年，帝禹东巡狩，至于会稽而崩。以天下授益。

《墨子·尚贤上》更是列举了古代的多位贤臣，益赫然在其中：

> 故古者尧举舜于服泽之阳，授之政，天下平；禹举益于阴方之中，授之政，九州成；汤举伊尹于庖厨之中，授之政，其谋得；文王举闳夭、泰颠于置罔之中，授之政，西土服。

尧举舜，舜传禹，而禹欲传位于皋陶和益，这就是颇为后世所艳羡的禅让。《史记·五帝本纪》和《夏本纪》等文献所记述的尧、舜、禹的禅让，究竟是历史的真实，还是出于后人的伪托，是学术界长期争讼不已的问题。[1] 近代以来，很多学者如夏曾佑、钱穆和范文澜等人都倾向于相信所谓的禅让制应该体现了上古时期的君位推选制[2]，也有学者认为是酋邦社会中"和平的权力转交"。[3] 特别是近年来，在出土文献中也屡屡见到与禅让有关的记载，如湖北荆门郭店一号楚墓出土的《唐虞之道》，就是一篇典型的专讲禅让的战国文献，其中说：

> 唐虞之道，禅而不传。尧舜之王，利天下而弗利也。禅而不传，圣之盛也。利天下而弗利也，仁之至也。

---

[1] 可参看许景昭《禅让·世袭及革命——从春秋战国到西汉中期的君权传承思想研究》，上海古籍出版社，2014年。
[2] 郭永秉：《帝系新研——楚地出土战国文献中的传说时代古帝王系统研究》，北京大学出版社，2008年，第71—76页。
[3] 谢维扬：《中国早期国家》，浙江人民出版社，1995年，第275页。

又说：

> 尧舜之行，爱亲尊贤。爱亲故孝，尊贤故禅。

还说：

> 禅也者，上德授贤之谓也。上德则天下有君而世明。授贤则民兴而教而化乎道。不禅而能化民者，自生民未之有也。⁽¹⁾

上博简《容成氏》也详细记载了尧舜禹之间的禅让过程。⁽²⁾第6、7简载：

> 昔尧处于丹府与藋陵之间，尧贱施而时时，寅不劝而民力，不刑杀而无盗贼，甚缓而民服。于是乎百里之中率，天下之人就，奉而立之，以为天子。

据此，尧之为天子，本身就是尚贤的结果。第9、10、11和13等数简又记：

> 尧乃为之教，曰："自纳焉，余穴窥焉，以求贤者而让焉。"尧以天下让于贤者，天下之贤者莫之能受也。于是乎天下之人，以尧为善与贤，而卒立之。

举贤、让贤是尧一贯的主张，而舜的出现，圆了尧的让贤梦。

〈1〉 陈伟等：《楚地出土战国简册（十四种）》，经济科学出版社，2009年，第192—194页。
〈2〉 此处关于《容成氏》释文及相关理解，除前引李零先生的释读外，还参考了陈剑先生《上博楚简〈容成氏〉与古史传说》一文，收入《战国竹书论集》，上海古籍出版社，2013年，第57—79页。

第 13、14 简记：

> 昔舜耕于历丘，陶于河滨，渔于雷泽，孝养父母，以善其亲，乃及邦子。尧闻之而美其行。尧于是乎为车十又五乘，以三从舜于畎亩之中，舜于是乎始免笠、肩耨锸，价而坐之。

尧求贤若渴，而最终取得圆满结果。第 12 简载：

> [尧乃老，视不明，]听不聪。有子九人，不以其子为后，见舜之贤也，而欲以为后。[舜乃让以天下之贤者，不得已，然后敢受之。]

尧有九子而不用，要传位于舜，舜让天下贤者，但最终是"不得已"而"受之"。据简文，舜受尧禅之后，也重用后稷、皋陶等贤人，"天下大和均"。[1]

舜之世，洪水滔天，舜乃命禹为司工，肩负治水大业。禹决九河，通三江五湖，九州才适合居处。于是《容成氏》第 17、18 简记：

> 舜乃老，视不明，听不聪。舜有子七人，不以其子为后，见禹之贤也，而欲以为后。禹乃五让以天下之贤者，不得已，然后敢受之。

禹即位后，类似的故事又重来了一次。据《容成氏》记载，禹在位期间有各种制作、行俭、建鼓以及开言路的举措，天下大治。他并

---

[1] 刘知幾《史通·疑古》引《汲冢琐语》有"舜放尧于平阳"的说法，说明尧舜禅让的背后或许另有隐情。相关讨论可参看李存山：《反思经史关系：从"启攻益"说起》，《中国社会科学》2003 年第 3 期。

效仿尧、舜的故事，准备禅位给皋陶。第 33、34 简载：

> 禹有子五人，不以其子为后，见皋陶之贤也，而欲以为后。皋陶乃五让以天下之贤者，遂称疾不出而死。禹于是乎让益，启于是乎攻益自取。

上述记载让我们充分意识到禅让说在战国时期的盛行程度，而如果禅让完全没有历史基础，这种状况恐怕是难以想象的。裘锡圭先生近年从出土文献出发，同时综合前人研究成果，对禅让的问题有一个公允的评价。裘先生认为：

> 顾氏（引者按，指顾颉刚）指出战国时代盛传的尧舜禅让等传说，把受禅者说成有贤德的平民，这种说法只有在战国时代的社会背景下才能产生，决不反映历史事实。这是完全正确的。指出这一点，是《禅让考》（引者按，指顾颉刚《禅让传说起于墨家考》一文）的主要贡献。但是顾氏因此认为禅让传说纯系战国人所造，反对"用了社会分析的眼光来研究中国历史的人"用禅让传说讲上古社会，认为有人说"禅让说是原始共产社会里酋长选举制的反映"，是以假造的故事为史料。这却是不完全妥当的。战国时代普遍流传的禅让传说，似乎不可能毫无一点历史的影子。说禅让传说反映了古代王位世袭制建立前以"不授其子而授贤"为特点的君长推举制度，应该是可以的。……我们不能因为战国人编造了舜由平民升为天子的情节，就否定古代有类似禅让的制度存在。……夏代之前的"禅让"时代，连文字都没有，因此只有传说而没有确凿史料传下来，这是很自然的事。从《容成氏》《子羔》《唐虞之道》和《礼运》都认为在传子制建立前普遍实行过禅让制来看，广泛流传的禅让传说很可能的确保留了远古时代

曾经实行过的君长推选制的史影。[1]

　　将禅让理解为远古时期君长推选的一种方式，无疑是正确的。以此为背景再来审视尧舜禹时期的禅让，可以获得一些新认识。按前引《史记·夏本纪》，禹先欲禅位于皋陶，皋陶卒后，又准备"以天下授益"。皋陶之所以被选定为禹的嗣位者，是因为其贤德。《夏本纪·正义》引《帝王纪》曰：

　　　　皋陶生于曲阜。曲阜偃地，故帝因之而以赐姓曰偃。尧禅舜，命之作士。舜禅禹，禹即帝位，以咎陶最贤，荐之于天，将有禅之意。未及禅，会皋陶卒。

　　曲阜是少皞之墟，所以皋陶其实是东夷嬴姓和偃姓各族的首领。[2] 禹是华夏族的领袖，却禅位于东夷的部族首领，这一现象自然值得深究。皋陶卒，禹又授天下于益，而皋陶和益的关系又极其密切。《史记·秦本纪》载：

　　　　秦之先，帝颛顼之苗裔孙曰女修。女修织，玄鸟陨卵，女修吞之，生子大业。大业取少典之子，曰女华。女华生大费，与禹平水土。已成，帝锡玄圭。禹受曰："非予能成，亦大费为辅。"帝舜曰："咨尔费，赞禹功，其赐尔皂游。尔后嗣将大出。"乃妻之姚姓之玉女。大费拜受，佐舜调驯鸟兽，鸟兽多驯服，是为柏翳。舜赐姓嬴氏。

---

[1] 裘锡圭：《新出土先秦文献与古史传说》，《裘锡圭学术文集》卷5，复旦大学出版社，2012年，第254—270页。
[2] 《左传》定公四年载鲁国之分封，"因商奄之民，命以伯禽而封于少皞之虚"。

《史记·秦本纪·正义》云：

> 《列女传》云："陶子生五岁而佐禹"，曹大家注云："陶子者，皋陶之子伯益也。"按此即知大业是皋陶。

综上，皋陶为少皞之后，偃姓；伯益也是少皞之后，嬴姓。偃、嬴本是一字，因音转而为两字。⑴因此，即便皋陶和伯益不是父子关系，他们之间也必有极密切的关系，至少可以视为前后相继的少皞族首领。

《史记·夏本纪》记伯益受禅的经过是：

> （禹）封皋陶之后于英、六，或在许。而后举益，任之政。十年，帝禹东巡狩，至于会稽而崩。以天下授益。三年之丧毕，益让帝禹之子启，而辟居箕山之阳。禹子启贤，天下属意焉。及禹崩，虽授益，益之佐禹日浅，天下未洽。

如果说禹"荐皋陶于天"是因为皋陶"最贤"，符合禅让制度"尚贤"的原则，那么，在皋陶卒后，禹又"举益，任之政"，则丝毫看不出任何"尚贤"的因素。⑵合理的解释是，益之所以获得继承人的地位，完全是因为他与皋陶的密切关系，而并不在于他自身是否"贤德"。换言之，禹死后禅位于少皞族首领是早已确定的原则，皋陶和伯益是否贤明，都不会也不能影响这一制度的实施。所以，禹与皋陶、

⑴ 徐旭生：《中国古史的传说时代》，第62页。
⑵ 徐中舒先生认为，"一个人被推举为酋长，或者前一个酋长为后一个酋长代替，都是原始社会的必然规约，谈不上被推举的人是什么圣贤，充其量不过是当时被人认为有主持公共事务能力的一些人而已"。参看《论尧舜禹禅让与父系家庭私有制的发生和发展》，《四川大学学报》（哲学社会科学版）1958年第3、4期合刊。

伯益之间的禅让实际上是华夏与东夷集团的轮流执政，这才是禅让制度所反映的历史真实。

如果我们再分析尧、舜和禹之间的禅让，则这种轮流执政制度表现得更加明晰。先看尧的族属，《大戴礼记·帝系》记尧之世系为：

> 黄帝产玄嚣，玄嚣产蟜极，蟜极产高辛，是为帝喾。帝喾产放勋，是为帝尧。……帝喾卜其四妃之子，而皆有天下。上妃，有邰氏之女也，曰姜原氏，产后稷；次妃，有娀氏之女也，曰简狄氏，产契；次妃曰陈隆氏，产帝尧；次妃曰陬訾氏，产帝挚。

《史记·五帝本纪》基本袭用《帝系》之说，但略有增改：

> 帝喾娶陈锋氏女，生放勋。娶娵訾氏女，生挚。帝喾崩，而挚代立。帝挚立，不善（崩），而弟放勋立，是为帝尧。

以稷、契、尧和挚为兄弟，自然是出于后世的虚构。但从尧之居地，依然可以大致判断其族属来源。《史记·五帝本纪》称：

> 自黄帝至舜、禹，皆同姓而异其国号，以章明德。故黄帝为有熊，帝颛顼为高阳，帝喾为高辛，帝尧为陶唐，帝舜为有虞。

《左传》哀公六年引《夏书》曰："惟彼陶唐，帅彼天常，有此冀方"，据此可知尧之陶唐氏居于冀州。《汉书·地理志》河东郡"平阳"条颜师古注引应劭曰："尧都也，在平河之阳。"平阳在河东，即今晋南一带。这一区域有著名的山西襄汾陶寺遗址，现在学术界普遍认为这里就是尧都平阳。[1] 晋南、豫西是华夏族的核心控制区，所以尧出于华夏集团应该无疑。

舜的问题更为复杂一些。《孟子·离娄下》称：

> 舜生于诸冯，迁于负夏，卒于鸣条，东夷之人也。

赵岐注：

> 生始卒终，记终始也。诸冯、负夏、鸣条，皆地名也。负，海也，在东方夷服之地，故曰东夷之人也。

但《史记·五帝本纪》则云：

> 舜，冀州之人也。舜耕历山，渔雷泽，陶河滨，作什器于寿丘，就时于负夏。

《正义》称：

> 蒲州河东县本属冀州。

《孟子》的"东夷之人"与《五帝本纪》的"冀州之人"无疑是矛盾的。但《史记·陈杞世家》的相关记载有助于判断舜的族属问题，该篇记陈国之封为：

> 陈胡公满者，虞帝舜之后也。昔舜为庶人时，尧妻之二女，

---

[1] 李民：《尧舜时代与陶寺遗址》，《史前研究》1985 年第 4 期。

居于妫汭，其后因为氏姓，姓妫氏。舜已崩，传禹天下，而舜子商均为封国。夏后之时，或失或续。至于周武王克殷纣，乃复求舜后，得妫满，封之于陈，以奉帝舜祀，是为胡公。

据前文的考证，夏代有虞氏之封在今河南商丘虞城一带。而陈国的所在，《史记·周本纪·正义》引《括地志》云：

陈州宛丘县在陈城中，即古陈国也。帝舜后遏父为周武王陶正，武王赖其器用，封其子妫满于陈，都宛丘之侧。

按此，陈国当在今河南淮阳。既然夏代有虞之封和西周的陈国之封都在今豫东地区，那么《孟子》所说的舜为"东夷之人"应有所本。但另一方面，主张舜为"冀州之人"的文献也颇多，恐怕也不能轻易否定。值得注意的是，从文献记载来看，舜是上古时期以迁徙著称的帝王之一，有"三徙三成"之美誉。[1] 如《吕氏春秋·贵因》称：

舜一徙成邑，再徙成都，三徙成国。

《太平御览》卷八十一引《尸子》：

舜一徙成邑，再徙成都，三徙成国，其致四方之士。

《史记·五帝本纪》也有类似的记载：

---

[1] 详见陈泳超《尧舜传说研究》，第81—84页。

> 舜耕历山，历山之人皆让畔；渔雷泽，雷泽上人皆让居；陶河滨，河滨器皆不苦窳。一年而所居成聚，二年成邑，三年成都。

据此似乎可以折中"冀州"和"东夷"两说，即舜之部族本来活动在东方[1]，最晚在尧时向西徙居到蒲州（今永济）一带，并在尧都平阳接受尧的禅让而即天子位。文献中所谓"舜一徙成邑，再徙成都，三徙成国"，很可能反映了有虞氏在迁徙过程中的发展壮大。

综此，可知尧、舜、禹和皋陶、伯益其实来自华夏和东夷两大族群，他们之间的禅让其实是这两大族群的轮流执政，其顺序是：

> 华夏（尧）——东夷（舜）——华夏（禹）——东夷（皋陶和伯益）

因此，只有从华夏和东夷的轮流执政制度上考虑，才可以解释为什么禹先要禅位于皋陶，在皋陶早卒后又要授天下于伯益。但这种君长推选制度最终被启所破坏，这就是《史记·夏本纪》所说的：

> 十年，帝禹东巡狩，至于会稽而崩。以天下授益。三年之丧毕，益让帝禹之子启，而辟居箕山之阳。禹子启贤，天下属意焉。及禹崩，虽授益，益之佐禹日浅，天下未洽。故诸侯皆去益而朝启，曰："吾君帝禹之子也。"于是启遂即天子之位，是为夏后帝启。

按《夏本纪》的说法，启之所以能即位，依然是"尚贤"的结果。

---

[1] 如有学者指出，与虞舜有关的几个重要地名如高丘、寿丘是豫东鲁西对小山和某处高地特有的称谓习惯，也可以证明舜为东夷之人。参看沈长云、张渭莲：《中国古代国家起源与形成研究》，第173页。

一方面,"启贤,天下属意焉";另一方面,"益之佐禹日浅,天下未洽"。两相比较,启贤于益,所以"诸侯皆去益而朝启","启遂即天子之位"。但最晚在战国时代,对于启继禹位还有另一种说法,其中最典型的就是古本《竹书纪年》所说的"益干启位,启杀之"。但古本《纪年》记事简略,对于个中详情不得而知。不过,从文意上看,既然是"益干启位",则暗含的意思是帝位本来就属于启,而非益,这与传统的禅让说截然不同。那么,启的"位"究竟从何而来?是因为"贤明",还是因为他是禹之子?如果是前者,在实质上还是属于禅让;如果是后者,则为世袭。

《韩非子·外储说右下》对于启、益之争也有记载,其文曰:

古者禹死,将传天下于益,启之人因相攻益而立启。

《韩非子》的这一记载与《容成氏》所谓"启于是乎攻益自取"的说法相契合,它简直就是"启干益位",与古本《纪年》"益干启位"的记载正相反。但这种说法其实更符合历史真相——按轮流执政制度,禹应禅位于皋陶,但皋陶早卒,遂传位于皋陶之子益;但此时禹之子启觊觎君位,于是"启干益位",杀益而自取君位。

启、益之争的激烈程度可能超出一般人的想象,《楚辞·天问》也曾诵及此事,曰:

启代益作后,卒然离蠥,何启惟忧,而能拘是达?

后世学者据此认为,禹传位于益之后,益曾经"拘"禁了启,但启"反起杀益"而"达",由此可见启和益反复较量,启才最终胜出。[1]

---

[1] 参看林庚《〈天问〉论笺》,《林庚楚辞研究两种》,清华大学出版社,2006年,第202—203页。

禅让制的基础是尚贤，而世袭制则重血缘。[1]启继禹位，明明是以世袭制代替了禅让制，但后人却有意将其美化为一种特殊的"尚贤"。如《孟子·万章上》就这样强解启的即位：

> 万章问曰："人有言'至于禹而德衰，不传于贤而传于子'，有诸？"孟子曰："否然也。天与贤则与贤，天与子则与子。昔者舜荐禹于天，十有七年；舜崩，三年之丧毕，禹避舜之子于阳城；天下之民从之，若尧崩之后不从尧之子而从舜也。禹荐益于天，七年，禹崩，三年之丧毕，益避禹子于箕山之阴；朝觐讼狱者，不之益而之启，曰：'吾君之子也。'讴歌者不讴歌益而讴歌启，曰：'吾君之子也。'丹朱之不肖，舜之子亦不肖；舜之相尧、禹之相舜也，历年多，施泽于民久。启贤，能敬承继禹之道；益之相禹也，历年少，施泽于民未久。舜、禹、益相去久远，其子之贤不肖皆天也，非人之所能为也。"

《孟子》所述的核心意思是：启之所以能够即位，并不因为他是禹之子，而是因为"启贤，能敬承继禹之道"；反之，益之所以未能按计划即位，也不在于他的出身，而是因为"益之相禹也，历年少，施泽于民未久"，德政不够的缘故。所以，尽管《孟子》、古本《纪年》和《史记》对于启、益之争的叙述各有不同，但在实质上其实是一致的，

---

[1] 禅让制的"尚贤"，实际上也是以"贤者"所在的部族实力为基础的，"贤者"之"贤"主要表现在统治能力，而未必是个人的私德上。如刘知幾《史通·疑古》引《汲冢琐语》称"舜囚尧于平阳"，《韩非子·说疑》有"舜逼尧，禹逼舜，汤放桀，武王伐纣，此四王者，人臣弑其君者也"的说法，《孟子·万章上》也有"（舜）居尧之宫，逼尧之子，是篡也，非天与也"的记载。凡此种种，均反映了所谓的禅让也是充斥了暴力和冲突，儒生们所艳羡的礼让天下或许根本不存在。可参看王玉哲《尧舜禹"禅让"与"篡夺"两种传说并存的新理解》，《古史集林》，中华书局，2002年，第20—25页。

他们都主张启得天下是具有合法性的——这个合法性并非缘于启是禹之子,而是因为启比益更"贤"。毫无疑问,《孟子》、古本《纪年》和《史记》的上述解释都是曲说,启、益之争当然无关贤德,而是赤裸裸的权力争夺。《孟子》和古本《纪年》等战国文献如此强调启之"贤",足见战国时期尚贤思想的极度勃兴,而且这种思潮对当时的社会现实产生了直接影响,并直接催生了燕王哙与燕相子之的禅让闹剧。

《战国策·燕策一》记载此事的来龙去脉十分详细,据此略述事件经过如下。

首先是策士苏代劝燕王哙重用子之,为日后的禅位做铺垫:

> 燕哙三年,与楚、三晋攻秦,不胜而还。子之相燕,贵重主断。苏代为齐使于燕,燕王问之曰:"齐宣王何如?"对曰:"必不霸。"燕王曰:"何也?"对曰:"不信其臣。"苏代欲以济燕王以厚任子之也。于是燕王大信子之。子之因遗苏代百金,听其所使。

所谓"信其臣",实际上就是游说君主放权给臣下。在子之取得燕王哙的"大信"之后,策士鹿毛寿又开始推波助澜:

> 鹿毛寿谓燕王曰:"不如以国让子之。人谓尧贤者,以其让天下于许由,由必不受,有让天下之名,实不失天下。今王以国让相子之,子之必不敢受,是王与尧同行也。"燕王因举国属子之,子之大重。

这是利用君主沽名钓誉的心理来诱惑燕王哙,既有"让天下"之美名,而又"实不失天下",这样的好事何乐而不为呢?一心想当尧舜的燕王哙果然中计,真的就"举国属子之",于是"子之大重"。但策士们并不满足,想方设法说服燕王哙完全将权力交给子之,于是:

> 或曰:"禹授益而以启为吏,及老,而以启为不足任天下,传之益也。启与支党攻益而夺之天下,是禹名传天下于益,其实令启自取之。今王言属国子之,而吏无非太子人者,是名属子之,而太子用事。"王因收印自三百石吏而效之子之。子之南面行王事,而哙老不听政,顾为臣,国事皆决子之。

这"或曰"的一段话才道出了禅让的真谛,策士们精于权谋,绝不会让启、益的故事重演,落个"名属子之,而太子用事"的结局。子之及其策士们老谋深算,他们不要名义上的"禅让",而要实实在在地掌控燕国的权柄。可怜燕王哙居然对他们言听计从,"因收印自三百石吏而效之子之",于是"国事皆决子之",为子之受禅奠定了实实在在的权力基础。

虽然燕王哙对禅让十分艳羡,子之和策士们的诡计也初步得逞,但这场禅让闹剧的结局却很血腥。据《史记·燕召公世家》,先是"子之三年,燕国大乱,百姓恫怨";接着是子之与燕太子两党纷争,"国构难数月,死者数万众";然后是齐宣王趁人之危,"令章子将五都之兵,以因北地之众以伐燕。士卒不战,城门不闭,燕王哙死。齐大胜燕,子之亡"。

燕王哙的这次让国悲剧,在当时即遭到各国诸侯的极大非议。河北中山王墓出土铜器铭文即有针对此事的长篇议论:

> 适遭燕君子哙,不分大义,不告诸侯,而臣主易位,以内绝召公之业,乏其先王之祭祀,外之则将使上觐于天子之庙,而退与诸侯齿长于会同,则上逆于天,下不顺于人施,寡人非之。曰:为人臣而反臣其主,不祥莫大焉;将与吾君并立于世,齿长于会同,则臣不忍见施,愿从士大夫,以靖燕疆。[1]

---

[1] 李学勤、李零:《中山三器与中山国史的若干问题》,《考古学报》1979年第2期。

像燕王哙如此醉心于禅让者固然是极端的个案，绝大多数战国君王并不准备授天下于臣属。但很显然，燕国的禅让试验还是极大地刺激了当时的君主们，只有在目睹了燕国的惨剧之后，中山国王才会把禅让看作"上逆于天，下不顺于人䣝"的荒诞行为，并从此不再做尧舜那样的圣君梦了。

从以上分析来看，战国时代人们都笃信或刻意将禅让美化为圣君的高风亮节，是尧舜禹时期真实施行过的制度。禹欲禅位于益也是历史事实，但由于"操作失误"，"以启为吏"，没有真正放权给益，益的贤明没有能够充分展现出来，所以启取得帝位。在前引各种文献中，都以不同的理由来强调启继禹位是"尚贤"的结果，而益失其位则是未能"尽贤"所致。"尚贤"思想，或以为起于墨家[1]，但实际上是战国时代知识阶层的共同心声，是由世袭社会向选举社会转型的必然结果。从根本上讲，以"尚贤"为总基调的"禅让"是"不在其位"的知识阶层企图以"和平演变"方式获取权力的捷径，但燕国的禅让以血淋淋的事实证明此路不通。

"启干益位"，禅让制度终结而世袭之制开启。这一君位继承方式的改变，导致上古社会由"大同"之世转入"小康"之世。《礼记·礼运》载孔子曰：

> 大道之行也，与三代之英，丘未之逮也，而有志焉。大道之行也，天下为公，选贤与能，讲信修睦，故人不独亲其亲，不独子其子，使老有所终，壮有所用，幼有所长，矜寡孤独废疾者，皆有所养。男有分，女有归。货恶其弃于地也，不必藏于己；力恶其不出于身也，不必为己。是故谋闭而不兴，盗窃乱贼而不作，

---

[1] 关于尚贤思想与禅让之间的关系，可参看顾颉刚《禅让传说起于墨家考》，《顾颉刚古史论文集》卷一，第423—498页。

故外户而不闭,是谓大同。

今大道既隐,天下为家,各亲其亲,各子其子,货力为己,大人世及以为礼。城郭沟池以为固,礼义以为纪;以正君臣,以笃父子,以睦兄弟,以和夫妇,以设制度,以立田里,以贤勇知,以功为己。故谋用是作,而兵由此起。禹、汤、文、武、成王、周公,由此其选也。此六君子者,未有不谨于礼者也。以着其义,以考其信,著有过,刑仁讲让,示民有常。如有不由此者,在势者去,众以为殃,是谓小康。

启攻益而自取天下之后,即有"钧台之享"。《左传》昭公四年有椒举列举的几次重大会盟:

> 夏启有钧台之享,商汤有景亳之命,周武有孟津之誓,成有岐阳之搜,康有酆宫之朝,穆有涂山之会,齐桓有召陵之师,晋文有践土之盟。

杜预注:"启,禹子也。河南阳翟县南有钧台陂,盖启享诸侯于此。"毫无疑问,启的钧台之享,是要与会的天下诸侯承认他的合法地位,但结果是"有扈氏不服",于是"启伐之,大战于甘"(《夏本纪》)。《尚书·甘誓》就是启的战前动员令[1],启的誓师之词简明扼要,掷地有声。他首先申述战争缘由:

---

[1] 《书序》:"启与有扈战于甘之野,作《甘誓》。"但《墨子·明鬼》引此篇作《禹誓》,认为是禹与有扈氏战于甘地所作的誓师词。此说也见于《庄子·人间世》《吕氏春秋·召类》《说苑·正理》等文献,因此清代学者孙诒让和皮锡瑞等人就调和说禹和启先后与有扈氏大战。刘起釪先生认为,与有扈战于甘的究竟是禹还是启,这实际上是古代史事的传闻异词,现在无法简单论定,在此情况下当以《尚书》及《书序》的说法较妥。参看顾颉刚和刘起釪《尚书校释译论》中对《甘誓》的释读。

> 有扈氏威侮五行,怠弃三正,天用剿绝其命。

启伐有扈的原因,当然是因为有扈氏"不服"启攻益而自立。但《甘誓》中,启却对此不着一词,而是强调有扈"威侮五行,怠弃三正"。启用托词为征伐的借口,正说明有扈氏的"不服"有其正当性,而启杀益谋取君位才是不义之举。也正因为如此,有扈氏虽遭剿灭,后人却称它"为义而亡",并视之为"知义而不知宜也"的典型代表(《淮南子·齐俗训》)。从这层意义上讲,禅让曾是尧舜禹时期得到普遍认同的制度,而启改禅让为世袭则是时之"宜"也,有扈氏不知时变,企图阻挡历史之潮流,自然归于失败。类似地,《礼记·礼运》假借孔子之口褒扬"天下为公"的禅让,贬低"天下为家"的世袭制,其实只不过是当时知识阶层站在自身立场上的一厢情愿而已。

由此可见,启继禹位的三部曲是:先攻杀乃父选定的接班人益,抢夺王位;召集天下诸侯于钧台,以盟会方式来宣告自身地位的合法性;以武力压服异己势力,最终巩固自身的王位。

三 失国与中兴

《史记·夏本纪》记载:

> 夏后帝启崩,子帝太康立。帝太康失国,昆弟五人,须于洛汭,作《五子之歌》。

但司马迁在此没有详细交代太康失国及相关史事的原因和过程[1],

---

[1] 但太史公在《吴太伯世家》引伍员之语,述及少康复国的经过。

《史记集解》认为"疏略之甚",并引孔安国之语对此略有解释:

> (太康)盘于游田,不恤民事,为羿所逐,不得反国。

孔氏之说依然语焉不详,而《左传》襄公四年则对太康失国、后羿代夏的过程有详细描述:

> 无终子嘉父使孟乐如晋,因魏庄子纳虎豹之皮,以请和诸戎。晋侯曰:"戎狄无亲而贪,不如伐之。"魏绛曰:"诸侯新服,陈新来和,将观于我。我德则睦,否则携贰。劳师于戎,而楚伐陈,必弗能救,是弃陈也。诸华必叛。戎,禽兽也。获戎失华,无乃不可乎?夏训有之曰:'有穷后羿'。"公曰:"后羿何如?"对曰:"昔有夏之方衰也,后羿自鉏迁于穷石,因夏民以代夏政。恃其射也,不修民事,而淫于原兽,弃武罗、伯因、熊髡、龙圉,而用寒浞。寒浞,伯明氏之谗子弟也,伯明后寒弃之,夷羿收之,信而使之,以为己相。浞行媚于内而施赂于外,愚弄其民而虞羿于田。树之诈慝,以取其国家,外内咸服。羿犹不悛,将归自田,家众杀而亨之,以食其子,其子不忍食诸,死于穷门。靡奔有鬲氏。浞因羿室,生浇及豷,恃其谗慝诈伪而不德于民,使浇用师,灭斟灌及斟寻氏。处浇于过,处豷于戈。靡自有鬲氏,收二国之烬,以灭浞而立少康。少康灭浇于过,后杼灭豷于戈,有穷由是遂亡,失人故也。……"

据魏绛所言,后羿之所以能够取得夏政,关键还在于"昔有夏之方衰也",这大概就是孔安国所谓的"(太康)盘于游田,不恤民事"。除此之外,夏族内部不睦,也给了后羿可乘之机。前引《国语·楚语上》载"启有五观",虽然后代学者对于此五观究竟是一人还是五人,看法分歧很大。[1] 但既然五观与丹朱、商均、太甲和管蔡相提并论，都属于"古之奸子"，基本上可以判定太康在位期间夏王朝内部出现了纷争。总之，太康内失于兄弟，外失于黎民，才导致了"为羿所逐"的结果。

后羿本是夏王朝的射正，入为卿士。[2] 后羿代夏，只是驱逐了夏后太康，"因夏民以代夏政"，夏人并未就此亡国，所以在实质上就是一场宫廷政变。[3] 太康和弟仲康先后居于斟寻，夏王朝依然保留有一定的权威和实力。如《夏本纪》记载：

> 帝中康时，羲、和湎淫，废时乱日。胤往征之，作胤征。

《集解》引孔安国曰："胤国之君受王命往征之。"由此可见仲康仍然得到部分诸侯的拥戴。仲康卒，夏后相即位，夏人依然实力不俗。古本《竹书纪年》载：

> 后相即位，居商邱（帝丘）。元年，征淮夷、畎夷。二年，征风夷及黄夷。七年，于夷来宾。相居斟灌。

而此时有穷氏内部发生了动乱。据前引魏绛所言，后羿在"因夏民以代夏政"之后，也步太康后尘，"不修民事，而淫于原兽"，并且"弃武罗、伯因、熊髡、龙圉"等贤臣，而用"伯明氏之谗子弟"寒

---

[1] 可参看徐元诰《国语集解》（修订本）"楚语上"中的有关论述，中华书局，2002年，第483—484页。
[2] 文献中有关后羿善射，为射师、射正的记载很多，可参看胡念贻《关于后羿的传说》一文，收入《中国古代文学论稿》，上海古籍出版社，1987年。
[3] 罗泌曾把后羿代夏比作安史之乱，就是将后羿看作夏人的叛臣，但傅斯年先生力主夷羿"必是夏之敌国之君"，以此来突出"夷夏东西"说。杨向奎先生认为当时的夷夏之争"已经不是异族间的互相侵略"，"夷、夏两族在夏代已融为一体"。参看杨向奎《大一统与儒家思想》，北京出版社，2011年，第4—5页。

浞，结果落了个被寒浞杀而烹之的血腥结局。"浞因羿室"之后，试图将夏王室斩草除根。《左传》哀公四年引伍员之言详细叙述了夏后相之亡和少康复国的过程：

> 昔有过浇杀斟灌以伐斟鄩，灭夏后相，后缗方娠，逃出自窦，归于有仍，生少康焉。为仍牧正，惎浇能戒之。浇使椒求之，逃奔有虞，为之庖正，以除其害。虞思于是妻之以二姚，而邑诸纶，有田一成，有众一旅。能布其德，而兆其谋，以收夏众，抚其官职；使女艾谍浇，使季杼诱豷。遂灭过、戈，复禹之绩，祀夏配天，不失旧物。

从魏绛和伍员的叙述来看，夏后相及其所倚靠的二斟均被寒浞子浇所灭，只有后缗逃出并生下遗腹子少康。少康复国所仰仗的力量主要有四部分：一是夏之遗臣靡，堪称王室中坚；二是斟寻、斟灌这两个同姓诸侯的残余力量，一路走来，可谓不离不弃；三是有鬲氏、有仍氏和有虞氏等异姓国族，其中多数是与夏王室有婚姻关系的甥舅之国；四是其他各类"夏众"。

在夏后氏复国的过程中，少康无疑是个关键人物。他虽是遗腹子，先后寄居于母族有仍氏和妻族有虞氏，所掌控的力量不过是"有田一成，有众一旅"，但少康既能修德，又善谋断，所以深得夏众的拥戴。少康复国的过程必然充满艰辛曲折，可惜多已失载，现在只能在文献中窥见若干的蛛丝马迹。如屈原《天问》曾述：

> 惟浇在户何求于嫂？
> 何少康逐犬而颠陨厥首？
> 女歧缝裳而馆同爱止。
> 何颠易厥首而亲以逢殆？

第一章　夏史考索 | 121

按林庚先生的注释，这四句的意思是：

> 浇与他的嫂子只是在门口说了几句话，少康何以便追随着狗的踪迹前去行刺，结果是把那嫂子的头砍掉了，而浇却无恙。
>
> 女歧与浇不过是偶然的男女关系，何以刺杀浇时女歧却代他被砍了头而亲身遭殃？[1]

少康跟随狗的踪迹去行刺浇，堪称最早的刺客。从这些细节来看，在复国大业中，少康可谓身先士卒，勇力过人。凡此种种，既凸显了少康的英勇善战，也说明少康力量不足而不得不采取非常规手段。

少康复国也是一场持久战。按魏绛的说法，先是"少康灭浇于过"，后有"后杼灭豷于戈"，合少康、杼父子两代人的努力，才彻底消灭了寒浞的势力而"复禹之绩"，其历时至少在三十年以上。[2] 实际上，少康自即位伊始，就开始积聚力量，为复国做准备。今本《竹书纪年》载少康"三年，复田稷"，"十一年，使商侯冥治河"，这都是注重民生的具体表现。在剿灭穷寒之后，少康治下更是呈现出一派中兴之势，诸夷臣服，所以《后汉书·东夷传》有"自少康已后，世服王化，遂宾于王门，献其乐舞"的说法。

少康子帝杼继承了乃父的伟业。早在少康复国过程中，杼已经就

---

[1] 林庚：《天问论笺》，《林庚楚辞研究两种》，第212—213页。
[2] 《史记·夏本纪·索隐》称："然则帝相自被篡杀，中间经羿浞二氏，盖三数十年。"《正义》则按："帝相被篡，历羿浞二氏，四十年。"但据《左传》哀公四年引伍员之言，可知夏后相的是寒浞之子浇，而浇又是"浞因羿室"后所生的儿子，那么，自"后羿代夏"到浇灭夏后相，其间应该将近二十年。少康是夏后相的遗腹子，他本人以及儿子杼都能率军作战，至少在三十年以上。如此算来，从太康失国到少康复国，前后至少在五十年以上。

能独当一面,他曾经"诱豷",为灭豷的戈国立下首功。即位之后,帝杼继续对东夷保持强大的压力,古本《竹书纪年》说他"征于东海及三寿,得一狐九尾"。与此同时,帝杼还将夏都迁于老丘(今河南开封陈留),也应是出于镇抚东夷的考虑。《国语·鲁语上》称"杼能帅禹者也,故夏后氏报焉",从帝杼的功绩来看,他确实值得夏人后裔隆重祭祀。

四 孔甲乱夏与桀放南巢

少康中兴之后,夏王朝的统治进入扩张和繁荣阶段,主要表现就是后荒、后泄、不降诸夏后对夷人的控制,从而形成"方夷来宾""九夷来御"的盛世景象,可惜文献中有关这一阶段的史事保留极少。

夏王朝的衰退是从孔甲开始的。《国语·周语下》称"昔孔甲乱夏,四世而陨"。孔甲究竟如何乱夏,详情已经不可知,但史籍中的零星记载有助于我们的理解。

其一是《吕氏春秋·音初》所记:

> 夏后氏孔甲田于东阳萯山,天大风晦盲,孔甲迷惑,入于民室,主人方乳,或曰"后来是良日也,之子是必大吉",或曰"不胜也,之子是必有殃"。后乃取其子以归,曰:"以为余子,谁敢殃之?"子长成人,幕动坼橑,斧斫斩其足,遂为守门者。孔甲曰:"呜呼!有疾,命矣夫!"乃作为破斧之歌,实始为东音。

另一则是前引孔甲食龙的记载,《左传》昭公二十九年记:

> 昔有飂叔安,有裔子曰董父,实甚好龙,能求其耆欲以饮

食之，龙多归之，乃扰畜龙，以服事帝舜，帝赐之姓曰董，氏曰豢龙，封诸鬷川，鬷夷氏其后也。故帝舜氏世有畜龙。及有夏孔甲，扰于有帝，帝赐之乘龙，河、汉各二，各有雌雄。孔甲不能食，而未获豢龙氏。有陶唐氏既衰，其后有刘累，学扰龙于豢龙氏，以事孔甲，能饮食之。夏后嘉之，赐氏曰御龙，以更豕韦之后。龙一雌死，潜醢以食夏后。夏后飨之，既而使求之。惧而迁于鲁县，范氏其后也。

从这两个事例足见孔甲行事颇为怪诞，故《史记·夏本纪》称他"好方鬼神，事淫乱"。所谓"好方鬼神"，应该是指孔甲破坏原有的祭祀体系，属于好淫祀一类。淫祀既破坏宗教秩序，又浪费社会资源。"事淫乱"则可能更多指孔甲个人行为乖张，荒淫无度，属于私德不淑。既然在公私两个方面都失德，结果自然是"夏后氏德衰，诸侯畔之"。

作为中国历史上第一王朝的亡国之君，夏桀历来被视作暴君的典型。《夏本纪》也未细述桀的暴行，只是笼统地说"桀不务德而武伤百姓，百姓弗堪"。从其他文献记载来看，夏桀的"不务德"主要表现在以下几个方面：

一是大兴土木，劳民伤财。古本《纪年》载夏桀："筑倾宫，饰瑶台。"上博简《容成氏》第38简也记载夏桀：

□为丹宫，筑为璇室，饰为瑶台，立为玉门，其骄泰如是状。[1]

《楚辞·离骚》也说：

望瑶台之偃蹇兮！见有娀之佚女。

---

[1] 马承源主编：《上海博物馆藏战国楚竹书》（二），上海古籍出版社，2002年，第279页。

从文意上看，倾宫的特点是规模大，而璇室、瑶台和玉门则是过于精细奢华，两者都耗费大量人力物力，故"百姓弗堪"。

上行下效，夏王朝的与国有洛氏也效仿夏桀而广为宫室。《逸周书·史记解》记载：

> 昔者，有洛氏宫室无常，池囿广大，工功日进，以后更前，民不得休，农失其时，饥馑无食，成商伐之，有洛以亡。

故《逸周书·史记解》将有洛氏列为"宫室破国"的典型。有洛氏既如此，夏桀倾宫、瑶台耗费民力之巨则不难想见。

二是刚愎自用，不听劝谏，枉杀贤臣。古本《纪年》又载："大夫关龙逢谏瑶台，桀杀之。"但文献中又有关龙逢所谏为长夜之宫的说法，《路史·发挥》记[1]：

> 关龙逢，……其在《竹书》，始以为谏瑶台。……逮汲冢张华书则更以为谏长夜之宫，而荐之以必亡之语。

朱右曾《汲冢纪年存真》：

> 今案《博物志》曰："夏桀之时，为长夜宫于深谷之中，男女杂处，十旬不出听政。天乃大风扬沙，一夕填此宫谷。又饰瑶台，关龙逢谏桀曰：'吾之有民，如天之有日，日亡我则亡。'以龙逢为妖言而杀之。其后山复于谷，下反在上。耆老相与谏桀，又以为妖言而杀之。"

---

[1] 有关关龙逢谏长夜之宫的讨论可参见方诗铭、王修龄：《古本竹书纪年辑证》附录三《路史》所引《纪年》辑证"，《方诗铭文集》第一卷，第442页。

究竟是谏瑶台，还是反对长夜之宫，并非问题关键所在。《韩非子·说疑》把关龙逢、王子比干、随季梁、陈泄冶、楚申胥、吴子胥六人称为"皆疾争强谏以胜其君"的典型，说明关龙逢确是古之良臣。《韩非子·人主》又称，"昔关龙逢说桀而伤其四肢，王子比干谏纣而剖其心，子胥忠直夫差而诛于属镂"，可见关龙逢是惨遭折磨而死，由此也折射出夏桀的残暴。

三是沉迷酒色，不理政事。《国语·晋语一》记载：

> 昔夏桀伐有施，有施人以妹喜女焉，妹喜有宠，于是乎与伊尹比而亡夏。

古本《纪年》又记：

> 后桀伐岷山，岷山女于桀二人，曰琬、曰琰。桀受二女，无子，刻其名于苕华之玉，苕是琬，华是琰，而弃其元妃于洛，曰末喜氏。末喜氏以与伊尹交，遂以间夏。

伐有施，得妹喜，夏桀宠之；伐岷山，得琬、琰二女，夏桀又宠之，足见夏桀确实贪恋美色。《管子·轻重甲》甚至记载：

> 桀之时，女乐三万人，端噪晨乐，闻于三衢。

三万人自然不是实数，但反映夏桀后宫之众。后宫云集，自然就不免有嬖妾。《列女传》卷七记载：

> 末喜者，夏桀之妃也。美于色，薄于德，乱孽无道，女子行丈夫心，佩剑带冠。桀既弃礼义，淫于妇人，求美女，积之于后

宫，收倡优侏儒狎徒能为奇伟戏者，聚之于旁，造烂漫之乐，日夜与末喜及宫女饮酒，无有休时。置末喜于膝上，听用其言，昏乱失道，骄奢自恣。

而妹喜"与伊尹交"，更是直接导致了夏桀之亡。《吕氏春秋·慎大》记：

汤与伊尹盟，以示必灭夏。伊尹又复往视旷夏，听于末嬉。末嬉言曰："今昔天子梦西方有日，东方有日，两日相与斗，西方日胜，东方日不胜。"伊尹以告汤。商涸旱，汤犹发师，以信伊尹之盟，故令师从东方出于国，西以进。未接刃而桀走，逐之至大沙，身体离散，为天下戮，不可正谏，虽后悔之，将可奈何？[1]

好色之外，夏桀又好饮。《新序·节士》记：

桀为酒池，足以舣舟，糟丘，足以望七里，一鼓而牛饮者三千人。关龙逢进谏曰："为人君，身行礼义，爱民节财，故国安而身寿也。今君用财若无尽，用人恐不能死，不革，天祸必降，而诛必至矣，君其革之。"立而不去朝，桀因囚拘之，君子闻之曰："天之命矣夫。"

《韩诗外传》卷四也载：

---

[1] 清华简《尹至》篇记夏桀、成汤之争也有"在西在东，见彰于天"的说法，有研究者认为其意与《吕氏春秋·慎大》所谓东西两日斗相同。参看沈建华《清华楚简〈尹至〉释文试解》，《中国史研究》2011年第1期。

> 桀为酒池，可以运舟，糟丘足以望十里，一鼓而牛饮者三千人。

一鼓而牛饮者三千人，酒池大到可以行舟，自然是出于后人的夸张，但也衬托出夏桀的奢靡。如此沉迷于酒色，必然导致政事与祭祀的荒废，故上博简《容成氏》载：

> 当是时［也］，强弱不辞扬，众寡不听讼，天地四时之事不修。

四是疏远忠良而近于邪人。《史记·龟策列传》记夏桀有奸臣赵梁：

> 桀有谀臣，名曰赵梁。教为无道，劝以贪狼。系汤夏台，杀关龙逢。左右恐死，偷谀于傍。国危于累卵，皆曰无伤。称乐万岁，或曰未央。蔽其耳目，与之诈狂。汤卒伐桀，身死国亡。听其谀臣，身独受殃。《春秋》著之，至今不忘。

《吕氏春秋·当染》则记：

> 夏桀染于干辛、歧踵戎。殷纣染于崇侯、恶来。周厉王染于虢公长父、荣夷终。幽王染于虢公鼓、祭公敦。此四王者，所染不当，故国残身死，为天下戮。

今本《纪年》也有夏桀六年"歧踵戎来宾"的记载。虽然干辛、歧踵戎的具体恶行不详，但既然与崇侯、恶来等人并论，必然是误国的奸佞。近奸人则必然疏远忠良，夏桀之世，王朝内外均有良臣离其而去，如《吕氏春秋·先识》：

> 夏太史令终古，出其图法，执而泣之。夏桀迷惑，暴乱愈甚，太史令终古乃出奔如商。

《吴越春秋·吴太伯传第一》则载：

> 公刘避夏桀于戎狄，变易风俗，民化其政。

五是四处征伐，以丧其国。

夏桀暴虐，必然众叛亲离，这又导致夏桀四处征伐。除上面提到的伐有施、伐岷山氏之外，又因为仍之会，"有缗叛之"而"克有缗"（《左传》昭公四年、十一年）。

在诸多反夏力量中，商人是最为强大的一支。对于商族的崛起，夏桀有所警觉，但并未引起足够的重视。《史记·夏本纪》载夏桀："乃召汤而囚之夏台，已而释之。"今本《纪年》对囚汤、释汤的过程有更细致的记载：

> 二十二年，商侯履来朝，命囚履于夏台。
> 二十三年，释商侯履，诸侯遂宾于商。

释放商汤，无异于放虎归山，其结果就如《夏本纪》所说：

> 汤修德，诸侯皆归汤，汤遂率兵以伐夏桀。桀走鸣条，遂放而死。桀谓人曰："吾悔不遂杀汤于夏台，使至此。"汤乃践天子位，代夏朝天下。

《史记·越王句践世家》也说：

> 句践之困会稽也,喟然叹曰:"吾终于此乎?"种曰:"汤系夏台,文王囚羑里,晋重耳奔翟,齐小白奔莒,其卒王霸。由是观之,何遽不为福乎?"

汤伐夏桀当然不是一蹴而就,其过程在文献中颇多记载,但以《吕氏春秋·慎大》所记最为细致生动:

> 桀为无道,暴戾顽贪,天下颤恐而患之,言者不同,纷纷分分。其情难得,干辛任威,凌轹诸侯,以及兆民。贤良郁怨,杀彼龙逄,以服群凶,众庶泯泯,皆有远志,莫敢直言。其生若惊,大臣同患,弗周而畔。桀愈自贤,矜过善非,主道重塞,国人大崩。汤乃惕惧,忧天下之不宁,欲令伊尹往视旷夏,恐其不信,汤由亲自射伊尹。伊尹奔夏,三年,反报于亳,曰:"桀迷惑于末嬉,好彼琬琰,不恤其众。众志不堪,上下相疾,民心积怨。皆曰上天弗恤,夏命其卒。"汤谓伊尹曰:"若告我旷夏尽如诗。"汤与伊尹盟,以示必灭夏。伊尹又复往视旷夏,听于末嬉。末嬉言曰:"今昔天子梦西方有日,东方有日,两日相与斗,西方日胜,东方日不胜。"伊尹以告汤。商涸旱,汤犹发师以信伊尹之盟,故令师从东方出于国西以进,未接刃而桀走,逐之至大沙,身体离散,为天下戮,不可正谏,虽后悔之,将可奈何。

上述记载可谓史实与传说参半,令人难以抉择,但汤伐桀的基本史实不容置疑。上博简《容成氏》则对夏桀的败走路线有翔实的记录:

> (汤)然后从而攻之,升自戎遂,入自北门,立于中□。桀乃逃之鬲山氏,汤又从而攻之,降自鸣条之遂,以伐高神之门。

桀乃逃之南巢氏，汤又从而攻之，遂逃，去之苍梧之野。汤于是乎征九州之师，以略四海之内，于是乎天下之兵大起，于是乎亡宗戮族，残群焉备。

《容成氏》所提到的几个地点如戎遂（有娀之墟）、鬲山（历山）氏、鸣条、南巢氏和苍梧之野在传世文献中都可见到：

> 桀败于有娀之虚，桀奔于鸣条，夏师败绩。汤遂伐三朡，俘厥宝玉，义伯、仲伯作《典宝》。（《史记·殷本纪》）
>
> 伊尹相汤伐桀，升自陑，遂与桀战于鸣条之野，作《汤誓》。夏师败绩，汤遂从之，遂伐三朡，俘厥宝玉，谊伯、仲伯作《典宝》。（《尚书序》）
>
> 桀死于鬲山，纣县于赤斾，身不先知，人又莫之谏，此蔽塞之祸也。（《荀子·解蔽》）
>
> 维禹之功，九州攸同，光唐虞际，德流苗裔，夏桀淫骄，乃放鸣条。（《史记·太史公自序》）
>
> 于是汤乃以革车三百乘伐桀于南巢，放之夏台。（《淮南子·本经训》）
>
> 汤遂灭夏，桀逃南巢氏。（古本《竹书纪年》）
>
> （帝癸）二十一年，商自陑征夏邑，克昆吾，大雪雨，战于鸣条，夏师败绩，桀出奔三朡，商师征三朡，战于郕，获桀于焦门，放之于南巢。（今本《竹书纪年》）

综合上述记载，可以看出夏桀节节败退的路线大致为：首败于有娀之墟，再败于鸣条之役，三败于三朡，然后被放于南巢。

《史记·殷本纪》载"殷契，母曰简狄，有娀氏之女"，《集解》："《淮南子》曰：'有娀在不周之北。'"而《正义》则称："按，《记》云

'桀败于有娀之墟',有娀当在蒲州也。"将有娀定在蒲州,主要是依据鸣条的地望。《史记·夏本纪·集解》引孔安国释鸣条曰:"地在安邑之西。"《殷本纪·正义》也称:"《括地志》云:'高涯原在蒲州安邑县北三十里南阪口,即古鸣条陌也。鸣条战地,在安邑西。'"据此,有娀之墟和鸣条都在今山西夏县一带。[1]据调查,今山西夏县西北7公里处有禹王城,分大、中、小城和禹王庙四部分,城址北依鸣条岗,南望中条山,从出土物判断当是春秋时期的安邑,这对于鸣条地望的判断是有力的旁证。[2]也有学者认为,《容成氏》所说的"戎遂"即"有娀之墟",简文"升自戎遂"即《尚书序》的"升自陑",其地在今山西永济县,这与有娀蒲州说相吻合。[3]夏桀居斟寻,在今偃师、巩义一带,而鸣条和有娀之墟都在晋南,可知夏桀先是向北败走。

败于鸣条之后,夏桀又折而向东逃亡,成汤继续追击,在三㚇再次击败夏桀。据前文考证,三㚇在今山东定陶。夏桀在出奔三㚇之前,很可能在鬲山氏短暂停留。一般认为鬲山氏即有鬲氏,其地在今山东德州一带,但也有意见认为鬲山即历山,是中条山的某一段。[4]不过,上引《荀子·解蔽》称"桀死于鬲山",上博简《鬼神之明》也说"桀折于鬲山"。[5]但很多文献有桀放南巢的记载,所以"桀死(折)于鬲山"的说法可能不确,但鬲山一定是夏桀逃亡过程中很重要的一个地点。

汤伐三㚇之后,夏桀又被迫折而向南。《史记·夏本纪》仅记"桀走鸣条,遂放而死",过于简略,司马贞《史记正义》释夏桀所放之地甚详:

---

[1] 自清代以来曾有学者提出有娀之墟和鸣条在河南开封一带的看法,但晋南说文献证据较多,恐怕不能轻易否定。参看马保春《从楚简〈容成氏〉看汤伐桀的几个地理问题》,《中国历史文物》2004年第5期。
[2] 中国科学院考古研究所山西工作队:《山西夏县禹王城调查》,《考古》1963年第9期。
[3] 郑杰祥:《商汤伐桀路线新探》,《中原文物》2007年第2期。
[4] 同上。
[5] 马承源:《上海博物馆藏战国楚竹书》(五),上海古籍出版社,2005年,第310—316页。

> 《括地志》云："庐州巢县有巢湖，即《尚书》'成汤伐桀，放于南巢'者也。《淮南子》云'汤败桀于历山，与末喜同舟浮江，奔南巢之山而死'。《国语》云'满于巢湖'。又云'夏桀伐有施，施人以妹喜女焉'。"

据此，南巢当在今安徽巢湖一带。有学者甚至认为，安徽江淮地区目前发现的富含二里头文化因素的古文化遗存，与夏桀奔南巢有着不可分割的联系。[1]

综合以上分析来看，夏桀的逃亡路线先是从豫西向北奔往晋南，这应该与晋南为"夏墟"密切相关；在败于鸣条之后，他又转而向东，先后寄居于有鬲氏和三朡，说明豫东鲁西地区仍有夏王朝的忠实盟友；但成汤紧追不舍，夏桀只好掉头南下，千里逃亡到江淮地区的南巢氏，这又显然与禹娶于涂山氏有关。

在传世文献中，大都认为夏桀最终卒于南巢，但上博简《容成氏》却以"苍梧之野"为夏桀的最后落脚点。然而"苍梧之野"历来被认为是帝舜的卒地，如：

> 舜葬于苍梧之野。（《礼记·檀弓下》）
> （舜）崩于苍梧之野。（《史记·五帝本纪》）

因此，《容成氏》所谓桀"去之苍梧之野"很可能是误植了舜的传说。

以上对夏代史料的考证分析，涉及王世、积年、都邑、族氏等多个方面，同时对禹、启、太康、少康、帝杼、孔甲和夏桀等数位夏后的关键史事进行了梳理。通过这些研究分析，我们大致可以了解当时

---

[1] 杜金鹏：《关于夏桀奔南巢的考古学探索及其意义》，《华夏考古》1991年第2期。

的族群与地域,由此部分地窥见夏王朝的版图、人群构成、社会结构和王朝变迁,从而为从考古学上探索夏文化提供了一个必要的历史框架。在此背景下开展研究,既可以有效地防止随意解读或曲解考古材料,更可以帮助我们在解读考古材料时"透物见人"。我们认为,在历史语境下理解和利用考古材料,实际上是"二重证据法"的高级阶段,唯如此二者才可相得益彰,最大限度地发挥出双重史料的价值。

第二章

"禹域"内的龙山遗存

豫西和豫中地区的龙山遗存

137

豫东鲁西皖北地区的龙山遗存

198

豫北冀南地区的龙山遗存

233

晋南地区的龙山遗存

248

"茫茫禹迹，画为九州"，夏代还没有形成明确的疆域概念，而只有各部族的中心居邑和相对明确的势力范围。[1]这个范围，传统上称"禹迹""禹都""禹域"或"夏墟"。从上文梳理的夏代都邑分布情况来看，夏后氏最主要的活动范围是豫西的汝颍河上游地区和伊洛地区，但一度扩张到豫东、鲁西和豫北地区。如果一并考虑夏时期其他同姓和异姓族氏的活动范围，则探索夏文化的区域至少应该扩张到豫西西部、晋西南、皖北和鲁西地区，这一区域与《尚书·汤诰》所言的"万民乃有居"的地域大体重合。[2]

在考古学层面，目前学术界普遍把豫西地区的龙山晚期遗存和二里头文化作为探索夏文化的主要对象。在这里，我们将研究范围扩大到上述地区的龙山遗存，以期通过这种长时段、广地域的比较研究，适当地放宽视野，从而找到确立夏文化的关键线索。

---

[1] 王玉哲先生认为，商周时期通常是以一个大邑为都城，并以此为中心，散布着属于王朝的诸侯据点，而据点和据点之间还散布着不属于王朝或者还是敌对的许多方国。在这种情况下，商、周时期人们对每个王朝国家所控制的国土，只会有"点"的观念，还没有"面"的领土观念，也就不可能产生国界或边界的概念。春秋以后，特别是战国中期以后，中原疆土开发殆尽，诸侯国之间互相接壤，这才出现疆域和边界的概念。由此而言，夏代更不可能出现疆域的观念。参看《殷商、西周疆域史中的一个重要问题》，《古史集林》，第197—202页。

[2] 《史记·殷本纪》引《汤诰》曰："古禹、皋陶久劳于外，其有功乎民，民乃有安。东为江，北为济，西为河，南为淮，四渎已修，万民乃有居。"

第一节 | 豫西和豫中地区的龙山遗存

一 典型遗址文化面貌分析

（一）洛阳盆地及周边地区

洛阳盆地地处豫西腹心地带，东临嵩山，南有熊耳山，西望崤山，北依邙山，伊、洛河穿境而过。这里是夏人活动的重要区域，境内的偃师、巩义一带更是探寻夏都斟鄩的关键所在。

1．洛阳王湾遗址

王湾遗址位于洛阳市西郊谷水镇的王湾村，东距洛阳老城 17.5 公里。遗址南北长约 200 米，东西宽约 100 米。1958 年夏，中国科学院考古研究所洛阳工作队调查发现了王湾遗址。1959 年秋，北京大学历史系考古专业教员邹衡对遗址进行了复查，随后北京大学考古实习队对王湾遗址进行了两次发掘。

第一次发掘是在 1959 年 10—12 月，发掘面积 1785 平方米，发掘工作由北大考古专业教员邹衡和夏超雄负责。发掘结束后，实习队师生复原了近 500 件陶器，并且把王湾新石器时代遗址分为 3 大期 8 小段，其中仰韶期 2 小段，仰韶向龙山过渡期 3 小段，龙山期 3 小段。1960 年 3—5 月，北大考古专业教师李仰松、严文明和夏超雄带领 25

名学生对王湾遗址进行了第二次发掘，发掘面积 1840 平方米，复原陶器 100 余件，并发表了发掘简报。[1]

2002 年，这两次发掘的材料正式公布。发掘报告将王湾遗址新石器时代遗存划分为 3 期 6 段，其中第 V 和第 Ⅵ 两段属于王湾遗址的第三期遗存，属河南龙山文化三里桥类型。[2]

所谓"河南龙山文化"是河南地区龙山时代文化的总称，包括多个地方类型。[3] 因为有些类型的分布范围并不局限于河南省境内，所以也有学者不主张使用"河南龙山文化"这类概念。[4] 类似地，目前学术界对于王湾遗址第三期遗存的命名也颇为分歧，除了发掘报告所说的河南龙山文化"三里桥类型"外，还有河南龙山文化"王湾类型"以及王湾三期文化等。[5] 考虑到"河南龙山文化"这一概念长期使用，而且河南境内龙山时期遗存确实表现出比较明显的共性，因此我们继续沿用"河南龙山文化"这一名称，相应地，以王湾三期遗存为代表的这类龙山遗存宜称河南龙山文化王湾类型。

王湾遗址属于王湾类型的遗迹主要有灰坑 91 座和墓葬 4 座。灰坑中以袋状坑为主，约占一半，其次是圆形坑。墓葬均为长方形竖穴土坑墓，墓主仰身直肢，但未见随葬品。少数灰坑中也见埋有 1 具或多具人骨的现象。

根据发掘报告的描述，可将王湾遗址王湾类型陶器的基本特征归纳如下：

陶器质料以泥质、夹砂的黑陶和灰陶为主，褐色陶在减少；无

---

[1] 北京大学考古实习队：《洛阳王湾遗址发掘简报》，《考古》1961 年第 4 期。
[2] 本节有关王湾遗址的介绍除注明者外均据北京大学考古文博学院：《洛阳王湾——考古发掘报告》，文物出版社，2002 年。
[3] 安志敏：《中国新石器时代的物质文化》，《文物参考资料》1956 年第 8 期。
[4] 安金槐：《试论河南"龙山文化"与夏商文化的关系》，《中国考古学会第二次年会论文集》，文物出版社，1982 年，第 153—160 页。
[5] 韩建业、杨新改：《王湾三期文化研究》，《考古学报》1997 年第 1 期。

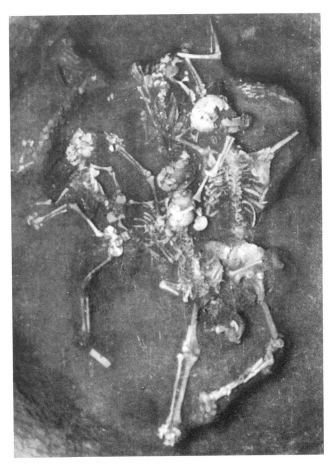

图 2-1　王湾遗址龙山晚期的乱葬坑

论是夹砂陶还是泥质陶，黑陶和灰陶均约占半数。纹饰以方格纹、竖篮纹为主，素面磨光器也占相当的比例，此外还有部分绳纹和刺纹；其中方格纹主要施于夹砂中口罐上，篮纹主要施于高领罐（瓮）和小口罐上，而刺纹（或指甲纹）多施于高领罐（瓮）的肩部和双腹盆的外壁。

王湾类型陶器器类丰富，发掘者对多个典型单位的器类进行了统计，结果如下表：

王湾新石器时代第三期文化陶器器形统计表（%）

编年	单位	炊器						食器			饮器				盛器					其他	
		夹砂罐	夹砂小罐	鼎	鬲	斝	甗	碗	豆	盘	单耳杯	单把罐	鬹	盉	小口罐	双腹盆	小罐	盆	缸	圈足器	盖
V	H172	6	1		5	2	1	2	7	1	1				5	11	2	7			5
V	H166	56	1	1	9	3	5	50	13		13		1	1	42	11	5	26	1		3
Ⅵ	H178	84	3	2		3	3	39	6	1	7	1			14	21	3	19	2		9
统计	总数	146	5	3	14	8	9	91	26	2	21	1	1	1	61	43	10	52	2	1	17
		185						119			24				169					17	
	百分比	35.9						23.25			4.48				32.56					3.81	

据上表，可知王湾类型的核心器物群是：

炊器：夹砂罐占绝对多数，另有少量的鬲和甗，鼎极少见。

食器：基本上是碗和豆。

酒器和水器：以单耳杯为主，另有极少量的鬹、斝、盉。

盛储器：以小口罐、盆、双腹盆为主。

发掘报告还指出，王湾类型的晚段已经产生了某些向二里头文化过渡的因素，如出现了扁三角形小鼎足、研磨器、高柄蘑菇状器盖、大敞口平底盘和三足盆等器类。

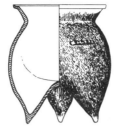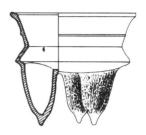

图 2-2 王湾遗址出土的深腹罐、陶鬲和陶斝

2．洛阳西干沟和东干沟遗址[1]

西干沟遗址位于洛阳旧城西北约 5 公里处，地处邙山以南、洛阳以北的平原上，涧河流经遗址的东北部。遗址东西约 100 米，南北约 200 米，1957—1959 年中国科学院考古研究所洛阳发掘队对遗址进行了三次发掘，揭露面积超过 1000 平方米。发掘报告将西干沟的龙山遗存分为两期，即龙山文化一期和龙山文化二期，两期遗存的特征分别是：

龙山文化一期：陶质有夹砂灰陶、泥质灰陶、夹砂红陶和泥质橙黄陶等，纹饰有篮纹、弦纹、方格纹和绳纹等，另有部分素面陶器。主要陶器器类有夹砂罐、斝（器内壁有一薄层白色水锈）、甑、釜灶、小罐、双腹盆、钵、豆、碗、高领瓮、缸、器盖（喇叭形）等。虽然发掘报告没有公布各类器物的具体数量，但可以看出本期陶器的器物组合为：炊器以夹砂罐为主，另有少量甑和釜灶；食器以碗、钵和豆为主；水器有小罐和斝；盛储器流行双腹盆、缸和瓮类器物。

龙山文化二期：以泥质灰陶为主，夹砂灰陶次之，泥质磨光黑陶占很小一部分，泥质红陶极少。纹饰有方格纹、篮纹、弦纹、绳纹和指甲纹，此外素面陶也占一定比例。主要器类及标本数量为：夹砂罐 3（另有残片

---

[1] 中国社会科学院考古研究所：《洛阳发掘报告》，燕山出版社，1989 年，第 36—49 页。

较多)、矮足鼎 2（另有圆锥鼎足 2 件）、斝 1、鬲 1、甗 1、泥质大口罐 2、单耳罐 2、高领罐 1、双腹盆 7、杯 3、高领瓮 3、缸 1、鬶 1、残断的陶环若干以及数量众多的碗、钵和豆的残片。据此，此期的核心器物组合是：炊器以夹砂罐为主，另有鼎、鬲、甗为补充；食器以碗、钵和豆为主；水器中饮器有杯，盛器有鬶、斝和罐；盛储器流行双腹盆和瓮缸类器物。

与此同时，洛阳发掘队还对毗邻的东干沟遗址进行了大规模的发掘，发现丰富的二里头时期和少量龙山时期的遗存。这里出土的较完整的龙山陶器有敛口罐、小口罐、高领小罐、豆、筒形杯、单耳杯、碗和圈足器等，此外还有鼎、甗、双腹盆、刻槽盆、瓮、高领罐、器盖等残片和扁三角形鼎足、乳状鼎足等。[1]

发掘报告将西干沟龙山一期、西干沟龙山二期和东干沟龙山遗存的年代分别确定为河南龙山文化早期偏晚、河南龙山文化中期和河南龙山文化晚期。[2]

3．洛阳矬李遗址[3]

矬李遗址位于洛阳市南郊约 12.5 公里矬李村，遗址区坐落在伊水和洛水之间的一块南北约 700 米、东西约 500 米的台地上。1975 年和 1976 年洛阳博物馆在这里进行过两次发掘。发掘简报将矬李遗址的遗存分为五期，其中第一期属仰韶文化，第二期和第三期为河南龙山文化，第四期和第五期为二里头文化。

根据发掘简报，矬李遗址第二期遗存的陶器特征是：陶质有磨光黑陶、泥质灰陶、夹砂灰陶，以泥质灰陶为主，陶胎薄；纹饰以篮纹和素面为多数；器形有罐、器盖、澄滤器、豆、碗、双腹盆等，但数

---

[1] 中国社会科学院考古研究所：《洛阳发掘报告》，第 50—55 页。
[2] 参看《洛阳发掘报告》结语部分。
[3] 洛阳博物馆：《洛阳矬李遗址试掘简报》，《考古》1978 年第 1 期。

量均较少。据发掘简报，此期遗存的年代应在龙山晚期的偏早阶段。

矬李第三期陶器面貌为：陶质以夹砂灰陶居多，磨光黑陶少见，陶胎较厚；纹饰以篮纹和方格纹为主。此期遗存较为丰富，主要陶器器类及标本数量为：罐形鼎5（其中舌形足1件，扁乳形足4件）、斝3、甗1、深腹罐2、大口罐2、小口罐2、高领罐4、单耳罐和双耳罐各1、圈足盘3、双腹盆2、碗13、盉1、豆4、残陶鬶1件。发掘者指出，敛口双腹盆、深腹罐、圆腹罐是此期新出现的器形，该期年代与王湾三期遗存相当，属河南龙山文化晚期。

综上，矬李遗址龙山晚期核心陶器组合是：

炊器：以鼎、罐为主，另有一定数量的甗。

食器：以碗、豆和圈足盘为主。

酒器和水器：饮器有单耳罐，盛器有罐、斝、鬶与盉。

盛储器：多见罐和双腹盆。

4．洛阳西吕庙遗址[1]

西吕庙遗址位于洛阳市东北7.5公里处的邙山坡地上，南距洛河4公里，北至黄河9公里。1969年洛阳市文物工作队对该遗址进行了发掘，清理灰坑12座。发掘者根据地层关系将12座灰坑分为早晚两期，两期年代分别与矬李遗址的第二期和第三期相当。

西吕庙遗址早期陶器以泥质灰陶为主，夹砂灰陶次之，磨光黑陶占一定的比例，有少量的棕黄陶。纹饰以篮纹和方格纹为主，其次是弦纹和指甲纹，绳纹很少见；篮纹一般较斜直，多兼施弦纹；方格纹多为菱形，一般较大而工整。该期陶器的主要器类及其标本数量是：夹砂折沿罐87、斝2、甗5、鼎足1、碗11、带耳杯4、壶1、豆6、圈足盘3、

---

[1] 洛阳市文物工作队：《洛阳西吕庙龙山文化遗址发掘简报》，《中原文物》1982年第3期。

双腹盆 8、斜腹盆 4、高领罐 6、器盖 7 以及背壶残片多件。

西吕庙晚期陶器以夹砂灰陶为主，泥质灰陶次之，磨光黑陶的数量较前期明显减少，棕黄陶有所增加；篮纹较草率，方格纹较小而不整齐。发掘简报统计的各类陶器标本数量分别为：夹砂折沿罐 52、甑 6、碗 13、杯 2、鬶 5、豆 6、圈足盘 2、双腹盆 5、高领罐 1、器盖 1 以及背壶多件。

从以上材料来看，西吕庙遗址早晚两期的陶器面貌基本一致，其核心器物组合可以概括为：

炊器：夹砂罐占绝对统治地位，另有少量甑和鼎作为补充。

食器：以碗、豆为主，另有少量圈足盘。

酒器和水器：饮器以单把杯（单耳罐）为主，盛器以罐、斝和鬶为主；汲水器背壶数量较多，这是该遗址的显著特点。

盛储器：以双腹盆、斜腹盆和罐类器物为主。

其他典型器物：有一定数量的陶环和器盖（覆碗形和折肩形均有）。

5．偃师灰嘴遗址[1]

灰嘴遗址位于偃师市西南 20 公里灰嘴村西的台地上，遗址东西长 230 米，南北宽 220 米，总面积约 55000 平方米。早在 1937 年河南省博物馆的工作人员就曾在该遗址采集到石斧，新中国成立初期洛阳专区文管会派人对遗址进行了调查，1959 年河南省文物局文物工作队在此进行了发掘，发现仰韶、龙山晚期和二里头文化时期的遗存。

此次发掘共清理龙山晚期的房址 2 座，灰坑 13 座。出土陶器以夹砂灰陶和泥质灰陶为主，有部分泥质黑陶，棕色陶较少，并发现极少量的白陶。纹饰以方格纹和篮纹为主，弦纹和附加堆纹次之，还有少量的刻划纹和指甲纹。

---

[1] 河南省文物研究所：《河南偃师灰嘴遗址发掘报告》，《华夏考古》1990 年第 1 期。

灰嘴遗址龙山晚期主要陶器器类及标本数量为：鼎8（其中方格纹乳足鼎6件，扁足鼎2件）、罐15（其中夹砂绳纹罐和篮纹罐4件，各类小罐11件）、甑2、鬶2、斝1、盉2、斜腹盆3、双腹盆3、刻槽盆1、瓮4、圈足盘2、碗14、豆7、杯1、器盖3（折肩盖2件，高柄喇叭形盖1件）、陶环11件。

根据上述材料，可将灰嘴遗址龙山晚期核心陶器组合归纳为：

炊器：鼎和夹砂罐皆有，且乳足鼎较多，另有少量甑。

食器：以碗、豆为主，有部分圈足盘。

酒器和水器：饮器有杯，盛器有斝、鬶与盉。

盛储器：多见罐、盆（斜腹盆、双腹盆均有），也有瓮缸类器。

其他典型器物：刻槽盆、器盖和陶环。

6. 伊川白元遗址[1]

白元遗址位于伊川县城西南约7公里伊河东岸的台地上，遗址南北长约500米、东西宽400余米，但大部分被现代村庄所压。1979年，洛阳地区文物处对该遗址进行了发掘，揭露面积200余平方米。

发掘者将白元遗址分为四期，其中白元一期和二期属于龙山晚期，下限或可至二里头文化一期，白元三期相当于二里头文化二期，而白元四期属于二里岗期。这里着重介绍白元遗址第一、二期遗存的文化面貌。

属于白元一期的遗迹有灰坑19座，房址2处和墓葬7座（其中篮纹陶鼎瓮棺葬2座，土坑墓1座以及乱葬墓4处）。此期陶器以夹砂灰陶为主，占58%；泥质灰陶次之，占22%；磨光黑陶占9%，并有极少数的泥质红陶和夹砂红陶。器表纹饰以篮纹为主，占40%；方格纹次之，占15%；弦纹、附加堆纹、绳纹各占3%左右；有一定数量的

---

[1] 洛阳地区文物处：《伊川白元遗址发掘简报》，《中原文物》1982年第3期。

素面陶，占36%。此期主要器类及标本数量为：鼎10（乳足鼎7件，柱足鼎3件）、夹砂罐4、甑3、碗2、刻槽盆2（漏斗形和盆形各1件）、觚形杯2、钵3、豆5、圈足盘2、器盖4以及陶环多件。

属于白元二期的遗迹主要有灰坑7座。此期陶器陶质以夹砂灰陶为主，占54%；泥质灰陶次之，占36%；泥质磨光黑陶占8%左右。器表纹饰篮纹占28%，绳纹占25%，方格纹占3.3%，绳纹增多而方格纹减少，个别器物肩部有卷云纹和水波纹，鼎或甑的肩部常有鸡冠形附加堆纹。主要器类及标本数量为：鼎3（鸡冠形足鼎1件，扁三角形足鼎2件）、泥质罐9、盆1、豆5、器盖3、甑1、簋1、瓮2、三足盘2、碗1。

据此可将白元遗址一、二期核心陶器组合归纳为：

炊器：鼎、罐兼有，乳足鼎较多，另有少量甑。

食器：以碗、豆为主，另有少量圈足盘和三足盘。

酒器和水器：饮器以觚形杯为主，盛器以罐为主。

盛储器：以盆和瓮缸类器物为主。

其他典型器物：器盖、陶环和刻槽盆。

7．孟津小潘沟遗址[1]

遗址位于孟津县小潘沟村西的坡地上，东西长约1000米、南北宽200余米。1976年洛阳博物馆在此进行了较大规模的发掘，清理龙山晚期的房址3座、墓葬9座、灰坑35座以及半地穴式居址多座。

小潘沟遗址龙山晚期陶器以泥质灰陶和夹砂灰陶为主，其次是外灰内褐的夹砂陶，磨光灰陶和磨光黑陶较少，红陶和白陶极少；除素面外，纹饰多篮纹、斜方格纹，其次为弦纹、绳纹、指甲纹、附加堆纹、附加绳索纹等；器物以小平底器为主，三足器和圈足器不多，但

---

[1] 洛阳博物馆：《孟津小潘沟遗址试掘简报》，《考古》1978年第4期。

带柄器物比较普遍。

发掘报告列举的主要器类及标本数量分别是：鼎 4、鬲 2、斝 1、鬶 5（其中白陶鬶 2）、盉 4、爵 2、大口罐 157（不少罐底有烟炱）、浅腹罐 13、小罐 41、直领罐 62（均为泥质磨光灰陶）、高领罐 29（均为泥质磨光灰陶）、单耳罐 15（均为泥质磨光灰陶）、壶 8、杯 27、直筒杯 8、盆 32、双腹盆 21、豆 17、器盖 12、甑 6、圈足盘 7、瓮 40、碗 79、澄滤器残片若干以及较多的陶环残器。

据以上统计，可将小潘沟遗址龙山晚期核心陶器组合归纳如下：

炊器：夹砂罐占绝对统治地位，另有少量鼎、鬲、甑。

食器：以碗、豆和圈足盘为主。

酒器和水器：饮器以杯、直筒杯和单把杯为主；盛器多样，有各种罐、壶、鬶、斝、盉和爵。

盛储器：多见罐、盆、双腹盆以及瓮。

其他典型器类：刻槽盆、陶环。

发掘者指出，小潘沟遗址出土陶器具有河南龙山文化晚期的普遍特征，但也有一些鲜明特色，如罐和带柄器特多，爵杯、陶壶等器形也比较特殊，鼎很少而且制作粗糙，形制也小。

8．新安冢子坪遗址[1]

冢子坪遗址位于新安县北 35 公里的仓头乡苇园村西的台地上，遗址北距黄河仅 3 公里，东侧有畛河向北注入黄河。遗址南北长约 400 米，东西宽约 150 米，总面积约 6 万平方米。1995 年为配合黄河小浪底水库建设，河南省文物考古研究所对该遗址进行了较大规模的

---

[1] 河南省文物管理局、河南省文物考古研究所编：《黄河小浪底水库考古报告（一）》，中州古籍出版社，1999 年，第 337—390 页。

发掘，获得了一批龙山时期的遗存，包括灰坑27座和土坑墓2座。

发掘者对龙山时期所有灰坑出土陶器的陶质陶色进行了详细统计，据此可知这一阶段陶器总体面貌为：以夹砂陶为主，其中夹砂褐陶约占三分之一，次为泥质褐陶、夹砂灰陶和泥质灰陶，红陶和黑陶较少；素面陶器占陶器总数的三分之一，磨光陶占14%，纹饰则以篮纹最多，绳纹次之，还有少量方格纹、弦纹、附加堆纹等；器形以罐的数量最多，盆类次之，碗和器盖又次之。

发掘报告公布的陶器器类及标本数量为：斜篮纹鼎2、甗3、斝1、灶1、夹砂大口罐15、筒形罐5、小罐10、带耳罐3、瓮8、斜腹盆13、双腹盆6、碗13、钵6、缸4、壶4、圈足盘2、豆6、杯7（高柄杯3件，圈足杯1件，平底杯2件以及带鋬杯1件）、器盖9件。

据此可把冢子坪遗址核心陶器组合归纳为：

炊器：以夹砂深腹罐为主，另有少量鼎、甗。

食器：以碗、豆为主，另有钵和圈足盘。

酒器和水器：饮器以杯为主，盛器以斝、罐、壶为主。

盛储器：流行斜腹盆、双腹盆和瓮缸类器。

其他典型器类：有一定数量的器盖。

根据陶器特征，发掘者认为冢子坪龙山遗存属于河南龙山文化中期阶段。

9．新安西沃遗址[1]

西沃遗址位于新安县西沃乡西沃村黄河岸边台地上，东距黄河仅400米，遗址现存面积约2.5万平方米。1995年为配合黄河小浪底水库建设，河南省文物考古研究所发掘了该遗址，发现了丰富的庙底沟

---

[1] 河南省文物管理局、河南省文物考古研究所编：《黄河小浪底水库考古报告（一）》，第391—422页。

二期遗存以及龙山时期遗存。

西沃遗址龙山时期陶器以泥质灰陶为大宗，次为夹砂灰陶，泥质黑陶和夹砂黑陶较少，此外还有极少量的夹砂红陶和泥质红陶；器表多为素面，纹饰主要有篮纹、绳纹和方格纹等，以篮纹居多，其他纹饰少见，另有一定数量的磨光陶。

器物中平底器居多，三足器和圈足器较少。主要器类及标本数量为：夹砂深腹罐16、鼎2、浅腹盆4、双腹盆16、碗5、钵1、豆6、瓮14、缸1、器盖5、杯2、斝2、甗2、鬶3以及陶环45件。

据此可把西沃遗址核心陶器组合归纳为：

炊器：以夹砂深腹罐为主，另有少量鼎、鬶、甗。

食器：以碗、豆为主。

酒器和水器：饮器以杯为主，盛器有斝。

盛储器：流行双腹盆、盆和瓮缸类器。

其他典型器类：流行陶环，也有一定数量的器盖。

发掘者认为西沃遗址的龙山遗存属于河南龙山文化晚期的偏晚阶段。

（二）郑州及邻近地区

主要指嵩山以北，黄河以南，以郑州为中心，包括荥阳、新密和新郑在内的区域。该地区地势平坦，水系发达，既有黄河水系的索须河、汜水河，也有属于淮河水系的贾鲁河和双洎河。

1．郑州牛砦遗址[1]

牛砦遗址位于郑州旧城西郊碧沙岗，北有贾鲁河，南有金水河。

---

[1] 河南省文化局文物工作队：《郑州牛砦龙山文化遗址发掘报告》，《考古学报》1958年第4期。

1954年春,河南省文化局文物工作队对该遗址进行了发掘,获得一批龙山晚期的遗存。

发掘简报将牛砦遗址的龙山陶器分为夹砂和泥质两种,陶色有灰、黑、红和褐色四种,其中灰色最多。陶器中素面陶较多,纹饰有方格纹、篮纹(原报告作条纹)、绳纹、弦纹和磨光陶,而以方格纹最常见。

发掘简报公布的主要器类及数量是:直壁鼎2(三角形鼎足)、圆腹鼎6(有扁三角形足、乳状足和鸡冠形足)、双鼻鼎5、罐5、甗2、甑1、豆1、罍1、盆9(多为浅腹平底盆)、鬶1、盉2以及碗、觚形杯和缸等器类的残片多件。

据此可知牛砦遗址龙山时期核心陶器组合为:

炊器:鼎和夹砂罐占绝对多数,另有少量甗作为补充。

食器:以碗、豆为主。

酒器和水器:饮器以杯为主,盛器有鬶与盉。

盛储器:平底盆常见,也有瓮缸类器。

由此可见牛砦遗址核心器物组合与洛阳地区龙山晚期遗存基本一致,但这里出土的甗几乎不见于洛阳地区诸遗址,浅腹大平底盆的数量也明显多于洛阳地区,而这两类器物多流行于豫东、豫北和鲁西地区,属于泛东方文化因素。

2. 郑州旭旮王遗址[1]

遗址位于郑州市西郊,北距牛砦遗址不足千米。1956年秋河南省文化局文物工作队发掘了该遗址,发现一批龙山晚期和商代的文化遗存。

据发掘报告,这里出土的龙山晚期陶器有泥质黑陶、泥质灰陶和

---

[1] 河南省文化局文物工作队第一队:《郑州旭旮王村遗址发掘报告》,《考古学报》1958年第3期。

夹砂灰陶等，陶质较硬，纹饰有素面磨光、方格纹、篮纹、绳纹和划纹等，其中素面磨光和方格纹居多。器形以平底器居多，圈足器和三足器次之，圜底器较少。

发掘报告介绍的各类陶器数量分别是：罐30（其中敛口罐24件）、扁方形鼎足1、斝（发掘报告误作鬲）10、甗2、甑3、鬶4、单耳杯2、碗51、钵2、豆7、瓮11（包括双耳瓮、圆肩瓮和折肩瓮）、刻槽盆4、器盖6、陶环44件。

旭旮王遗址与牛砦遗址龙山时期的基本陶器组合大体相同，但炊器中罐的比例明显大于牛砦遗址。此外，旭旮王遗址多斝，而牛砦遗址则多鼎；旭旮王遗址出土数量较多的陶环，而在牛砦遗址则未见报道。两处遗址位置紧邻，但在文化面貌上却存在比较明显的差异，这既因为牛砦遗址出土材料较少，也与牛砦遗址的龙山遗存略早于旭旮王遗址有关。[1]

3．郑州马庄遗址[2]

马庄遗址位于郑州市西郊，总面积约8万平方米。1966年郑州市博物馆发掘了该遗址，获得了丰富的龙山晚期遗存。

据发掘报告，马庄遗址出土了大量的陶片，能辨识出器形的达数千件，其中完整或可复原的就达217件。陶系以泥质和沙质灰陶为主，另外还有红陶、棕色陶、黑陶和白陶。纹饰以篮纹、方格纹、绳纹较普遍，另有素面磨光、指甲纹、凹弦纹和镂孔等。在一些器形较大的瓮、罐和双腹盆的腹部两侧多有对称的拱形耳，而一些小陶器的（主

---

[1] 河南省文化局文物工作队：《郑州牛砦龙山文化遗址发掘报告》，《考古学报》1958年第4期。
[2] 郑州市博物馆：《郑州马庄龙山文化遗址发掘简报》，《中原文物》1982年第4期。

要是陶杯）一侧有鋬。

马庄遗址出土陶器器类繁多，但瓮、罐、盆、碗四类器物占总数的三分之二。发掘报告公布的各类器物标本数量分别是：瓮23、罐17、双腹盆12、直壁深腹盆7、大平底浅腹盆8、碗45、杯12（另有山东龙山文化的高柄黑陶杯）、豆23、圈足盘15、甑5、鼎足多件（有长方形足、扁方形足、扁三角形足、乳形足和圆柱形足）、刻槽盆2、壶4、鬶5（红陶和白陶均有）、斝1、鬲1、盉3、陶环25件。

据此，马庄遗址龙山时期核心陶器组合是：

炊器：以罐为主，另有部分鬲、甑和鼎。

食器：以碗、豆为主，另有部分圈足盘。

酒器和水器：饮器以杯和盉为主，盛器有鬶、斝、罐和壶。

盛储器：以各类盆为主，另有瓮类器。

其他典型器物：刻槽盆和陶环。

发掘者指出，马庄遗址出土的大型瓮或大型罐较多，而且外表多数抹有1厘米厚的草拌泥，且均被烧成红色，因此推测这些大型陶器可能与酿造业有关。

4．郑州阎庄遗址[1]

阎庄遗址位于郑州市南郊金水河西岸的台地之上，遗址东西长约300米，南北宽约200米，总面积约6万平方米。1979年夏郑州市博物馆在此进行了小范围发掘，发现了龙山晚期的遗存。

阎庄遗址出土陶器以泥质灰陶和夹砂灰陶为主，磨光黑陶次之，泥质红陶和棕色陶较少，另有少量夹蚌末的陶器。纹饰以绳纹、方格纹、篮纹为主，弦纹次之，此外还有指甲掐印纹、附加堆纹等。

---

[1] 郑州市博物馆：《郑州阎庄龙山文化遗址发掘简报》，《中原文物》1983年第4期。

根据发掘简报的介绍，阎庄遗址陶器器类多样，但以双腹盆、圆腹罐、碗和豆的数量最多。主要器类及标本数量分别为：乳足鼎1、斝2、鬶1、甗3、甑1、罐6、高领罐3、单耳罐2、瓮2、刻槽盆3、双腹盆6、盆5、钵1、碗21、豆多件、圈足盘2、杯3以及残断的陶环多件。

根据上述统计，可将阎庄遗址龙山时期核心陶器组合归纳为：

炊器：以罐为主，另有部分甗、甑和鼎。

食器：以碗、豆为主，另有部分圈足盘。

酒器和水器：饮器以杯为主，盛器有斝、鬶和罐，其中长流鬶是山东龙山文化的典型器。

盛储器：双腹盆和斜腹盆常见，也有瓮、罐类器。

其他典型器物：刻槽盆和陶环。

5．郑州大河村遗址[1]

大河村遗址位于郑州市东北郊的柳林镇大河村西南约1公里的土岗上，南距郑州市区6公里，北距贾鲁河2.5公里，遗址面积超过40万平方米，是该地区面积最大的史前遗址。1972—1985年，郑州市文物工作队等单位在大河村遗址共进行了21次发掘，累计发掘面积4700余平方米，发现了丰富的仰韶、龙山、二里头和商时期的文化遗存。

发掘者将大河村遗址龙山时代遗存分为龙山文化早、中、晚三期。这里根据发掘报告的描述，将各期陶器特征概述如下。

早期：以泥质陶为主，夹砂陶次之，泥质陶中细泥陶极少，夹砂陶中夹蚌料者基本不见；陶色以灰陶为主，红陶较少；器表以素面为主，纹饰有绳纹、弦纹、附加堆纹、划纹、篮纹、方格纹和鸡冠纹

---

[1] 郑州市文物考古研究所：《郑州大河村》，科学出版社，2001年。

等。此期主要陶器器类及标本数为：鼎 26（罐形鼎和盆形鼎皆有）、罐 33（主要是夹砂大口罐）、钵 17、折腹盆 13、双腹盆 2、浅腹盆 7、碗 18、豆 7、缸 9、瓮 2、杯 21（平底厚胎杯、束腰厚胎杯和圈足厚胎杯为主）、壶 11、刻槽盆 3、甑 4、器盖 9 件（覆碗形和喇叭口形皆有）。

中期：陶器仍以泥质陶为主，夹砂陶次之；陶色以灰陶为主，另有部分红陶和少量黑陶；器表素面者较多，纹饰以绳纹最多见，其次是方格纹、篮纹。此期的主要器类及标本数量分别为：鼎 5、斝 3、罐 36（其中侈口鼓腹罐 29 件、双耳罐 4 件）、钵 6、盆 31（其中折腹盆 11 件、双腹盆 5 件）、碗 22、缸 13、瓮 10、豆 7、圈足盘 7、甑 4、杯 30、刻槽盆 3、器盖 2 件。

晚期：仍以泥质陶为主，夹砂陶次之；陶色以灰陶为主，红陶较少，黑陶最少；素面器较少，纹饰主要有方格纹、篮纹和绳纹，且方格纹和篮纹的数量均超过了绳纹。主要器类及标本数量为：鼎 3、甗 3、斝 1、罐 24、钵 1、盆 14（其中双腹盆 3 件，浅腹大平底盆 5 件）、碗 17、缸 1、瓮 4、刻槽盆 5、豆 1、圈足盘 4、杯 12、器盖 4 件。

纵观大河村遗址龙山文化早、中、晚期的陶器面貌，可以看出这三期文化是一脉相承、连续发展的过程。这三期遗存的核心器物组合保持了相对的稳定，但也有所变化，具体表现为：

炊器：龙山文化早期阶段是罐和鼎并重的局面，中期以后以罐为主，鼎的数量明显减少，而且一直不见乳足鼎；罐、鼎之外，有少量的甑，龙山晚期出现了少量的甗。

食器：始终以碗、豆和圈足盘为主。

酒器和水器：杯始终是最主要的饮器，盛器以罐、斝和壶为主，不见鬶、盉等物。

盛储器：盆始终是最常见的盛器，早、中期折腹盆较多，晚期浅腹大平底盆数量明显增多，而双腹盆则贯穿早、中、晚期；此外，瓮、缸类器物也是常见的盛储器。

其他典型器物：早中晚期始终有一定数量的刻槽盆和器盖。

6．郑州站马屯遗址[1]

站马屯遗址位于郑州市南郊十八里河乡，面积约10万平方米。1984年河南省文物研究所等单位对遗址进行了两次发掘，获得一批重要材料。根据发掘者的研究，该遗址龙山时期的遗存分为三期，第一期属河南龙山文化早期偏晚阶段，第二期为河南龙山文化中期偏晚，第三期为河南龙山文化晚期。其中属于第一期的木炭标本碳十四测年数据为3990±110年，树轮校正值为4300±155年。

站马屯一期遗迹较少，主要有房基2座，保存较好。属于站马屯二期的遗迹主要有房基4座，灰坑10座和土坑墓3座；属于站马屯三期的遗迹有房基3座，陶窑1座，灰坑14座和土坑墓2座。

发掘报告对各期典型单位出土陶器的陶系和器类进行了详细统计，可以看出龙山早、晚期的显著差别：站马屯一期出土陶器以泥质土红色为主，红陶次之，夹砂红陶和泥质灰、黑陶均较少；器表以磨光为主，横篮纹次之，方格纹和绳纹极少。而站马屯第二、三期则以泥质灰陶为主，夹砂灰陶次之；磨光素面陶仍占相当比例，纹饰则以篮纹为主，方格纹显著增加。

在器类方面，站马屯遗址一至三期基本一致，其核心器类组合为：

炊器：以罐为主，有一定数量的鼎，另有少量的甑、鬲。

食器：以碗、豆为主。

---

[1] 河南省文物研究所、文化部文物局郑州培训中心：《郑州市站马屯遗址发掘报告》，《华夏考古》1987年第2期。

酒器和水器：杯是最主要的饮器，盛器有罐、斝和鬶等物。

盛储器：盆、罐和瓮类器物。

其他典型器物：刻槽盆（含筒形刻槽盆）、器盖和陶环。

7．荥阳竖河遗址[1]

竖河遗址位于荥阳市高村乡竖河村南，现存面积约4万平方米。1992年河南省文物考古研究所对遗址进行了发掘，揭露面积500平方米，发现了一批龙山、二里头和晚商时期的遗存。

发掘报告将竖河遗址的龙山遗存分为两期三段，年代分别相当于龙山中期偏晚、龙山晚期和晚期偏晚阶段。发掘报告对典型单位出土陶器的陶质陶色、纹饰和器类进行了详细统计，虽然未细化到每一个阶段，但依然可以看出该遗址龙山遗存的总体面貌。

据发掘报告的统计，竖河遗址龙山中、晚期陶器以夹砂灰陶和泥质灰陶为主，两者合计约占陶器总数的80%，另有一定数量的泥质黑陶和夹砂黑陶，褐陶、棕黄陶和红陶均极少。

从纹饰上看，竖河遗址龙山陶器以绳纹数量最多，其次是方格纹和篮纹，素面和磨光陶约占陶器总数的三分之一强，其他如附加堆纹、弦纹、划纹、戳印纹和镂孔均极少。

竖河遗址龙山时期陶器器类丰富，根据发掘报告的统计，可将该遗址的核心器物组合归纳为：

炊器：以深腹罐为主，有少量的甗、鼎和甑，且甗的数量明显多于鼎。

食器：以碗、圈足盘和豆为主。

---

[1] 河南省文物研究所：《河南荥阳竖河遗址发掘报告》，《考古学集刊》(10)，地质出版社，1996年，第1—47页。

酒器和水器：以杯和单耳罐为主要饮器，盛器有罐、鬶、盉和斝等物。

盛储器：流行折腹盆和瓮缸类器物，另有少量高领罐。

其他典型器物：刻槽盆、器盖和陶环。

8．荥阳点军台遗址[1]

点军台遗址位于荥阳市南城村东南 1 公里的缓坡土岗上，遗址现存面积东西长约 300 米，南北宽 200 余米。郑州市博物馆于 1980 年春对该遗址进行了发掘，发现了丰富的史前文化遗存，其中第一、二期属仰韶文化庙底沟类型，第三期为仰韶文化秦王寨类型，第四期为龙山中晚期遗存。

点军台遗址第四期遗存的陶器以灰陶为主，纹饰以绳纹、方格纹、篮纹最为普遍，还有少量的附加堆纹、弦纹、刻划纹及彩陶，主要器类有鼎（有扁三角形足、鸭嘴形足和柱形足）、甗、鬶、盆（包括双腹盆和深腹盆）、钵、碗、罐、高领瓮、豆、圈足盘、瓮、缸、甑、单耳杯、澄滤器和器盖等。虽然发掘报告未介绍各类器物的具体数量，但从上述器类可以看出点军台遗址的陶器组合与郑州地区前述诸遗址基本一致。

9．新密古城寨遗址[2]

古城寨遗址位于新密市东南 35 公里的曲梁乡大樊庄村。遗址规

---

[1] 郑州市博物馆：《荥阳点军台遗址 1980 年发掘报告》，《中原文物》1982 年第 4 期。
[2] 河南省文物考古研究所、新密市历史文化研究会：《河南新密市古城寨龙山文化城址发掘简报》，《华夏考古》2002 年第 2 期。

模宏大，城墙保存较好，气势雄伟。城内地面高于溱水河床10米，高于周围地面2—5米，长期以来该遗址被认为是西周郐国故城。1997年，经钻探和试掘证实，这座城址修建于龙山时期，城内外遗存分布面积达270多万平方米。1998—2000年，河南省文物考古研究所对该城址进行了大规模发掘，基本了解了城址内外的龙山时期遗存分布范围、城墙的结构、城内大型夯土建筑基址的分布状况及年代等问题。

在古城寨遗址发现的主要遗迹有城墙、夯土建筑基址和廊庑基址、灰坑、瓮棺葬、奠基坑等。

城址位于古城寨遗址的中心区，至今仍保存着南、北、东三面城墙，西墙被溱水冲毁。北墙地下基础长500米，基础宽42.6—53.4米；地上墙底宽12—22米，顶宽1—5米，墙长460米，墙高7—16.5米。南墙地下基础长500米，基础宽42.6—62.6米；地上墙底宽9.4—40米，顶宽1—7米，墙长460米，墙高5—15米。东墙地下基础长353米，基础宽85.4—102米；地上墙底宽36—40米，墙长345米，墙高13.8—15米。西墙的复原长度370米。在南北两城墙的中部，有相对的城门缺口，至今仍是村民出入古城的唯一通道。

在城址的南、北、东三面皆发现有护城河，西面则是利用溱水作屏障。护城河是在城的西北部引溱水东流，至城东北角向南，到城的东南角与城南的无名河汇流，形成南护城河。护城河宽34—90米、深4.5米处可见淤泥，但仍未见底。

城内发现一座龙山时期的大型夯土建筑基址F1，包括廊庑、墙基、磉墩、柱础石和柱洞等附属设施。基址位于城址中部略偏东北处，坐西朝东，南北长28.4米，东西宽13.5米，面积383.4平方米。基址的南、北、东三面皆有回廊，其中北侧的廊庑部分清理，发现有奠基坑，内有狗骨架一具。基址上南北纵向排列有六排柱洞或磉墩，将该建筑分隔成七间。根据对该基址的复原研究，它有可能是我国现知最早的具有四合院特征的大型建筑。[1] 在城址内还发现一座龙山晚期的竖穴土坑墓和两座同时期的儿童瓮棺葬。

发掘者将古城寨遗址的龙山文化遗存分为四期，其中第一期为龙山早期，第二至四期均属龙山晚期。古城寨龙山时期陶器主要有：夹砂罐 13、泥质罐 11、鼎 5、鼎足 20 余（大部分为高足，少部分为矮足）、甗 5、罍 11、双腹盆 6、斜腹盆 4、平底盆 1、刻槽盆 3、瓮 15、豆 5、壶 2、觚 3、杯 2、圈足盘 4、钵 5、碗 7、器盖 18（覆碗形和折肩盖皆有）、缸 3、陶环 14 件以及甑的残片若干。

综上，古城寨遗址龙山时期核心陶器组合为：

炊器：以罐为主，有一定数量的鼎，另有少量的甗和甑。

食器：以碗（钵）、豆为主，另有圈足盘。

酒器和水器：杯是最主要的饮器，盛器有罐、罍和鬶等物。

盛储器：各类盆、罐和瓮类器物。

其他典型器物：刻槽盆、器盖和陶环。

另据发掘者描述，古城寨遗址龙山陶器纹饰"以绳纹为主，篮纹次之，方格纹再次之，附加堆纹和弦纹较少，还有划纹等"，这与前述诸遗址多篮纹、方格纹，少绳纹的总体特征差别明显，值得注意。

古城寨遗址保存较完整，城墙和城壕规模宏大，引起了学术界的极大关注。关于这座城址的性质，或以为就是历史上的祝融之墟[2]，或认为是黄帝的轩辕丘[3]，但这些推论都有待于进一步证实。

〈1〉　杜金鹏：《新密古城寨龙山文化大型建筑基址研究》，《华夏考古》2010 年第 1 期。
〈2〉　马世之：《新密古城寨城址与祝融之墟问题探索》，《中原文物》2002 年第 6 期。
〈3〉　曹桂岑：《新密市古城寨龙山古城始建年代与黄帝轩辕丘的探讨》，《中国古都研究》第二十一辑，三秦出版社，2007 年。

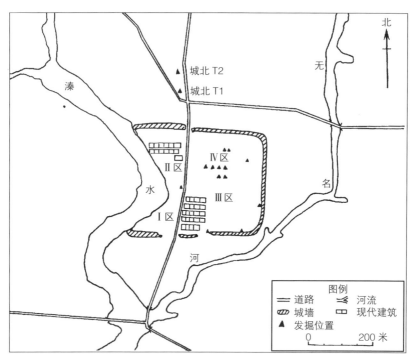

图 2-3 古城寨遗址平面图及地貌

10. 新密新砦遗址[1]

新砦遗址位于新密市刘寨乡新砦村，遗址西望嵩山，南临淮河上游支流双洎河。该遗址是1964年原密县文化馆馆长魏殿臣调查发现的，1979年中国社会科学院考古研究所河南二队赵芝荃等人对遗址进行了试掘，发现该遗址的主体遗存晚于河南龙山文化晚期但又早于二里头文化一期，于是把这类遗存命名为二里头文化新砦期。[2] 1999年和2000年，北京大学震旦古代文明研究中心和郑州市文物考古研究所联合对新砦遗址进行了两次发掘，合计清理面积486.13平方米，获得了一批新的重要资料。

发掘报告将新砦遗址的遗存分为三期，其中第一期属于王湾三期文化的晚段，大体与煤山二期或王城岗第三、四期相当；第二期为"新砦期"，介于河南龙山文化晚期和二里头文化一期之间；而第三期则与二里头文化一期相当。这里着重分析新砦遗址第一期遗存的有关情况。

发掘报告对这一阶段的多个典型单位的陶器进行了详细统计，归纳出其总体特征是：陶质主要有泥质和夹砂两大类，个别夹砂陶中有少部分夹蚌末；其中夹砂陶约占56%，泥质陶44%。陶色分黑、灰、褐、红、白五种，其中灰陶最多，约占73%；褐色其次，约占15%；黑色约占8%，红色约占4%，而白色仅占0.02%。在陶器装饰方面，素面磨光陶较多，约占35%；纹饰中以篮纹最多，约占27%；绳纹次之，约占17%；此外方格纹约占16%，弦纹约占3%，附加堆纹约占1.2%，另有少量的指甲纹、按窝纹、压印纹、鸡冠耳和轮旋纹等。

---

[1] 北京大学震旦古代文明研究中心、郑州市文物考古研究院：《新密新砦——1999—2000年田野考古发掘报告》，文物出版社，2008年。
[2] 中国社会科学院考古研究所河南二队：《河南密县新砦遗址的试掘》，《考古》1981年第5期；赵芝荃：《略论新砦期二里头文化》，《中国考古学会第四次年会论文集》，文物出版社，1985年，第13—17页。

图 2-4 新砦遗址出土的深腹罐、陶鬶和高领罐

新砦一期陶器以深腹罐、小口高领罐、碗、钵等器类最为常见，豆、圈足盘、刻槽盆、平底盆、深腹盆、甑、鬲其次，器盖、鼎、斝数量较少，斝尤其少。根据发掘者对典型单位出土陶器的统计，占出土陶器总数5%以上的器类只有罐、碗（钵）和小口高领罐三类，其中仅罐类器物就占陶器总数的64%以上，居于绝对多数地位。据此，可将新砦一期的核心器物组合归纳为：

炊器：夹砂深腹罐占据统治地位，另有少量的甑、鬲和鼎。

食器：以碗（钵）、豆和圈足盘为主。

酒器和水器：杯是最主要的饮器，盛器有鬶和斝等物。

盛储器：各类盆、小口高领罐和瓮缸类器物。

其他典型器物：刻槽盆、器盖和陶环。

11. 济源留庄遗址[1]

留庄遗址位于济源市坡头乡留庄村南，南与孟津隔河相望，西距

---

[1] 河南省文物管理局、河南省文物考古研究所编：《黄河小浪底水库考古报告（一）》，第95—160页。

小浪底水库大坝仅9公里。为配合小浪底水库建设，河南省文物考古研究所和焦作市文物工作队于1992年对该遗址进行了大规模发掘，发现丰富的庙底沟二期、龙山和春秋时期的遗存。

发掘报告对该遗址龙山时期多个典型单位出土陶器的陶质陶色进行了详细统计，据此可将其陶器特征概括为：陶质可分为夹细砂、夹粗砂、泥质与细泥质四大类，以泥质和夹砂陶为主，泥质和细泥质的陶土多经淘洗，质地细腻。陶色分灰、灰褐、红褐、灰黑、浅红五种，灰陶占绝大多数，灰褐、红褐、灰黑陶其次，罕见红陶。器表除素面和磨光者外，以方格纹、篮纹、绳纹和旋纹为最常见纹饰，其中方格纹和绳纹多见于夹砂陶上，而篮纹常施于泥质陶。

主要器类及标本数量为：夹砂深腹罐161、夹粗砂罐37、泥质大口罐9、泥质中口罐3、斝16、鼎7（乳足鼎5件，侧装三角形足鼎1件和小卷舌足鼎1件）、甗5、大口瓮4、中口瓮17、小口高领瓮91、双腹盆14、敛口斜腹盆41、折沿盆4、圈足盘7、缸12、豆33、泥质小罐14、单耳罐2、直筒杯1、单耳杯1、碗63、器盖12、陶环33件。

据此可将留庄遗址核心陶器组合归纳为：

炊器：夹砂深腹罐占据统治地位，另有少量鼎、甗和斝。

食器：以碗、豆为主，另有圈足盘。

酒器和水器：饮器以杯为主，盛器以罐为主。

盛储器：流行斜腹盆、双腹盆和瓮缸类器。

其他典型器类：流行陶环，也有一定数量的器盖。

发掘者指出，留庄龙山文化遗存的总体特征与黄河以南郑洛地区王湾类型的文化面貌基本一致，其年代约相当于河南龙山文化中期和晚期前段。

（三）嵩山以南地区

此区域主要包括颍河中上游地区和沙汝河流域。从文献记载来看，夏族早期都邑阳翟和阳城就位于这一地区，因此这里的龙山文化历来是探索夏文化的主要对象。

1. 登封王城岗遗址[1]

王城岗遗址位于登封告成镇西北约500米和八方村东北约500米的五渡河西岸岗地上。1975年，为了探索夏文化，河南省文化局文物工作队安金槐等人对王城岗遗址进行了调查和钻探，发现了龙山时代的遗存。1977年春又在该遗址发现了龙山时代城址的线索，由此开始了大规模的发掘。[2]

发掘者根据地层关系及器物特征，将王城岗遗址的龙山遗存分为五期，其陶器特征为：以泥质灰陶最多，夹砂灰陶次之，也有部分泥质黑陶和夹砂棕陶，偶见红陶或黄陶；素面和磨光陶器较多，约占三成，纹饰以篮纹和方格纹最多，绳纹少，另有少量划纹、附加堆纹、指甲纹和镂刻纹等；器类主要有鼎、夹砂罐、甑、斝、鬶、盉、鬹、杯、豆、圈足盘、碗、折腹碗、钵、盆、瓮、泥质罐、双耳罐、单耳罐、缸、刻槽盆和器盖。

这里根据发掘报告公布的标本数量，将王城岗遗址各期的陶鼎和陶罐数量统计如下：

---

[1] 河南省文物研究所、中国历史博物馆考古部：《登封王城岗与阳城》，文物出版社，1992年。
[2] 有关王城岗遗址发掘的缘由及其意义可参看拙文《考古学的春天——1977年"河南登封告成遗址发掘现场会"的学术史解读》，《追迹二代》，第103—152页。

期别 \ 器类	鼎	夹砂罐
第一期	9	2
第二期	54	29
第三期	40	5
第四期	4	8
第五期	1	3
合计	108	47

虽然原报告所公布的仅是标本数量而非典型单位的器物统计，但从上表数据来看，王城岗遗址鼎的数量明显大于夹砂罐的数量，鼎是该遗址最主要的炊器器类。

本次发掘最重要的收获是发现了两座龙山时期的城址，并在城址内发现了夯土基址和奠基坑等遗迹。两城均位于王城岗上，东西并列，东城的西墙就是西城的东墙，西城地势比东城高2米左右。

东城东邻五渡河，其东部已被河水冲毁，仅残存东南城角的基槽。该城角内侧为凹弧形，外角呈凸圆形，向外突出2米左右，发掘者推测或为"马面"一类的设施。解剖发掘表明，城墙基槽和夯土层均被王城岗三期的堆积所叠压，而夯土层内包含有王城岗二期的陶片，因此判断城墙修建于王城岗二期。

西城保存相对较好，能够看出四面城墙的轮廓，整个西城呈每边长约90米的正方形，城内面积约1万平方米。西城的西南城角也发现有类似"马面"的设施，南墙东端有一段缺口，可能是城门。西城的修筑年代也在王城岗二期，但东西两城的南墙不在一条直线上，修建时间应该略有先后。

在西城的中西部和东北部一带发现多处王城岗二期的夯土基址遗存，但破坏严重，仅剩下一些夯土残片、夯土坑和奠基坑。从夯土坑底部残留的陶片来看，多数夯土坑应属王城岗一期，据此可知在修筑夯土

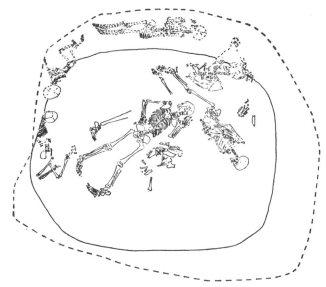

图 2-5 王城岗遗址奠基坑

图 2-6 战国阳城遗址出土的"阳城仓器"戳记

台基时，先将这些早期灰坑中的灰土掏出，然后再填入纯净土夯实。

奠基坑是被压在夯土建筑基址下面具有特殊重要意义的一种遗迹。这些坑内的夯土层之间或夯土层底部，多填埋有成年人和儿童的完整人骨骨架或被肢解的人头骨、肢骨与盆骨。发掘者推测这些坑与修筑夯土建筑的奠基活动有关，故称为奠基坑。在西城内共发现13个奠基坑，为了保留这些重要的实物资料，发掘者仅对其中一座坑进行了完整的发掘，而对其他12座坑仅部分清理，共发现完整人骨架17具，多者一坑7具，少者1具。

根据上述材料，主持发掘的安金槐认为王城岗龙山城址很有可能就是夏代的阳城。他列举的主要理由有：

其一，嵩山周围地区龙山文化具有比较鲜明的地方特色，如炊器主要是陶矮足鼎和陶砂质罐，基本不见甗和鬲，与豫北和豫东差别明显。这种差别不是一种偶然现象，应该是族属不同所致。根据文献记载，豫西地区是夏族先公们活动的重要区域，在此区域内，早于商代二里岗期文化的二里头文化以及与之有渊源关系的龙山文化自然就是探索夏文化的重要对象。一般认为，夏代约有五百多年的历史，即使把二里头文化的一至四期都视为夏代文化，也与夏代的纪年不相符，因此，二里头文化之前必然另有一种文化属于夏文化的范畴，这一文化应该就是豫西的中晚期龙山文化。王城岗龙山文化二期的两个城址的年代正好属于此范围内，因此是夏代早期城址。

其二，王城岗城址灰坑出土木炭的碳十四测年分别是公元前2050年和公元前1935年，而夏代纪年一般认为是从公元前22世纪或公元前21世纪至公元前17世纪，王城岗城址的年代正好落在夏代纪年范围之内。

其三，城址的出现是社会发展到一定历史阶段的产物，王城岗龙山文化二期城址的出现，说明在龙山文化中晚期豫西地区的社会发展状态已经超越了原始氏族社会发展阶段，应已进入奴隶制发展阶段，而夏代正属于奴隶社会,这为王城岗城址属夏代提供了另一佐证。

其四,王城岗城址内发现 13 个奠基坑,奠基坑内的死者很明显是奴隶,建筑物的主人无疑是奴隶主与贵族。

其五,王城岗城址中出土大量农业生产工具如石铲和石刀,它们的使用方式表明当时已有锄耕农业。而遗址出土的鬻、斝、盉、觚、杯等饮器数量很多,说明当时粮食生产大有发展,由此奠定了奴隶制社会的基础,才有可能出现城址。

其六,城址所在地的"王城岗"及西北方"王岭尖"这两个地名,是当地流传的以"王"字命名的古老地名。从已发掘出来的城址范围看,正和传说的"王城岗"的大小相一致,该城址应该就是夏代的阳城。

其七,文献中有"禹都阳城"的记载,而阳城的地望又多与崇山(嵩山)、箕山、颍水和五渡水相关联,如《水经注》颍水条:"颍水又东,五渡水注之,……其水东南流迳阳城南,昔舜禅禹、禹避商均、伯益避启,并于此也。"王城岗遗址南靠颍水,五渡河南流经王城岗与东周阳城之间注入颍河。过颍河南去约 7 公里便是箕山主峰,沿五渡河西北去约 10 公里就是嵩山主峰之一的太室山,因此说夏代阳城和东周阳城均在今登封告成镇一带是可信的。与王城岗一河之隔的东周阳城遗址发现大量战国陶器上有"阳城"和"阳城仓器"的戳记,更证明这里就是战国的阳城,那么,王城岗龙山城址应该就是"禹都阳城"之阳城。

仅靠上述理由当然并不足以证明王城岗遗址龙山时代中晚期遗存就是夏文化,也不能证实王城岗遗址就是禹都阳城。但不容否认的是,从王城岗遗址的地理位置、年代和文化内涵等方面的情况综合来看,该遗址确实是探索夏文化和阳城的重要线索。

2002—2005 年,为配合"中华文明探源工程"的实施,北京大学考古文博学院和河南省文物考古研究所又联合对王城岗遗址进行了发掘。随后刊布的发掘报告还将 1985 年郑州大学历史系考古专业师生在王城岗遗址进行田野考古实习的一批资料一并加以整理发表。[1]

综合这些新材料，发掘者首先对王城岗遗址龙山时期遗存的分期进行了调整和合并，两次发掘分期的对应关系是：

《登封王城岗考古发现与研究》		《登封王城岗与阳城》
王城岗前期	王城岗龙山文化第一段	王城岗龙山文化一期
		王城岗龙山文化二期
王城岗后期	王城岗龙山文化第二段	王城岗龙山文化三期
	王城岗龙山文化第三段	王城岗龙山文化四期
		王城岗龙山文化五期

新的发掘报告也未提供典型单位出土陶器器类的统计数据，这里根据原报告"遗物概述"中的有关内容，将该遗址龙山时期主要器类的数量加以整理，其中鼎88（其中乳足鼎85件，另有盆形鼎1件、素面小鼎2件）、夹砂罐56、甗5、大口罐14、泥质罐20、钵形盆34、双腹盆19、刻槽盆9、瓮41、大口瓮12、缸6、杯40、鬶18（另有鬶形器9件）、觚2、斝2、钵42、碗117、豆48、圈足盘17、器盖21（弧壁盖16件，折壁盖5件）等。

从上述数据来看，王城岗遗址新发掘的陶器面貌与20世纪70年代所见基本吻合。综合上述发掘所得，可知王城岗遗址龙山时期核心陶器组合为：

炊器：鼎、罐为主，鼎多于罐，且乳足鼎占主流，另有极少量的甗。

食器：以碗钵类和豆、圈足盘为主。

酒器和水器：饮器以杯为主，另有少量觚；盛器以罐、鬶、斝为主。

盛储器：主要有罐、盆（钵形盆和双腹盆兼有）以及瓮缸类器。

其他典型器物：刻槽盆和器盖。

---

〔1〕 北京大学考古文博学院、河南省文物考古研究所：《登封王城岗考古发现与研究》，大象出版社，2007年。

图 2-7 王城岗遗址出土的乳足鼎

此次发掘的最大收获是在遗址中部发现了一座新的龙山城址，包括城墙和城壕。城址西北部保存较好，东南部损毁严重。其中北城墙残长 350 米，复原长 600 米，北城壕保存完整，长 620 米，向东似通向五渡河；西城壕残长 130 米，复原长 600 米，向南似通向颍河；西城墙复原长 580 米。东南两面因地势较低，城墙已经无存，东城壕有可能以五渡河替代，而南城壕则有可能就是颍河，因此整个城址复原面积达 34.8 万平方米。[1]

这座龙山大城确认之后，始知 20 世纪 70 年代末发现的两座小城仅是该城东北角的一小部分。发掘者在探方 W5T2873 中发现大城与小城的打破关系——其中大城的北城壕打破西侧小城西北拐角处的夯土城墙，由此证明大城的年代要晚于小城。根据出土的陶器特征，发掘者判断王城岗小城属于王城岗前期一段，而大城属于后期二段。发掘者甚至还推测，王城岗小城是"鲧作城"，而大城才是"禹都阳城"。[2]

〈1〉 北京大学考古文博学院、河南省文物考古研究所：《登封王城岗考古发现与研究》，第 64 页。
〈2〉 同上书，第 787—788 页。

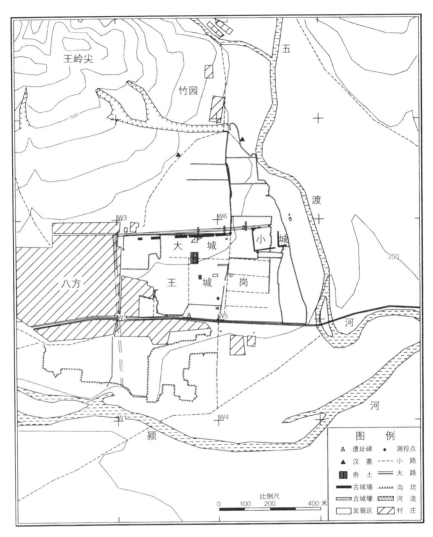

图 2-8 王城岗龙山城址平面图

2．汝州煤山遗址

煤山遗址位于汝州县城北的一处土岗上，南面约 2 公里处即为汝河。遗址中部南北长约 500 米、东西宽约 400 米。因遗址堆积有大量的黑灰色土文化层，故被当地村民称为煤山。该遗址是中国科学院考古研究所于 1958 年发现，1970 年洛阳博物馆首先对遗址进行了发掘。虽然这次发掘仅清理了两条探沟，但发掘者根据地层关系和出土器物特征，将这里的遗存分为三期，分别相当于河南龙山文化、二里头文化早期和二里头文化中期。[1]

属于煤山一期的遗迹主要有一座长方形竖穴土坑墓和一座幼儿瓮棺葬。土坑墓东西向，墓主头向东，足端放置随葬品，计有彩绘高足盘 5 件和彩绘杯 3 件。高足盘的施彩方式是在足部涂有两周红彩，中间加一条白彩；彩绘杯则是在腹部施两周红彩，中间加一周白彩。

煤山一期出土陶器包括夹砂深腹大口罐 2、小口罐 5、甑 1、圈足盘 2、澄滤器 2、豆 1、钵 1、筒形器 2、碗 2 件等。此外，发掘者还在遗址采集到多件陶器，主要有鼎 4、斝 1、鬶 1 和盂 1 件。

虽然此次发掘出土陶器数量有限，但可以看出煤山一期的陶器组合与王湾三期遗存基本相同，如炊器中夹砂罐较多，另有少量甑和斝，食器多碗和豆，水器有杯和鬶等。但煤山一期也表现出明显的特性，如鼎的数量明显多于王湾遗址，同时还有部分彩绘陶器。

1975 年，中国社会科学院考古研究所河南二队对煤山遗址再次进行了发掘，揭露面积 547 平方米，发现大量遗迹，出土了丰富遗物。[2]

主持发掘的赵芝荃将这里的龙山时代遗存称为河南龙山文化的煤

---

[1] 洛阳市博物馆：《临汝煤山遗址试掘简报》，《考古》1975 年第 5 期。
[2] 中国社会科学院考古研究所河南二队：《河南临汝煤山遗址发掘报告》，《考古学报》1982 年第 4 期。

山类型,并细分为煤山一期和煤山二期。赵芝荃归纳煤山一期陶器特征为:

> 陶质以夹砂和泥质灰陶为最多,其次是磨光黑陶、磨光灰陶又次之,泥质棕灰陶、夹砂红陶和泥质红陶很少。……主要是轮制,器壁较薄,器形规整。烧制火候较高,质地相当坚硬。篮纹占纹饰总数的62%、方格纹占34%,其余纹饰占4%。夹砂陶以方格纹为主,篮纹次之,泥质陶以篮纹为主,方格纹不多见,弦纹、刻划纹和指甲纹比较盛行,附加堆纹和绳纹少见,少量器座有镂孔,有的附宽带状或鸡冠形器耳。……器形主要有鼎、斝、罐、甑、甗、瓮、盆、刻槽盆、钵、圈足盘、豆、盒、壶、觚、杯、鬶、碗和器盖。

他所归纳的煤山二期陶器特征是:

> 以夹砂灰陶和泥质灰陶为主,泥质棕灰陶、夹砂红陶和泥质红陶较少。磨光陶比一期减少,部分起笔涂有黑衣,表面未经磨光。……陶土有的纯净有的粗糙,烧制火候较高,质地比较坚硬,少量陶色不纯,陶质比较松软。轮制痕迹尚明显,绝大部分器壁较薄,器形不如一期规整,一般器体较大。夹砂陶以方格纹为主,篮纹次之。泥质陶以篮纹为主,方格纹少见。弦纹、刻划纹不如一期盛行,绳纹仍不多见。……器形有鼎、罐、甑、甗、瓮、盆、刻槽盆、钵、圈足盘、豆、盒、壶、觚、杯、鬶、碗和器盖等。

根据以上描述,可以看出煤山一、二期遗存的陶器群与王湾类型基本相同。但两者也存在差别,在王湾遗址中,炊器中深腹罐占据了绝对优势,数量远远多于其他器类;但在煤山遗址中,鼎在炊器中也占有一定的比例，明显多于王湾遗址中鼎的数量和比例。有研究者甚至认为，鼎的数量和种类是区分王湾类型和煤山类型的主要依据。[1]

此次发掘还清理了 12 座煤山一期的墓葬，包括成人墓 7 座，儿童墓 5 座。后者既有瓮棺葬，也有土坑墓。儿童瓮棺葬的葬具是大口深腹罐，上面放置一钵形盖或盆形盖，有的盖顶部穿一小圆孔。除了作为葬具的瓮棺之外，这些墓葬均未见随葬陶器。

赵芝荃还对比了煤山一、二期遗存与该遗址二里头一期文化在陶器上的异同，主要有：

在陶质陶色上，三期的陶器都以夹砂和泥质灰陶为主，磨光陶煤山一期最多，二期逐渐减少，二里头一期则不多见；黑衣陶则相反，逐渐增多。在陶器纹饰上，三期都以篮纹和方格纹为主，其次是绳纹、弦纹和附加堆纹。篮纹由竖行到横纹，斜行的由右斜到左斜，方格纹由细密到粗疏。在器类方面，三期的炊器都以鼎和深腹罐为主，还有平底圆孔甑；容器以大口罐、高领瓮（罐）和盆为主，有少量的敛口罐和矮领壶；食器有豆、钵、单耳杯、斜腹碗、曲腹碗和盒等；酒器有觚和鬶；其他较常见的器类有刻槽盆和器盖。据此，赵芝荃认为二里头文化是从煤山一、二期文化直接发展而来的，三者之间没有质的差别。

1987—1988 年，河南省文物考古研究所又对煤山遗址进行了发掘，进一步丰富了煤山一、二期的遗迹遗物。发掘者特别强调，煤山二期陶鼎颇为流行，仅复原的完整器就有多件，鼎腹多呈罐形，但鼎足形制多变，既有扁柱状足，也有扁三角形足和乳状足。鼎不仅用作炊器，也用为瓮棺的葬具，如此次发掘的 W2 即以陶鼎作为幼儿的瓮棺。[2]

---

[1] 韩建业、杨新改：《王湾三期文化研究》，《考古学报》1997 年第 1 期。该文就明确指出王湾类型在"器类上最突出的特征是罐多鼎少（矮乳足鼎极少，三角形高足鼎也不常见）"，而煤山类型"流行矮乳足鼎，这是其与王湾类型的主要区别"。

[2] 河南省文物研究所：《临汝煤山遗址 1987—1988 年发掘报告》，《华夏考古》1991 年第 3 期。

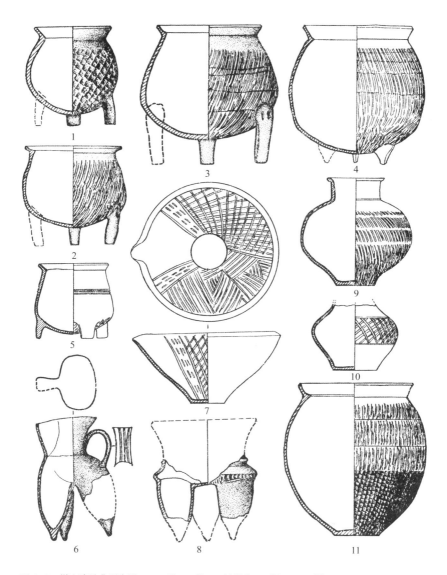

图 2-9 煤山遗址典型陶器 1—5 鼎 6 鬶 7 刻槽盆 8 斝 9—11 罐

第二章 "禹域"内的龙山遗存 | 175

1995年，河南省文物考古研究所等单位再次发掘煤山遗址，清理了6座龙山时期的墓葬，其中3座有随葬品。M1出土陶器9件，均置于死者头部上方的二层台上，包括小型陶豆4件，小型陶壶3件，小陶杯和碗各1件；M5则随葬有小型陶豆5件，小型陶壶5件，陶碗和陶罐各1件。这些陶器器体均较小，器表普遍有涂抹一层白灰的现象，而且90%的陶器都饰有宽带红彩，只有陶碗和小罐不饰彩。发掘者指出，这些随葬陶器都是明器，其中宽沿豆、鼓腹壶等器类在煤山遗址的居址区几乎不见，但多见于湖北随州西花园遗址，因此这类葬俗很有可能来自江汉地区的石家河文化。[1]此外，在襄城台王遗址龙山早期遗存中也出土过类似的彩绘陶壶，可见这类器物流行时间很长。[2]

3．禹州瓦店遗址

瓦店遗址位于禹州市火龙乡瓦店村，东距禹州市7公里，颍河流经遗址北部。1979年河南省博物馆文物工作队在颍河两岸进行考古调查时发现了该遗址，1980—1982年，河南省文物考古研究所和郑州大学历史系考古专业联合对瓦店遗址进行了三次发掘，发掘面积700多平方米，获得了一批龙山时代的遗存。[3] 1997年，为配合"夏商周断代工程"的实施，河南省文物考古研究所再次对瓦店遗址进行了大规模的钻探和发掘。上述四次发掘的材料后由方燕明统一整理发表。[4]

四次发掘所清理的遗迹主要有：房基9座，其中地面建筑4座，

---

[1] 河南省文物考古研究所等：《河南汝州市煤山龙山文化墓葬发掘简报》，《考古》2011年第6期。
[2] 河南省文物研究所：《襄城县台王遗址试掘简报》，《中原文物》1988年第1期。
[3] 河南省文物研究所、郑州大学历史系考古专业：《禹县瓦店遗址发掘简报》，《文物》1983年第3期。
[4] 河南省文物考古研究所：《禹州瓦店》，世界图书出版公司，2004年。

半地穴式5座；灰沟2条；灰坑190座，以圆形和椭圆形为主；墓葬13座，其中土坑墓9座，瓮棺葬4座。这些遗存除少量属于龙山早期外，绝大部分是龙山晚期的。其中在ⅤT1F1房基里发现一座灰坑（ⅤT1H16），坑内置有人头骨、盆骨和肢骨，经鉴定，分属于一成年男性、一成年女性和一儿童，发掘者认为该坑很有可能是F1的奠基坑。此外，ⅣT4W1这座瓮棺葬也值得注意，瓮棺由两件打掉口部的陶瓮扣合而成，瓮内人骨为蹲踞式，经鉴定为一成年男性，随葬有陶甑、玉鸟和玉铲各1件。

瓦店遗址龙山晚期陶器以泥质灰陶为主，夹砂灰陶次之，泥质黑陶较少，泥质褐陶、夹砂褐陶和夹砂黑陶很少。素面陶较多，纹饰以篮纹为主，方格纹次之，附加堆纹和绳纹都很少，另有少量弦纹和划纹等。根据发掘报告，主要陶器器类及标本数量为：鼎32（其中矮足罐形鼎17件，高足盆形鼎10件）、夹砂罐48（其中器高30厘米左右的大型罐10件，深腹罐15件，素面罐和长颈罐各8件）、甗4、甑17、刻槽盆14（漏斗形9件，敛口盆形4件）、斝11、鬶5、盉4、觚形器12、瓶6、高柄杯14、大口杯6、壶6、罍7、瓮39、泥质罐17、盆30、碗19、钵10、器盖42（其中斜腹碗形29件）、三足盘5、圈足盘9以及豆31件。从上述特征来看，瓦店遗址龙山晚期遗存与煤山和王城岗遗址的同类遗存基本一致，只是瓦店遗址鼎、罐数量差距不似王城岗遗址那样悬殊。

发掘者从文化因素出发，将瓦店遗址龙山晚期的陶器分为三群：A群为本地陶器群，为豫西地区河南龙山文化晚期的常见器类，主要有矮足鼎、夹砂罐、甑、斝、盉、刻槽盆等；B群以素面鼎足、附加堆纹和指窝纹鼎足、漏斗形刻槽盆和红陶鸟为代表，是源自石家河文化的因素；C群则以甗、鬶、大平底盆和三足盘为代表，显然是来自海岱地区的龙山文化因素。由于发掘者主张以瓦店和王城岗为代表的王湾三期文化晚期与二里头文化一期就是早期夏文化，因此他们认为这三类文化因素在瓦店遗址的共存实际上反映了华夏与苗蛮、东夷两族的密切交流。

2007—2010年,河南省文物考古研究所又对瓦店遗址进行了两次发掘,发掘面积总计1413平方米,清理的主要遗迹有建筑基址、壕沟、道路、灰坑、灰沟、墓葬、灶、陶窑和水井等。同时,根据调查和钻探,查明瓦店遗址由相连的西北台地和东南台地两部分组成,现存总面积超过100万平方米。特别是在遗址西北台地上发现了河南龙山文化晚期的大型环壕,保存较为完整,其中东、西壕复原长皆约400米,南壕长1000余米,壕沟口宽约30米、底宽约18米、残深20.3米。此三面壕沟与东北部的颍河共同形成一个封闭的聚落,壕内面积超过40万平方米。遗址东南台地也有环壕防御设施,面积超过50万平方米,但此环壕的年代是否属于同一时期还有待进一步发掘证实。

在西北台地环壕内发现两处龙山晚期的大型建筑基址,东西相距约300米。其中东部基址大体呈回字形,面积近千平方米,在基址上发现奠基或祭祀的人牲和动物骨骼。西部建筑由三座基址组成,其中一座面积近千平方米,在基址中也发现有人头骨。在出土物中,则以陶列觚、白陶或蛋壳黑陶的成套酒器如鬶、斝、盉、杯、觚以及大卜骨等物最为突出。根据遗址规模和发现的重要遗迹,发掘者推测瓦店遗址有可能就是夏都阳翟。[1]

4. 告成北沟遗址[2]

北沟遗址东距王城岗遗址仅2公里,1979年河南省文物研究所对

---

[1] 方燕明:《禹州瓦店——龙山聚落的多学科演练》,《中国文化遗产》2012年第5期;河南省文物考古研究所:《河南禹州瓦店龙山文化大型聚落》,《2008年中国重要考古发现》,文物出版社,2008年,第34—37页;《河南禹州瓦店龙山文化遗址》,《2010年中国重要考古发现》,文物出版社,2010年,第33—36页。
[2] 河南省文物研究所:《登封告成北沟遗址发掘简报》,《中原文物》1984年第4期。

图 2-10 瓦店遗址的奠基坑

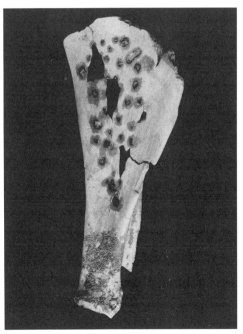 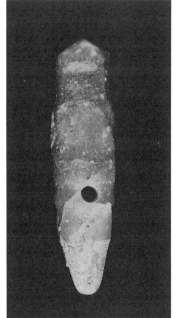

图 2-11 瓦店遗址发现的卜骨和玉鸟

该遗址进行了发掘，清理面积 40 平方米，发现了战国阳城的夯土城墙以及一批龙山文化时期的遗存。

北沟遗址龙山文化陶器主要有泥质灰陶和夹砂灰陶两大类，纹饰以横篮纹为主，还有附加堆纹和方格纹，纹饰多用拍模打印。因揭露面积有限，所获陶器器类及标本数量为：横篮纹鸭嘴状足鼎 1、豆 3、罐 9（其中 8 件为夹砂罐，多施横篮纹）、斝 2、刻槽盆 1、筒状杯 1、缸 1。

发掘者指出，北沟遗址的这批遗存当属于河南龙山文化早期，但也有意见认为这里的鼎、罐等器物已经具有龙山文化中期的特征。[1]

5．登封程窑遗址[2]

1977 年夏，河南省文物研究所登封工作站在发掘告成王城岗遗址的同时，为了进一步了解颍河上游这种类型文化的分布情况，分别派人由告成镇西上，沿颍河南北两岸进行考古调查，相继发现了西范店、高马、程窑、油坊头、毕家村五处河南龙山文化和二里头类型文化的遗址。

程窑遗址位于登封县城东南约 6 公里的程窑村东北地，南临颍河，西傍书院河，正坐落在两河夹角的高台地上，南北长约 300 米，东西宽约 250 米，总面积约 7.5 平方米。1979 年春，河南省文物研究所对程窑遗址做了初步试掘，其中的第三和第四层包含有丰富的河南龙山文化晚期遗存。

第三层：陶质以夹砂灰陶为主，泥质灰陶次之，兼有少量的泥质黑陶与褐色陶。纹饰以篮纹为主，方格纹次之，素面及磨光陶也占一定比例，偶尔可见压印纹和指甲纹。主要陶器器类及标本数量为：乳状足鼎 1（另见少量扁圆鼎足和圆鼎足）、大口罐 2、瓮 2、盆 1、碗 3、

---

[1] 河南省文物考古研究所：《河南考古四十年》，河南人民出版社，1994 年，第 121 页。
[2] 赵会军、曾晓敏：《南登封程窑遗址试掘简报》，《中原文物》1982 年第 2 期。

圈足盘 1 和斝 1 件，另有杯、钵、鬶、瓶、甑和澄滤器的残片，以及两件看不出器形的黑陶磨光器残片。

第四层：陶器以泥质灰陶为主，夹砂灰陶次之，兼有少量磨光黑陶和棕红陶。陶器纹饰以篮纹为主，方格纹与素面磨光陶次之，也有少数细绳纹和横篮纹。主要陶器器类及标本数量为：鼎 3（罐形鼎 2 件，盆形鼎 1 件）、夹砂深腹罐 1、甑 4、刻槽盆 1、钵 1、碗 4、豆 1、瓮 2、盆 1，另有杯、平底盘、折腹盆和带耳罐的残片。

虽然程窑遗址出土陶器数量有限，但已具备河南龙山文化晚期的核心器类，如炊器以鼎和罐为主，且鼎的比例似大于罐，另有少量的甑；饮器有杯和鬶；盛储器有盆、罐和瓮；食器有碗、钵、豆和圈足盘。发掘者指出，从器物特征上看，程窑遗址第四层遗存的年代与煤山一期相当，第三层则略晚。

6．禹县吴湾遗址[1]

吴湾遗址位于禹县城东约 7 公里的吴湾村北地，遗址紧邻颍河。1979 年，河南省文物研究所对该遗址进行了发掘，其中遗址的第三和第四层堆积属河南龙山文化时期。兹据发掘简报，将此两层的陶器特征概述如下。

第四层：陶系中以棕色夹砂陶数量较多，约占总数三分之一，泥质灰陶次之，橙红色夹砂陶和泥质黑陶最少；夹砂陶器的胎内多羼杂有大量蚌壳粉末与沙粒，泥质陶器的质地细腻，陶泥多经淘洗。器表除素面与磨光者外，多饰横篮纹，方格纹次之，还有少量细绳纹和附加堆纹。该层出土陶器器类及标本数量为：扁足横篮纹鼎 1、夹砂罐 4、瓮 1、盆 3、鬶 1、豆 3、壶 2、碗 2、器盖 3、杯 1。

---

[1] 河南省文物研究所、禹县文管会：《禹县吴湾遗址试掘简报》，《中原文物》1988 年第 4 期。

第三层：以泥质灰陶为主，夹砂灰陶次之，并有少量泥质黑陶和橙黄陶。器表除素面与磨光者外，以篮纹最多，且有一定数量的方格纹，绳纹与附加堆纹很少。该层出土陶器器类及标本数量为：乳足鼎3、罐2、高领罐1、瓮1、澄滤器2、斜腹盆1、碗13、高柄杯1、圈足盘1件。

发掘者指出，吴湾遗址第四层遗存具有龙山文化早期特征，但略晚于登封北沟的龙山早期遗存，而吴湾第三层则与登封王城岗三期的年代相当，属典型的河南龙山文化晚期。

7. 禹州阎寨遗址[1]

遗址位于禹州市西约25公里的花石乡阎寨村西北，北距颍河约1.5公里。现存遗址南北长372米，东西宽360米，总面积超过10万平方米。1983年河南省文物研究所与郑州大学考古专业曾联合发掘过该遗址，但发掘材料一直没有公布。1996年夏，河南省文物考古研究所和美国密苏里州立大学人类学系联合对颍河上游谷地的龙山中晚期和二里头文化时期的聚落进行了调查，并于1997年7月对阎寨遗址进行了试掘。此次试掘仅开探沟1条，发掘面积近12平方米，但获得一批龙山晚期的遗存，包括房址1座和灰坑11座。

出土陶器有泥质和夹砂两大类，泥质陶中有少量细泥陶，胎体较薄，器形精致；夹砂陶中又有甚少夹蚌陶，陶质较粗。陶色以灰陶和褐陶最常见，泥质陶多磨光或素面，纹饰则以篮纹为主，其次为旋纹，另有少量绳纹、弦纹、附加堆纹及指甲纹等。

据发掘简报的统计，主要陶器器类及数量是：深腹罐157、鼎27（另有鼎足58件，其中柱状足31件，正装窄扁足20件，侧装三角形

---

[1] 河南省文物考古研究所等：《颍河文明——颍河上游地区考古调查试掘与研究》，大象出版社，2008年，第209—250页。

足 2 件以及宽板状足 5 件）、大口罐 67（其中夹砂罐 24 件，泥质罐 43 件）、盆 112、折腹盆 22、钵 105、圈足盘 41、豆 41、刻槽盆 10、甗 4、鬶 14、斝 2、缸 4、杯 4、夹砂小罐 29、碗 53、器盖 26（弧顶折壁类 22 件，平顶斜直壁类 4 件）。

根据上述统计，可将阎寨遗址龙山时期核心陶器组合归纳如下：

炊器：罐、鼎为主，罐多于鼎，另有极少量的甗。

食器：以碗钵类和豆、圈足盘为主。

酒器和水器：饮器有杯和斝，盛器以鬶、罐为主。

盛储器：主要有罐、盆（钵形盆和双腹盆兼有）以及瓮缸类器。

其他典型器物：有刻槽盆和器盖。

从上述陶器特征可以看出阎寨遗址龙山时期文化面貌与王城岗、瓦店等遗址基本一致，属于同一文化类型，但这里夹砂罐的数量明显多于鼎，而且乳足鼎少见，与王城岗和瓦店有所不同。发掘者根据调查情况指出，颍河上游地区龙山中晚期至二里头文化时期的遗址大体上可以分为三类：一类以王城岗遗址为代表，是处于这一区域中心地位的聚落；其次以瓦店和阎寨为代表，是该区域内的次中心，从遗址位置和文化内涵来看，阎寨遗址可能与"夏少康故邑"康城有关；第三层次的则是面积在 10 万平方米以下的普通聚落，数量众多，多围绕前两类遗址分布。[1]

8．汝州李楼遗址[2]

李楼遗址位于汝州市杨楼乡李楼村西约 200 米，东距县城约 23 公

---

[1] 河南省文物考古研究所等：《颍河文明——颍河上游地区考古调查试掘与研究》，第 308—309 页。

[2] 中国社会科学院考古研究所河南一队：《河南汝州李楼遗址的发掘》，《考古学报》1994 年第 1 期。

里，北离汝河仅 1 公里。遗址附近原为一圆形土丘，现在为略高于周围地面的长方形坡地，东西宽 240 米、南北长 250 米，现存面积约 6 万平方米。1991—1992 年，中国社会科学院考古研究所河南一队对该遗址进行了三次发掘，发现了丰富的河南龙山文化晚期遗存。发掘者将李楼遗址龙山晚期遗存分为李楼一期和李楼二期，兹将两期遗存的有关情况概述如下。

李楼一期陶器以泥质灰陶、夹砂灰陶和夹砂灰黑陶为主，夹砂黑皮陶、泥质磨光黑陶次之，还有少量夹砂和泥质红陶、灰黄陶、蛋壳黑陶等。根据对典型单位 92T103④H1 出土陶片统计，泥质灰陶占陶片总数的 28%，夹砂灰陶占 40%，夹砂灰黑陶占 15%，夹砂黑皮陶占 14%，其他约占 3%。素面陶较多，占陶片总数的 41%；纹饰有篮纹、方格纹、绳纹、刻划纹、戳印纹和指甲纹等，其中以篮纹最多，占 49%，其次是方格纹，占 9%，绳纹和刻划纹等仅占 1%。本期主要陶器器类及标本数量为：鼎 7（另有鼎足 13 件，形制多样，包括扁方足、鳍形足、鬼脸式足、锥形足等，不见乳状足）、斝 2、鬶 2、钵 2、碗 6、斜腹盆 1、圈足盘 3、单耳罐 1、深腹罐 6、高领罐 1、小罐 3、杯 2、觚形杯 4、器盖 2、陶环 2。

此期遗迹有长方形竖穴土坑墓一座（92T5⑥M1）和瓮棺葬两座。土坑墓是单人侧身屈肢葬，随葬高领素面小罐 3 件；瓮棺葬 91T4④W1 用泥质黄褐陶尖底罐做葬具，内有婴儿残骨，罐上覆盖一磨光黑陶盆，罐底和盆底各凿一孔；另一座瓮棺葬 92T103④W1 用陶鼎做葬具。

李楼二期陶器以泥质灰陶和夹砂灰陶最多，其次是夹砂黑皮陶和泥质磨光黑陶，红陶很少。据 92T3④H1 出土陶片的统计，泥质灰陶占陶片总数的 21%，夹砂灰陶约占 9%，红陶约占 1%。陶器以素面为最多，约占陶片总数的 59%；纹饰以篮纹最多，约占总数的 26%，其次是方格纹，约占 10%，再次是绳纹，约占 3%，其他纹饰仅占 2%。本期主要陶器器类及标本数量为：鼎 12（另有鼎足 6 件，形制多样，包括乳状足）、碗 5、盆 3、刻槽盆 1、圈足盘 1、单耳罐 1、小口罐 1、深腹罐 1、杯 2、觚形杯 1、陶环 3 和红陶鸟 3 件。

属于本期的遗迹主要有土坑墓 2 座和瓮棺葬 6 座，其中 92T3④M1 是成人和婴儿瓮棺合葬墓，成人双脚下有一瓮棺，瓮棺葬具为篮纹陶鼎，上盖一灰陶碗，内有婴儿头骨。其他 6 座瓮棺葬的葬具均为篮纹陶鼎，鼎足有小矮扁锥足和扁平长方形足两种，其上盖一盆、一碗或一鼎。

从两期陶器面貌来看，李楼遗址龙山文化晚期的核心器物组合为：

炊器：鼎和夹砂罐皆有，鼎的形制多样，数量似多于罐。

食器：以碗和圈足盘为主。

酒器和水器：饮器以杯和觚形杯为主，盛器有罐、鬶和斝。

盛储器：多见罐、盆（斜腹盆、双腹盆均有）。

其他典型器物：刻槽盆、陶环、红陶鸟和磨光蛋壳黑陶高柄杯。

除了河南龙山文化晚期的固有因素外，李楼遗址外来文化因素非常显著，如单耳罐当源自三里桥类型，红陶鸟显然来自石家河文化，而蛋壳黑陶高柄杯则无疑是来自山东龙山文化。

9．平顶山蒲城店遗址[1]

蒲城店遗址位于平顶山市以东约 9 公里的东高皇乡。遗址发现于 20 世纪 50 年代末，现存面积约 18 万平方米。2004 年河南省文物考古研究所等单位对遗址进行了发掘，揭露面积 6200 平方米，发现龙山和二里头时期的两座城址以及数量众多的房址、灰坑、墓葬等遗迹。

龙山时期的城址位于遗址东北部岗地上，城址略呈东西向长方形，

---

[1] 河南省文物考古研究所、平顶山市文物局：《河南平顶山蒲城店遗址发掘简报》，《文物》2008 年第 5 期。

现存东、西、南三面城墙，北墙可能被湛河故道冲毁。城墙由墙体和内外护城坡组成，墙外有宽且深的城壕。现存城址面积（含城壕）约 4.1 万平方米，城内面积约 2.65 万平方米。从地层关系和器物特征看，城址的使用年代为龙山中晚期。在该城址的西南部有一座二里头文化早期的城址，也发现有城墙和城壕，面积约 5.2 万平方米。在这座二里头文化城址以北区域发现 20 多处房址，或为单间，或为多间，有的房子还发现有奠基遗存。发掘者认为这座二里头文化时期的城址很可能是夏王朝在其南土营建的军事重镇。[1]

发掘简报未公布蒲城店遗址龙山中晚期陶器的具体统计数据，但指出是以深腹罐、鼎、小口高领瓮、盆、碗为基本器物组合，此外还可见到较多的鼎足，因此其文化面貌当近于煤山、瓦店等遗址的龙山遗存，但这里出土有陶背壶，则是嵩山以南地区的罕见之物。

10. 郾城郝家台遗址[2]

郝家台遗址位于郾城市东 3 公里的石槽赵村。1986—1987 年河南省文物考古研究所等单位对该遗址进行了两次发掘工作，发掘面积 3212 平方米，清理龙山文化和二里头文化的房基 14 座、灰坑 310 座、墓葬 90 座，发现龙山城址 1 座。

郝家台遗址龙山时期遗存非常丰富，发掘者将其分为五期，第一期约与瓦店一期相当，第二、三期与瓦店二期接近，四期与瓦店三期大致同时，而五期则已接近新砦期了。

城址属于郝家台二期，平面呈长方形，南北长约 222 米、东西宽 148 米，面积约 32856 平方米。现存城墙宽 5 米，高 0.8 米，东夯土墙

---

[1] 魏兴涛：《蒲城店二里头文化城址若干问题探讨》，《中原文物》2008 年第 3 期。
[2] 河南省文物考古研究所：《郾城郝家台》，大象出版社，2012 年。

中部探出一个 8.8 米的缺口，或为城门。城内发现有长方形排房，目前已经发现了 6 排，均为平地起建，排与排之间的间距大约为 10 米。如 F16 目前已清理出 6 间长方形房子，各房间大小不等，但都在南侧开有门，屋内都有烧土面。

郝家台龙山遗存出土陶器的常见器类有鼎、罐、甗、鬶、刻槽盆、盆、高领罐、壶、钵、碗、盘、豆、觚形器、杯、瓮、缸和器盖等。从炊器上看，鼎、罐、甗最为常见，兹以遗存比较丰富的二期、三期、四期、五期为例加以统计，其中：二期出土鼎 4、深腹罐和圆腹罐 21、甗 26；三期出土鼎 21、罐 9、甗 2；四期出土鼎 12、罐类器 12、甗 3；五期出土鼎 9、折沿罐 5、甗 1。虽然以上数据仅是各期复原和基本复原的陶器标本数量，但在一定程度上反映出郝家台龙山遗存以鼎和罐为主要炊器，就数量而言，两者基本上平分秋色，这一特征比较接近王城岗、瓦店等遗址的炊器构成，而与王湾遗址差别甚大。

（四）豫西西部地区

该区域主要是指洛阳盆地以西地区，包括三门峡、灵宝等地。这一区域西南有秦岭、崤山，北有黄河，西过潼关入陕西，北渡黄河进入山西，是豫、陕、晋三省的交界地带。

1．陕县三里桥遗址

三里桥遗址位于陕县东关，与著名的庙底沟遗址隔青龙涧相望，遗址面积约 18 万平方米。1957 年黄河水库考古队在这里进行了两次较大规模的发掘，获得一批重要的龙山时期遗物。[1]

〈1〉中国科学院考古研究所：《庙底沟与三里桥》，科学出版社，1959 年。

三里桥遗址龙山时期遗存具有鲜明的特征。发掘报告对典型单位出土陶器进行了分类统计，这里的龙山晚期陶器以夹砂灰陶和泥质灰陶最多，夹砂红陶和泥质黑陶次之，泥质红陶最少，另外还有极少量的蛋壳陶。纹饰以绳纹最多（约占50%），篮纹次之（约占20%），方格纹较少（不足10%），也有少量划纹、镂孔和附加堆纹，素面和磨光陶占一定比例。

龙山文化（灰坑3）陶系及纹饰统计表

陶系	夹砂粗灰陶系					泥质灰陶系					夹砂粗红陶系		细泥黑陶系		泥质红陶系		总计
数量	1708					1031					303		271		48		3361
百分比(%)	50.82					30.68					9.02		8.07		1.43		100
纹饰	绳纹	篮纹	方格纹	附加堆纹	素面	绳纹	篮纹	方格纹	镂孔	素面	绳纹	素面	划纹	素面	篮纹	素面	
数量	1138	327	34	21	188	527	273	20	6	205	95	208	31	240	38	10	3361
百分比(%)	33.86	9.73	1.02	0.63	5.6	15.68	8.13	0.6	0.18	6.1	2.83	6.19	0.93	7.14	1.13	0.3	100

龙山文化（灰坑3）陶器器形统计表（以能看出器形者为限）

陶系	夹砂粗灰陶系			泥质灰陶系				夹砂粗红陶系	细泥黑陶系		泥质红陶系		总计
器形	罐	鬲	斝	碗	盆	杯	罐	甗	罐	豆	罐	罐	鬶	
数量	525	196	19	35	59	37	154	17	84	41	87	37	2	1293
百分比(%)	40.61	15.16	1.47	2.71	4.57	2.87	11.91	1.32	6.5	3.64	6.73	2.87	0.16	100

三里桥遗址共复原陶器69件，主要器类有罐、鬲、斝、盆、杯、豆、甗、鬶和器盖等，其核心组合为：

炊器：以罐、鬲为主，有少量的甗，不见鼎。

食器：以碗和豆为主。

酒器和水器：饮器以单耳杯和单耳罐为主，盛器有罐、鬶和斝。

盛储器：多见罐、盆（深腹盆、双腹盆均有）。

发掘者认为三里桥遗址的龙山遗存属于典型的河南龙山文化陶器，但也有学者认为它应该是客省庄文化的一个类型或是独立的三里桥文化[1]，在此需要加以进一步分析。

从前述器物组合来看，三里桥遗址确实具备了王湾类型的绝大多数器物，说明两者在文化性质上是一致的。但仔细分析，三里桥遗址与郑洛地区以及嵩山以南地区的龙山晚期遗存确有不同。首先，从器类上看，虽然三里桥遗址出土的罐类器颇多，与王湾类型相似，但这里出土的陶罐以长颈深腹罐和带耳罐居多，很少见到王湾类型典型的夹砂深腹罐和圆腹罐；其次，三里桥遗址另一个显著特征是这里出土的陶鬲数量众多，远远超过王湾类型中此类器的比例，足见三里桥类龙山遗存的主要炊器器类是鬲，而非鼎和罐；此外，三里桥龙山陶器纹饰中绳纹的比例高达50%，远远超过篮纹和方格纹，这与前述两个区域多篮纹和方格纹的传统迥然有别。因此，应该把三里桥遗址的龙山遗存独立为河南龙山文化的一个类型——三里桥类型。

2．渑池仰韶遗址[2]

仰韶遗址位于渑池县城北7.5公里的仰韶村之南，饮牛河之西以及寺沟村以北的台地上，面积约36万平方米。1921年安特生在这里发掘之后，仅有中国科学院考古研究所于1951年在此进行了小规模的试掘。1980年和1981年河南省文物研究所等单位对仰韶遗址进行了第三次发掘，清理面积200余平方米，基本上厘清了该

---

[1] 张忠培、杨晶：《客省庄与三里桥文化的单把鬲及其相关问题》，《宿白先生八秩华诞纪念文集》，文物出版社，2002年，第1—50页。
[2] 河南省文物研究所、渑池县文化馆：《渑池仰韶遗址1980—1981年发掘报告》，《史前研究》1985年第3期。

图 2-12 三里桥遗址出土陶鬲

遗址的文化堆积情况。发掘报告将此次发掘所得遗存分为四期,并判断其文化属性与年代为:第一期为仰韶文化中期,第二期为仰韶文化晚期,第三期为庙底沟二期遗存,第四期为龙山时代晚期遗存。这里着重谈第四期遗存的相关情况。

属于此期的遗迹主要有房基1座和灰坑13座。根据对典型单位出土陶器的统计分析,仰韶遗址龙山晚期陶器的总体特征是:陶质以夹砂灰陶和泥质灰陶为主,有少量夹砂红陶和泥质黑陶,泥质红陶极少。器表磨光者甚多,纹饰主要是绳纹,篮纹次之,另有少量的方格纹、镂孔、凸棱纹、划纹和附加堆纹。主要陶器器类及标本数量为:单把鬲2、深腹罐4、单耳小罐(杯)2、浅腹盆3、深腹盆2、鼎1、碗5、杯2以及陶环多件。

从上述特征来看,仰韶遗址龙山晚期遗存与三里桥遗址的同时期遗存基本一致,可以归入河南龙山文化三里桥类型。

二 豫西和豫中地区龙山晚期的文化属性与文化类型

为方便讨论，首先将上述典型遗址龙山遗存的年代序列整理如下表。

时代 遗址	龙山早期	龙山中期	龙山晚期
洛阳王湾			王湾三期Ⅴ段和Ⅵ段
洛阳西干沟和东干沟	西干沟龙山一期	西干沟龙山二期	东干沟龙山遗存
洛阳矬李			矬李二、三期
洛阳西吕庙			西吕庙早、晚期
偃师灰嘴			灰嘴龙山遗存
伊川白元			白元一期、二期
伊川小潘沟			小潘沟龙山遗存
新安冢子坪		冢子坪龙山遗存	
新安西沃			西沃龙山遗存
郑州牛砦			牛砦龙山遗存
郑州旭旮王			旭旮王龙山遗存
郑州马庄			马庄龙山遗存
郑州阎庄			阎庄龙山遗存
郑州大河村	大河村龙山早期遗存	大河村龙山中期遗存	大河村龙山晚期遗存
郑州站马屯	站马屯一期	站马屯二期	站马屯三期
荥阳竖河		竖河一期一段	竖河二期二段、三段
荥阳点军台			点军台四期
新密古城寨	古城寨一期		古城寨二、三、四期
新密新砦			新砦一期
济源留庄			留庄龙山遗存
登封王城岗			王城岗一至五期
汝州煤山			煤山一、二期

续表

时代 遗址	龙山早期	龙山中期	龙山晚期
禹州瓦店			瓦店龙山晚期遗存
登封告成北沟	北沟龙山遗存		
登封程窑			程窑第三、四层遗存
禹州吴湾	吴湾第四层遗存		吴湾第三层遗存
禹州阎寨			阎寨龙山遗存
汝州李楼			李楼一期、二期
平顶山蒲城店		蒲城店龙山中期	蒲城店龙山晚期
郾城郝家台			郝家台一至五期
陕县三里桥			三里桥龙山晚期
渑池仰韶村			仰韶村四期遗存

1．龙山早期

根据上文的相关分析统计，可将上述典型遗址龙山早期陶器特征概括如下表。[1]

遗址和遗存	陶质陶色	纹饰	核心器物组合
西干沟龙山一期	陶质有夹砂灰陶、泥质灰陶、夹砂红陶和泥质橙黄陶等。	纹饰有篮纹、弦纹、方格纹和绳纹等，另有部分素面陶器。	炊器以夹砂罐为主，另有少量甗和釜灶；食器以碗、钵和豆为主；水器有小罐和斝；盛储器流行双腹盆、缸和瓮类器物。
大河村龙山早期遗存	以泥质陶为主，夹砂陶次之，夹砂陶中夹蚌料者基本不见；陶色以灰陶为主，红陶较少。	器表以素面为主，纹饰有绳纹、弦纹、附加堆纹、划纹、篮纹、方格纹和鸡冠纹等。	炊器罐和鼎均较多，有少量甗；食器主要是碗、钵和豆；水器主要有杯和壶；盛储器多见折腹盆、浅腹盆以及瓮缸类器。

---

[1] 因新密古城寨遗址发掘简报将该遗址龙山时期遗存统一叙述，无法单独统计该遗址龙山早期的相关特征，故不列入此表。

续表

遗址和遗存	陶质陶色	纹饰	核心器物组合
站马屯一期	以泥质土红色为主，红陶次之，夹砂红陶和泥质灰、黑陶均较少。	器表以磨光为主，横篮纹次之，方格纹和绳纹极少。	炊器以罐为主，有一定数量的鼎，另有少量的甑、甗；食器以碗、豆为主，酒水器中杯是最主要的饮器，盛器则有罐、斝和鬶等物；盛储器主要有盆、罐和瓮类器物。
告成北沟龙山遗存	主要有泥质灰陶和夹砂灰陶两大类。	纹饰以横篮纹为主，还有附加堆纹和方格纹。	炊器以罐为主，有少量鼎；食器有豆；酒水器有斝、杯；盛储器有缸。
吴湾第四层	陶系中以棕色夹砂陶数量较多，占总数三分之一左右，泥质灰陶次之，橙红色夹砂陶和泥质黑陶最少。	除素面与磨光者外，多饰横篮纹，方格纹次之，还有少量细绳纹和附加堆纹。	炊器以罐为主，鼎次之；食器以碗、豆为主；酒水器有杯、鬶、壶；盛储器有瓮和盆。

从上表所列可以看出在龙山早期，豫西和豫中地区的文化面貌即已表现出相当的一致性，具体表现为：陶器以泥质和夹砂灰陶为主，但有部分棕色陶、橙红陶和红陶。素面磨光陶占一定比例，纹饰以横篮纹最为常见，另有少量的绳纹和方格纹，其他纹饰更少见。在器物组合方面也表现出相当的稳定性，即形成了以夹砂罐为主，以鼎、甑为辅的炊器系统；食器则是碗（钵）和豆的固定搭配；饮器主要是杯，盛水（酒）器则以斝和鬶最典型；盛储器主要有双腹盆、浅腹盆和瓮缸类器；此外，各遗址还普遍都有器盖、刻槽盆等物。

2．龙山中期

上述典型遗址中属于龙山中期的材料较少，现将其特征归纳对比如下。[1]

---

[1] 平顶山蒲城店遗址详细资料不明，暂不列入。

遗址和遗存	陶质陶色	纹饰	核心器物组合
西干沟龙山二期	以泥质灰陶为主，夹砂灰陶次之，泥质磨光黑陶占很小一部分，泥质红陶极少。	纹饰有方格纹、篮纹、弦纹、绳纹和指甲纹，此外素面陶也占一定比例。	炊器以夹砂罐为主，另有鼎、鬲、甑为补充；食器以碗、钵和豆为主；水器中饮器有杯，盛器有鬶、斝和罐；盛储器流行双腹盆和瓮缸类器物。
冢子坪龙山遗存	以夹砂陶为主，次为泥质褐陶，夹砂灰陶和泥质灰陶，红陶和黑陶较少。	素面和磨光陶约占40%，纹饰则以篮纹最多，绳纹次之，还有少量方格纹、弦纹、附加堆纹等。	炊器以夹砂深腹罐为主，另有少量鼎、甗；食器以碗、豆为主，另有钵和圈足盘；饮器以杯为主，盛器以斝、罐、壶为主；盛储器流行斜腹盆、双腹盆和瓮缸类器。
大河村龙山中期遗存	仍以泥质陶为主，夹砂陶次之；陶色以灰陶为主，另有部分红陶和少量黑陶。	器表素面者较多，纹饰以绳纹最多见，其次是方格纹和篮纹。	炊器以罐为主，另有少量鼎；食器以碗、豆和圈足盘为主；饮器以杯居多，盛器有罐；盛储器有折腹盆、双腹盆以及缸、瓮类。
站马屯二期	以泥质灰陶为主，夹砂灰陶次之。	磨光素面仍占相当比例，纹饰则以篮纹为主，方格纹显著增加。	炊器以罐为主，有一定数量的鼎，另有少量的甑、甗；食器以碗、豆为主；酒水器中杯是最主要的饮器，盛器有罐、斝和鬶；盛储器则有盆、罐和瓮。
竖河一期一段	以夹砂灰陶和泥质灰陶为主，另有一定数量的泥质黑陶和夹砂黑陶，褐陶、棕黄陶和红陶均极少。	绳纹数量最多，其次是方格纹和篮纹，素面和磨光陶约占陶器总数的三分之一强，其他如附加堆纹、弦纹、划纹、戳印纹和镂孔均极少。	炊器以深腹罐为主，有少量的甗、鼎和甑，且甗的数量明显多于鼎；食器以碗、圈足盘和豆为主；杯和单耳罐是主要饮器，盛水器有罐、鬶、盂和斝；盛储器流行折腹盆和瓮缸类器物，另有少量高领罐。

根据上表的分析，豫西和豫中地区龙山中期的文化面貌依然表现出相当的一致性。陶器中夹砂和泥质灰陶已经占据绝对多数，褐陶、棕色陶和红陶均很少见；素面磨光陶占相当比例，纹饰以绳纹和篮纹较为多见，也有一定数量的方格纹，其他纹饰则罕见。核心器物组合与本地区龙山早期基本相同，但炊器中已不见釜灶，而甗则是新出现的器类，在部分遗址中甗的数量甚至超过了鼎。

3. 龙山晚期

豫西和豫中地区龙山晚期文化极为繁荣，前述典型遗址均有丰富的龙山晚期遗存。从上文所分析的典型遗址文化面貌来看，豫西和豫中地区龙山晚期文化的最显著特征是其统一性，即延续了该区域龙山早中期文化的传统。具体来说就是：陶器以夹砂和泥质灰陶为主，有一定数量的黑陶；素面陶和磨光陶占一定比例，有纹饰者则以篮纹、方格纹最多见，绳纹少见（只有古城寨遗址"以绳纹为主，篮纹次之，方格纹再次之"），另有少量的附加堆纹、弦纹、划纹和指甲纹。核心器物组合十分稳定：炊器以夹砂罐为主，食器以碗（钵）、豆、圈足盘为核心，饮水（酒）器以杯为主，盛水（酒）器以斝、鬶为主，盛储器则多见高领罐、斜腹盆、双腹盆、瓮或缸类器物。这一组合不仅延续了整个龙山晚期，而且涵盖了豫西和豫中地区。相比同时期海岱地区的龙山文化，豫西和豫中地区的龙山遗存特色鲜明，自成体系，学术界将这类遗存称为河南龙山文化无疑是恰当的。

但另一方面，豫西和豫中地区的龙山文化又确实存在着地区差别，而且可以划分为三个相对独立的区域，即嵩山以北的郑洛地区，嵩山以南的颍河和汝河上游地区，以及豫西西部地区。三个地区龙山晚期陶器面貌的主要差异可以列为下表。

地区	区域性特征
嵩山以北郑洛地区	洛阳地区多鬲，郑州地区多甗；鼎的数量普遍较少，乳足鼎更少；篮纹多，其次是绳纹和方格纹。
嵩山以南颍河、汝河流域	鼎多，鬲和甗均罕见，甚至不见；但有一定数量的彩绘陶；篮纹居多，绳纹和方格纹次之。
豫西西部地区	鬲很多，鼎少，多长颈罐和带耳罐；绳纹最多，其次是篮纹和方格纹。

很明显，造成上述差异的主要原因是三个地区的相邻文化各不相同。豫西西部地区和洛阳地区多鬲，显然是因为接近客省庄文化的分布区，所以总体趋势是越往东、往南陶鬲的数量递减。郑州地区多甗，以及这一地区所见的大口平底盆、镂空高圈足盘和麻花把鬶形器等器类，自然是受东方文化的影响，所以这些因素是往西而递减。在嵩山以南地区，煤山遗址所见的彩绘陶器，瓦店遗址出土的素面鼎足、附加堆纹和指窝纹鼎足、漏斗形刻槽盆、红陶鸟，都是江汉平原石家河文化的典型因素，也自然是因为汝、颍河流域邻近江汉平原的缘故。

以往学者在分析嵩山南北地区龙山晚期的文化异同时，都特别强调两区域内鼎、罐的流行程度不同。虽然上述遗址大多缺乏完整、准确的器类统计数据，但根据所公布的标本数量，仍然可以看出这样的态势，即嵩山以北地区各遗址罐都多于鼎，罐在数量上占据绝对优势；嵩山以南地区的情况则比较复杂，虽然从总体上看鼎的数量明显增加，但具体到每处遗址则各有不同，如王城岗遗址鼎多于罐，瓦店和阎寨遗址则是罐多于鼎，而郝家台遗址鼎和罐数量则大体接近。由此来看，龙山晚期嵩山以北地区诸遗址确实以夹砂深腹罐为主要炊器，而嵩山以南地区则是鼎、罐并重的局面。同时还应看到，造成这种差别的原因，既可能是地域不同所致，也可能是遗址等级不同所造成的。目前嵩山以北地区龙山晚期遗址基本上都是普通聚落，而嵩山以南的王城岗、瓦店、阎寨、郝家台、古城寨和蒲城店等遗址大都发现有城址，聚落等级明显更高。一般而言，高等级聚落人群组成多元，文化面貌复杂，器物组合也就更容易呈现出多样化特征。

虽然学术界普遍注意到龙山晚期嵩山南北地区的文化差异，但究竟如何区分与定性，则分歧较大，或以王湾类型概括，或称之为煤山文化，或区分为同一文化类型的南北两区，或分为两个文化类型甚至两个考古学文化。[1]根据上文的分析，可以看出龙山晚期豫西和豫中地区的文化面貌在总体上是一致的，都属于河南龙山文化体系，但结合各地区的具体特征，宜区分为三个类型，即嵩山以北郑洛地区的王湾类型，嵩山以南汝、颍河流域的煤山类型以及豫西西部的三里桥类型。

---

[1] 王立新：《从嵩山南北的文化整合看夏王朝的出现》，杜金鹏、许宏主编：《二里头遗址与二里头文化研究》，科学出版社，2006年，第410—426页。

第二节 豫东鲁西皖北地区的龙山遗存

一 典型遗址文化面貌分析

(一) 豫东平原

豫东平原位于黄河冲积扇的东南翼,地处豫、鲁、皖、苏四省交会地带,在行政区划上主要包括今河南省开封市、周口市和商丘市的大部。这里自古就是文化荟萃之地,也是夏代诸部族的主要聚居区。

1. 造律台与王油坊遗址

1936年冬,为了探寻殷商文化的源头,中央研究院历史语言研究所李景聃前往豫东商丘和永城一带开展考古调查。当年11月底和12月初,李景聃与河南古迹研究会赵青芳、韩维周和张清渭等人对永城造律台遗址进行了为期十天半的发掘,揭露面积154平方米。

造律台位于西汉萧何所封的酂县城南门靠寨墙处,是一龟形台地,底部周长约400米,高约7米,因后人附会萧何当年收秦律令图书而得名。这次发掘的主要收获是获得一批龙山时期的遗存,李景聃特别注意到这一阶段的陶器以鼎居多,仅出土的侧三角形扁鼎足就多达220件。同年12月11—14日,李景聃和赵青芳等人又在造律台以西约4公里的黑孤堆遗址进行了小规模发掘,发现了与造律台遗址类似的龙山遗存。在观察了两遗址的出土遗物之后，李景聃认为：

> 把造律台黑孤堆两处所得的遗物，与其他龙山期的遗址比较，看不出有多大不同的地方，陶、石、骨、蚌等器都表现出龙山期文化的特征。陶器中绳纹、条纹、方格纹的罐子，鬼脸式足的鼎，三足带流的鬹，平底直壁的盆，高圈足的盘子，大口小底的碗，直壁带把的杯，及甗甑等都是黑陶里最常见的东西。石器、骨器、蚌器与城子崖的大致相似，都很富有意味，不过遗址的范围较小罢了。

造律台和黑孤堆遗址的发掘令李景聃颇为兴奋，他乐观地估计：

> 在豫东商丘一带河患淤没，沙田弥漫的地段里，找到这样的遗址，至少在龙山期文化分布的连锁上给寻出了一个重要的脱落了的一环。……在龙山期文化的传播上，淮河流域尤其河南的东南，安徽的西北，是一个很重要的联系，这一带必有更大的遗址可寻，说不定殷商文化前身的问题，可以得到相当的解决，这就有待于考古界的努力了。[1]

在发掘造律台和黑孤堆遗址的同时，李景聃等人还注意到附近另有江孤堆、王油坊等多处孤堆遗址，但当时未及开展工作。四十年之后，中国社会科学院考古研究所洛阳工作队和商丘地区文物管理委员会于 1976 年冬在商丘地区开展考古调查，并于 1977 年春首次发掘了王油坊遗址[2]，同年 10—11 月对该遗址进行了第二次

---

[1] 李景聃：《豫东商丘永城调查及造律台、黑孤堆、曹桥三处小发掘》，载国立中央研究院历史语言研究所编《中国考古学报》第二册，1947 年，第 83—120 页。
[2] 商丘地区文物管理委员会、中国社会科学院考古研究所洛阳工作队：《1977 年河南永城王油坊遗址发掘概况》，《考古》1978 年第 1 期。

发掘。[1]

王油坊位于永城县西约 30 公里处，东距造律台仅约 3 公里。遗址为高出地表的一片土丘，面积约 1 万平方米，两次发掘面积共 800 余平方米，共清理比较完整的龙山时期房址 22 座，灰坑 44 个和石灰窑 3 座。

在第一次发掘简报中，发掘者已经注意到王油坊遗址出土陶器的特征是：

> 陶器种类繁多，有小巧的蛋壳黑陶及白陶器皿，也有一定数量较大型的器物。最多的是深腹罐和碗，其次是鼎、平底盆和各类罐，甗的数量也较多，圈足盘较为普遍，但未见鬲。

发掘简报还指出，这里出土的深腹罐多为泥质灰陶，泥质黑陶极少，夹砂陶几乎不见。口沿有卷沿、折沿两种。器身大多饰方格纹，少数饰篮纹。也有上部饰方格纹下部饰绳纹，或上饰绳纹下饰方格纹的。不少深腹罐外附一层红烧土，而且数量很多，说明它是当时最主要的炊具。鼎均为罐形鼎，上部与深腹罐大体相同。除此之外，还有一种数量较少的素面小鼎，个别鼎附有一耳。鼎足大多数为扁三角形，扁凿形及乳头形的很少。甗的特征也很显著，上部为泥质的盆形甑，较大，而下部的袋足多夹砂，腰部极细，造型瘦长。根据上述陶器特征，发掘者认为商丘地区也是河南龙山文化的分布区域。

1987 年，郑光将王油坊遗址两次发掘的材料一并整理公布。[2] 该

---

[1] 中国社会科学院考古研究所河南二队、河南商丘地区文物管理委员会：《河南永城王油坊遗址发掘报告》，《考古学集刊》5，中国社会科学出版社，1987 年，第 79—119 页。
[2] 同上。

发掘报告归纳出王油坊遗址龙山时期的陶器群主要是深腹罐、鼎、碗、甗、器盖、大口罐、高领罐、圆腹罐、单耳罐、直领瓮、豆、杯、筒形杯、折腹盆、平底盆、盉、平流鬶、矮圈足盘、甑等，其中前三类器物约占出土器物总数的一半。深腹罐和鼎都主要装饰篮纹、绳纹和方格纹，篮纹逐步减少而方格纹渐渐增多。

根据郑光的描述，可知王油坊遗址龙山时期核心陶器组合是：

炊器：以深腹罐为主，有部分鼎（侧三角形足为主）和少量的甗、甑。

食器：以碗为主，有部分豆和矮圈足盘。

酒器和水器：有杯、筒形杯、盉和鬶等。

盛储器：直领罐、瓮、盆（平底盆和折腹盆）等。

郑光对王油坊遗址龙山遗存的年代判断是：王油坊中下层应相当于河南龙山文化中期，而王油坊的上层则相当于河南龙山文化晚期。发掘报告公布的上、中、下层的碳十四测年大约是公元前 2300 年、前 2400 年和前 2500 年。

郑光认为，王油坊遗址龙山遗存具有明显的地方特征，具体是：

> 深腹罐与鼎的口沿上端多有一周沟槽，甗由大口罐式甑与三袋足细身鬲组成。深腹罐在整个器物群中所占比例特别大，大器盖、甗、平底盆的数量较多。大口罐、大器盖、子母口瓮、子母口缸、子母口罐、Ⅰ式圈足盘、束腰筒形器、Ⅱ，Ⅲ式平底盆、长颈壶、贯耳壶等为具有代表性的器物。纹饰中的斜槽纹，骨器中的骨牌饰也很有特色。而陶器中带凹槽的扁横耳、盲鼻、鬼脸鼎腿及盉、鬶之高流则与山东龙山文化所共有。

据此，郑光提出将此类遗存命名为河南龙山文化的王油坊类型，他并结合调查材料，认为王油坊类型的主要分布范围是豫东平原，往

图 2-13 王油坊遗址典型陶器

东延伸至安徽东北部，往南则可达安徽境内的淮河流域。

2. 淮阳平粮台遗址[1]

平粮台遗址位于淮阳县城东南 4 公里处的大朱庄西南，面积 5 万多平方米。遗址高出附近地面 3—5 米，故又称"平粮冢"或"贮粮台"。1979 年秋河南省文物局在此举办文物工作人员训练班，发掘面积 800 多平方米，发现了龙山时期的高台建筑和夯土城墙。次年，河南省文物研究所在这里设立了考古工作站，对古城墙进行了试掘。

发掘者根据地层关系将平粮台遗址的文化遗存分为五期：平粮台一期出土器物中包括鸭嘴形足陶鼎、深腹罐等，其特征与大汶口文化晚期的同类器类似。第二、三、四期遗物以灰陶居多，黑陶次之或较少，施篮纹、方格纹、绳纹，具有明显的河南龙山文化特征，但陶器中有甗、圈足盘等王油坊类型所见的器物，而不见豫西地区常见的双腹盆，因此发掘者认为这里的龙山时期遗存应划归王油坊类型。平粮台第五期陶器有三足皿、甗、鼎足和罐等，与二里头文化一期有相同之处。

综合发掘简报的介绍，平粮台遗址第二、三、四期的核心陶器组合为：

炊器：主要有深腹罐和鼎，另有少量甗。

食器：以碗为主，有部分豆和圈足盘。

酒器和水器：有鬶。

盛储器：流行平底盆。

其他器类：有一定数量的刻槽盆。

平粮台城址已发现有城墙、城门、门卫房、陶排水管道、房基、

---

[1] 河南省文物研究所、周口地区文化局文化科：《河南淮阳平粮台龙山文化城址试掘简报》，《文物》1983 年第 3 期。

陶窑、墓葬和灰坑等遗迹。城址平面呈正方形，长宽各185米，城内面积约3.4万平方米，加上城墙及外侧附加部分，则总面积超过5万平方米。现存城墙顶部宽8—10米，下部宽约13米，残高3米多。城墙采取小版筑堆筑法建造，即先夯筑一小版土墙作为城墙内壁，然后在其外侧堆土夯实，逐层加高到超过内侧夯土墙高度，然后夯筑城墙顶部。

在南、北城墙的中段均发现缺口和路土，应是城址的南门和北门，东、西门尚未发现。南门两侧发现两座房址，房门相对，应是门卫房。从出土器物特征看，两座房基均属平粮台三期。在南门路土之下发现5米多长的沟渠，北高南低，底部铺一条陶水管道，其上有两道并列的陶水管道，应是向外的排水设施。在城址内已发掘龙山时期的房基10余座，多为长方形排房，有的平地起建，有的则是高台建筑，普遍使用土坯作为建筑材料。城内发现墓葬16座，均为小孩墓，其中瓮棺葬13座，土坑墓2座以及灰坑1座，内埋人骨，多为平粮台三期的墓葬。

发掘简报指出，城墙被平粮台三期的遗迹所叠压，因此城址的年代不晚于这一阶段。城墙又叠压着平粮台二期的灰沟H61，因此城址的年代不会早于河南龙山文化中期。

2014年，河南省文物考古研究院再次对平粮台遗址进行了大规模勘探和发掘，在城址内发现龙山时期的房址30处，其中东部多为排房，西北部则有面积较大的房基垫土，房子等级似乎更高。勘探和试掘还表明，平粮台城址外围壕沟的宽度一般在25米以上，而城址南门外的壕沟明显变窄，目前残存宽度仅5.2米，可能是为了方便进出城门。此次发掘还清理了龙山时期的土坑竖穴墓葬8座，随葬陶器有罐、壶、觚形器和盆等。[1]

---

[1] 曹艳朋等：《河南淮阳平粮台遗址考古发掘成果显著》，《中国文物报》2016年1月15日第8版。

关于平粮台龙山城址的性质，或以为是太昊之都宛丘[1]，或以为是帝舜所都[2]，但这些意见纯属推测，缺乏令人信服的证据。

3. 鹿邑栾台遗址[3]

栾台遗址在鹿邑县城东南10公里王皮溜乡普大庄村西北地，这是一处高约5米，面积约7000平方米的堌堆，因其上有栾香寺旧址而得名。该遗址是1978年中国社会科学院考古研究所河南二队调查发现的，1987年河南省文物考古研究所进行了发掘，揭露面积460平方米。

栾台遗址堆积丰富，发掘者根据地层关系和出土器物特征将其遗存分为六期。

第一期主要器类有鼎（鼎足常见有侧装三角形、凿形两种）、鬶、盉、壶、罐、豆、高柄杯、器盖等，流行篮纹，多素面磨光陶器。发掘者指出，此类遗存在豫东地区屡有发现，一般归入龙山文化早期，但实际上与山东曲阜西夏侯上层的同类遗存相似，当归入大汶口文化晚期。

第二期可分早晚两段。早段常见的器类有鼎（常见的鼎足有侧装三角形、带沟槽扁凿状、板状和"鬼脸"式四种）、白陶或红陶鬶、甗、罐、壶、盆、盘、豆、杯、碗、器盖等，仍以素面和篮纹最多。发掘者认为此段遗存相当于造律台类型早期，但在文化内涵上有很大成分与山东龙山文化接近，同时也能见到后岗二期文化和王湾类型的一些因素，如绳纹甗、刻槽器以及少量的方格纹和绳纹等，但所占比例均较低。

---

[1] 曹桂岑：《淮阳平粮台城址社会性质探析》，《中原文物》1990年第2期。
[2] 秦文生：《舜都于淮阳平粮台龙山文化古城考》，《中原文物》1991年第4期。
[3] 河南省文物研究所：《河南鹿邑栾台遗址发掘简报》，《华夏考古》1989年第1期。

二期晚段常见的器类有甗、鬶、鼎、罐、瓮、盆、盘、豆、碗、杯、器盖、刻槽器等，纹饰以篮纹、绳纹、方格纹为主，素面陶仅限于泥质器类。鼎足有板状、侧装三角形、圆柱状、扁凿状、"鬼脸"式等多种，但以侧装三角形为最多。这一阶段的遗存相当于造律台类型晚期，来自后岗二期文化、王湾类型的因素明显增加，形成了这期遗存特有的文化面貌。

第三至六期遗存分属岳石文化、商代、西周和东周，故不详述。

4．沈丘乳香台遗址[1]

乳香台遗址位于沈丘县城关镇南1公里的徐营村北，现存南北长70米、东西宽60米，遗址上原建有乳香寺，但已废弃。1978年上半年，中国社会科学院考古研究所河南二队对该遗址进行了调查，确认为河南龙山文化晚期遗存。1987年冬，为配合水利工程的建设，河南省文物研究所会同周口地区文化局对乳香台遗址进行了抢救性发掘，揭露面积400平方米。

发掘简报将乳香台遗址的遗存分为三期，各期陶器特征是：

第一期：以泥质灰陶为主，夹砂灰陶次之；纹饰以篮纹为主，方格纹次之，还有绳纹和附加堆纹等；主要器形有深腹罐、鼎、钵、豆、圈足盘、甑、碗、瓮、鬶、器盖等，鼎足多为侧装三角形。发掘者认为该期遗存属于造律台类型，但可细分为早、晚两段，早段与王油坊中层年代接近，晚段则与王油坊上层类似。发掘者又指出，乳香台遗址的文化遗存与永城王油坊、鹿邑栾台等地的造律台类型文化遗存有一定的差异，如这里出土的陶鬶，形制与王油坊遗址同类器物差别较

---

[1] 河南省文物研究所、周口地区文化局：《河南乳香台遗址的发掘》，《华夏考古》1990年第4期。

大，而与豫西的临汝煤山遗址出土的同类器更为接近，表明乳香台遗址受豫西王湾类型影响甚大。

第二期：以泥质灰陶为主，夹砂灰陶次之，并有少量的黑陶和棕陶。纹饰以篮纹为主，另外还有方格纹、绳纹等；主要器形有鼎、深腹罐、圆腹罐、深腹盆、平底盆、器盖、碗、盘、甑、壶、鬶等，鼎足有两种，一种较高，足尖呈锥状，另一种为乳状足。发掘者认为此期遗存与豫西新砦期的年代相当。

该遗址第三期遗存属于西周中晚期，暂不论。

5．河南夏邑清凉山遗址[1]

清凉山遗址位于夏邑县西南30公里的魏庄西北，也是一处堌堆遗址，现存高度0.5—3米，东西长55米，南北宽53米。

该遗址也是1977年中国社会科学院考古研究所河南二队在豫东调查时发现的，1988年夏秋，北京大学考古学系联合商丘地区文管会对该遗址进行了复查和发掘，发掘面积150平方米，发现了丰富的河南龙山文化、岳石文化和商文化遗存。

发掘报告将清凉山的龙山文化遗存分为两期，陶器均以泥质陶为主，夹砂陶极少，此外还有一定数量的夹蚌陶。其中第一期泥质陶占全部陶器的87%—89%，夹砂夹蚌陶占10%左右，夹砂陶数量最少，约占2%。泥质陶中又以泥质灰陶为主，其次是黑陶，褐陶数量也不少，红陶最少。陶器器表以素面为大宗，其次是篮纹和方格纹，绳纹数量也不少。器类以深腹罐为最多，约占全部陶器的50%，其次是小

---

[1] 北京大学考古学系、商丘地区文管会：《河南夏邑清凉山遗址发掘简报》，北京大学考古学系编《考古学研究》（四），科学出版社，2000年，第443—519页。有关夏邑清凉山遗址龙山时期遗存的分期论述也可参看段宏振《清凉山龙山遗存的分期及相关问题》，《文物春秋》1997年第1期。

口瓮、碗、鼎（侧装三角扁足鼎和乳状足鼎均见）、甗等，还有一定数量的平底盆、鬶、豆、大器盖等。

第二期陶器仍以泥质陶为主，约占全部陶器的94%，夹砂夹蚌陶数量减少。泥质陶中以灰陶为主，黑陶次之，也有部分褐陶。器表装饰仍以素面为主，但数量较第一期有所减少；篮纹次之，数量有所增加；绳纹和磨光陶的比例也有增加，而方格纹数量减少。器类仍以深腹罐为主，小口瓮、碗次之，平底盆数量增加，另有鼎、甗、豆、盘等器类。

清凉山遗址龙山文化器类统计表（%）

期别	单位	深腹罐	小口瓮	碗	鬶	平底盆	钵	豆	杯	鼎	甗	圈足盘	大器盖	樽口罐	樽口瓮	大口瓮	子口瓮	子口缸	甑	双耳罐	单耳罐	小罐
第二期	F9	41.7	10.4	14.6	2.1	12.5	4.2	2.1	2.1	2.1	8.3											
	G4	52.2	13.0	4.3		17.4				4.3		4.3										
	T1⑨	47.4	7.7	9.0	3.8	6.4		2.6	1.3	7.7	6.4	1.3	2.6	2.6	1.3							
	T1⑨A	40.9	10.6	12.1	1.5	10.6	1.5		3	6.1	7.6				1.5				3.0			1.5
	T1⑩	44.8	11.2	12.8	2.4	6.4	1.6	3.2	1.6	5.6	4.0		3.2			0.8	2.4					
第一期	F6	41.0	14.8	8.2	3.3	3.2		4.9	1.6	9.8	9.8		1.6		1.6							
	T1⑪	48.6	11.4	8.6	2.9	5.7	2.9	4.3	1.4	7.1	5.7		1.4									
	H25	54.3	11.5	14.8	1.3	1.3		2.3	5	3.8	3.0	1.8	0.8							0.3	0.3	

根据发掘报告对清凉山遗址典型单位出土陶器的统计，可以归纳出该遗址龙山时期的核心陶器组合是：

炊器：深腹罐占绝对多数，此外有一定数量的鼎和甗，甑极少。

食器：碗最常见，另有豆和钵。

酒器和水器：以鬶和杯为主。

盛储器：小口瓮（直领罐）和平底盆最常见，另有少量的樽口罐、子母口罐以及带耳罐等。

其他器物：折肩大器盖、刻槽盆等。

图 2-14　清凉山遗址深腹罐和陶鼎

发掘报告指出，清凉山遗址的龙山文化遗存与造律台类型同类遗存极为相似，两者的陶器均以泥质陶为主，夹砂陶较少，且有一定数量的夹蚌陶；器表多素面和磨光，纹饰以篮纹、方格纹和绳纹为主；主要器类是深腹罐、鼎、小口瓮、大器盖和平底盆等，且形制基本相同。因此，发掘者主张清凉山遗址的龙山遗存归入造律台类型，属于河南龙山文化系统。

6．杞县鹿台岗遗址和段岗遗址[1]

鹿台岗遗址位于河南杞县东部的裴村店乡，西距县城约 12 公里。遗址东西宽约 120 米，南北长约 150 米，总面积约 14000 平方米。1989 年和 1990 年，郑州大学文博学院和开封市博物馆对该遗址进行了两次发掘，揭露面积 714 平方米。遗址堆积包括仰韶、龙山、二里

---

[1] 郑州大学文博学院、开封市博物馆：《豫东杞县发掘报告》，科学出版社，2000 年。

头、商和春秋等时期，但以龙山时期遗存分布范围最广，最为丰富。

鹿台岗遗址龙山时期遗存包括灰坑、房址、墓葬和特殊遗迹四类，其中灰坑87座、墓葬2座、房址13座、特殊遗迹3处。出土陶器种类繁多，但以深腹罐、鼎、甗、小口深腹罐、平底盆、器盖和碗数量最多，纹饰以篮纹、绳纹和方格纹最为常见。依据陶器演变特征，发掘报告将鹿台岗遗址龙山时期遗存分为三期四段，其中早期相当于王湾类型早期偏晚阶段或王油坊下层的偏晚阶段，中期相当于王湾类型中期或王油坊中层阶段，晚期相当于王湾类型晚期偏早阶段或王油坊上层阶段。

发掘报告将鹿台岗遗址龙山文化陶器的文化因素分为四组：

A组：典型器物包括深腹罐、大口罐、小口高领罐、大口瓮、圈足盘、中口瓮、擂钵、敛口盆、折腹盆等，与王湾类型的同类器接近。

B组：典型器物包括沿面带凹槽的深腹罐、甗、侧装三角形足鼎、素面罐、圆腹瓮、带蘑菇状钮器盖等，与造律台类型的同类器接近。

C组：包括手制夹粗砂碗、柱状足鼎、小碟等器物，在后冈二期文化中可以见到同类器。

D组：典型器物包括宽沿大平底盆、鬶、细泥盆、三足皿、四足皿、薄胎杯、高柄杯形器、背壶、鬼脸式鼎足和覆盆式器盖等，皆与山东龙山文化的同类器相似。

但发掘报告又指出，上述各组器物所占比重有显著差别，其中A、B两组是鹿台岗遗址的主要因素，D组其次，而C组最少。就A、B两组因素而言，在第一、三、四段中B组因素略居主导，第二段时A组则稍占优势。因此，发掘者认为鹿台岗遗址龙山遗存整体上当属于造律台类型，但王湾类型对其有巨大影响，同时也接受了少量山东龙山文化和后冈二期文化的因素。

段岗遗址位于杞县县城西南约7公里的段岗村东地和曹岗村西地，是一处高于周围2—4米的台地。郑州大学文博学院和开封市博物馆于1989年和1990年对该遗址进行了两次发掘，发现了较丰富的龙山时期遗存，主要有灰坑24座。

发掘报告将段岗遗址的龙山遗存分为三段：第一段相当于王湾类型中期偏早或王油坊中层的偏早阶段，第二段相当于王湾类型中期偏晚或王油坊中层的偏晚阶段，第三段则与王湾类型晚期偏早阶段或王油坊上层的偏早阶段相当。

发掘报告将段岗遗址龙山时期遗存也分为四组：

A组：以深腹罐、小柱足或小扁足鼎、中口罐、大口罐、小口高领罐、矮圈足盘、敛口盆、折腹盆和擂钵等器物为代表，此类因素属于王湾类型。

B组：以沿面带凹槽的深腹罐、侧装三角形足鼎、高圈足盘和蘑菇状钮器盖等器物为代表，属于造律台文化因素。

C组：以89ⅡH18：30横剖面为椭圆形、上端施三个横置圆形按窝的鼎足为代表，为豫南地区的文化因素。

D组：以鬶、高柄杯形器以及覆盆式器盖为代表的山东龙山文化因素。

在上述四组文化因素中，A组因素始终占据主导地位，特别是该组因素中的典型器物深腹罐，在第一、二、三段各出土58件、64件和53件，占每段夹砂陶器总数的70%以上。据此，发掘报告认为段岗遗址龙山遗存的性质为王湾类型，但造律台类型对它有巨大影响，同时山东龙山文化因素也波及该遗址。

对比鹿台岗和段岗遗址的龙山遗存，发掘报告认为：

> 鹿台岗和段岗河南龙山文化遗存的面貌大同小异。其相同点是，两者均含有形制相同的三组文化因素，即属王湾三期的A组因素、属造律台类型的B组因素和渊源于鲁中南山东龙山文化的D组因素；不同的是，不仅两者的C组因素性质不同，而且各组因素在两遗址不同阶段所占比例各不相同。

具体而言, 就是:

> 鹿台岗早期以 B 组因素居主导地位, 属造律台类型。鹿台岗所在的县东一带应为造律台类型分布区的西界。……鹿台岗中期二段和段岗一段时, 两遗址均以 A 组因素为主, 杞县一带应属王湾三期文化, 同时含大量造律台类型因素。……鹿台岗中期三段及晚期与段岗二、三段时, 鹿台岗以 B 组因素为主, 段岗以 A 组因素为主。表明鹿台岗以东为造律台类型分布区, 段岗以西属王湾三期文化分布区。

换言之, 发掘者把杞县视为造律台类型和王湾类型的分界线。

7. 柘城山台寺遗址[1]

山台寺遗址位于河南省商丘市柘城县西约 10 公里处, 现存面积约 7000 平方米。从 1995 年起中美联合考古队对该遗址进行了 5 个季度的发掘, 揭露面积 400 平方米, 发现了丰富的龙山时期遗存。

发掘者将山台寺遗址龙山时期遗存分为早、中、晚三期, 每期又细分为早、晚两段。深腹罐是最常见的器形, 陶鼎多作深腹圜底罐状, 鼎足多样, 扁凿形、侧边捏成花边形的均见。发掘者认为山台寺中、晚期与王油坊遗址的龙山遗存年代相当。

在山台寺遗址还发现一个属于该遗址三期五段的祭祀坑, 坑长、宽各约 3 米, 深 0.8 米, 坑内有互相叠压的 9 具牛骨架, 还有一个鹿的上颌骨。

---

[1] 中国社会科学院考古研究所、美国哈佛大学皮保德博物馆中美联合考古队:《山台寺龙山文化研究》,《考古》2010 年第 10 期。

8．民权牛牧岗遗址[1]

牛牧岗遗址位于河南省民权县双塔乡牛牧岗村北，西南距离杞县鹿台岗遗址约 22 公里。遗址南北长约 120 米，东西宽约 100 米，总面积约 1.2 万平方米。1977 年，中国社会科学院考古研究所河南二队曾调查过牛牧岗遗址，2002 年和 2006 年郑州大学考古系对遗址进行了复查。2007 年秋冬，该系师生联合当地考古工作者对遗址进行了发掘，揭露面积 375 平方米，发现了较为丰富的龙山时期遗存，包括灰坑 7 个和房址 5 座。

牛牧岗遗址龙山文化陶器以夹砂陶和泥质陶为主，陶色以灰、褐色为主，主要器类有深腹罐、鼎、甗、圆腹罐、瓮、盆、碗等，另有部分细泥制作的杯、鬶和碗等，鼎足形式较多，侧装扁三角形足、鬼脸式足和扁锥形足均见。纹饰多见篮纹、绳纹和方格纹，也有部分素面和磨光者。发掘报告对典型单位的陶器器类和纹饰进行了统计，虽然数量有限，但仍有参考作用。其中 H34 出土器物中以瓮最多，其次为罐，而鼎的数量甚少；纹饰方面则以绳纹、方格纹和篮纹最多，分别为 25%、19% 和 16%，但素面陶也多达 32%。H49 出土陶器主要是罐、甗和盆，纹饰中方格纹占 28%，绳纹占 25%，篮纹只有 6.4%，素面陶也高达 32%。

根据出土陶器的上述特征，发掘者认为牛牧岗遗址的龙山遗存属于造律台类型，其年代约相当于造律台类型的中、晚期。

（二）鲁西地区

鲁西地区主要包括今山东聊城和菏泽两市的大部，这里与豫东平原山水相连，属于同一地理单元。

---

[1] 张国硕、赵俊杰编著：《民权牛牧岗与豫东考古》，科学出版社，2013 年。

1. 梁山青堌堆遗址[1]

青堌堆遗址位于山东省梁山县城北约 12 公里处，紧邻东平湖，局部被淹没。1959 年春中国科学院考古研究所山东队在此进行了小规模发掘，揭露面积 72 平方米，清理了房址 1 座、灰坑 15 个和墓葬 6 座，其中即包括龙山时代的遗存。

据发掘简报，出土陶器主要有泥质灰陶、泥质红陶和泥质黑陶，另有少量白陶和红陶；纹饰有篮纹、方格纹、划纹和凹旋纹，也有部分素面陶器；主要器类有方格纹深腹罐、泥质罐、平底盆、杯、钵（碗）等。发掘者并称，这里的"黑陶杯和双耳盆均和城子崖相似，而方格纹陶罐又和'河南龙山文化'的典型产物一致"。

青堌堆遗址的龙山遗存很快引起了学术界的关注，吴秉楠和高平著文指出，在山东省境内至少存在以潍县姚官庄和梁山青堌堆为代表的两类文化面貌不同的龙山遗存，这两类遗存的共性和区别是：

> 总的看来，这两处遗存在器类上大致相同，少数器形相似，但差别是明显的，不论是陶系、纹饰，还是造型及工艺技术上都有各自的风格。姚官庄有一整套以黑陶为主、工艺技术高超、造型规整复杂的器物群，一般是素面光亮或只施有凸凹弦纹。其中三足器、假圈足凹底器较发达，特别是鬼脸式足的鼎及长流长颈绞丝状鋬的鬶、高颈鼓腹杯、三足盘及高圈足豆均富有特色，而胎薄至 0.1 厘米以下的刻花镂孔蛋壳陶器为当时并存的诸文化中所仅见，代表了这一文化制陶工艺的顶峰。

---

[1] 中国科学院考古研究所山东发掘队：《山东梁山青堌堆发掘简报》，《考古》1962 年第 1 期。

而青堌堆则以灰色陶器为主,其中篮纹、方格纹较常见,也有绳纹,但较少见。印有上述这些纹饰的深腹小平底罐,浅盘粗圈足大型豆,以及肥大袋足的鬶、侧三角式足的鼎都可作为青堌堆的典型器物。[1]

两位学者又将青堌堆和造律台的出土陶器进行了对比分析,认为它们可以归入同一文化类型,并命名为"青堌堆类型"。他们还指出,根据在菏泽、济宁、聊城三个地区进行的考古调查和试掘情况来看,青堌堆类型在鲁西平原有较普遍的分布,由此认为:

> 上溯四千年的一段时间里,现今山东境内泰山以西的平原地区(连接上豫东平原)存在着青堌堆类型的文化;泰山以东丘陵地区及半岛部分则存在着姚官庄为代表的另一支文化,即所谓典型龙山文化。

吴秉楠和高平强调,从文化特征上看,青堌堆类型"与豫北、郑州以东的某些'龙山文化'遗存的关系,较之与姚官庄所代表的典型龙山文化的关系,无疑密切得多",换言之,青堌堆类型近于河南龙山文化而远于山东龙山文化。[2] 他们并推测,青堌堆类型的分布区正是文献所载的先商故地,而叠压在青堌堆类型之上的又是商文化遗存,因此青堌堆类型很有可能与先商文化相关。

---

[1] 吴秉楠、高平:《对姚官庄与青堌堆两类遗址的分析》,《考古》1978 年第 6 期。
[2] 其他学者也持类似的观点,如黎家芳和高广仁认为,龙山文化两城镇类型属于典型龙山文化,城子崖类型"实际上是典型龙山文化在晚期与西部的另一文化互相交流所产生的一种地方变体","至于鲁西平原以青堌堆为代表的一类遗存,则与两城类型有更大的差异,似应分属于两种不同的文化"。参看《典型龙山文化的来源、发展及社会性质初探》,《文物》1979 年第 11 期。

2. 曹县莘冢集遗址[1]

莘冢集遗址位于山东曹县县城西北约 10 公里处，当地文物工作者于 1976 年在此进行了调查，获知遗址为一东西长 192 米、南北宽 168 米的台地。1979 年春对遗址进行了试掘，发掘面积 55 平方米，但因为地下水位高而未能清理到底。

遗址的地层堆积比较简单，表土层下即叠压在商代文化层和龙山时期遗存。此处清理的龙山时期遗迹主要是灰坑 7 座，获得一批较具特色的陶器。据发掘简报，这里的陶器特征是：以泥质灰陶为主，夹砂灰陶次之，有少量黑陶，也可见到蛋壳陶。器表装饰以素面为主，纹饰有方格纹、篮纹、绳纹，还有点刺纹、附加堆纹、凸、凹弦纹等。有的器表施黑陶衣，并磨光。器类以罐、碗最多，其次是盆、瓮，其他还有绳纹灰陶甗、红陶鬶、豆、圈足盘、蛋壳黑陶杯、单把杯、鬼脸足平底器、镂孔圈足平底器、甑和瓮等，器类组合与王油坊遗址接近。

对于该遗址龙山遗存的文化属性，发掘简报指出：

> 遗址出土的龙山文化生产工具的形制和生活用具陶器的种类、器形、陶色和纹饰作风，与豫东商丘地区造律台遗址，永城王油坊遗址，尤其是梁山县青堌堆遗址，有着许多共同之点。但是，有的陶器器形独特，制作精致，为上述遗址所未见。……莘冢集遗址龙山文化遗存，具有典型龙山文化的因素（如黑陶杯、鸡冠状器足、鬼脸足平底器、蛋壳陶杯等），又具有河南龙山文化的某些特征（如方格纹深腹罐、绳纹灰陶甗、灰陶甑等），而与典型龙山文化的关系较为密切。但是也有明

---

[1] 菏泽地区文物工作队：《山东曹县莘冢集遗址发掘简报》，《考古》1980 年第 5 期。

显不同于上述两种文化的因素（如圈足盘、三足平底器、带流壶、漏斗形器、镂孔平底器等），存在着较大的差别。因而，我们说它是介于上述两种文化之间的另一种类型的文化遗存，称之为青堌堆类型。

需要指出的是，吴秉楠和高平将梁山青堌堆遗址的龙山遗存命名为"青堌堆类型"，但主张该类型属于河南龙山文化。而莘家集遗址的发掘者虽然也使用"青堌堆类型"这一名称，但却认为该类型是介于河南龙山文化和典型龙山文化之间的一类特殊遗存。

3. 菏泽安邱堌堆遗址

该遗址位于菏泽市区东南12公里的佃户屯乡曹楼村东南的安邱堌堆上，地势高出附近地面2.5—3.5米，现存面积超过2000平方米，文化堆积厚度达4米以上。1976年和1981年，山东省博物馆和菏泽地区文展馆曾分别在此进行过试掘，发掘面积共约100平方米，初步确定了此处为龙山文化和晚商文化遗址。1984年秋，北京大学考古系等三个单位合作对该遗址进行了发掘，揭露面积210平方米，发现了龙山文化、岳石文化、早商文化和晚商文化依次叠压的文化层。1987年公布了发掘简报[1]，2011年正式发掘报告发表。[2]

发掘报告公布了该遗址龙山时期陶器的详细统计数据，具体如下表（见下页）：

---

[1] 北京大学考古系商周组等：《菏泽安邱堌堆遗址发掘简报》，《文物》1987年第11期。
[2] 北京大学考古系商周组等：《山东菏泽安邱堌堆遗址1984年发掘报告》，《考古学研究》（八），科学出版社，2011年，第317—397页。

安邱堌堆遗址龙山时期陶片陶质陶色纹饰统计表

陶质	夹砂					泥质				合计	%
陶色 纹饰	灰	褐	红	黑	灰	褐	红	黑			
方格纹	1183	302	16	28	394	10	10	2		1945	30.34
篮纹	389	136	12	5	779	9	4	3		1337	20.86
绳纹	417	159	16	13	184	3	3	2		797	12.43
弦纹	9		2	1	36		10	3		61	0.95
旋纹	7		1		18		2			28	0.44
附加堆纹	7	2			16					25	0.39
划纹	7		1		5					13	0.2
素面	910	254	76	17	789	44	54	39		2183	34.05
磨光		1			4		3	7		14	0.22
点刺纹								2		3	0.05
泥饼	3	2								5	0.08
合计	2932	856	124	64	2225	66	86	58		6411	100
%	45.73	13.35	1.93	1	34.71	1.03	1.34	0.91		100	
总计	3976				2435						
%	62.02				37.98					100	
备注	统计单位：H2、H3、H13、H15、G2、G3、F1、F2、F5、F10、T57、T68 ⑤～⑦层、T12 ⑩层、T13 ⑨～⑩层、T27、T38、T49、T60 第③层。										

安邱堌堆遗址龙山时期陶器类器类统计表

器类	方格纹中口罐	绳纹中口罐	素面中口罐	瓿	甗	鬶	敛口盆	敛口平沿盆	篮纹平沿盆	花边盆	钵	碗
数量	174	14	2	15	5	16	14	1	1	1	8	34
%	45.4	3.65	0.52	3.92	1.31	4.17	3.65	0.26	0.26	0.26	2.09	8.88
器类	器盖	圈足盘	尊	豆	大口瓮	小口瓮	敛口瓮	矮领瓮	斜领瓮	卷沿罐	大口罐	侈口(泥质)小罐
数量	13	9	2	12	13	15	1	1	1	1	9	6
%	3.39	2.35	0.52	2.87	3.39	3.51	0.26	0.26	0.26	0.26	2.35	1.57
器类	小壶	盂	蛋壳陶杯	单耳杯	筒形杯	子母口杯	直口皿	折腹皿	长颈小罐	斜领小罐	鼎	合计
数量	1	1	3	2	1	1	1	1	1	1	2	383
%	0.26	0.26	0.78	0.52	0.26	0.26	0.26	0.26	0.26	0.26	0.52	100

从上述两表的统计来看，安邱堌堆遗址龙山文化陶器以灰陶为主，方格纹、篮纹和绳纹陶器占 60% 以上，另有相当比例的素面陶。从器类而言，方格纹中口罐约占全部陶器的一半，居于绝对的统治地位，而陶鼎数量极少，不足 1%。因此，由邹衡先生领衔执笔的发掘简报就明确指出："安邱堌堆的龙山文化与近年来在山东曹县莘冢（仲）集发现的龙山文化面貌基本相同，与豫东商丘地区的龙山文化比较接近，应该属于河南龙山文化系统。"

（三）皖北

皖北地区主要包括宿州、淮北和亳州等地区，地理上属于淮河以北的平原地区。

1. 肖县花家寺遗址[1]

遗址位于肖县花家村旁的台地上，高约 9 米，面积 6000 余平方米。1960 年 12 月至 1961 年 1 月，安徽省博物馆工作人员对遗址进行了试掘，发掘面积 18 平方米，获得一批重要遗物。

花家寺遗址出土陶器包括泥质黑陶、白陶、泥质红陶、红砂陶、硬红陶、泥质灰陶和硬灰陶等，可复原的器类主要有鼎、钵、鬶、碗、盆、盂、筒形杯和器盖等。发掘者指出，这里出土的泥质黑陶高足杯、夹砂红陶鬶具有典型的大汶口文化特征，而泥质黑陶盆、钵和鼎，是龙山文化中常见的器形，但小平底鼓腹折沿罐，又与造律台遗址出土的陶罐形制相同，表明花家寺文化遗址兼具山东和河南龙山文化的特点。

---

[1] 安徽省博物馆：《安徽肖县花家寺新石器时代遗址》，《考古》1966 年第 2 期。

2．宿县小山口遗址⟨1⟩

小山口遗址位于安徽宿县曹村区小山口村北，地处安徽最北端，遗址面积为二三万平方米。1991年中国社会科学院考古研究所安徽队对该遗址进行了试掘，发现新石器时代早期、大汶口文化和龙山时期遗存。

小山口遗址龙山文化陶器以泥质灰陶为主，夹砂灰陶次之，也有部分磨光黑陶。常见纹饰有弦纹、绳纹、篮纹、按压纹和附加堆纹等，主要器类有鼎、罐、杯、器盖等。发掘者认为这里出土的磨光黑陶和鬼脸式鼎足与山东龙山文化同类器接近。

3．蒙城尉迟寺遗址⟨2⟩

尉迟寺遗址位于安徽蒙城县许町镇毕集村东，遗址现为高出地面2—3米的堌堆状堆积，现存面积约10万平方米。堌堆顶部有一座寺庙基址，相传是纪念唐代尉迟敬德在此屯兵而建，故称为"尉迟寺"。1989—1995年，中国社会科学院考古研究所安徽工作队在尉迟寺遗址先后进行了9次发掘，共计揭露面积达7000平方米，发现丰富的大汶口文化晚期和龙山时期遗存，为了解皖北地区新石器时代晚期考古学文化面貌提供了关键材料。

尉迟寺遗址龙山文化堆积直接叠压在大汶口文化之上。因历年烧砖取土，龙山时期堆积遭到严重破坏，仅遗址中部保存较好，这一阶段发掘揭露出龙山时期遗迹主要有墓葬12座、灰坑66个以及乱葬坑1个。

⟨1⟩ 中国社会科学院考古研究所安徽队：《安徽宿县小山口和古台寺遗址试掘简报》，《考古》1993年第12期。

⟨2⟩ 中国社会科学院考古研究所：《蒙城尉迟寺——皖北新石器时代聚落遗存的发掘与研究》，科学出版社，2001年。

尉迟寺遗址龙山时期陶器以夹砂陶为主，另有部分泥质陶。其中灰陶数量最多，灰褐和灰黑陶也占有一定比例，黑陶、红陶和红褐陶数量较少，另有少量白陶。陶器多经装饰，有一定数量的磨光陶，常见纹饰有方格纹、粗绳纹、细绳纹、篮纹、弦纹、刻划纹、指甲纹、附加堆纹和镂孔等。流行圈足器、三足器和平底器，代表性器物有鼎、罐、甗、豆、子母口罐和覆碗状器盖等。其中鼎以侧装三角形鼎足的罐形鼎最为典型，不见鬼脸式鼎足；夹砂罐的数量较多，以大口深腹罐最为常见，泥质子母口罐也是典型器物之一；平底盆也很常见，大口、卷沿、器壁斜直、大平底；覆碗状器盖盛行，也有少量折肩大器盖。

2001—2003年，中国社会科学院考古研究所安徽工作队对尉迟寺遗址进行了第二阶段共4个季度的发掘，揭露面积达3375平方米，又发现了丰富的大汶口文化晚期和龙山时期遗存。[1]这一阶段发掘共发现完整和基本完整的陶器153件，主要器类及其数量分别是：鼎19、大口鼓腹罐5、深腹罐3、敛口罐2、甗2、鬶1、高柄杯3、觚形杯5、单耳杯3、敛口盆2、斜腹盆2、浅腹盆2、豆4、器盖81（覆碗式器盖为主）以及七足镂孔器7件。从器类上看，除了七足镂孔器这样的新器形外，多数器物与第一阶段所见者基本一致。

综合上述两个阶段的发掘材料，可以看出尉迟寺遗址龙山时期核心陶器组合为：

炊器：以侧装三角形足鼎和夹砂深腹罐为主，有极少量的甗。

食器：碗和豆常见。

酒器和水器：主要有鬶、单耳杯、觚形杯和高柄杯。

---

[1] 中国社会科学院考古研究所、安徽省蒙城县文化局：《蒙城尉迟寺》（第二部），科学出版社，2007年。

盛储器：流行平底盆以及形制复杂的罐类器物。

其他器物：流行覆碗式器盖，有立鸟形器和七足镂孔器等"神器"。

从核心器类上看，尉迟寺所见与造律台类型基本一致，特别是该遗址炊器以侧装三角形足鼎和夹砂深腹罐为主要炊器，不见山东龙山文化鬼脸式足鼎，均表明尉迟寺龙山遗存与山东龙山文化分属于不同的文化体系。但与豫东地区典型的造律台类型相比，尉迟寺龙山遗存也表现出一些地域特征，如罐类器物形制繁复，夹砂深腹罐也不占统治地位，鼎是最主要的炊器；同时还包含有较多的山东龙山文化因素，高柄杯、高流鬶、广肩大器盖以及子母口器等器类都是典型代表，说明海岱地区的文化传统对这一地区仍有较大的影响。

图 2-15 尉迟寺遗址出土的陶鼎　　图 2-16 尉迟寺遗址出土的七足镂孔器

4. 蚌埠禹会村遗址[1]

禹会村遗址位于安徽省蚌埠市西郊18公里处涂山南麓的禹会村南，北距涂山约4公里，西邻淮河。该村所处岗地上原有大庙一座，相传为禹帝行祠，始建于南宋时期，民国时期倒塌，仅剩土堆。20世纪50年代，因为修筑淮河河堤和公路取土，土岗遭到较大程度的破坏。现存遗址呈南北长条状而分布于淮河东岸，南北长约2500米，东西宽约200米，总面积约50万平方米。2007—2011年，中国社会科学院考古研究所安徽工作队在禹会村遗址共进行了五次发掘，揭露面积达7605平方米。

禹会村遗址的文化堆积比较简单，在耕土层和扰土层下即叠压着龙山时期的堆积。发掘清理的主要遗迹有祭祀台基、祭祀坑、圆圈遗迹、隔离墙、取土坑等，其中以祭祀台基最为重要。台基采用槽式堆筑而成，即在原地表按设计的形状挖出坑槽，然后自下而上按灰土堆、黄土铺垫和白土覆盖的次序逐层覆盖，最后形成一个南北长108米、东西宽13—23.5米，总面积约2000平方米的白土覆盖面。在白土台面上，沿中轴线自北而南分布有凸岭、柱洞、凹槽、烧祭面、长排柱坑和圆形圜底坑等遗迹。

在台基西侧发现一条南北纵向的祭祀沟，沟内有大量草木灰和炭屑，其中夹杂有火烧过的动物碎骨，能够鉴别的有猪和羊。沟内陶片出土量巨大，从已经修复成形的器物来看，祭祀沟内陶器以红陶为主，器类则以盘、器盖、盆、甗、壶、鼎、假腹簋、长颈壶、圈足壶、鬶、罐和平底钵为基本组合。

台基上发现祭祀坑8座，形制或为圆形，或不规整。部分坑底发

---

[1] 中国社会科学院考古研究所、安徽省蚌埠市博物馆：《蚌埠禹会村》，科学出版社，2013年。

现有较多的陶器，有的坑内的陶器和包含物则分层分布，可能是多次祭祀的结果。值得注意的是，不同祭祀坑出土的陶片能够拼合成为一件器物，说明这些祭祀坑的形成时间几乎是同时的。

禹会村遗址出土陶器数量众多，特征显著。据发掘报告的统计和描述，该遗址龙山时期陶器主要有夹砂和泥质两大类，大型器物多加粗砂，火候低，陶质松软，小型器物如陶杯之类，火候高，胎薄，制作精致，但总体而言，该遗址出土陶器质量低，低温陶器占较大比例，以致部分器物酥碎而无法提取，与龙山时代高质量的制陶技术大异其趣。陶色多为红褐色或红色，分别占总数的60%和10%，黑皮陶和土黄色陶器各占10%，灰陶仅占9.8%，而白陶和磨光黑陶各有0.1%。陶器纹饰以绳纹和篮纹较常见，其中绳纹、篮纹夹弦纹陶约占30%，绳纹陶和弦纹陶分别占30%，但纹饰多不规则，具有较大的随意性。

在出土陶器中，已经复原和能够辨别器形者共416件，主要器类及数量是：鼎49（其中鼓腹鼎23、垂腹鼎15、盆形鼎2、深腹鼎9）、深腹罐43、高领罐12、垂腹罐4、筒形罐2、敛口罐5、大口罐30、鼓腹罐56、单耳罐和双耳罐各1、带流罐2、甗5、缸17、尊1、刻槽盆1、杯2、器座2、长颈壶和圈足壶各4、圈足盘2、平底盘5、假腹簋7、鬶6、盉15、碗6、钵6、深腹盆6、浅腹盆14、圈足豆6、高柄杯4、瓮5、甑4、陶壁形器4、器盖59件（其中覆钵式43、长柄式16）。

发掘报告根据地层关系和器物特征，将禹会村龙山时期遗存分为三段，其年代集中在龙山中期晚段和龙山晚期的早段，碳十四测年数据表明在公元前2200—前2400年之间。发掘报告并指出，禹会村龙山遗存的文化内涵复杂，可以看到多种文化因素共存的现象，具体是：

王油坊（造律台）类型：该类型的典型器物扁体状侧三角形足鼎和深腹罐在禹会村也大量出土，其中禹会村出土鼎足的70%以上均为侧三角形足；禹会村出土的覆盆式器盖、长颈壶、甗和盉也可在王油坊类型中见到。

山东龙山文化：禹会村出土了形式多样的鬼脸式鼎足以及极少量的白陶鬹，应该是受山东龙山文化的影响。

环太湖地区的龙山文化：这一阶段环太湖地区受到王油坊类型的强烈影响，可能是王油坊类型南下的结果，因此在江苏兴化南荡遗址可见与禹会村类似的侧三角形足鼎；在江苏江浦牛头岗遗址所见的夹砂灰黑陶和泥质黑皮陶，在禹会村也可见到；而上海广富林遗址的鼓腹鼎等器物，与禹会村的同类器十分相似。

江汉平原石家河文化：禹会村出土的红陶盉与石家河文化的同类器几乎完全一致；此外，禹会村的陶甑与邓家湾、肖家屋脊等遗址出土的石家河文化陶甑也基本相同。

良渚文化：禹会村出土的陶鬹与卞家山遗址良渚文化陶鬹形制接近，说明两者有某种文化上的联系。

发掘报告还指出，禹会村另有若干种独有器物，包括假腹簋、高柄器盖、陶盘和陶璧形器等，反映了该遗址龙山晚期遗存的独特性。发掘者认为，禹会村遗址在短时间内汇聚了不同文化背景的陶器，而且该遗址的主体部分是祭祀遗存，这应该就是"禹会涂山"在考古学上的具体反映。

图2-17 禹会村出土的陶鼎

图 2-18　禹会村出土的陶鬹、陶盉和黑陶杯

二　豫东、鲁西、皖北地区龙山晚期的文化属性与文化类型

如上文所述，豫东、鲁西、皖北地区的龙山遗存或称青堌堆类型[1]，或称王油坊类型[2]、造律台类型。[3] 考古学文化命名的惯例，通常是"以第一次发现的典型遗迹（不论是一个墓地或居住遗址）的小地名为名"[4]，所以这类遗存称"造律台类型"为宜。

关于造律台类型的文化属性，上述遗址发掘者的意见基本一致，都认为应该归属河南龙山文化（或称中原龙山文化）系统，但也有少数学者主张应该划归山东龙山文化体系。[5] 这里将造律台类型、王湾类型和山东龙山文化的典型特征对比如下：

---

[1]　吴秉楠、高平：《对姚官庄与青堌堆两类遗址的分析》，《考古》1978 年第 6 期。
[2]　吴汝祚：《关于夏文化及其来源的初步探索》，《文物》1978 年第 9 期。
[3]　严文明：《龙山文化和龙山时代》，《文物》1981 年第 6 期；李伯谦：《论造律台类型》，《文物》1983 年第 4 期。
[4]　夏鼐：《关于考古学文化的命名问题》，《考古》1959 年第 4 期。
[5]　栾丰实：《青堌堆龙山文化遗存之分析》，《中原文物》1991 年第 2 期；《龙山文化王油坊类型初论》，《考古》1992 年第 10 期。

文化特征		造律台类型	王湾类型	山东龙山文化
陶质陶色		灰陶数量最多,还有黑陶(多为黑皮陶)、褐陶和白陶等。	以灰陶为主,黑陶数量较少,并且多是黑皮陶。	以灰陶最多,黑陶(多数为黑皮陶)次之,褐陶和白陶较少。
纹饰		素面较多,泥质陶多经磨光处理。流行方格纹、篮纹,绳纹次之,还有弦纹、附加堆纹、刻划纹、指甲纹等。	器表装饰极为发达,有纹饰者超过半数,纹饰以篮纹和方格纹最多,绳纹较少见,也有部分素面陶。	以素面、磨光居多,纹饰主要有竖篮纹、弦纹、方格纹和绳纹。
陶器器类		炊器以深腹罐为主,有少量的鼎和甗,食器以碗为主,有部分豆和矮圈足盘,酒水器有杯、筒形杯、盉和鬶等;盛储器有直领罐、瓮、平底盆、双腹盆等。深腹罐的数量通常超过陶器总数的50%以上。	炊器以深腹罐为主,部分遗址鼎、罐并用,另有少量甗;食器以碗、豆为主;酒水器有斝、杯、盉和鬶等;盛储器有直领罐、瓮、双腹盆和平底盆等。	炊器主要有中口罐和鼎,另有一定数量的甗;食器主要有碗、高柄豆、平底盒和圈足盘等类,酒水器盛行鬶、壶和高柄杯;盛储器则以大平底盆、子母口瓮、子母口缸最具特色。
典型器物特征	鼎	罐形鼎数量较多。形制为斜折沿,圆腹,绝大多数为圜底,以侧装三角形扁足为主,也有少量乳足鼎。器表多饰绳纹或方格纹。	罐形鼎、盆形鼎均有。鼎足有板形、鸭嘴形、近柱形、乳状小足和侧装三角形等多种,其中柱形足较多,侧三角形足所占比例不大。	以罐形鼎为主。鼎足种类多,凿形足、铲形足、鬼脸式足和侧装三角形扁足均见。底部由平底向圜底过渡。
	罐	数量最多的器类,基本特征是斜折沿,深腹,最大腹径居中,平底或内凹,腹部多饰方格纹或篮纹。	数量最多的器类,斜折沿,圆腹,平底,器表多饰方格纹或篮纹。	中口罐是数量最多的器类之一,近底部急收成小平底,多素面,也有施横篮纹和方格纹的。

从以上的对比来看,造律台类型与王湾类型和山东龙山文化均有一定的相似性,但总体而言,造律台类型在器物组合、器类特征上与王湾类型更为接近,而与山东龙山文化差别更大,这种差别在炊器上表现得尤其突出。以统计数据最为翔实的夏邑清凉山和菏泽安邱堌堆

两遗址为例,清凉山遗址龙山时期各典型单位深腹罐的数量均占全部出土陶器数量的40%以上,部分单位的深腹罐甚至超过50%,而鼎的数量则均不足10%。这一差距在安邱堌堆遗址表现得更加突出,据发掘报告对23个典型单位的统计,仅方格纹中口罐的数量就占陶器总数的45.4%,再加上绳纹中口罐和素面中口罐,则中口罐的数量接近50%;而与之形成鲜明对比的是,安邱堌堆遗址典型单位仅出土陶鼎2件,仅占陶器数量的0.52%。反观山东龙山文化,以遗存丰富的泗水尹家城遗址为例,该遗址龙山时期遗存共有中口罐106件,数量虽多,但绝大多数是器高不足20厘米的小型罐,而少见清凉山和安邱堌堆遗址那种器高25—30厘米的深腹罐,相应地,尹家城遗址出土的陶鼎则多达97件,由此可见鼎是该遗址最主要的炊器器类。[1]除了数量上的巨大差异外,造律台类型和山东龙山文化陶鼎的形制也差别显著,如上表所述,造律台类型以侧三角形足鼎最为常见,而山东龙山文化则以鬼脸足鼎最具特色。因此,造律台类型应该归入河南龙山文化系统,而不应视为山东龙山文化的一个地方类型。曾参与夏邑清凉山遗址发掘的段宏振对造律台类型的文化面貌进行细致分析后指出:

> 无论是从早晚期的陶质、陶色、纹饰和陶器形制的变化上,还是从陶器的种类及共存关系上,豫中中原龙山文化与造律台类型之间,在文化内涵及特征方面,有着根本的一致性,两者属于一个文化系统,即造律台类型属于中原龙山文化系统。

至于造律台类型与中原腹心地带河南龙山文化的差异,段宏振认为主要表现在:

---

[1] 山东大学历史系考古专业教研室:《泗水尹家城》,文物出版社,1990年,第90—101页。

> 造律台类型早期的方格纹和绳纹的比例要比豫中中原龙山文化早期高得多，并且还有一定量的夹蚌陶器，而豫中则基本上不见夹蚌陶器。在器形种类上，造律台类型早期不见豫中地区的斝、双腹盆、刻槽盆、罐形甑等器形，而豫中也不见流行于豫东的子口缸、子口横耳瓮等器形。同时，即使在种类相同的器形上，两者在具体形制风格上也有细部的差别：如小口瓮和大口瓮两种器形，造律台类型早期的为无耳或少量横耳的形制，而豫中地区无耳和双竖耳的同时并存，都占相当多数量，极少见横耳者；再如甗，造律台类型的一般为盆形腹，腰部抹光，而豫中地区的则为瘦高的深腹罐形腹，并且腰部多有一周链条式堆纹。……总之，造律台类型与豫中地区的龙山遗存同属于中原龙山文化系统，但与豫中地区的中原龙山文化又存在着差别，其最突出的表现就是造律台类型自始至终都未见鬲、斝等器形。

所以，段宏振对造律台类型的最终定位是：

> 造律台类型与中原龙山文化的其他诸类型相比，它的地域性更为突出，也可以说它与中原龙山文化的本质特征（鬲斝等）较为疏远一些，但这种偏离和差别远远未达到重新另立一种文化的程度。[1]

造律台类型与山东龙山文化的相似性，一方面是因为它们的分布区域毗邻，文化相互交流；另一方面也在于两地区的先行文化均是大汶口文化，传统因素渊源有自。段宏振对此也有详细分析，他认为在河南郸城段寨遗址发现的相当于庙底沟二期或大汶口文化最晚期的一

---

[1] 段宏振：《清凉山龙山遗存的分期及相关问题》，《文物春秋》1997年第1期。

类遗存有可能是造律台类型的主要来源,此类遗存的特点是:

> 陶器以泥质为主,夹砂夹蚌者次之。颜色以棕褐色陶为主,灰色、红色次之,多数陶器颜色不均匀,胎及内壁多呈黑色。器壁较厚,火候较低,制作较粗。纹饰以浅横篮纹为主,约占40%左右,并有少量的细绳纹,素面和磨光者占大宗,约占60%左右。器形有大宽折沿侧装扁足鼎和凿形带凹槽扁足鼎、宽折沿束颈式大口罐、溜肩高领罐、陶甗等。

此类遗存还见于鹿邑栾台、淮阳平粮台和永城黑孤堆等遗址,清凉山遗址底层也有少量发现,但以段寨遗址最为丰富,因此段宏振将此类因素命名为段寨类型。他并认为,豫东地区在段寨类型之前基本属于大汶口文化系统,段寨类型是在此基础上发展出来的文化类型,而自段寨类型起,豫东地区即已脱离了山东地区的文化系统,走上了自己的发展道路。[1]

相比龙山晚期豫东和鲁西地区在文化面貌上的一致性,这一时期皖北地区的文化面貌则更具地方特色。有研究者指出,皖北地区龙山文化大体分为两类:一类以宿县小山口和芦城子遗址为代表,包括肖县花家寺、灵璧玉石山、蚌埠禹会村等遗址,主要分布在皖北地区的东北部。该类遗存的陶器以灰陶为主,磨光黑陶占较大比例,纹饰包括绳纹、篮纹、方格纹、弦纹、按压纹、附加堆纹等,代表性器物有杯、盘、罐、器盖、鼎等,具有比较明显的山东龙山文化因素,如磨光黑陶数量较多,鬼脸式鼎足普遍存在。另一类遗存以亳县富庄遗址上层和蒙城尉迟寺龙山遗存为代表,主要分布在皖北地区西部。此类遗存的陶器也以灰陶为主,但黑陶数量较少,纹饰主要有篮纹、方格

---

[1] 段宏振:《清凉山龙山遗存的分期及相关问题》,《文物春秋》1997年第1期。

纹和弦纹等，典型器物有小平底碗、平底浅腹盆、方格纹深腹罐、鼓腹罐、深腹罐形鼎、单耳圈足杯、小平底尊以及大袋足绳纹鬹等，此类遗存通常被发掘者归入造律台（王油坊）类型。[1]

就蒙城尉迟寺遗址的龙山遗存而言，一方面，这里的陶器确实表现出比较显著的造律台类型特征，如炊器以侧装三角形足鼎和夹砂深腹罐为主，另有极少量的鬹；但同时也表现出强烈的山东龙山文化因素，如酒器中流行鬹、觚形杯和高柄杯，盛储器多见大平底盆等特征。除此之外，尉迟寺遗址还有一部分极其鲜明的地方特色，最典型者如立鸟形器和七足镂孔器，这些器物既不见于造律台类型，也不见于山东龙山文化。禹会村龙山遗存的情况与此类似，在器类上鼎和深腹罐的数量平分秋色，这种炊器组合比例与山东龙山文化比较接近，高柄杯、假腹簋、长颈壶和长流鬹等器类也显然是受山东龙山文化的影响。另外，禹会村出土的陶器多为红褐色或红色，陶器质量普遍偏低，松软酥碎，明显不及造律台类型的龙山陶器，与山东龙山文化高超的制陶技术更是大异其趣。因此，就总体而言，皖北地区的龙山遗存应是独立的一类遗存，这类遗存最早见于肖县花家寺，或可称为花家寺类型。相比造律台类型，花家寺类型带有更浓烈的山东龙山文化风格，但又很难将它归入山东龙山文化系统。花家寺类型兼具河南龙山文化和山东龙山文化的特征，这显然与它地处两大文化系统分布区之间是密切相关的。

综上所述，龙山晚期豫东和鲁西地区的文化面貌基本一致，是河南龙山文化造律台类型的分布区；而这一时期皖北地区的龙山遗存则是地域特征突出的花家寺类型，它兼有河南龙山文化和山东龙山文化的因素，但不能归入这两个文化系统之中。

---

[1] 中国社会科学院考古研究所：《蒙城尉迟寺——皖北新石器时代聚落遗存的发掘与研究》，第333页。

第三节 豫北冀南地区的龙山遗存

一 典型遗址文化面貌分析

（一）豫北地区

1．安阳后冈遗址

安阳后冈遗址是梁思永先生于1931年春首次发现的，它位于洹河南岸的高冈上，因地处高楼庄之北，故当地人称之为后冈。当年春季和冬季，梁思永等人对后冈遗址先后进行了两次发掘，发现了著名的后冈三叠层。[1]

为进一步了解后冈遗址龙山时期的遗存特征，中国社会科学院考古研究所安阳工作队于1979年春秋两季对后冈遗址进行了较大规模的发掘，清理面积600平方米，发现了丰富的遗迹遗物。由于这里的主要遗存依次是仰韶、龙山和商文化堆积，所以发掘报告将该遗址的龙山遗存称为后冈二期文化。[2]

此次发掘共发现较完整或残破的房址39座，绝大部分为圆形或不

---

[1] 梁思永：《后冈发掘小记》，原载《安阳发掘报告》第4期，收入《梁思永考古论文集》，科学出版社，1959年，第99—106页。
[2] 中国社会科学院考古研究所安阳工作队：《1979年安阳后冈遗址发掘报告》，《考古学报》1985年第1期。

规则圆形，直径一般在 3.6—5 米，均为地面建筑，下部有多层垫土，墙体有垛泥墙、土坯墙和木骨泥墙三种，居住面则有白灰面和烧土面两种，墙外四周有略呈斜坡状的黄泥土散水，屋顶则以树枝或植物根茎覆盖并覆以草拌泥。

这次发掘的龙山文化的 28 座墓中，除一座兽坑外，余皆为儿童墓葬。墓坑小而浅，大多挖在灰土或房址垫土中，墓圹不明显。墓坑多为长方形或椭圆形，个别呈不规则四边形。坑长 0.5—0.8 米、宽 0.2—0.4 米、深 0.1 米左右。最大的墓长 1.4 米、宽 0.8 米、最深 0.67 米。27 座墓中有 10 座无葬具，17 座为瓮棺葬，用陶罐、深腹罐、甗或盆作葬具，有的是打碎后盖在身上，有的则用完整器物套合在一起，个别的仅用几片碎陶片盖在头部。大部分骨架已腐朽，从残存的遗骸来看，死者多为 1—5 岁的幼童。除 M16 为二次葬外，余皆为一次葬，葬式有仰身直肢、仰身屈肢、侧身直肢和俯身直肢四种，其中仰身直肢葬最多。

这些儿童墓与房屋建筑有密切关系，从层位上看，有的埋在房基下，有的埋在室外堆积或散水下，有的埋在墙基下，有的埋在泥墙之中，所以它们大都是在建房过程中埋入的，在性质上与奠基坑类似。埋在室外堆积或散水下的一般头向房屋，埋在墙基下或泥墙中的，墓圹方向一般都和墙平行。这些房子埋入的儿童个体数量不一，埋有一个幼童的有 F2、9、13、15、16、25、28、33；埋两个的有 F18、21、27、34；埋三个的有 F19、38，最多的埋四个（F23）。在通常情况下，埋在墙基下或墙中的无葬具，埋在房屋周围的则大都用陶器作葬具。

两次发掘共有完整和复原的器物 542 件，包括泥质灰陶、夹砂灰陶、泥质黑陶、夹砂黑陶、泥质红陶、夹砂红陶和白陶七类，其中灰陶占 70%；黑陶次之，约占 20%；白陶最少，仅占 0.17%。陶器以素面和磨光的数量最多，纹饰有绳纹、篮纹、方格纹、弦纹、划纹和少量附加堆纹，其中以绳纹为主，篮纹和方格纹次之，弦纹和划纹较少。陶器的器形，可分为平底器、圈足器、三足器和器盖器座四大类，其中平底器最多，约占陶容器的79%；三足器次之，约占11%；圈足器最少，约占9%。

根据原报告，可将后冈遗址龙山遗存的陶器数量统计如下：鬲8、甗22、鼎1、斝9、平底斝6、鬹7、深腹罐53、罐53、小罐16、甑7、箅2、缸17、瓮30、深腹盆6、盆10、折腹盆9、平底盆25、小瓮2、瓶6、壶5、四足皿5、圈足盘16、豆16、碗82、杯8、器盖36、陶环41件。由此可知后冈二期文化的核心器物组合是：

炊器：以罐类器物为主，甗也较多，有一定数量的鬲、斝和甑，鼎极少。

饮食器：以碗、豆、圈足盘为主。

酒器和水器：壶、杯较多见。

盛储器：瓮、缸、小罐和盆类器物为主。

其他：器盖多见，流行陶环。

2. 安阳大寒村南岗遗址[1]

1965年，中国社会科学院考古研究所安阳工作队和北京大学考古专业联合发掘了安阳大寒村南岗遗址，发掘面积440平方米，发现了一批龙山时期的遗存。

完整和复原的陶器共50余件。陶质有夹砂陶和泥质陶两类，其中夹砂陶较多，约占总数的64%。陶色以灰陶为最多，约占90%以上，其次是黑陶和红陶，也有一定数量的黑和灰色蛋壳陶。陶器以素面和磨光的数量最多，纹饰有绳纹、方格纹、篮纹、弦纹、划纹、捺印纹和附加堆纹，其中以绳纹最多，方格纹和篮纹次之，弦纹、划纹和附

---

[1] 中国社会科学院考古研究所安阳工作队：《安阳大寒村南岗遗址》，《考古学报》1990年第1期。

加堆纹较少。据发掘简报所介绍的器物标本，主要器类的数量是：鼎1（但另有较多鼎足，包括凿形、压花三角形和鬼脸式）、鬶1、斝1、鬲2、甗1、罐16、瓮6、豆5、折腹盆5、平底盆2、子母口盆2、碗8、杯5、器盖3、陶环18件。

虽然大寒村南岗遗址出土陶器数量远少于后冈遗址，但在器物组合上可以看出两者的一致性，即炊器以罐为主，但也有少量的鼎、鬲、甗；饮食器以碗、豆为核心；酒水器有斝、鬶和杯；盛储器则以瓮、盆（折腹盆和大平底盆）为主；另有少量陶鬶；此外还流行器盖和陶环。

发掘报告指出，大寒南岗的某些器物如单耳杯、鬶、曲腹盆、平底盆在山东茌平尚庄遗址也可见到，而且器形完全相同，由此说明大寒南岗的龙山遗存与山东龙山文化有较密切关系。

3．汤阴白营遗址[1]

遗址位于汤阴县城东6公里白营村东的一个台地上，1976年冬至1978年春先后在此进行了三次发掘，揭露总面积1483平方米，发现了丰富的龙山时期遗存。

在龙山晚期文化层中揭露出房基46座，除1座为方形外，其他都是圆形，大小和形制结构与后冈遗址的房址基本相同。流行白灰面，在房基垫土或墙下埋有儿童瓮棺葬，在墙外或门口一侧埋有成摞的大蚌壳。

陶器中夹砂灰陶最多，约占50%，泥质灰陶其次，占40%左右。纹饰有绳纹、篮纹、方格纹、旋纹、弦纹、宽凹纹以及附加堆纹、镂孔、划纹等。器类有瘦长腹罐、瓮、碗、鼓腹盆、平底盆、双耳平底

---

[1] 安阳地区文物管理委员会：《河南汤阴白营龙山文化遗址》，《考古》1980年第3期。

盆、鬲、罐形鼎、鬼脸足鼎、鬶、甗、盆形甑、豆、直筒杯、单耳杯、平底盘、三足盘、高圈足盘、澄滤器、甑箅、器盖、陶铃等二十余种。虽然发掘简报没有提供各类器物的具体数量，但大致可以判断白营遗址龙山晚期陶器器类组成与后冈遗址基本一致。

发掘报告也将该遗址和茌平尚庄遗址的龙山遗存进行了比较，认为尚庄遗址的第二、三期陶器，明显受到河南龙山文化晚期的影响，而白营遗址出土的白陶鬶、鬼脸足鼎等陶器，则是接受了山东龙山文化的典型因素。

4．淇县宋窑遗址[1]

遗址位于淇县宋窑村旁的台地上，东西长约500米，南北宽约200米。1988年北京大学考古系商周组在这里进行了两次发掘，发掘面积284平方米，主体遗存属于辉卫文化，但在村旁的断崖上清理了两个龙山时期的灰坑H11和H12，获得了一批重要材料。

从两座灰坑出土陶器来看，宋窑遗址龙山时期陶器以夹砂黑陶最多，泥质黑陶其次，夹砂灰陶和泥质灰陶占一定数量，夹砂红褐陶和泥质红褐陶较少。素面和磨光器所占比例较大，纹饰则以篮纹为大宗，方格纹其次，绳纹和旋纹数量较少。

发掘者对出土陶器器类进行了详细统计，主要器类及数量是：深腹罐52、鬲3、鼎足7、斝1、甑1、甗9、鬶4、平底盆18、双腹盆2、圈足盘15、豆15、碗47、杯10、小口高领瓮50、子母口缸3、子母口器3、扁罐42以及器盖6件。

从中可以看出宋窑遗址的核心器类组合是：

---

[1] 北京大学考古系商周组：《河南淇县宋窑遗址发掘报告》，《考古学集刊》10，地质出版社，1996年，第89—160页。

炊器：深腹罐为核心，另有少量的鼎、鬲、甗和斝；鼎足多样，包括扁三角形、圆柱形和鬼脸式。

酒器和水器：有一定数量的陶鬶，但以扁罐最多也最具特色。

饮食器：以碗、钵、豆和圈足盘为主。

盛储器：高领瓮和平底盆为主，另有部分罐类和子母口器。

发掘者将宋窑遗址的龙山遗存归入河南龙山文化的王湾类型，但也有意见认为当属于后冈二期文化。[1] 从宋窑遗址出土陶器整体特征来看，无疑是属于河南龙山文化系统，但同时也明显带有泛东方因素，如炊器中甗、鼎和鬲较多，盛储器中流行平底盆和子母口器，这些特征与后冈遗址比较接近，而与王湾类型差距大。

扁壶是晋南陶寺文化的典型器物，这类器物在宋窑遗址的大量出土，说明晋南龙山文化因素曾经影响到豫北地区。淇县地处太行山的东侧，"太行八陉"中的太行陉和白陉的东侧出口均在淇县境内，这里自古就是沟通晋南和豫北的重要通道，扁壶当沿此通道从晋南传入淇县。[2] 此外，安阳后冈和汤阴白营遗址的龙山遗存中皆可见到来自太行山以西晋中地区的绳纹肥袋足鬲，说明当时太行山两麓的文化交往颇为密切。

5．辉县孟庄遗址[3]

孟庄遗址早在 1951 年即已发现，此后屡经破坏。1992 年为配合孟庄镇的建设，河南省文物考古研究所对遗址进行了发掘，发现了龙

---

[1] 中国社会科学院考古研究所：《中国考古学·新石器卷》，第 547 页。
[2] 有关"太行八陉"的研究可参看李零《说中国山水——以太行八陉为例》，《我们的中国》第三编《大地文章——行走与阅读》，生活·读书·新知三联书店，2016 年，第 5—31 页。
[3] 河南省文物考古研究所：《辉县孟庄》，中州古籍出版社，2003 年。

山、二里头和殷墟时期的"三叠城"。孟庄龙山城址平面略呈方形，其中东城墙最长，约375米，北城墙复原长340米，西、南两侧城墙均被破坏，城墙基础宽13—14米，墙外侧有护城河，城内面积约12.7万平方米。

孟庄遗址出土陶器主要分夹砂、夹蚌壳末和泥质三大类，个别灰坑夹蚌壳末器物占陶器总数的40%—50%。夹砂陶以灰陶数量最多，褐陶和黑陶次之；夹蚌壳末陶以褐陶为主，并有少量的灰陶和红陶等；泥质陶以灰陶为主，黑陶、红陶等次之。常见的纹饰有篮纹、绳纹、方格纹、弦纹、附加堆纹等。主要器类有深腹罐、甗、斝、高领瓮、甑、深腹盆、平底盆、器座、筒形杯、觚形杯、单耳杯、扁腹罐、刻槽盆、器盖、碗、钵、豆、圈足盆和尊形器等，还有少量的鬲和鼎。发掘报告对各类陶器的数量有详细的统计，具体是：

（1）夹砂陶器：鼎3、鬲1、甗16、绳纹罐17、方格纹罐26、方格纹小罐4、圆腹罐2、绳纹小罐2、素面小罐11、素面深腹罐2。

（2）加蚌壳末陶器：甗3、深腹罐23、小罐3、碗1。

（3）泥质陶器：斝9、鬶9、甑3、大口瓮6、小口瓮23、大型瓮4、敛口瓮2、子母口缸3、平底盆2、深腹盆5、三足盆1、双腹盆8、刻槽盆9、擂钵2、小罐5、高领罐2、篮纹罐2、子母口罐1、平底碗3、圈足碗1、器座4、豆17、圈足盘16、覆碗形器盖22、器盖12、钵11、杯13、觚1件。

综上，孟庄遗址龙山遗存的核心陶器组合是：

炊器：以深腹罐、绳纹罐、方格纹罐等罐类器物为主，甗其次，鼎和鬲都极少。

食器：流行碗、钵、豆、圈足盘等类。

酒水器：以罐类器物、鬶、杯为主。

盛储器：主要有罐类器物、瓮类器物以及深腹盆、双腹盆等。

其他：刻槽盆和覆碗形器盖比较流行。

发掘者将孟庄遗址的龙山晚期遗存称为河南龙山文化孟庄类型，但从上述器类组合上看，这里的龙山遗存与后冈、宋窑等遗址基本一致，因此也可以归入后冈类型，而不必另立一个新的文化类型。

6．新乡李大召遗址[1]

遗址位于新乡县大召营镇的李大召村北的高地上，面积约20万平方米。遗址发现于1956年，2002—2003年郑州大学考古专业对该遗址先后进行了四次发掘，揭露面积1820平方米，清理了仰韶至汉代的文化堆积，但以龙山时期的遗存最为丰富。

李大召遗址龙山时期的遗迹主要有房址、灰坑、灰沟、水井、陶窑和瓮棺葬等。出土陶器包括夹蚌、夹砂和泥质三大类，但以夹蚌陶为主。夹蚌陶以褐陶为主，另有少量灰陶和黑陶等。夹砂陶则以灰陶数量最多，灰黑陶次之。泥质陶以灰陶为主，黑陶、灰黑陶和褐陶次之。纹饰以篮纹、绳纹、方格纹为主，也有部分素面和磨光陶器，另有弦纹、旋纹、指甲纹、划纹、乳丁文、压印纹和镂孔等。

据发掘报告的统计，李大召遗址龙山时期主要陶器器类及数量是：各类罐105、各类瓮36（其中小口高领瓮24件）、盆40（包括平底盆、双腹盆、钵形盆等）、圈足盘18、刻槽盆4、器盖82（其中带钮器盖16、覆碗式器盖66件）、斝8、单把杯10、鬲10、甗4、鬶7、壶4、豆6、碗（钵）11、子口缸1、蛋壳陶1、陶环11件。

由此表明该遗址龙山时期核心陶器组合是：

炊器：深腹罐占主导地位，另有部分鬲和甗，不见鬲和鼎。

---

[1] 郑州大学历史学院考古系：《新乡李大召——仰韶文化至汉代遗址发掘报告》，科学出版社，2006年。

食器：以碗（钵）、圈足盘和豆为主。

酒水器：主要有鬶、斝和杯等器类。

盛储器：盛行小口高领瓮和各类盆形器。

其他器类：流行覆碗式器盖。

发掘报告将李大召遗址的龙山遗存分为三期五段，第一期（第一段）为龙山早期，第二期（第二、三段）为龙山中期，第三期（第四、五段）为龙山晚期。发掘者还将上述遗存归入河南龙山文化孟庄类型，但上文已指出，孟庄类型特征不明确，似无独立划分之必要，所以李大召遗址的龙山遗存可以归入后冈类型。

7．濮阳铁丘遗址

铁丘遗址位于河南省濮阳市西南约5公里的王助乡铁丘村东，遗址以东2公里有马颊河流过，遗址以西1.5公里为汉代以前的黄河故道。该遗址原为高3—4米的台地，现存面积约5000平方米。2012年夏，首都师范大学历史学院考古专业与濮阳市文物保管所联合对该遗址进行了短期的抢救性发掘，发现一批龙山时期遗存。[1]

铁丘遗址出土陶器以夹砂泥质陶为主，另有极少量夹蚌陶；陶色主要有灰、褐、红、黑四类，此外还有少量白陶、蛋壳黑陶。器物群中素面、磨光陶占据一定比例，纹饰以篮纹为主，次为方格纹、绳纹、弦纹，少见附加堆纹、划纹，少数器类带有鸡冠形錾。据发掘者对典型单位灰坑H5出土陶片的统计，其结果是：夹砂陶约占64.8%，泥质陶约占34.8%；灰陶约占陶片总量的73.4%，褐陶、红陶、黑陶分别占15%、8.4%、3.2%；篮纹、方格纹、绳纹为器表常见纹饰，分别占

---

[1] 首都师范大学、濮阳市文物保管所：《河南省濮阳市铁丘遗址2012年发掘简报》，《中原文物》2013年第6期。

24.3%、17.8%、16.2%，素面、磨光陶分别占 26.1%、10.3%。

该遗址出土陶器的主要器类及数量分别是：深腹罐 46、甗 13、瓮 10、盆 4、圈足盘 6、豆 1、碗 3、杯 1、器盖 3、三角划纹器座 1、陶环 1，另有陶鬶残片和鬼脸式鼎足若干。发掘者已经指出，这里出土的深腹罐、甗、高领瓮、平底盆、覆盆式器盖、圈足盘、平底碗、三角划纹器座、圆圈纹陶环、钻孔蚌器，以及带有圆形灶台的房屋建筑基址、以碎陶器为葬具的埋葬习俗，与河南安阳后岗、汤阴白营等遗址的龙山晚期遗存一致，属于河南龙山文化后岗类型，而诸如素面罐、鬼脸式鼎足、白陶鬶、蛋壳黑陶杯以及数量较多的磨光陶等特征则是受山东龙山文化的影响。

铁丘遗址在 2014 年又进行过一次发掘，所获龙山时期遗存与上述所见基本相同，进一步证明这里是后岗类型的分布区。[1] 主持铁丘遗址发掘的袁广阔指出，河济地区是夏人活动的重要区域，而目前已经在太行山南麓的新乡、焦作等地发现辉县孟庄、博爱西金城和温县徐堡三座后岗类型时期的城址；在太行山东麓的安阳、濮阳等地，则在后岗、柴库、高城、戚城四处遗址发现同一时期的城址，因此他认为后岗类型就是早期夏文化。[2]

（二）冀南地区

1. 邯郸涧沟遗址[3]

1957 年 4—8 月，河北省文化局文物工作队对邯郸涧沟遗址进行

---

[1] 首都师范大学、濮阳市文物保管所：《河南省濮阳市铁丘遗址 2014 年发掘简报》，《洛阳考古》2014 年第 4 期。
[2] 袁广阔：《后岗二期文化与早期夏文化探索》，《光明日报》2016 年 1 月 30 日第 11 版。
[3] 河北省文化局文物工作队：《河北邯郸涧沟村古遗址发掘简报》，《考古》1961 年第 4 期。

了发掘，清理面积约1200平方米，获得了一批龙山时期的遗存。

据发掘简报，润沟遗址龙山陶器以泥质灰陶数量最多，夹砂灰陶其次，另有泥质红陶、夹砂红陶、细泥黑陶，也发现少量的蛋壳黑陶，多为杯形器，有的上面还涂朱，此外还有极少量的白陶。器表装饰以素面和磨光最为多见，纹饰则以篮纹最多，其次有绳纹、方格纹、弦纹和附加堆纹。

发掘简报对器类的介绍比较简单，大致可以归纳如下：炊器有罐、鬲、鼎、甗和甑，但罐的数量多达54件，另有鬲3件和甑4件，鼎和甗则未见完整器。盛储器以盆为主，其中深腹盆和浅腹盆共17件，而折腹盆（发掘简报称作"陶尊"）多达31件。饮食器中以碗最多，浅腹和深腹碗总数多达42件，占绝对多数，另有钵8件和豆1件；杯类器物也很流行，共发现19件，都是蛋壳黑陶，特征显著。

发掘者指出，润沟遗址的龙山遗存似可以分为早晚两期，均属于中原龙山文化系统，与山东龙山文化差别明显。特别是龙山晚期遗存，磨光黑陶等东方因素已经极为罕见，而绳纹陶占首位，压印方格纹也占了一定数量，表明这一阶段山东龙山文化因素更趋减少。

2．磁县下潘汪遗址[1]

下潘汪遗址位于河北磁县西南18公里的岳城镇，1959年冬河北省文物工作队在这里进行了发掘，揭露面积3384平方米，发现较丰富的仰韶、龙山和西周时期的遗存。

根据发掘者对陶系和纹饰的统计，下潘汪遗址龙山时期陶器以泥质灰陶和夹砂灰陶为主，另有部分的泥质黑陶、泥质红陶和夹砂红陶，此外还有少量的蛋壳陶和涂朱陶。器表装饰以素面和磨光陶为主，超过总

---

[1] 河北省文物管理处：《磁县下潘汪遗址发掘报告》，《考古学报》1975年第1期。

数的 60%，纹饰中则以篮纹和绳纹较为多见，其他纹饰则罕见。能够辨认的器类有罐、鼎、斝、甗、甑、盆、杯、豆、盉、钵、瓶、瓮、箅和陶环等，其中罐的数量最多，约占 45%；盆其次，约占 12%。发掘报告公布的器物较少，介绍也比较简单，很难获知下潘汪遗址龙山时期陶器的全貌。如该遗址出土的罐类器物虽然数量最多，但在公布的标本中却不见这一时期最流行的器高约 20 厘米的夹砂深腹罐，而仅介绍了数件器高 10 厘米左右的小罐，以及形制特殊的双大耳罐；这里出土的鼎足形制多样，15 件鼎足分属于 7 种形式，但鬼脸式鼎足数量最多，共 5 件；盆类器物中则以大平底浅腹盆最多，另有少量的深腹盆。

总体上看，下潘汪遗址龙山时期的器物组合与后冈二期基本相同，即炊器当以罐为主，另有少量的鼎、甗、斝、甑，饮食器则以豆、钵、杯、盉为基本组合，水器有杯，盛储器以盆、瓮、罐为主，装饰器物则有陶环。

3．永年台口村遗址[1]

台口村东距永年县城约 10 公里，遗址位于村西的台地上，面积超过 2 万平方米。1960 年河北省文化局文物工作队在此进行了发掘，清理面积 653 平方米。

台口村第二期遗存属龙山时代。该期陶器的基本特征是泥质和夹砂灰陶占多数，不见彩陶、白陶和蛋壳黑陶；除素面和磨光陶外，绳纹与篮纹陶器约占四分之一，方格纹也不少，其次还有附加堆纹、划纹、弦纹、指甲纹等。器形以罐、碗、盆最多，其次是瓮、杯、豆、尊、盘，数量最少的是鼎、斝、鬲等。根据陶器特征，发掘者认为台口村二期遗存属于后冈类型。

---

[1] 河北省文化局文物工作队：《河北永年县台口村遗址发掘简报》，《考古》1962 年第 12 期。

二 豫北冀南地区龙山晚期的文化属性与文化类型

豫北冀南地区的龙山遗存，或称为后冈二期文化，或称河南龙山文化的后冈类型。对于此类遗存的特征及认识过程，后冈遗址的发掘报告曾有概述：

> 先后在豫北冀南发现大量同类型遗址，据不完全统计已发现的遗址约一百处。它们主要分布在卫河、漳河流域，特别是其支流洹水、淇水两岸分布更为密集。各种大小的深腹平底罐、甗、罐形斝、高领双耳瓮、小口深腹缸、平底盆、碗、圈足盘、浅盘高把豆以及多种形式的器盖等，是这类遗址中常见的器形，此外，还有少量的鬲、瓶、罐形鼎、四足皿、单耳直筒杯、宽把高裆鬶、鬼脸足盆形鼎等。三十年代末期，梁思永先生将后冈等龙山遗址划为龙山文化豫北区，后来尹达先生又将其称为龙山文化辛村期，六十年代初，通过对后冈遗址的再次发掘和研究，安志敏先生将该遗址划为河南龙山文化范畴，并把同类遗址统称之为后冈二期文化。

该发掘报告还认为：

> 如果把同属河南龙山文化范畴的后冈二期文化与王湾三期文化及造律台类型文化（有的同志称为王油坊类型和青堌堆类型文化）作一比较的话，就会发现后冈二期文化与王湾三期文化的文化面貌有较大差别，而与造律台类型文化相近，两者出土的陶器纹饰和器形，生产工具种类以及房屋建筑都表现出很多的相似性。后冈二期文化和造律台类型文化的分布范围，大致是北起河北的邯郸地区，南至豫东商丘地区和安徽省西北部，西起太行山，东至泰山，包括鲁

西和鲁西南地区。这一地区在我国古代文献记载中,正是商人祖先的活动地区。古史记载商人建国以前曾八次迁都,据近人考证,这八次迁徙的地点都在上述范围。在这一地区,近年来曾发现多处二里头类型文化遗址。如磁县下七垣、安阳小屯、商丘坞墙等,遗址的时代约相当于二里头二至四期。这些遗址中出土的平底盆、深腹盆、罐形鼎、袋足鬶和鬲、深腹罐、浅盘豆、直筒杯、碗、三足皿等与后冈二期文化的同类器形相似,反映了这两个文化之间存在着一定的继承关系。如果我们将该地区发现的二里头类型文化称为早商文化的话,那么后冈二期文化则可能就是商人祖先创造的文化——先商文化。[1]

后冈二期遗存的族属问题这里暂且不论。[2] 通过对以上典型遗址文化面貌的梳理,可以清晰地看出这一地区龙山遗存具有鲜明的河南龙山文化特征,特别是地理位置偏南的几处遗址,如新乡李大召、辉县孟庄和淇县宋窑等,它们的龙山遗存在文化面貌上与王湾类型已经非常接近,以致宋窑遗址的发掘者把这里的龙山遗存直接归入王湾类型。因此,此类遗存应是河南龙山文化的组成部分,宜称河南龙山文化的后冈类型,而不宜称后冈二期文化。

与王湾类型相比,后冈类型的特点是多夹蚌陶,绳纹偏多,数量通常超过篮纹和方格纹;在核心器类方面,虽然都以深腹罐为主要炊器,但后冈类型的鬶偏多,一般都有鬲,而鼎比较少见;在盛储器上,后冈类型双腹盆的数量明显少于王湾类型;器盖以覆碗式为主,少见

---

[1] 中国社会科学院考古研究所安阳工作队:《1979 年安阳后冈遗址发掘报告》,《考古学报》1985 年第 1 期。
[2] 《尚书序》称"自契至于成汤八迁",伪孔传也说"十四世凡八徙国都",孔颖达疏仅列契居商、昭明居砥石、相土居商丘、汤居亳,并称"事见经传者有此四迁。其余四迁,未详闻也"。而上述四地,并不都在后冈类型的分布范围之内。商人的起源问题远未解决,迄今未有定论。参看拙文《商从哪里来——先商文化探索历程》,《追迹三代》,第 205—270 页。

或不见王湾类型的折肩器盖。此外，由于地理位置的关系，后冈类型还可见到山东龙山文化和太行山西侧龙山时期的陶器器类，前者如磨光蛋壳陶杯和子母口器，后者则有陶寺文化的扁壶（罐）和晋中地区的肥足鬲等。

后冈类型与造律台类型的差异主要表现在所包含的山东龙山文化因素的多寡上。总体而言，后冈类型与王湾类型更为接近，而造律台类型则与山东龙山文化关系紧密一些。因此，后冈类型中鼎的数量始终偏少，远低于造律台类型鼎的比重，而且也极少见鬼脸式鼎足；此外，觚形杯、大平底盆、子母口器等典型东方特色的器类在后冈类型中虽可见到，但在数量上均远逊于造律台类型。

第四节　晋南地区的龙山遗存

一　陶寺遗址和陶寺文化

（一）遗址概况

陶寺遗址位于山西省襄汾县县城东北陶寺乡，距离县城约6公里。遗址西距汾河约6公里，东南约7公里处有太岳山系的塔儿山，史称东陉山，又称崇山。该遗址是1958年文物普查时发现的，最初判断遗址面积仅数万平方米。1963年冬、1973年和1977年秋，为了探索夏文化，中国社会科学院考古研究所山西工作队诸同人在省、地、县文物部门的配合下，对陶寺遗址进行了复查，并将其列为晋南考古首选遗址之一。1978年1月，夏鼐所长做出发掘陶寺遗址的决策，同年4月，由中国社会科学院考古研究所山西工作队与山西省临汾行署文化局合作，共同组队对陶寺遗址进行正式发掘。从1978年春到1985年夏，该工作队对陶寺遗址进行了15个季度的发掘，发掘面积7000平方米，其中居址2100平方米，墓地4900平方米。

遗址处在塔儿山西北侧山前冲积扇黄土斜塬上，地势由东南向西北倾斜。遗址东南界在东坡沟村东北，西北界在李庄村南"南河"的南岸，东北界在贯穿陶寺村南部的"南河"河谷南岸，西南界止于中梁沟。据发掘期间对1∶5000地形图的实测，遗址总面积约为430万平方米。遗址范围内有两条东南—西北走向的大冲沟，偏东的一条称

图 2-19　陶寺遗址地貌

为"南沟",偏西的一条称为"赵王沟",两沟各有多条支岔,合计占地约 59 万平方米,对遗址破坏较甚。此外,当地村民历代开辟、整修梯田也对遗址造成了较大的破坏。

1978 年发掘之初,考古队曾根据地形和地面建筑将遗址分为五个区(Ⅰ—Ⅴ区),但未按坐标网格法对遗址进行严密区划,由此造成陶寺遗址遗迹编号系统甚为复杂。1978—1985 年间居址区的发掘主要集中在Ⅲ区,而墓葬区的发掘范围主要在Ⅱ区和Ⅲ区。

陶寺文化是陶寺遗址的主体遗存。遗址居址区的地层堆积较为简单,一般在现代耕土层和近现代扰土层下即是陶寺文化层,部分区域分布有汉代文化层。墓地情况亦然,在已发掘范围内基本不见其他时期的文化层,近 1200 座陶寺文化墓葬就叠压在梯田垫土层之下,仅在墓地Ⅰ区北部和Ⅱ区、Ⅲ区西北部等小范围内存在陶寺晚期文化层与陶寺文化墓葬堆积交错的现象。此外,在居址区Ⅲ区局部区域发现有庙底沟二期文化早期阶段的遗存。

从 1985 年 6 月陶寺遗址第 15 次发掘结束,到 2015 年 12 月《襄汾陶寺——1978—1985年考古发掘报告》（以下简称《襄汾陶寺》）四巨册出版，整整经历了30年。[1]虽然这是一部"迟到的报告"[2]，但它的出版，终于揭开了陶寺遗址的神秘面纱。

（二）陶寺遗址的庙底沟二期遗存[3]

庙底沟二期文化遗存分布在陶寺遗址Ⅲ区，主要有窑洞式居室17座、灰坑78座以及个别陶窑和瓮棺葬。

在17座窑洞式居室中，9座保存较完整，其中内呈椭圆形的6座、近圆形者2座、圆角方形者1座，室内面积多在4—8平方米。窑洞的居住面均低于室外地面，居室与室外有斜坡或台阶相连，部分窑洞外还保留有室外活动面。窑洞内地面均经修整和焙烧，呈深褐色，十分坚硬。室内有火池、灶、小窑洞、壁龛、小窖穴和柱洞等设施，火池多设在壁下或靠近门道处，而灶多在生土壁上挖出的壁灶，小窖穴则在室内向下挖掘而成。

这一时期的灰坑主要有圆形袋状、圆形筒状、长方形竖穴和不规则形等数种，尤以圆形袋状坑最多，形制也最规整。个别灰坑如H367还有从坑底通向地表的坡道，其表面经长期踩踏而十分坚硬。

属于庙底沟二期的瓮棺葬仅一座，为婴儿瓮棺葬，葬具是一件有意打碎的绳纹夹砂罐，陶片散放在死者身下。

出土物以陶器为大宗。包括泥质和夹砂陶，根据对典型单位出土陶片的统计，泥质陶约占70%，而夹砂陶约占30%，陶质非容器基本上都是泥质陶。陶色以灰陶最多，其次为褐色，还有少量的泥质黑陶。

---

[1] 中国社会科学院考古研究所、山西省临汾市文物局：《襄汾陶寺——1978—1985年考古发掘报告》，文物出版社，2015年。
[2] 参看《襄汾陶寺》编后记。
[3] 此节多据《襄汾陶寺》第二章"庙底沟二期文化遗存"。

纹饰种类主要有篮纹、绳纹、附加堆纹、方格纹、弦纹、圆点纹、剔刺纹、刻划纹、齿状花边和彩绘等，但也有部分素面器，其中篮纹约占 70% 以上，是这一时期最流行的纹饰。

器类主要有夹砂深腹罐、缸、盆、擂钵、盂、盘、豆、尖底瓶、壶、碗、杯和器盖等，其中罐的数量最多，约占 60%，此外尖底瓶也较常见，在某些灰坑出土器物中能占到 27% 左右。夹砂罐和缸的器表大多附有烟炱，是当时最主要的炊器，而鼎、斝和釜灶则不见于此期遗存中。

通过与芮城西王村、夏县东下冯、河津固镇以及襄汾陈郭村等遗址的庙底沟二期遗存对比，发掘者认为陶寺遗址的此类遗存应属庙底沟二期文化的早期阶段，其碳十四测年在公元前 2800—前 2700 年之间。

（三）陶寺文化居址[1]

陶寺文化居址遍布陶寺遗址各区，1978—1985 年间居址部分累计发掘面积 2100 平方米，清理的主要遗迹有房址（包括窑洞、半地穴式和地面建筑）17 座、陶窑 11 座、石灰窑 1 座、水井 5 座、灰坑（窖穴）133 座、灰沟 2 条，另在居址区内发现墓葬 33 座。这一期间未发现大型夯土建筑，但在灰坑 H330 中曾出土带有几何形图案的数十件白灰墙皮和夯土块若干，应是大型建筑被毁后的残留物。

窑洞是这一阶段常见的居住方式，共发现 8 座，包括两座窑洞成一组并附有天井式院落的居址两处，分散的独立窑洞 4 处。窑洞内面积 4—8 平方米，以 7 平方米左右居多，室内普遍设有灶和火池，有的附有小窑和壁龛，居住面多为硬土或烧土面，或见白灰面，个别的居住面中央有柱洞，窑洞地面低于室外地表者则有斜坡或台基通道。

在居址区共发现 5 座水井，发掘了其中的 4 座。皆作圆筒状，

---

[1] 此节多据《襄汾陶寺》第三章"陶寺文化居住址"。

下部用原木搭建出井框，井底普遍堆积有扁壶碎片，说明此类器物是当时的汲水用器。J401中发现狗骨架10具，应该是井废弃后堆放所致。

灰坑形制多样，功能也或有不同。其中圆形袋状坑形制规整，个别设有便于出入的通道和台阶，应该是储物窖穴。圆形筒状坑的形制也较规整，直径大多在2米以上，最大者达6米，有的近底部掏出小壁龛或垒出小灶，或有可能是居室，但多数也应是储物的窖穴。此外，圆角方形筒状坑和圆角方形袋状坑的形制也都很规整，均是供储物之用。

居址中的埋葬遗存包括三类：墓葬、灰坑中瘗埋的尸骸和文化层中的乱骨。

墓葬主要发现在遗址Ⅲ区，均为长方形竖穴土坑墓，墓圹长度多在2米左右，宽1米以下，部分儿童葬和二次葬的墓圹更为狭小。在33座墓葬中，仅在M314中发现木棺痕迹，另有3座墓用苇箔殓尸，还有2座墓使用撒有朱砂的麻布覆面。在可以辨别葬式的墓葬中，仰身直肢葬27座，侧身屈肢和俯身屈肢各1座，另有二次葬2座。墓葬的头向也比较一致，其中朝向东南者23座，东北的3座，西北2座，西南1座。除M332随葬一把石刀，M312出土1件骨锥外，其余各墓均无随葬品。根据这些墓葬的层位关系及填土内的包含物来看，除个别属于陶寺文化中期外，其他各墓均属陶寺文化晚期，是在陶寺遗址Ⅲ区这片居址废弃后葬入的。

灰坑中瘗埋的人骨共发现3例，其中两例H314和H432均是利用规整的圆形袋状坑，H443则是一座形制不规则的灰坑。发掘者认为这些瘗埋在灰坑中的人骨属于非正常死亡者。

文化层中的乱骨则见于遗址Ⅲ区T353中，在3米多长的范围内分布有若干零散人骨，经鉴定，分属于一男一女两个成年个体，其中一块前额骨上有砍砸的痕迹，这些乱骨显然也属于非正常死亡者。

（四）陶寺文化墓地[1]

陶寺遗址内发现数片大小不等的墓地，但以1978—1985年间发掘的一处墓地规模最大。该墓地位于陶寺遗址东南隅，也即东坡沟村西北、"南沟"沟头与"赵王沟"之间。据钻探和勘察，墓地东西长200—250米、南北宽约200米，总面积在40000平方米以上。墓地的文化层堆积简单，除北部和西北部边缘地带有少量陶寺文化堆积之外，墓地绝大部分都是直接被现代耕土层所叠压。

发掘者将墓地自东而西划分为三区，从1978年秋到1985年夏，先后进行过14个季度的田野工作，累计发现墓葬1379座，实际发掘1309座。

陶寺墓地一个显著特点是墓葬密度大，墓地北部尤甚。如在Ⅰ区北部已发掘的690平方米范围内，共发现墓葬476座，平均每平方米葬入0.7座。探方T1201北半部50平方米范围内，葬入墓葬71座，平均每平方米1.42座。如此繁密的墓葬分布必然导致墓葬之间打破关系复杂，据发掘报告的统计，在发掘范围内，共发现打破关系160组，涉及1088座墓葬，约占墓葬总数的80%。每组打破关系，少则两座墓，多则十几座、几十座乃至上百座，最多的一组涉及185座墓葬，如此高频率的打破关系对墓葬本身是巨大的破坏。

这里将陶寺墓地的墓葬特征概述如下。

1．墓圹与填土

已发掘的1309座均为竖穴土坑墓，但形制多样，主要有长方形、梯形、倒梯形、一端或两端呈弧形、"工"字形和亚腰形等。其中长方形竖穴土坑墓数量最多，共计1239座，占墓葬总数的94.6%。

---

[1] 此节多据《襄汾陶寺》第四章"陶寺文化墓地"。

墓圹面积大小悬殊，差异显著。在全部1309座墓葬中，以M3005墓室面积最大，为3.2米×2.7米＝8.64平方米；M3473面积最小，为0.91米×0.35米＝0.32平方米。多数墓葬的长度在1.8—2.4米，宽度在0.5—1米。墓葬均较浅，深度超过4米者仅4座，最深者M2082深度为4.35米；深度在3—4米的有18座，而深度在1米以下者多达1032座，约占墓葬总数的80%。陶寺墓地墓葬较浅与历代平整土地密切相关，特别是20世纪70年代"农业学大寨"期间，当地村民在此采取截坡取平的方式建造梯田，致使很多墓葬的墓圹上部遭受破坏。

墓圹大多为直壁，少数为斜壁，口大底小或口小底大，后两者合计116座，约占总数的8.9%。在4座墓葬中发现生土二层台，14座墓中发现有壁龛，其中头龛9座，右侧壁龛3座，左侧壁龛1座，两侧皆有壁龛者1座。在壁龛墓中，其中7座墓葬的头龛中放置有猪下颌骨，M2064壁龛中放置陶罐1件，M2384壁龛内发现陶器3件和玉钺1件，M3073的壁龛中发现鼍鼓，而M3343的两组四龛均为空龛。墓底一般都较平整，个别墓葬经过特殊处理，如M1650的墓底用烧土渣混合碎陶片砸成硬面，而M1796的墓底铺一层炭渣，然后用编织物裹尸置于炭层之上。

陶寺墓地中可确定朝向的墓葬共1199座，以墓圹中轴线头端为准，方向在90°—180°者共1183座，约占总数的98.7%，其中又以120°—140°者最多，计662座，约占55.2%。由于墓地正处于塔儿山西麓的斜塬上，地势东南高，西北低，因此这1000余座墓葬基本都是朝向东南，也即塔儿山的主峰方向。

因绝大多数墓葬直接打破生土层，所以墓葬填土较为纯净，但也有270座墓葬填土中发现陶寺文化的陶片。

2．葬具

在陶寺墓地中，共60座墓葬发现有木质葬具，不到墓葬总数的

5%，且均为单棺。木棺以长方形为主，具体形制略有不同，个别墓葬发现有独木舟式棺。

除木棺之外，在上百座墓葬中还发现多种殓尸之物，也可归入葬具一类。主要有覆面、棺底或墓底的铺垫物、尸身上的覆盖物或包裹物等。所用材料包括麻织物、苇席或其他草类编织物、蒲草以及不明植物叶片等。如 M2349 墓主脸部和颈部有一层红色布纹痕迹，当是覆面。M3453 则自上而下共有六层殓尸之物：第一层为折叠的麻类编织物，第二层是苇帘一类的编织物，第三层是麻纤维，第四层是较细的植物茎秆，第五层是灰黄色织物并沾有朱砂，第六层是铺在墓底的麻纤维，此外在墓主头部覆盖有黄色细麻布一块。

3．葬式

在发掘的 1309 座墓葬中，可以辨别葬式者多达 1173 座，其中二次葬 10 座，单人一次葬 1163 座。其中仰身直肢葬是最流行的葬式，共 1074 例，占单人一次葬墓葬总数的 92%。除此之外尚有仰身屈肢葬、侧身直肢葬、半侧身屈肢葬和俯身葬等，数量均很少。另有数座异常葬式，应属非正常死亡。10 座二次葬中有 9 座单人二次葬，另有 1 座双人二次葬。这些二次葬或将人骨集中堆放，或者是按照体位大致摆放。

4．人骨与性别

在全部 1309 座墓中，骨骼完整或基本完整的只有 428 座。经体质人类学家鉴定过的人骨总数为 977 例，其中男性及疑似男性 529 例，女性及疑似女性为 415 例。年龄最小者 7 岁，最大的 60 岁以上，其中青壮年占 70% 以上，55 岁以上者仅 59 例，仅占 6%。

陶寺墓地的人骨很多被扰动，其中有些带有明显的人为扰动痕迹。

如 M2067 有四柱式木棺，棺内仅见零散的趾骨和肋骨，但在墓室被扰乱的填土中发现一具非常态人骨，主要骨骼未丢失，但头骨和部分肢骨错位，脊柱扭曲，肋骨凌乱，应是在半腐状态下被拖置于此处的。从层位关系上看，该墓被一不规则的灰坑 H2007 打破，该坑完全包围了 M2067 的墓口，破坏了墓室上部并深入墓穴，似专为破坏该墓所挖，并把葬入不久的尸骸从棺内拖出，随后抛置于填土中。

5．墓葬等级

发掘者根据墓圹规模、葬具、随葬品种类和数量等因素，将陶寺墓地的墓葬分为六大类。

（1）一类墓

即通常所称的大型墓，是墓地中规模最大、数量最少的墓葬，共 6 座。此类墓的墓圹一般长 3 米、宽 2 米多，残存深度在 0.7—2.1 米。这类墓葬原先都应有考究的木棺和其他殓尸用具，随葬品包括家具类的木案，炊器类的陶灶、各种陶斝、木俎以及与之配套的石厨刀，盛储器和食器类的陶大口罐、盆、盘、豆以及彩绘陶器、彩绘木豆和高柄木豆、木盆、木斗、骨匕和彩绘木胎仓形器，饮酒器类的小口高领折肩罐、高领陶壶、薄胎折腹斝、木觚，乐器类的鼍鼓、特磬、土鼓，仪仗和兵器类的玉石钺、戉、镞，工具类的斧、锛、凿、研磨盘和研磨棒，以及组合头饰和腕饰等。这些器物多成组出现，而且有相对固定的位置，如大型陶斝内置猪头，木俎上载有石厨刀和猪蹄、肋，墓底足端放经肢解的猪骸。凡漆木器和泥质盛储器器表通常有朱绘或彩绘图案，陶盘内壁则绘蟠龙纹。

发掘者根据墓中是否随葬鼍鼓、特磬、土鼓、玉钺和各类兵器，将一类墓又分为一类甲型墓和一类乙型墓。

A．一类甲型墓

共 5 座。集中分布在Ⅲ区西部，其中 M3072 和 M3073 东西并列，

M3016、M3015 和 M3002 另成一列。这 5 座墓葬方向一致，均朝向东南，且排列整齐，间距均匀，显然是经过事先规划的。

① M3072

该墓直接开口于耕土层下，墓口距地表仅 0.34 米。墓葬的头端和中部被扰坑 H3013 彻底破坏，足端一角又被晚期坑 H3015 打破。现存墓口残长 0.8 米、墓底残长 2.8 米、宽 2.18 米，存深 1.44 米。

墓室仅右侧足端保存有下葬时的原样，顺足端墓壁横置木俎 1 件，俎上并列 2 件彩绘木匣，俎前有大陶罍 1、折腹罍 1、大型木豆 1、蟠龙纹陶盘 1、石厨刀 1、劈开的猪头 1；在右侧近中部墓壁下有大口罐、陶尊各 1，附近又有陶豆 3 件；靠近左侧墓壁有残鼍鼓 1，鼓腔内有鳄鱼骨板 4 片，鼓旁有石斧 1 件；在靠近足端中段墓壁下有残石磬和土鼓各 1 件；另外在 H3013 填土中发现陶灶 1、大口罐 3 和陶豆 1，均已残碎，但可以复原，应该也是墓中的随葬品。因此，以上共计随葬 21 件。

② M3073

M3073 位于 M3072 西侧，被大坑 H3012 几乎破坏殆尽，仅在墓室头端有一窄条未被波及。墓底复原长 3.1 米、宽 2 米，头端残深 1.22 米。

该墓残存的随葬器物情况是：在头端横置彩绘长方木平盘，盘与墓壁之间斜立玉钺 1 件，头端有夹砂大口缸 1，缸内有过半的灰烬，并有套合的骨匕 2 件，缸外依次有骨匕 2、彩绘木豆 5、彩绘陶豆 5、不明彩绘木器 4、土鼓残片以及鼍鼓 1 件。另一侧墓壁有大口罐 4 件和盆形斝的斝足 1 件。此外，从 H3012 填土中发现有彩绘蟠龙纹盘、折腹盆、小口折肩罐、折腹罍、盆形斝等器物的残片，以及鳄鱼骨板 12 枚、玉环和石镞各 1 件。综上，M3073 可以确认的随葬器物共 34 件，另有鳄鱼骨板 44 枚。

③ M3016

该墓平面呈倒梯形，头端宽 2.76 米、足端宽 2.52 米，长 3.1 米，残深 1.5 米。M3016 主要被 H3011 打破，坑底部发现一具 40—45 岁的男性头骨，疑是 M3016 的墓主。此外，该墓又被 H3006、H3004、H3008

以及 H3014 等灰坑破坏，但仍存有 35 件随葬品和被肢解过的猪骸。

M3016 墓底头端正中部位有陶折腹斝和木觚各 1 件，头端偏右处有小口高领折肩罐 1、高领陶壶 2，右侧近头端有大口罐 2，折腹小罐、单耳夹砂小罐、蟠龙纹陶盘各 1 件；墓室中部偏右处有研磨盘、研磨棒 1 套，附有红、黄色颜料，下方有长方形木盘 1 件；右侧偏足端有内置猪下颌骨的盆形斝 1、陶灶 1、平板石 1、石斧和石锛各 4 件、石凿 2、石镞 2 和蚌镞 1 件，另见散置的猪下颌骨、猪肋和猪蹄等；土鼓 1、鼍鼓 2 和石磬 1 件平列于足端，另外还有形制不明的木器 2 件。H3008 出土鳄鱼骨板 13 件，应是源自 M3016 随葬的鼍鼓。

④ M3015

M3015 墓室形制也呈倒梯形，头端宽 2.68 米、足端宽 2.5 米，长 3.2 米，残深 1.5—1.6 米。灰坑 H3005 将木棺部位及近头端周围均扰动，因此墓室中部虽可见板灰和朱砂，但仅存扰动过的盆骨、股骨和肋骨，据鉴定是 40 岁左右的男性。

随葬品放置情况是：头端正中有破碎的折腹斝 1、不明彩绘木器 2；头端左侧有彩绘木仓形器 4、骨匕 7，附近有玉石钺 5、双孔刀 1、小玉环 1；头端右侧是彩绘高柄木豆 2；棺右侧有彩绘大木盆 1，盆内放长柄木斗，附近有高柄木豆 1、小木盆 1、陶灶 1、单耳夹砂小罐 1、盆形斝 2，其中 1 件斝内有劈开的猪头；右侧中段墓壁下有小口高领折肩罐 1、大口罐 2、彩绘高领陶壶 2、鼓腹小罐 1，在这群器物的下方，顺着墓壁放置有木俎 1，俎上有彩绘木匣 1，匣内有石厨刀 2 和猪蹄骨若干，俎旁另有 1 件石厨刀；足端右侧墓角有大型木豆 1 件，在木俎和木豆之间散落石锛 6 件。

墓室左侧，沿近头端墓壁放置 2 件彩绘物品，器类不明，其附近有彩绘、朱绘木豆 7 件；左侧中段偏下有大口罐 2、小口高领折肩罐 1，墓底还散落石镞 111 件、骨镞 4 件；左侧近足端立彩绘木腔鼍鼓 1 对，鼓腔内均发现多件鳄鱼骨板和调音的黑褐色小圆锥体 29 枚；鼓旁另有大石磬 1 件和研磨盘、研磨棒 1 套；足端墓底发现一层白灰面，其上有肢解后的猪脊椎、肋排和蹄腿等。

在 H3005 填土中发现扰进的 M3015 随葬品 30 件，包括石镞 18、骨镞 6、玉管 1、锛形玉片 1、穿孔绿松石 2 和骨饰片 1 件，此外还发现土鼓的残片。

以上共计 277 件器物。

⑤ M3002

M3002 墓口长 3.2 米、宽 2.3 米，墓底略大，残深 0.84—1.5 米。该墓被 H3001 严重破坏，墓室的头端和中部右侧几乎被荡平。墓室内发现残留的板灰痕迹，墓主骨骼仅剩髋骨以下部分，经鉴定为 22—24 岁的男性。

M3002 残留的随葬品包括：头端有折腹斝 1，左侧存木胎仓形器 2；左侧墓壁下有一长方形彩绘痕迹，其上方及附近有高领彩绘陶壶 1、朱绘木豆 3、残骨器 1、玉钺 3、石镞 4，均有被扰动的痕迹；左侧偏足端墓壁下有大口罐 2、小口高领折肩罐 1、石戉 2；靠近足端并立彩绘木腔鼍鼓 2，鼓腔内各有黑色小圆锥体 16 枚和 14 枚，鼓侧有大石磬 1，磬下压骨簪 1 件；足端偏右处有研磨器 1 套，另有大小成序列的石斧 7、石锛 13 件；右侧墓壁发现石厨刀 1，但未见木俎，另一件石厨刀混杂在石斧和石锛之中；右侧墓壁还散置有劈开的猪头、猪下颌骨 8 副以及被肢解的其他猪骨，另有盆形斝、单耳罐形斝和高领彩绘壶等陶器。此外，H3001 中也发现扰自 M3002 的单耳夹砂小罐、土鼓、大口罐、夹砂器盖以及陶灶等物。以上共计各类随葬品 57 件（不包括猪骨）。

B. 一类乙型墓

仅 M2001 一座。一类乙型墓的墓室规模与甲型基本相若，但墓中没有鼍鼓和特磬等礼乐重器。该墓是 6 座一类墓中唯一没有被破坏者，为了解陶寺墓地一类墓的全貌提供了典型例证。

M2001 墓室呈长方形，长 2.9 米、宽 2.52—2.54 米、残深 0.7 米。葬具为长方形木棺，棺下有两根垫木，棺和垫木均漆成朱红色。棺内铺满朱砂，人骨已经腐朽，但可以看出为仰身直肢葬，面朝左侧。墓主性别不易鉴定，但从随葬品组合来看，更有可能是女性。

M2001 共出土各类随葬品 77 件组，具体是：

棺内主要是墓主的装饰物，包括头部附近的玉环、骨笄、绿松石片组合而成的头饰 1 组、玉笄 1 件，右臂所戴的绿松石腕饰 1 组，右手中指佩戴的蚌指环 2 件，腰部右侧的腰饰 1 件，左臂近肘部的臂饰 1 件。后两器均为有机质，已炭化，形制不明。

棺前头端中部有彩绘木案 1 件，案中央放置折腹斝 1，斝后有木器（可能是瓢）1 件；头端左侧墓壁下有木胎仓形器 5 件，每件仓形器上平放骨匕 1 件；头端左角有不明器形的木器 1 件，右侧有高柄木豆 7 件。

棺左侧有彩绘双耳木豆 9 件，其下方是朱绘磨光黑陶豆 13 件；左侧中段墓壁下还有高颈陶壶 2、陶尊 1、大口罐 2、陶盂 1、小口高领折肩罐 1，靠近足端处有彩绘陶瓶 1 件，大口罐和盂之间有彩绘痕迹一片，已无法辨别器形。在漆棺和左侧器物群之间还有一窄长条状、局部弯曲的彩绘木器，长达 225 厘米，器类不明。

棺右侧近头端有大木盆 1 件，旁边是蟠龙纹陶盘，然后依次有大口罐 2、大型圆木案 2 件，其中一件木案上放有石厨刀、猪肋骨和骨镞 1 枚，另一木案上则有石厨刀、猪肋、猪腿和猪蹄；在木案和墓壁之间有木俎，俎上也放置有石厨刀。右侧还放置有盆形斝 2、陶灶 1、单耳夹砂小罐 1、高柄陶豆 1 和陶尊 1 件。

在足端墓底发现有猪头、猪脊椎、肋排、腿、蹄以及尾椎骨等。

发掘报告特别指出，在 5 座一类甲型大墓葬区共发现扰坑 16 座，5 座大墓受到其中 12 座扰坑的叠压、打破和扰动。从这些坑的位置和形制来看，均是针对上述墓葬有意为之的，目标对准墓室的中部。发

图 2-20 陶寺 M2001 墓室

图 2-21 陶寺 M3072 和 M3073 出土的彩绘龙盘

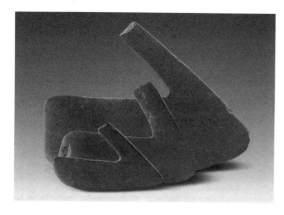

图 2-22 陶寺 M3015 的石厨刀

掘者认为,从扰坑规模之大,坑套坑反复扰动等特征来看,这些扰坑"不是个别人暗地进行,而像是明火执仗的集体行为",其"最终目的是掘棺扬尸","是针对大墓墓主的报复行为"。

(2) 二类墓

二类墓共 30 座,与一类墓的主要差别是墓室规模较小,不见鼍鼓、特磬、蟠龙纹陶盘等礼器;盆形斝、大口罐、厨刀等器类的数量更少,不见 V 字形大型厨刀,木案和木俎形体较小,形制简单,甚至以木板替代;有猪头、下颌骨、脊椎、肋和蹄中的两三种,不见肢解的整猪。

发掘者又将二类墓划分为四种不同类型:甲、乙两型均随葬有彩绘或朱绘陶器、木器、玉石器构成的礼器群,但种类和数量有所差异;丙型,不见炊器、盛食器、酒器,但却随葬有玉圭和土鼓,当属特例;丁型,仅随葬彩绘或朱绘陶瓶以及组合头饰等精美饰物,它们大多分布在一类大墓附近,墓主应与一类大墓的墓主关系密切。其中二类甲种 13 座,乙种 7 座,丙种 1 座,丁种 4 座,另有数座墓葬不易确定归入何种。

以下我们把二类墓各型典型墓例的有关情况统计如下表。

墓类	墓号	墓口尺寸（米）	墓主性别	保存状况	葬具	随葬品
甲型	M2103	长 2.36 宽 1.35—1.55 深 1.13	40—50 岁男性	左侧被 M2102 打破	长方形木棺	残存 27 件。棺内墓主腰部有带红彩短柄的玉钺 1，棺前头端有大型彩绘木案，案中央放木觚 2，左侧放木胎仓形器 1，顶部放骨匕 1，案左缘有不明器形的木器 1 件；墓室右侧有大型彩绘折腹陶盆 1，大型木豆 1，尊形器 1，石斧 1，朱绘木器 2，朱绘夹砂小罐 2，朱陶瓶 1，朱绘陶壶 1，单耳罐形罩 1，单耳罐形罩 1，单耳折腹小罐 1，折肩大罐 1，大口罐 1，朱绘陶盆 1，带柄石铲 1，墓室左侧有彩绘陶豆 1，猪下颌骨 1 副，盆形骨 1。
甲型	M2172	长 3.3 宽 2.89 深 1.88	40—50 岁男性	二层台被 M2170 和 M2169 打破	长方形木棺	二层台上残留 58 副猪下颌骨，如按对称布局推算，原来至少葬入百副以上的猪下颌骨。棺内墓仅在墓主右侧发现玉钺 1 件；头端墓壁下设木案 1，案右缘有木觚 2，左端有高柄木豆 2，骨匕 1，墓室陶边有彩绘折腹小罐 1，单耳夹砂陶罐 1，陶尊 1，陶瓶 1，陶壶 1，单耳夹砂陶罐 1，单耳罐形陶鼎 1，陶豆 4，陶盆 1，圆腹罐 1，盆形罩 1 和大口罐 2 件，墓室左侧中段有浅腹陶盆 1，木碗 1，桶形木器 1，木勺和骨匕各 1 件置于桶上，带柄石铲 1，桶旁有不明木器 1 件，左侧近足端有木俎 1，俎上有石刀，俎上方填土中有猪头 1 具，猪腿和猪蹄等，足端墓壁下仅见浅腹盆 1 件。

续表

墓类	墓号	墓口尺寸（米）	墓主性别	保存状况	葬具	随葬品
乙型	M2202	长 2.26 宽 1.35 深 1.55	40 岁左右的男性	完整	头部和躯干用黄色麻布包裹，外用草类包裹	墓室右侧近头端有木觚 2，中段有大型折腹陶盆 1，尊形器 1，墓室左端近头端有小型木胎仓形器 1 和 1，中段有高柄木豆 1，陶尊 1，器形不明木器 1，小陶钵各 1 件，另在此处的填土中发现石镞 12 件。
乙型	M2200	长 3.7 宽 2.93 深 3.45 是陶寺墓地墓圹面积最大者	35 岁左右的男性	被多座墓葬打破，但均未伤及墓底	独木舟式木棺	足端二层台上堆放有 13 组共计 132 副猪下颌骨；棺内墓主头部发现用数十枚细小牙片镶嵌在麻布上的饰物；墓室左侧紧贴墓壁有一根圆木杆，其旁有带箭杆的骨镞 1 组 17 根，存长 214 厘米，聚成朱红色，也涂有朱红色。
丙型	M3032	长 1.9 宽 1.2 深 0.5	不明	被近代墓和扰坑打破	二次葬，未见葬具	玉圭 1 件，5 件玉管组成的项饰 1 组和土鼓 1 件。
丁型	M2023	长 2.49 宽 1.4 深 0.83	35—40 岁的女性	墓室上部被灰坑 H2004 打破	长方形木棺	头部有骨笄与半圆形穿孔玉片，弧形玉片，玉坠饰及绿松石组成的头饰 1 组，右臂有绿松石腕饰 1 组，足端墓底有朱绘陶瓶 1 件。
丁型	M2003	长 2.07 宽 0.88 深 0.43	25 岁左右的女性	墓室上部被 M2002 打破	长方形木棺	头顶有骨笄、大理石笄、绿松石饰，应属同一组头饰；两手腕分别佩戴由小蚌片组成的腕饰 1 件，足端放朱绘陶瓶 1 件。

图 2-23　陶寺 M2200 墓室

图 2-24　陶寺 M2172 墓室

第二章　"禹域"内的龙山遗存 | 265

(3) 三类墓

三类墓共 149 座，墓室规模普遍小于二类墓，一般长 2—2.5 米、宽 0.6—1 米。三类墓中有木质葬具者仅 15 座，见殓尸痕迹者 26 座。三类墓大致包括使用玉石礼器、佩戴玉石装饰物和使用人牲与动物牺牲三种情形，但鲜见同时随葬陶器和木器者。此外，随葬猪下颌骨的 10 座，除个别墓葬随葬 12 副猪下颌骨外，其余都仅随葬 1 副，放在头龛或头端、足端墓底。

发掘者根据随葬器物与人牲、动物牺牲等不同情况，将三类墓又细分为数类。

三类甲型墓：共 125 座。此型墓葬的基本特点是随葬钺、钺形器、圭、璧、复合璧、璜、琮、双孔刀等玉石器，有的兼用玉石装饰品和猪下颌骨等。

三类乙型墓：共 18 座。其基本特点是墓主佩戴玉石装饰品，如玉环、玉梳、玉笄、组合头饰、项饰、臂环、腕饰和指环等，或同时兼具骨、蚌质装饰品。

三类丙型墓：共 6 座。该型墓的突出特点是使用动物牺牲，如羊、獐、鹿等。

以下将三类墓典型墓例表列如下。

墓类	墓号	墓口尺寸（米）	墓主性别	保存状况	葬具	随葬品
甲型	M3372	长 2.8 宽 1.45 深 0.9	50—55 岁男性	被 M3311 打破，但未伤及墓底	身体上下分别铺有草编物	颈部佩戴大理石坠饰 1 件，右臂套大理石璧 1 件，右股骨外侧有石钺 1 件；墓室左侧有长条形红彩木器 1 件，疑似盾牌一类器物，其上放置有红柄石钺 1 件；头端右角墓底有猪下颌骨 1 副；此外在填土中发现石钺 1 件。

续表

墓类	墓号	墓口尺寸（米）	墓主性别	保存状况	葬具	随葬品
甲型	M3168	长2.75 宽1.15—1.25 深1.05	成年男性	完整	有长方形覆盖物	头顶上方有3件蛇纹石散件，颈部有一串由26件大理石、蛇纹石管组成的项饰，右手腕有大理石璧与5组牙饰及90余枚绿松石片镶嵌而成的腕饰，左手套滑石琮1件，右侧髋骨处有软玉双孔刀1件，髋骨以及双腿间放玉钺2件，另在右肩侧有一长方形不明炭化物。
甲型	M3175	长3.15 宽0.98 深0.65	30岁左右男性	完整	有圆角方形覆盖物	在墓主颅骨上有大理石散件6件，头骨右侧有绿松石饰片8枚，左胸平置石璧1件，右股骨外侧放着大理石钺和双孔刀各1件。
甲型	M1364	长2.44 宽1 深4.02	35岁左右男性	被数座墓葬打破，但未触及墓底	麻编织物包裹	头顶有大理石梳1件，胸腹部有玉璧和石璧各1件；墓室右侧有红柄玉钺1件；头龛内有猪下颌骨1副。
甲型	M2384	长2.43 宽1.02—1.04 深2.68	35—40岁女性	被一兽洞局部破坏	草编物包裹	盆骨右侧有玉臂环1件；壁龛中有高领折肩罐、彩绘双大耳罐、浅腹盆和大理石钺各1件。
甲型	M2011	长2.2 宽0.9 深0.35	30—35岁男性	部分被破坏	不明	头顶有蛇纹石饰物、圭状饰物，右肩部有小玉环和弯月形玉饰及绿松石饰片22枚，应是散落的头饰组件；双臂各戴组合璧1件；左手有大理石指环2件。
甲型	M3031	长3.12 宽1.14 深约1	40岁左右男性	被M3035打破，但墓底完整	麻织物包裹	头顶有玉饰3件，颈部有项饰2串，每串由11枚蛇纹石管组成，右臂套玉臂环1件，双腿间有玉钺2件，填土中玉石钺2件，双孔玉刀1件、骨镞1枚和石镞2件。

续表

墓类	墓号	墓口尺寸（米）	墓主性别	保存状况	葬具	随葬品
甲型	M1267	长 2.26 宽 0.84 深 2.4	不明	被 M1265 打破，但未伤及墓底	有长方形板灰痕迹	头顶置玉梳 1 件，右臂戴玉琮 1，墓室左侧有石钺 1 件。
甲型	M1718	长 2.24 宽 1.26 深 1.15	成年男性	墓室左侧和足端被破坏	有板灰痕迹	右肩部有大理石钺 1 件，胸腹部平置石铲 1，右侧盆骨处有大理石璧 1 件。
甲型	M2075	长 2.5 宽 1.25 深 2.4	45 岁左右男性	完整	未见	右肘部有大理石琮 1 件，足端墓底有石钺 1 件。
甲型	M1282	长 2.5 宽 1.2 深 3.3	不明	完整	麻编物包裹	颅后有大理石梳 1，右臂戴大理石琮 1，右胸部有长条形和长方形石饰各 1 件；头龛内猪下颌骨 1 副。
甲型	M3142	长 2.45 宽 0.8 深 0.3	45 岁左右男性	基本完整	未见	腿部和足端放置猪下颌骨 12 副，足端左角有大理石圭 1 件。
甲型	M1650	长 2.15 宽 0.94 深 3.35	35—40 岁男性	基本完整	用碎陶片和烧土渣铺成棺床，上置木棺，并有麻织物棺饰	胸腹部放大理石璧 1 件；头龛中置猪下颌骨 1 副。
甲型	M3231	长 3.04 宽 1.7 深 3.6	56 岁以上男性	完整	长方形木棺	墓主骨骼不全，可能是半腐状态下葬入，且经过火烧；填土中发现一具成年女性人骨，应是人牲。
甲型	M3296	长 2.15 宽 0.7 深 2.22	50 岁左右男性	完整	不明	腰间发现铜铃 1 件。
乙型	M1369	长 2.02 宽 0.56 深 0.98	22—24 岁女性	被 M1218 和 M1271 打破，但未触及墓底	无	颈部有项饰，由 1300 枚大小厚薄相同的蚌环组成；右手腕戴玉环 1 件，另在填土中发现玉臂环 1 件。

续表

墓类	墓号	墓口尺寸（米）	墓主性别	保存状况	葬具	随葬品
乙型	M2010	长 2.05 宽 0.9 深 0.7	30—34岁女性	被 M2015 打破,墓主骨骸不完整	草编物包裹	右耳有骨笄1、小玉环1、玉坠饰1、玉笄1以及散落的绿松石片1件,应是组合头饰;右手腕套1件绿松石饰片镶嵌的腕饰。
乙型	M2028	长 1.9 宽 0.84 深 0.37	25—30岁男性	部分人骨被晚期扰沟破坏	无	头骨附近发现散乱的组合头饰,包括骨笄、玉环、玉笄、玉坠饰各1件和绿松石片10件;右臂有一堆绿松石饰片,当是腕饰;盆骨左侧有玉指环2枚。
乙型	M2105	长 2.4 宽 1.17 深 0.35	56岁以上女性	被 M2104 打破,但墓底未遭破坏	无	颅骨右侧有骨笄1件,足端左角墓底放陶瓶1件。
丙型	M3166	长 2.45 宽 0.7 深 0.2	成年男性	完整	无	从人骨状态看,似是半腐状态下葬入的。随葬品仅有羊骨架1具。
丙型	M3343	长 2.16 宽 0.6 深 1.1	25—30岁女性	完整	无	祭祀坑 H3034 打破并直接叠压在该墓上部,坑内埋羊1只。
丙型	M2336	长 2.5 宽 0.85 深 1.83	30岁左右女性	被 H2021 打破	无	墓底仅存一头骨,H2021中有不完整的无头女性骨殖,当属于同一个体。除坑内发现羊骨架1具外未见其他随葬品。
丙型	M2373	长 2.7 宽 0.87 深 2.8	两个男性头骨	完整	无	可能是二次葬;一座圆形祭祀坑打破墓室上部,坑内有獐1只。
丙型	M2430	长 2.85 宽 1.12 深 3.7	男性	人骨被扰	人骨上有覆盖物,质料不明	祭祀坑 H2025 打破墓室上部,坑内埋鹿2只。
丙型	M2087	长 2.75 宽 1.1 深 3.45	不明	人骨被扰	有包裹物痕迹	壁龛内有猪下颌骨1副;填土中分三层埋猪下颌骨74个,并有碎陶片。

(4) 四类墓

陶寺墓地四类墓葬的基本特点是：使用木棺，但一般没有随葬品，尤其没有玉石礼器、彩绘或朱绘陶器、木器，也没有梳、笄、组合头饰、项饰、臂环、腕饰等形制和用途明确的装饰品。在已发掘的墓葬中，归入此类的墓葬数量较少，仅29座。此类墓葬的长度都在2.1米以上，最长者3.28米；宽度多在1米左右，最宽者达1.8米；深墓也较多，最深者达4.35米。

在这29座墓葬中，有随葬品者仅3座，其中M3419随葬浅腹盆和双大耳罐各1件，M3106随葬大理石头饰3件，另有一墓随葬石镞1件。

(5) 五类墓

此类墓共254座，占可分类的770座墓葬的33%。五类墓规模小于四类墓，一般长1.9—2.4米、宽0.5—0.8米，均无木质葬具，但可见撒朱砂或使用麻布、麻编物、草编物来殓尸的现象。

其中154座墓葬有随葬品，绝大多数是装饰品，其中使用骨笄、骨簪者多达102座，也有部分墓葬随葬骨梳、指环、臂环，多为骨质和蚌质，此外还有少部分墓葬随葬多副猪下颌骨。

(6) 六类墓

六类墓共302座，占770座可分类墓葬总数的39.2%。六类墓一般长1.8—2.2米、宽0.4—0.7米，普遍较浅，没有木质葬具，发现尸殓痕迹的墓葬仅4座。除个别墓葬有不成形的残碎石片外，普遍没有随葬品。

上述六类墓葬中，一类墓通常归入大型墓，二、三、四类归入中型墓，五、六两类属于小型墓。发掘报告对各类墓葬墓主身份进行了推测，分别是：一类甲型为有王者身份的方国首领人物，乙型当为王室成员；二、三类当为等级不同之贵族，三类甲型墓出土有使用痕迹的石钺，墓主或属武士阶层；四类墓可能是贵族中身份低下者或平民中的富有者；五、六类墓则应是平民墓，而六类墓中规模最小，无任何随葬品者当是贫民。

（五）陶寺城址

自 1999 年以来，中国社会科学院考古所山西工作队再次对陶寺遗址进行了大规模钻探和发掘，工作的重点是寻找和发掘大型建筑。[1] 2001—2002 年，该队即在陶寺遗址发现了一座城址，陶寺考古取得重大突破。[2]

城址位于陶寺村、中梁村、宋村、东坡沟村和沟西村之间，正处于陶寺遗址中心区域。城址平面为圆角长方形或圆角梯形，方向312°。已发现北、东、南三个方向的城墙，其中北面城墙有三道，南面城墙有两道，东面城墙一道，西面城墙或已被宋村沟所破坏。城址南北最大距离为 2150 米，东西最大距离 1650 米，总面积在 200 万平方米以上。

根据对城墙的解剖发掘，城址的各道墙体均被陶寺晚期地层、灰坑所叠压或打破，有的墙体还被中期灰坑打破，但有的墙体又叠压着陶寺文化中期的遗迹，据此发掘者判断城址年代应在陶寺文化中期。但发掘者又指出，由于城墙的建筑年代并不完全一致，城址的修建和使用经历了一个较长的过程，因此不排除在此大城范围之内存在小城的可能性。

2002 年，山西工作队继续对陶寺城址进行钻探发掘，并最终判定

---

[1] 中国社会科学院考古研究所山西队、山西临汾行署文化局：《山西襄汾县陶寺遗址Ⅱ区居住址 1999—2000 年发掘简报》，《考古》2003 年第 3 期。
[2] 梁星彭、严志斌：《山西襄汾陶寺文化城址》，国家文物局编《2001 年中国重要考古发现》，文物出版社，2002 年，第 24—27 页。

陶寺中期城址之前存在有陶寺文化早期的城址。[1]

这座早期城址位于陶寺遗址东北部,中梁沟以东,南河以西,小南沟沟头以北范围内,占据陶寺遗址Ⅰ区的大部和Ⅳ区的东北部。陶寺早期城址大体呈圆角长方形,方向315°,南北长约1000米,东西宽约560米,面积约56万平方米。根据地层关系和出土器物特征,发掘者判断陶寺小城始建于陶寺文化早期的偏早阶段,而废弃于陶寺早期的偏晚阶段。此外,发掘者认为在陶寺中期大城的东南角另有一处独立封闭的区域,可以视为陶寺中期的一座独立小城,在此小城范围内分布有祭祀遗存和墓葬区。

陶寺城址内已经发现若干重要遗存,包括大型建筑基址、墓葬和带有暴力遗存的灰沟等。

1. 建筑基址

2003年,中国社会科学院考古研究所山西工作队在陶寺中期小城西南部发掘了一座大型夯土基址ⅡFJT1。[2] 该基址北侧以陶寺中期城址内侧南垣Q6为依托,面向东南,平面呈大半圆形。从已揭露的部分看,有三道圆弧形夯土墙,可能为起建三层台基之用。主持发掘的何驽先生对该基址的形制和功能进行了复原研究,认为它很可能是一座观象授时的古天象台,这一意见也得到天文史学者的支持。[3]

---

[1] 中国社会科学院考古研究所山西队等:《山西襄汾陶寺城址2002年发掘报告》,《考古学报》2005年第3期。
[2] 中国社会科学院考古研究所山西队等:《山西襄汾县陶寺城址祭祀区大型建筑基址2003年发掘简报》,《考古》2004年第7期。
[3] 何驽:《陶寺中期小城内大型建筑ⅡFJT1发掘心路历程杂谈》,《古代文明研究通讯》总第23期,2004年;《陶寺中期小城大型建筑基址ⅡFJT1实地模拟观察报告》,解希恭主编《襄汾陶寺遗址研究》,科学出版社,2007年,第192—206页;武家璧等:《陶寺观象台遗址的天文功能与年代》,《中国科学G辑:物理学力学天文学》2008年第38卷第9期。

2005—2007 年，何驽等发掘者为了寻找陶寺城址的宫殿区，在陶寺早期小城的东南部，也即中期大城内东北部发掘了大型夯土基址ⅠFJT3。基址形状大致呈正方形，边长约 100 米，总面积约 1 万平方米。在主体殿堂柱网分布区内的夯土基址中，发现了 5 处比较明显的奠基性的人骨遗存，多数都是肢体残缺或散乱的人骨，其中奠基坑 IM14 人骨左臂上戴有一件玉璧。除此之外，还发现有含砷铜容器（盆）的口沿残片、石厨刀和带有朱书"十"字形符号的陶扁壶残片。从地层关系上看，这座基址的年代属于陶寺中期。[1]

除此之外，该队又于 2011—2012 年发掘了 2011JXTⅢFJT2 这座夯土基址，它是该城址手工业作坊区内目前已知规模最大的一处基址，坐落的地势也明显较高，发掘者推测其功能与陶寺城址的手工业生产管理相关。[2]

2．墓地

2001—2002 年，在中期大城北城墙 Q1 北侧发现一处陶寺文化晚期的墓地，清理了墓葬 12 座，其中 M11 是一座中小型的竖穴土坑墓，墓主仰身直肢，颈部佩戴有 800 余颗蚌片组成的饰物，手臂上套有 1 件玉瑗和 1 件铜齿轮形器，胸部则放置有 1 件玉牙璧。经金相分析，铜齿轮形器属于砷青铜。[3]

2002 年，在陶寺中期小城西北部发现一片墓地，面积约 1 万平方

---

[1] 中国社会科学院考古研究所山西队等：《山西襄汾县陶寺城址发现陶寺文化中期大型夯土建筑基址》，《考古》2008 年第 3 期。

[2] 中国社会科学院考古研究所山西队、山西省考古研究所：《山西襄汾县陶寺遗址Ⅲ区大型夯土基址发掘简报》，《考古》2015 年第 1 期。

[3] 梁星彭、严志斌：《山西襄汾陶寺文化城址》，国家文物局编《2001 年中国重要考古发现》，第 24—27 页。

米,并清理了墓葬22座,其中以ⅡM22最为重要。该墓为长方形竖穴土坑墓,墓圹为圆角长方形,开口长5米、宽3.65米,底长5.2米、宽3.7米,深约7米。墓壁陡直,墓底平坦,四壁有五周嵌入式草拌泥带。墓室四壁底部共发现壁龛11个,其中南北两壁各4个,东壁1个,西壁2个,用于放置随葬品。在墓圹内东北角距墓口1.4米处填土内发现1具被腰斩的青年男子人牲骨架。

该墓的木棺是由1根整木挖凿出来的船形棺,长约2.7米、宽1.2米、残高0.16—0.3米、板厚0.03米。棺内外皆施红彩,棺底板上平嵌一层衬板做尸床,其上为散乱的墓主尸骨残骸以及残余的随葬品。棺底下是一层厚约1毫米的絮状朽灰,疑为草垫。

M22被扰坑ⅡH16打破,该扰坑从墓室北壁中段直捣墓室,毁坏了船形棺的上半部分。坑呈不规则椭圆形,东西长4.12米、宽3.1米,深6.7米,时代为陶寺文化晚期的偏早阶段。坑内出土了几束苇秆,人骨残肢碎片、红彩块、子安贝2枚、绿松石珠2颗,坑底有随意抛弃的人颅骨5个,它们应该都是M22随葬品的残留之物。

从出土的彩绘陶器特征判断,M22的年代为陶寺文化中期的偏晚阶段,这说明陶寺中期的大墓被围在中期小城内,与早期的大墓分属不同的墓地。发掘者认为,M22被H16破坏不是孤立现象,陶寺中期的大墓在陶寺晚期曾被普遍地捣毁和扬尸,这种毁墓现象暗示着当时曾经发生剧烈的社会变化。[1]

类似的毁墓现象也见于一些中小型墓葬。2005年春,在陶寺遗址抢救发掘了2座小型墓和4座中型墓,其中4座中型墓在陶寺晚期均遭捣毁,葬具和人骨都已无存。从墓葬壁龛中残留的器物来看,这4座中型墓都属于陶寺中期。发掘者还发现,这些墓葬被捣毁后,一些

---

[1] 中国社会科学院考古研究所山西队等:《陶寺城址发现陶寺文化中期墓葬》,《考古》2003年第9期。

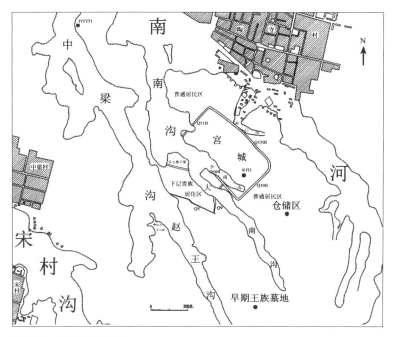

图 2-25　陶寺城址平面图

图 2-26　陶寺遗址 M22 墓室

第二章　"禹域"内的龙山遗存 | 275

贵重的随葬品如玉戚、玉牙璧、玉环以及红铜环等散落在墓葬附近的地层中，由此推测毁墓者并非单纯为了攫取墓中的随葬品而来，而更有可能是出于某种报复心理而破坏墓葬。[1]

3. 暴力遗存

2002 年，在陶寺晚期的灰沟ⅠHG8 内共出土 30 余个人头骨，上面多有砍斫痕迹，这些人骨以青壮年男性为主，但也有老人和儿童。另在一具成年女性骨架上，发现一根巨大的牛角从其阴部贯穿至盆腔，带有明显的暴力残害迹象。发掘者推测这类暴力遗存可能与陶寺晚期的社会剧变相关，而巨大的社会变革也导致了陶寺城址的废弃。[2]

二　陶寺文化的分期及其族属问题

（一）陶寺文化分期的认识过程

陶寺遗址规模宏大，文化遗存丰富，发掘者对陶寺文化属性、分期及相关问题的认识屡经反复，有些关键问题迄今未能形成共识。这里对相关研究过程加以概述。

在 1978 年春季和秋季的发掘之后，发掘者将陶寺遗址的龙山文化遗存分为早晚二期：以第三层及 3A、3B 等五小层为代表的晚期，其

---

[1] 王晓毅、严志斌：《山西抢救性发掘陶寺墓地被盗墓葬》，《中国文物报》2005 年 11 月 9 日第 1 版；何驽等：《2004—2005 年山西襄汾陶寺遗址发掘新进展》，《中国社会科学院古代文明研究中心通讯》总第 10 期，2005 年 8 月。
[2] 中国社会科学院考古研究所山西队等：《山西襄汾陶寺城址 2002 年发掘报告》，《考古学报》2005 年第 3 期。

主要特点是盛行篮纹，泥质陶除素面外，绝大部分是篮纹；主要器类有绳纹直口鬲、单把鬲、甗、方格纹单把鬲、斝、篮纹扁壶、折肩瓮、圈足罐、单耳杯等。以第四层和H5、H6为代表的早期，陶器主要纹饰是绳纹，并有一部分陶胎较厚的磨光黑陶，篮纹极稀少，常见器形有釜灶、长颈侈口罐、鼎、缸、甗、折腹盆、豆、扁壶等，另外还有相当一部分黄褐色陶器。

在发掘简报中，发掘者首次将上述遗存命名为"陶寺类型龙山文化"，并指出陶寺遗址早期与晚期之间存在缺环，陶寺晚期的年代大体与河南龙山文化的三里桥类型相当。

1978年秋至1980年年底，中国社会科学院考古研究所山西工作队对陶寺遗址东南隅的墓地进行了连续5个季度的发掘，发现墓葬637座，清理405座，另有灰坑32座。此次发掘简报公布了两个测年数据：一是早期灰坑H1102（打破早期大型墓M1111），年代距今3910±70年（树轮校正4290±130年）；一是晚期灰坑H1101（打破H1102及M1111），为距今3780±70年（树轮校正4130±95年）。发掘简报还指出，陶寺遗址正处于晋西南"夏墟"的范围内，从其地望、年代以及文化内涵来看，该遗址为探索夏文化提供了重要资料。[1]

随着发掘的墓葬数量增多，参加发掘的高炜等学者意识到有必要对陶寺遗址的分期进行调整。[2] 他们首先总结了陶寺类型早晚期的特征：

> 从出土器物群观察，陶寺早期居址或墓葬中陶器的制法、胎质、颜色以及少量陶器上拍印粗斜篮纹的做法，都与庙底沟Ⅱ期文化相同或接近。早期居址中出土的釜灶、附加堆纹陶缸、盆形

---

[1] 中国社会科学院考古研究所山西工作队、临汾地区文化局：《1978—1980年山西襄汾陶寺墓地发掘简报》，《考古》1983年第1期。
[2] 高炜、高天麟、张岱海：《关于陶寺墓地的几个问题》，《考古》1983年第6期。

鼎、单耳罐、敞口平底盆，早期墓中出土的尊形斝、小口折肩罐等均可在庙底沟Ⅱ期文化中找到相应的祖型。由此看来，在陶寺早期与庙底沟Ⅱ期文化之间，存在着较直接的继承关系。……陶寺晚期，因与陕县三里桥龙山文化遗址有较多相近的因素，二者的时间很可能是平行的。至于陶寺晚期与二里头文化东下冯类型之间有无承袭关系，目前还缺乏直接证据。从盛行鬲、斝、甗为代表的一类器物看，东下冯类型在形成过程中，有可能继承了陶寺类型晚期文化的某些因素。

但高炜等人又强调早、晚期之间可能存在陶寺中期，指出：

> 陶寺早、晚期之间尚存在明显的缺环，近两年的发掘工作，已提供出许多介于早、晚之间的过渡性材料。我们有理由相信，随着今后田野工作深入展开，陶寺中期是能够成立的。

该文还公布了陶寺墓地几个新的测年数据，并据此认为"陶寺遗址和墓地的上限，约当公元前25世纪；下限为公元前20世纪，前后延续五百多年"。在此基础上，几位发掘者提出"陶寺早期约略早于夏代，陶寺中期、晚期当已进入夏代纪年范围"、"陶寺遗址、陶寺墓地很可能就是夏人的遗存"等新认识。

1983—1984年，山西工作队又对陶寺遗址Ⅲ区的西南部进行了发掘，发掘面积1570平方米。这次发掘的主要收获有二：一是发现陶寺早期与庙底沟二期文化的地层叠压关系，二是发现较丰富的陶寺中期遗存。[1]

---

[1] 中国社会科学院考古研究所山西工作队、临汾地区文化局：《陶寺遗址1983—1984年Ⅲ区居住址发掘的主要收获》，《考古》1986年第9期。

属于陶寺中期的遗迹主要有 8 座灰坑，出土陶器以泥质和夹砂灰陶为大宗，泥质和夹砂褐陶次之，还有泥质黑陶。纹饰以绳纹居多，也有少量篮纹和方格纹。这一阶段的篮纹较陶寺晚期的篮纹粗疏，竖纹间有横丝，但更为隐浅不清，方格纹亦较晚期方格纹大且模糊。炊具中釜灶与鬲、甗共存，但不见直口肥袋足鬲，还有斝及少量的鼎足。其他器形有扁壶、大口罐、深腹罐、折肩罐、镂孔圈足罐、敛口钵、豆、单耳杯等。

在此基础上，高炜等发掘者又重新梳理归纳了陶寺文化早、中、晚期陶器特征的演变规律。[1] 根据他们的描述，大致可以归纳为以下方面：

> 制法：早期以手制为主，陶胎较厚；晚期凡泥质陶均用轮制，扁壶等少数横截面不规整的器物仍用手制，陶胎薄而匀称。
>
> 陶质陶色：均以泥质灰陶和夹砂灰陶为主，并有少量泥质磨光褐陶和磨光黑陶。早期灰褐色、胎红者居多，并有少量黄褐色陶，晚期陶色纯正。
>
> 纹饰：以绳纹、篮纹为主，早期多斜向粗篮纹，纹路稀疏不整齐；中期开始有较宽的竖篮纹，纹路长短整齐，间距均匀，在凸起的竖条之间隐约可见纤细的横向条纹；晚期盛行整齐密集的窄条竖篮纹，竖条之间均见纤细的横向条纹；早期的鼎、缸、罐类器物上还有附加堆纹，而方格纹多见于晚期的鬲、斝、盆上；早、晚期均有一部分磨光黑衣陶。
>
> 器类：早期炊器多用釜灶，中期开始出现陶鬲，两者并存，晚期盛行陶鬲，釜灶绝迹。鬲的种类繁多，先是出现侈口平裆鬲，晚

---

[1] 高炜、张岱海、高天麟：《陶寺遗址的发掘与夏文化的探索》，《中国考古学会第四次年会论文集》，文物出版社，1985 年，第 25—33 页；高天麟、张岱海、高炜：《龙山文化陶寺类型的年代与分期》，《史前研究》1984 年第 3 期。

期大量使用绳纹直领肥足鬲、绳纹或方格纹单把鬲、侈口高领双錾鬲等；斝通行于早晚期，早期还有鼎、甗、灶、夹砂罐和夹砂缸等炊器，晚期有甗，但均不占主要地位。早期盛储器以大型泥质瓮、罐为主，腹外常有菌状圆泥饼或贯耳，晚期以篮纹折肩罐和篮纹镂孔圈足罐为最多；折腹盆在早中晚期均见，器底由大变小。食器主要有盘、豆、碗、钵和敞口浅腹平底盆，晚期出现磨光黑陶簋。饮器有斝和杯，陶斝和彩绘木斝同出于早期墓，早中期单把杯造型大而深，晚期轻薄小巧，有的在杯底加三足。扁壶则是贯通早晚的汲水器，早期腹部近椭圆，双錾在颈部，器表施细绳纹；晚期腹部近半圆，双錾在口部，器表施竖行细篮纹或方格纹。

这一时期，山西工作队又在邻近地区开展了考古调查，确认了陶寺类型龙山文化集中分布在临汾盆地，特别是沿汾河下游和浍河两岸地带陶寺类型的遗址十分密集，而且不乏面积在 10 万平方米以上的大遗址，崇山周围的陶寺、开化、方城—南石等遗址的面积更是在百万平方米以上，由此表明这类遗存曾经十分繁荣，因此有学者主张将其命名为陶寺文化，这一意见得到学术界的广泛认同。[1]

（二）《襄汾陶寺》对陶寺文化分期的新认识

2015 年，《襄汾陶寺》出版。在这部新报告中，发掘者系统整理了陶寺遗址居址部分典型单位的地层关系和出土器物，并将陶寺文化陶器分为三期六组，代表了当前学术界对陶寺文化分期的最新成果。兹根据该报告的有关描述，将各期、组陶器特征列举如下表。

---

[1] 张岱海：《陶寺文化与龙山时代》，《庆祝苏秉琦考古五十五年论文集》，文物出版社，1989 年，第 245—251 页。

期、组		陶质陶色	纹饰	典型器类
早期	一组	夹砂陶多于泥质陶，灰色陶多于褐色陶。	绳纹约占70%，篮纹占10%左右，附加堆纹占3%—6%，素面器占7%—18%。	炊器有夹砂陶缸、釜灶、鼎、大口罐，盛器有小口高领圆肩罐、深腹盆、浅腹盆，盛食器有钵和豆，汲水器有扁壶。
	二组	有些单位夹砂陶多于泥质陶，有些单位则相反；褐色陶比例下降，灰陶增多，还有少量黑皮陶。	绳纹占绝对多数，在75%以上，篮纹不足10%，附加堆纹也减少，素面器占10%—20%；横施和斜施篮纹少见，出现宽度中等、大体作竖行排列的篮纹。	炊器有夹砂深腹罐、缸、鼎、釜灶、斝、单耳夹砂罐、甑，盛器有大口罐、小口高领罐、圈足罐、折腹盆、深腹盆、浅腹盆，盛食器有盘、豆、碗、钵，汲水器有扁壶，饮器有陶杯。
中期	一组	夹砂陶多于泥质陶，有些单位能占到70%；褐色陶减少，灰陶增多，占78%—94%，黑皮陶很少。	绳纹比例进一步增加，篮纹和附加堆纹减少，素面器占5%—20%。	最显著的变化是陶鬲和陶甗出现，夹砂深腹罐、夹砂缸、釜灶与鬲、斝、甗并存，但前三者的数量明显减少；盛器、汲水器、饮器的器类与前期差别不大。
	二组	夹砂陶少于泥质陶，后者占60%；褐色陶继续减少，灰陶进一步增加，占86%—93%，黑皮陶仍占少数。	绳纹占73%—89%，篮纹和附加堆纹均较少，素面器占10%—18%。	炊器中夹砂深腹罐、夹砂缸和釜灶基本消失，偶见罐形鼎，鬲的形式较多，斝的形制发生变化；盛器中大口罐绝迹。
晚期	一组	夹砂陶和褐色陶比例呈下降趋势，泥质陶和灰陶比例提高。	由于泥质器表多施细篮纹，故篮纹比例上升，素面器也增加，绳纹降为54%—65%。	炊器以鬲最多，鬲、斝、甗并存；盛器中小口高领折肩罐、圈足罐、折腹盆、深腹盆和浅腹盆多有出土；扁壶呈现出最后样式；饮器仍是陶杯。
	二组	夹砂陶只占27%—29%，泥质陶上升至70%—72%；灰色陶占绝对多数，占82%—97%，另有少量褐色陶和黑皮陶。	绳纹所占比例显著下降，除个别单位占60%外，多数单位约占30%，而细篮纹比例上升到30%—36%，素面器也有7%—28%。	炊器以肥足鬲、双鋬鬲、单把鬲为主，有少量的斝和甗，还出现平口无领鬲；盛器中小口高领折肩罐较多，还有小口高领罐、圈足罐、折腹盆、深腹盆、浅腹盆、镂孔磨光黑陶豆、磨光黑陶簋等，汲水器仍是扁壶，陶杯为饮器。

图 2-27　陶寺遗址的釜灶、斝和扁壶

图 2-28　陶寺遗址的陶鬲

《襄汾陶寺》还公布了陶寺遗址历年来的碳十四测年数据，共20个，其中4个数据年代明显偏高，两个数据明显偏低，发掘者认为"不足为据"。依据其余14个有效数据，发掘报告推测早期二组的年代为公元前2400—前2300年，晚期二组的中间值为公元前2085—前2043年，而3个属于陶寺文化中期样品的年代均落在陶寺晚期的年代范围内，分别是公元前2124—前1899年、公元前2133—前1906年以及公元前2115—前1885年。

（三）陶寺遗存的文化属性与族属问题

在 20 世纪 90 年代之前，陶寺遗址的发掘者都主张陶寺遗址的龙山时代遗存分为早、中、晚三期，是同一考古学文化的不同发展阶段，而陶寺文化，至少陶寺文化的晚期很有可能就是夏文化遗存。发掘者得出上述判断的依据主要有两点：一是陶寺晚期的年代约在公元前 20 世纪，已经进入夏王朝的纪年范围；二是晋南地处文献所说的"夏墟"，这里应该有夏族的分布，而陶寺遗址规模大，文化内涵丰富，与夏王朝的尊崇地位正相吻合。

但学术界对陶寺文化的界定和属性都有不同意见。如卜工[1]、罗新和田建文[2]等人都主张把陶寺早期与陶寺中、晚期分开，陶寺早期属庙底沟二期文化，陶寺中、晚期才是一个独立的考古学文化，或可称为陶寺文化。卜工并指出，陶寺中晚期陶鬲的兴起标志着庙底沟二期文化在晋南地区的结束，而促使该文化消失的原因是以河北蔚县、山西石楼等地以陶鬲为代表的人群共同体的南下。

高炜、高天麟和张岱海等发掘者主张陶寺文化是夏文化的判断也引来了不少质疑。如刘绪就针锋相对地指出：首先，文献中关于夏王朝纪年的说法纷繁复杂，不能简单地与陶寺遗址的年代相比附；其次，晋南虽是文献所载的夏墟，但分布在夏墟的文化并不一定就是夏文化，需要更充分的证据加以论证，而陶寺文化分布范围小，又缺乏夏代晚期的遗存，因此很难说它就是夏文化。[3]与此同时，李民也认为陶寺类型不是夏文化，而是尧舜时代的遗存，他的这一说法后来得到许多

---

[1] 卜工：《庙底沟二期文化的几个问题》，《文物》1990 年第 2 期。
[2] 罗新、田建文：《陶寺文化再研究》，《中原文物》1991 年第 2 期。
[3] 刘绪：《简论陶寺类型不是夏文化——兼谈二里头文化的性质》，《史前研究》（辑刊）1990—1991 年，第 181—185 页。

学者的支持。[1]而王克林则进一步申论陶寺文化并非陶唐氏、有虞氏或夏后氏某一氏族的文化遗存，它实际上是一种多部族联盟的都邑性文化。[2]

随着夏文化探索研究的深入，长期主持陶寺遗址发掘工作的高炜先生在20世纪90年代中期放弃了他历来主张的陶寺文化是夏文化的观点，转而主张二里头文化是夏文化，陶寺文化主体上是陶唐氏的文化，而陶寺晚期遗存与夏文化的关系问题则有待于进一步思考。[3]进入21世纪之后，伴随着陶寺城址的发现，梁星彭和严志斌等陶寺遗址的发掘者认为，该城址是探索尧舜禹时期都邑性城址的重要对象。虽然表述非常谨慎，但实际上代表了社科院考古所山西队诸同人在陶寺遗址性质和陶寺文化族属问题上的新认识。[4]

随着何驽、严志斌和高江涛等年青一代学者接手陶寺遗址的发掘，特别是陶寺城址、大墓和观象台等重要遗迹发现之后，陶寺遗址再度成为学术焦点。2004年，何驽发表《陶寺文化谱系研究综论》的长文，全面回顾了陶寺文化谱系研究的历史，详细分析了已有的成果和存在的问题，并对若干关键问题发表了自己的见解。[5]

何驽指出，陶寺文化谱系研究存在的问题集中在五大方面：一是对陶寺文化早期文化性质的判断，二是陶寺文化的相对年代与绝对年代，三是陶寺文化如何形成的问题，四是陶寺文化的族属问题，五是考古学文化研究的相关理论问题。

---

[1] 李民：《尧舜时代与陶寺遗址》，《史前研究》1985年第4期。
[2] 王克林：《陶寺文化与唐尧、虞舜——论华夏文明的起源》，《文物世界》2001年第1、2期。
[3] 张立东、任飞主编《手铲释天书——与夏文化探索者的对话》对高炜的专访，大象出版社，2001年，第321—348页。
[4] 梁星彭、严志斌：《陶寺城址的发现及其对中国古代文明起源研究的学术意义》，《中国社会科学院古代文明研究中心通讯》第3期，2002年1月。
[5] 何驽：《陶寺文化谱系研究综论》，北京大学中国考古学研究中心编《古代文明》第3卷，文物出版社，2004年，第54—85页。

关于陶寺文化谱系的首要问题是陶寺早期究竟是否应该划入庙底沟二期文化，或者说，陶寺早期与陶寺中、晚期是否属于同一考古学文化的不同发展阶段。对于这一关键问题，何驽一针见血地指出：

> 有关陶寺文化早期性质归属的争论，充分暴露出判断考古学文化质变缺乏统一的理论标准。这是当今中国考古学文化谱系研究领域中普遍存在的问题。持"庙底沟二期文化晚期"说的学者认为，陶寺文化早期的鼎、斝、釜灶、高领罐、缸、大口罐、敞口盆等典型器，无论组合还是形制都同于庙底沟二期文化晚期，理所当然应归入庙底沟二期文化晚期。持"陶寺文化"说的学者则认为陶寺文化早期鼎少，缺乏庙底沟二期文化晚期形式多样的鼎，没有擂钵、夹砂深腹罐等，而新出现了扁壶、几种新型斝、陶鼓、龙盘等。双方的论证均有一定的道理，分歧的关键在于视角的差异导致"大同小异"和"小同大异"相左的结果，又缺乏理论标准来统一认识平台，以致两种观点难以达成共识。

有鉴于此，何驽提出的解决方案是：

> 判断陶寺文化早期的性质必须进行量化统计，仅凭模糊的"多少"描述是无法说明问题的。统计的目的是将陶寺文化早期与庙底沟二期文化晚期相对比，以便看出是庙底沟二期文化典型因素占主导地位还是陶寺的个性因素占主导地位。如果典型因素占主导地位，那么陶寺文化早期就应归入庙底沟二期文化晚期；如果个性因素占主导地位，那么陶寺文化早期就应该独立出来成为陶寺文化。

他由此设定了四类不同的文化因素，分别是：

将陶寺文化早期文化因素与庙底沟二期文化晚期文化因素相对比，与庙底沟二期文化晚期相同者定为"庙底沟二期文化晚期典型因素"，将陶寺文化早期所见庙底沟二期文化晚期的变体因素定为"变体因素"，将陶寺文化早期独特的文化因素定为"个性因素"，将陶寺文化早期根本不见的庙底沟二期文化晚期典型因素定为"摒弃因素"。

而他的统计结果是："典型因素"约占17.98%，"变体因素"约占7.87%，"个性因素"约占24.72%，而"摒弃因素"约占49.43%。据此何驽断言，陶寺早期遗存"应属于陶寺文化，而不属于庙底沟二期文化范畴。陶寺文化早期遗存是从庙底沟二期文化母体中分离出来并结合其他文化因素而独立发展的一个新文化"。何驽的上述分析逻辑严密，数据充分，所得结论自然具有说服力。

何驽还指出，陶寺文化早期与庙底沟二期文化晚期某些"十分相像"的器物，实际上已经超出了祖型与后续变形的相似范畴，而是几乎一致地相像，因此他认为陶寺早期在年代上实际上已经与庙底沟二期文化晚期同时，两者在一定的时间内曾经并行发展。

关于陶寺遗址的绝对年代，何驽指出：

　　陶寺遗址已经公布的 ^{14}C 年代数据有16个，其中早期的5个，中期的4个，晚期的5个，时代不明的2个。其中问题最大的是中期的4个数据，年代范围为距今3740—3490年，正负70年或80年，树轮校正后距今4080—3770年，正负95年或130年；公元前2130—前1820年，正负95年或130年。而晚期的5个数据的年代范围为距今3990—3560年，正负70年或80年；树轮校正后距今4390—3855年，正负95年或135年；公元前2220—前1905年，正负95年或135年。显然，陶寺中期的数据普遍晚于晚期的数据,发生年代数据倒置,这很可能是因为以往陶寺 ^{14}C 年代数据的样品均非系列样品所致。

因此,何驽认为目前学术界将陶寺文化早期的绝对年代定为公元前 2500—前 2400 年或公元前 2400—前 2300 年都带有很大的主观性,而陶寺文化晚期年代为公元前 2200—前 1900 年,则比较可信。

在何驽全面审视陶寺文化属性的同时,高炜等学者也借《襄汾陶寺》的编写之际,对相关问题做了进一步的阐述,这些意见代表了陶寺遗址第一代发掘者的最新认识。[1] 我们可以把这些新认识整理如下。

(1) 陶寺文化早期与庙底沟二期文化的关系问题

在《襄汾陶寺》中,高炜等发掘者将陶寺早期遗存与垣曲古城东关遗址的庙底沟二期和龙山遗存进行了对比,指出:

> 陶寺文化早期陶器中的夹砂罐、夹砂缸、釜灶、盆形鼎、尊形斝（Ⅱ型）、夹砂单耳罐、大口尊、敛口折肩瓮、小口高领圆肩罐、小口高领折肩罐、泥质单耳罐、高领圆腹壶、高领折肩尊、折腹盆（ⅠA型）、无沿深腹盆、无沿浅腹盆、斜壁平底浅腹盆、钵、粗体觚等,可在古城东关庙底沟二期文化遗存中找到相似器形;……除去这几种,在陶寺文化早期陶器中,尚有十六七种器形曾见于庙底沟二期文化。上述事实表明,陶寺文化同庙底沟二期文化有着密切的亲缘关系,晋西南的庙底沟二期文化曾是陶寺文化构成中源于本地的基础性因素。

但《襄汾陶寺》的编写者又指出二者在文化面貌上的显著差别,主要

---

[1] 此节多据《襄汾陶寺》第五章"认识与讨论"。

表现在：

> 从陶系上看，古城东关庙二夹砂陶占 67.4%—74.2%，多于泥质陶；陶寺早期一组夹砂陶占 51.51%—72.93%，早期二组除个别单位夹砂陶仍居优势（如 H1102，夹砂陶占 66.18%），多数单位中泥质陶已多于夹砂陶。
>
> 从纹饰看，古城东关庙二篮纹占 25.2%—74.2%，绳纹占 15.45%—34%，总体上看篮纹略多于绳纹；陶寺文化早期一组绳纹占 67.97%—78.56%，早期二组绳纹更上升至 75.08%—86.19%，居绝对优势，而篮纹所占比例已退居 10% 以下。附加堆纹在古城东关庙二遗存占 11.63%—4.6%，已显下降趋势，至陶寺早期一组占 6.06%—3.36%，早期二组所占比例更降至 5.11%—0.84%。众所周知，篮纹和附加堆纹发达，是庙底沟二期文化的重要特征。这两种纹饰所占比例急剧下降，绳纹居绝对多数，成为陶寺文化早期区别于庙底沟二期文化的显著标志之一。
>
> 从器物组合看，在庙底沟二期文化晚期的炊器中，随着夹砂深腹罐和夹砂缸所占比重逐步下降，陶鼎数量渐渐增多，至庙二晚期的偏晚阶段，鼎已成为最主要的炊具。……但在陶寺文化中陶鼎极少，……成为陶寺文化早期区别于庙底沟二期文化的另一重要标志。

此外，据报告编写者的统计，发现于陶寺文化早期而未曾见于庙底沟二期文化的器物多达 30 余种，庙底沟二期文化晚期与陶寺文化早期互相不见的器形也有 40 种左右。综此，《襄汾陶寺》认为：

> 陶寺文化早期包含大量庙底沟二期文化因素，包括夹砂深腹罐、夹砂缸、釜灶等典型器，但从器类组合、器物群整体面貌来看，又不能将其等同于庙底沟二期文化，也不是庙底沟二

期文化的简单延续。

在庙底沟二期文化与陶寺文化早期的关系上，陶寺遗址新老两代发掘者的观点可谓一致。

(2) 陶寺文化晚期的性质与归属

《襄汾陶寺》认为，在陶寺文化早、中、晚三期中，早期和晚期的特点突出，早、晚期陶器群的面貌有很大差异，主要表现在：

> 陶质、陶色和制陶工艺：晚期泥质陶多于夹砂陶，晚二期泥质陶已占到70%以上；这与早期一组夹砂陶普遍多于泥质陶，早期二组至中期一组仍有少数单位夹砂陶居优势的情形有明显变化。晚期陶色纯正，往往呈深灰色或青灰色，而早期陶器中褐色陶仍占一定比例，灰陶色调多不纯正。
>
> 纹饰：早、中期时，绳纹一般占绝对多数，有的单位甚至高达90%左右，而篮纹比例从10%逐渐减少；到晚期情况发生逆转，绳纹减少，篮纹增加，素面和磨光陶、方格纹、划纹的比例都呈上升趋势。
>
> 在器类上，晚期炊器以肥足鬲、双鋬鬲和单把鬲为主，兼有敛口折肩斝、敛口圆腹斝、侈领深腹罐形甗或折沿鼓腹甗，而早期炊器以夹砂深腹罐、夹砂缸、釜灶和盆形斝为代表。

从陶器群所表现出的文化面貌来看，陶寺晚期与早期之间确实存在明显差异，所以有学者认为陶寺晚期与早期之间是一种代替关系，应该另行命名。[1] 但《襄汾陶寺》强调，陶寺早、晚期之间这种文化差

---

[1] 韩建业：《晋西南豫西西部庙底沟二期—龙山时代文化的分期与谱系》，《考古学报》2006年第2期。

异并非是不同考古学文化突变性的替代,造成显著差异的原因主要有两点:一是陶寺文化自身因素的演变,如由釜灶改造出肥足鬲,使得陶寺早、晚期炊器发生剧变;二是不同时期所受外来文化影响不同,早期主要是山东大汶口文化的影响,而中、晚期则以晋中和关中的文化因素为主,由此也加剧了文化面貌上的差异。报告编写者还指出,诸如陶寺这类都邑遗址的文化内涵有其特殊性和复杂性,需要从理论层面上来探究它们的考古学文化及其演变规律。

(3) 关于陶寺文化的族属判断

早在陶寺遗址发掘的初期阶段,主要参与者高天麟就曾经提出过陶寺早期可能为陶唐氏,中、晚期是夏族遗存的观点。[1]《襄汾陶寺》则指出,陶寺文化的年代跨度主要是在公元前第三千年后半叶,其下限则不晚于公元前1900年。对照古史年代,陶寺晚期应该已经进入夏纪年范围,它的早、中期或与传说中的尧舜时期相当,因此陶寺文化的族属最有可能是:一为陶唐氏,一为夏后氏。而《襄汾陶寺》的最终判断是:

> 从考古学文化谱系角度来看,在王湾三期文化晚期、新砦期和其后的二里头文化被论定为夏文化的前提下,认为与之文化特征有明显区别的陶寺文化可能是夏人遗存的观点,就难以成立了。在此前提下,将陶寺文化推定为陶唐氏遗存,可能符合历史实际。

饶有趣味的是,在发掘者已经放弃陶寺文化是夏文化的情况下,也有学者专门著文论证陶寺遗址是禹都阳城。[2]

---

[1] 高天麟:《陶寺遗址七年来的发掘工作汇报》,《侯马晋文化研究座谈会纪要》,山西省考古研究所,1986年。
[2] 冯时:《"文邑"考》,《考古学报》2008年第3期。

图 2-29　陶寺遗址出土的朱书陶文

三　晋南地区其他典型遗址

1. 襄汾丁村遗址[1]

丁村遗址位于襄汾县西南 3 公里的汾河北岸。1983 年山西省考古研究所发掘了该遗址，发现了 4 座房址、29 座灰坑、3 座陶窑和 1 座长方形竖穴土坑墓。

出土陶器以夹砂和泥质灰陶居多，主要流行绳纹，另有少量方格纹、篮纹、附加堆纹和划纹等，主要器类包括鬲、罐、盆、釜灶、斝、壶和豆等。丁村遗址出土有大量肥袋足鬲，因此其主体遗存当属陶寺文化晚期。但这里也发现一定数量的釜灶残片，说明该遗址也有陶寺文化早期的遗存。此外，甗和斝在丁村遗址都很少见，这是它与陶寺遗址的显著差别。

---

[1]　山西省考古研究所：《山西省襄汾县丁村新石器时代遗址发掘简报》，《考古》1991 年第 10 期。

2．襄汾曲舌头遗址[1]

曲舌头遗址位于丁村东南约1000米的汾河东岸，1989年山西大学考古专业的师生对该遗址进行了发掘。该遗址遗迹丰富，共清理出房址5座（包括半地穴式和窑洞式）、灰坑33座（其中数座埋有人骨）、长方形竖穴土坑墓1座，并在遗址东北部发现有壕沟。

发掘者将该遗址的遗存分为早、中、晚三期，分别与陶寺文化的早、中、晚期对应。早期遗存的代表性器类有釜灶、斝、豆、小口罐、单耳罐等，中期阶段仍有釜灶、斝、单耳罐等器类，出现鬲，而晚期遗存的代表性器物则是鬲、斝和盆等。从核心器物组合来看，曲舌头遗址的龙山遗存属于陶寺文化应无疑义，但曲舌头遗址出土陶器少见方格纹，也罕见陶寺文化的典型器物扁壶。发掘者认为，曲舌头和丁村遗址均临近汾河，取水多用单耳罐，而陶寺则离河流较远，主要靠凿井取水，因此多用扁壶为汲水之物。

3．曲沃方城遗址[2]

方城遗址位于曲沃县曲村镇，南临滏河，北靠塔儿山（崇山），山北即陶寺遗址，两地直线距离约20公里。遗址包括南石、古巨、方城和小巨四个自然村，总面积约300万平方米。1984年中国社会科学院考古研究所山西工作队和临汾行署文化局对方城遗址进行了发掘，发现房址（包括地面建筑、半地穴式和窑洞）、灰坑、陶窑和儿童瓮棺葬等。

---

[1] 山西大学历史系考古专业：《山西襄汾县丁村曲舌头新石器时代遗址发掘简报》，《考古》2002年第4期。
[2] 中国社会科学院考古研究所山西工作队等：《山西曲沃县方城遗址发掘简报》，《考古》1988年第4期。

据发掘者的观察，方城遗址出土陶器中夹砂灰陶和泥质灰陶占绝大多数，另有部分褐色陶和灰褐陶，不见红陶。纹饰以绳纹和带横道的篮纹为主，而绳纹更多，常施于夹砂陶如鬲、甗等器，篮纹多见于泥质陶，如罐类器、豆、杯等。常见器类有鬲、斝、甗、甑、簋，各类罐、扁壶、深腹盆、豆、杯等，不见釜灶。鬲以直口肥足鬲最多，也有高领侈口鬲、单把鬲和双鋬鬲。根据器物特征，发掘者认为方城遗址的上述遗存属于陶寺文化晚期。

1985年，山西省考古研究所又对翼城南石遗址进行了试掘，也获得了一批陶寺文化晚期的遗存。发掘者对典型单位H2出土陶器进行了详细统计，可以看出主要器类有肥袋足鬲、高领鬲、单把鬲、敛口斝、宽沿深腹盆、小口高领罐、圈足罐、折沿弧形盘豆、扁壶和杯等，均是陶寺文化晚期的核心器物。从纹饰上看，夹砂陶中以绳纹为主，泥质陶多见绳纹、篮纹，另有部分素面陶。[1]

4．曲沃东许遗址[2]

东许遗址位于曲沃县安居乡，隔滏河北望塔儿山，遗址面积广大，超过200万平方米。1986年和1989年山西省考古研究所和曲沃县博物馆对该遗址进行了两次发掘，获得了一批庙底沟二期和陶寺文化的遗物。

东许遗址出土陶器丰富，据发掘者的统计，夹砂陶常见器类有鬲、斝、甗、杯、器盖、盆、扁壶和各种罐类器，泥质陶主要有杯、豆、盆、甑、簋、扁壶和罐。陶器纹饰以绳纹和篮纹为主，也有相当部分

---

[1] 山西省考古研究所、曲沃县博物馆：《山西翼城南石遗址调查、试掘报告》，杨富斗主编《三晋考古》（第二辑），山西人民出版社，1996年，第245—258页。
[2] 山西省考古研究所、曲沃县博物馆：《山西曲沃东许遗址调查、发掘报告》，杨富斗主编《三晋考古》（第二辑），第220—244页。

的素面陶。发掘者认为，东许遗址的主体遗存属于陶寺文化晚期，但部分单位如H8和H13所见的一些因素接近陶寺文化中期。此外，在H6这座袋状灰坑的底部发现6个摆放有序的人头骨，发掘者认为可能是一种祭祀遗存。

5．洪洞侯村遗址[1]

侯村遗址位于洪洞县赵城镇，遗址面积在40万平方米以上。1986年山西省考古研究所对该遗址进行了发掘，发现龙山时代的房址、灰坑、陶窑和墓葬等遗迹。

根据发掘者的统计，侯村遗址出土的炊器主要有肥足鬲、高领双鋬鬲、斝、甗，盛储器有直口盆、深腹盆、鼓腹盆、折肩罐、鼓腹罐、圈足罐、三足瓮、直口缸等，饮食器则有豆、碗和杯。夹砂陶中绳纹占绝大多数，泥质陶则以绳纹和篮纹为主，也有相当部分的素面陶。总体而言，侯村遗址的主体遗存应属于陶寺文化晚期，部分器物有陶寺文化中期的特征。陶寺遗址所流行的扁壶在这里不见，显然也是因为侯村遗址紧邻汾河，便于取水，而无须用扁壶从井里汲水。

发掘者认为，侯村遗址陶寺遗存的发现，为确定陶寺文化分布的北界提供了重要资料。

6．临汾下靳遗址

下靳村位于山西省临汾市尧庙乡，西邻汾河。因村北砖厂取土，发现了大面积的陶寺文化墓地，可惜大批墓葬被毁坏。1998年3月，

---

[1] 山西省考古研究所、曲沃县博物馆：《洪洞侯村新石器时代遗址调查、试掘报告》，杨富斗主编《三晋考古》（第二辑），第192—219页。

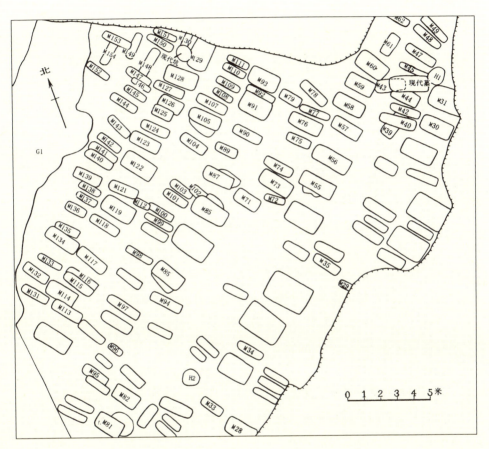

图 2-30 下靳墓地平面图

中国社会科学院考古研究所和临汾行署文化局对该墓地进行了抢救发掘，发现陶寺文化墓葬82座，并清理了其中的53座，但大部分墓葬被盗，保存完整者仅13座。[1]

这些墓葬均为竖穴土坑墓，墓室较大者带有壁龛，基本上是一龛，多在头端，个别的有两龛，头脚各一个。部分墓葬发现有木质葬具痕迹，葬式以单人仰身直肢葬为主，也见两例侧身屈肢葬。随葬品以玉石器最多，多放置在棺内人骨周围，如石钺在腿骨上，璧多套在手臂上，陶器和木器则放在棺外。发掘简报公布了13件陶器，多为采集品，包括罐、斝、尊、壶、瓶和簋，应该都是这些墓葬的随葬之物。

根据墓室大小和随葬品数量，发掘者将这批墓葬分为三类：

第一类4墓，面积在3平方米以上，最大的将近5平方米。大多有壁龛，全部使用木棺，随葬材质和做工俱佳的玉石器，有的墓随葬有木器，其中两座墓葬填土中还发现大块的"镇墓石"。

第二类有11座，面积在1.5—3平方米，少数（2座）有壁龛，多数（7座）有木棺，一般都随葬有玉石器，但质量不如第一类墓葬所出者；少数墓葬随葬陶器和木器，有3座墓葬使用"镇墓石"。

第三类有38座，面积在1.5平方米以下，均无壁龛和木棺，也不随葬陶器和木器，只有部分墓葬出有少量玉石器，填土中都未发现"镇墓石"。

发掘者指出，下靳墓地的墓葬形制、墓向、排列规律均与陶寺墓地相似，说明两者同属一个文化系统。从残留的器物特征来看，下靳墓地的时代应属陶寺文化早期。

此次发掘的收获引起了山西省考古研究所的高度重视。同年5月，该所与临汾行署文物局联合组成下靳考古队，对该墓地中已暴露的墓

---

[1] 山西省临汾行署文化局、中国社会科学院考古研究所山西工作队：《山西临汾下靳村陶寺文化墓地发掘报告》，《考古学报》1999年第4期。

葬进行了抢救性发掘。在2000余平方米的范围内，共清理墓葬480座，但推测墓葬总数超过1500座。[1] 发掘者根据墓主的头向将这批墓葬分为两类：A类墓朝向东南，B类墓头向东北，但绝大多数是A类墓。

A类墓大多左右并列，成排分布，墓葬横向间距不等，纵向距离在1米左右。现存墓葬最少的一排仅有2座，最多的一排达22座。A类墓分布密集，虽有个别打破关系，但总体上排列有序，说明当时已有相应的墓地管理制度。遗憾的是规模稍大的墓葬在早期均遭盗扰，墓内人骨散乱，随葬品残存极少，在个别被盗墓中发现有木质葬具痕迹。小型墓中少数人骨上有编织物痕迹，有的死者头骨或胸部涂有朱砂。葬式可辨别的有73例，多为小墓，分为仰身直肢、仰身屈肢和侧身屈肢三种。其中仰身直肢葬63例，双手叠于下腹部，或放在身体两侧；仰身屈肢葬发现8例，面向一侧，双手向胸腹部内折，下肢或弯成直角或蜷曲双脚放在骨盆上；侧身屈肢葬仅发现2例，身体侧躺，两腿相叠，双臂放在体侧。

A类墓中有54座发现随葬品，共出土器物127件，包括陶器、玉石器、骨角器等。除小件器物外，每座墓一般仅有1—3件随葬品。其中陶器9件，均为陶瓶，通常是摆放在墓内西北角。玉器较多，但质地普遍较疏松，硬度不高，种类有璧、瑗、璜、钺、双孔刀等。钺和双孔刀磨制精细，无使用痕迹，显然不是实用器；钺多放置在下肢骨上，双孔玉刀则放在墓主肱骨外侧；璧、瑗多发现于墓主手臂或身旁，而玉璜则多见于墓主胸部。

B类墓在第一阶段发掘中仅有27座，看不出明显的分布规律，形制与A类墓基本相同，均为小墓。有4座为空墓，另有8座被A类墓打破，但未发现有意盗扰的迹象。B类墓除个别墓葬出土骨笄外，不见其他任何随葬品。

---

[1] 下靳考古队：《山西临汾下靳墓地发掘简报》，《文物》1998年第12期。

发掘者认为，下靳墓地 A 类墓与陶寺遗址早期墓葬的年代相当，他们同时主张陶寺早期遗存与陶寺中、晚期遗存分属两个考古学文化，陶寺早期相当于庙底沟二期文化的晚期阶段。

7．芮城清凉寺墓地[1]

清凉寺史前墓地位于山西省芮城县东北部的寺里—坡头遗址，这里地处中条山脉南麓、黄河北侧，为山前丘陵坡地。遗址总面积约 200 万平方米，在遗址中部有一座元大德七年（1303）始建的佛教寺院清凉寺，墓地位于清凉寺院的东北侧，故称清凉寺墓地。目前保存的墓地范围南北最长约 100 米、东西宽 30—90 米，总面积近 5000 平方米。1975 年和 1984 年，当地村民在清凉寺旁的断崖上取土，先后两次发现了数十件史前玉石器。2003—2005 年，山西省考古研究所联合山西运城市文物局、芮城县文物旅游局等单位对清凉寺墓地进行了连续三年的抢救性发掘，揭露面积累计近 3000 平方米，先后清理了土坑竖穴墓 355 座，取得重大收获。

发掘者根据墓葬间打破关系和墓葬平面布局的分析，将墓地分为四期。第一期的小型墓零散地分布在墓地西部。第二期的小型墓分布在墓地的中、西部，排列不规则。第三期的大型墓主要分布在墓地中部，排列整齐，南北成行，东西并列，西部与第二期小型墓有大面积重合。墓地最东部临近冲沟的区域全部为第四期墓葬，南北成行分布，布局十分规则。第一期的墓葬头向不太一致，没有明显的分布规律，年代与后面的三期差距较大，第二期至第四期墓葬的墓主人皆头向西侧的山梁。

---

[1] 山西省考古研究所等：《山西芮城清凉寺新石器时代墓地》，《文物》2006 年第 3 期；《山西芮城清凉寺史前墓地》，《考古学报》2011 年第 4 期；《清凉寺史前墓地》，文物出版社，2016 年。

第一期墓葬共17座，全部为小型长方形土坑竖穴墓。保存状况较差，多数墓葬较浅，大部分头向西北，另有头向东北和北方的墓葬各1座。均为一次葬，仰身直肢，多数墓葬没有发现任何随葬品。

第二期墓葬189座，除个别墓葬外，头向均朝西，相互之间存在着较复杂的打破关系。大部分墓葬是小型墓，长约2米、宽0.50—0.80米，面积1—1.2平方米。少数墓葬的规模略大，面积约2平方米。多数墓葬未发现葬具痕迹，但多数人骨上发现朱砂痕迹，均为仰身直肢葬。墓葬一般没有随葬品，拥有随葬品的墓葬中以玉石钺、璧、环、多孔刀等为主，个别墓葬有鳄鱼骨板、猪下颌骨。陶器仅见于少数墓中，主要是罐和盆，应是当时固定的器类组合。少数墓葬还有一或数个殉人。

第三期墓葬共105座。墓葬排列较有规律，从较高的墓地西部至略低的东部等距离分布着10排墓葬，坡地正中部位是墓地的核心区域，规模最大的几座墓葬均集中于此，墓葬面积近6平方米，现存深约2.5米，个别墓深达4米。

该期墓葬全部经盗扰，遭盗扰最严重的是位于中心区域规模较大的墓葬。盗扰者多从墓主的头端（西端）挖洞进入墓室，墓葬底部的扰乱范围不一，严重者涉及整个墓底，墓主的尸骨被乱弃于墓室内，甚至扔到其他墓的盗洞中，有些墓葬中墓主的骨骼缺失，几乎成为空墓。发掘者指出，在同一个区域内第二、三期的墓葬大面积重合，第三期墓全部被扰乱，而位置相邻的第二期墓保存完好，只有个别第二期墓葬受到波及。对同一区域内不同的墓葬区别对待，说明盗扰者十分了解墓地的情况。

第三期墓葬的一个重要特点是普遍有殉人，可以确定有殉人的墓大约占全部墓葬的一半。殉人数量通常是1人，少数为2人或3人，个别4人。殉人的年龄以10岁左右或10岁以下的小孩为主，只有少数是青少年和成人。

大部分墓葬应有随葬品，主要是玉石器，另外有少数陶器和猪犬齿。由于扰乱，除个别墓葬保存了原状外，多数墓内已无器物或仅保留少量随葬品。

第四期墓葬44座，开口层位、形制、规模均与第三期接近。第四期墓葬也存在不同程度的盗扰，盗扰者在进入墓室后，通常只将墓主人的上半身扰乱或弃置，下半身的位置基本不动，有的墓葬如M332的墓主遗骸被拖动而斜置于墓圹中，但墓主的骨骼却未散乱，说明盗掘时墓主遗体尚未腐烂。由于盗扰的缘故，第四期墓葬中随葬品发现很少，极少数墓中有制作较粗糙的玉石器，器形以璧或环为主，放置位置也与前期相同。

虽然清凉寺墓地墓葬数量较多，但打破关系较少，而且很多墓葬被盗一空，出土器物也以玉石器居多，陶器仅数件，因此给墓地分期带来了很大的困难。发掘报告将墓地分为四期，主要是依据墓葬分布情况而定的，因此某些墓葬的分期可能存在误差。

据发掘报告，清凉寺墓地一期属于枣园文化中、晚期，清凉寺墓地二、三期为庙底沟二期晚期阶段。至于清凉寺四期，由于M269盗洞内出土的肥袋足陶鬲具有明确的陶寺文化晚期特征，因此属于陶寺文化晚期无疑。发掘报告对清凉寺二、三期文化属性的判断是基于与垣曲古城东关出土同类陶器的比较，但仔细对比，两者还是存在差别，如清凉寺M82和M53出土的小口罐颈部更长，圆溜肩而非古城东关高领罐的折肩；清凉寺M146出土的3件彩绘陶瓶圆腹长颈，而古城东关庙底沟二期文化的B型瓶腹部有明显折棱，而且颈部要短很多。这些差异都说明清凉寺二、三期的年代与庙底沟二期晚期仍存在差距，再结合清凉寺墓地的墓葬成排排列的规律，多随葬玉石璧、玉石钺、鳄鱼板和猪下颌骨，以及清凉寺第四期墓葬已经进入陶寺晚期等因素，我们认为清凉寺墓地二、三期墓葬的年代当晚于庙底沟二期，而应与陶寺文化相当。换言之，清凉寺墓地在主体上当属于陶寺文化。

清凉寺墓地的发掘，证明陶寺文化的分布南界已经到达黄河北岸。

图 2-31　清凉寺 M112

图 2-32　清凉寺 M29

图 2-33 清凉寺 M146 出土的彩绘陶瓶

8．绛县周家庄遗址

周家庄遗址位于山西绛县横水镇周家庄、崔村及其附近地区，地处运城盆地东北部的涑水河北岸黄土台塬上，地势北高南低呈缓坡状，十分开阔。2003—2006 年，中国国家博物馆田野考古研究中心联合当地考古工作者在运城盆地东部展开了拉网式田野调查，最终选择周家庄遗址重点发掘。[1]

2004 年对该遗址进行试掘，确认了这是一处以仰韶、庙底沟和龙山时期遗存为主的大型遗址，而尤以龙山时期的堆积分布面积最

---

[1] 中国国家博物馆田野考古研究中心等：《运城盆地东部聚落考古调查与研究》，文物出版社，2011 年。

大，内涵最丰富。[1]

根据调查，周家庄遗址面积超过500万平方米，其中龙山时期遗存分布面积达450万平方米。2007—2008年，考古队对该遗址进行了大规模的钻探，在遗址的东北部发现了龙山时期的环壕，根据复原研究，估计环壕内遗址面积超过300万平方米。

试掘表明，周家庄遗址龙山期遗存的文化面貌与临汾盆地内的陶寺文化很接近，年代与陶寺中、晚期大体相当。两者共有的主要器类有肥袋足双鋬鬲、瘦足双鋬鬲、单把鬲、敛口斝、釜灶、甗、折肩罐、鼓腹罐、圈足罐、深腹盆、浅腹盆、单把罐、单耳杯、豆、碗和扁壶等。但发掘者也指出了周家庄与陶寺在文化面貌上的差别，如陶寺的夹砂小口鼓腹罐、大口缸、高领罐、折腹盆、敛口釜形斝等器物在周家庄少见或不见；又如陶寺盛行的扁壶，在周家庄也较少见到。反之，周家庄遗址较多见的溜肩罐、圈足盘等器类在陶寺较少见或不见；周家庄的单把鬲大多为高领，形体较高，而陶寺的单把鬲则大多为矮领，形体也较矮胖。但从总体上看，周家庄遗址的龙山遗存可以归入陶寺文化。

龙山时期的墓地主要分布在周家庄遗址的中东部，在2007—2012年的发掘中，共清理了289座墓葬，其中土坑墓181座、瓮棺葬108座。土坑墓通常成群分布在墓地的不同区域，每群数十座。在各墓群环绕的中间地带则分布有瓮棺葬，由此形成一个独立的儿童瓮棺葬区。瓮棺葬的葬具多用分割的陶鬲扣合，少数为折肩罐，很多没有明显的墓坑。

土坑墓按其大小可分为两类，其中较大型墓41座，一般长2米、宽1—1.2米，多数带有熟土二层台，有木质葬具。较小型墓140座，墓圹仅能容身，除个别有板灰痕迹外，绝大多数都没有葬具。

M59为一形制特殊的墓葬，也是该墓地目前所见规模最大的墓葬。

---

[1] 中国国家博物馆田野考古研究中心等：《山西绛县周家庄遗址第一次发掘报告》，《中国国家博物馆馆刊》2012年第12期。

墓葬的外部轮廓近似蝌蚪形，东北—西南向，总长度 7 米多，其南部为略呈圆角五边形的墓室，长近 4 米、最宽处 3.2 米、最深处约 1.6 米。北部连接长条形墓道，北浅南深呈坡状，长 4 米多、宽 1.5 米左右。墓室中央又有一长方形墓圹，呈东北—西南向，长 2.05 米、宽 0.7—0.98 米、深约 0.5 米，内有木质葬具的痕迹。墓圹内有一具被肢解的人骨，死者为一成年男性，四肢、头部等皆与身体分离，上下叠置，但各部位骨骼不散，局部似有切割痕迹。墓圹四周为生土二层台，在墓圹南端的东西两侧二层台上又有一被肢解的人骨架，上半身整体置于东侧，下半身包括腿骨、盆骨等上下叠置于西侧，各部位骨骼没有明显缺失，似为有意放置的殉人。墓室填土主要为红花土，质地较硬，出少量龙山晚期陶片。该墓不见任何随葬品，中心墓圹内两侧似有被掏挖的痕迹，很可能是墓主人在下葬不久即被挖出肢解，随后又被草草埋葬。该墓形制虽然特殊，但是又较规整，不像随意挖掘形成的，并且其西侧还有一个规整的较大型的长方形竖穴土坑墓（墓内仅残剩少量人骨，似也被盗扰过），两墓边相距仅 0.2 米，且完全平行，相互之间应有某种关系。

发掘者将周家庄遗址已发掘区域的龙山遗存分为早、晚两期，早期阶段这一区域用作居址，并且有陶窑分布，推测与制陶有关；晚期阶段这一区域改作墓地，目前探明的墓地面积已经超过 1 万平方米。碳十四测年结果显示，早期阶段的年代为公元前 2200—前 1900 年，而晚期墓葬中人骨的年代为公元前 2000—前 1750 年。

发掘者指出，学术界长期以来一直认为运城盆地在龙山时代是三里桥文化（类型）的分布范围，而周家庄遗址的发掘表明至少运城盆地的东北部是陶寺文化的分布区，运城盆地中部的鸣条岗应是三里桥类型和陶寺文化的分界线。[1]不过从前述芮城清凉寺墓地的发现来看，

---

[1] 中国国家博物馆田野考古研究中心等：《山西绛县周家庄遗址 2007—2012 年勘查与发掘简报》，《考古》2015 年第 5 期。

陶寺文化至少在西南方向早已突破中条山的束缚，抵达了黄河北岸，超出了运城盆地的范围。

9．夏县东下冯遗址

夏县古称安邑，后周时改称夏县，地处运城盆地的中东部。运城盆地北有峨嵋岭，南有中条山，涑水自东北至西南贯穿全境。东下冯村位于涑水支流青龙河的上游，遗址在村东北的台地上，东倚中条山，西望鸣条岗，西南14公里处即是战国至汉代的安邑故城——禹王城。

1959年春，中国科学院考古研究所山西工作队和山西省文物工作委员会在涑水河流域调查时发现了该遗址。1974—1980年，中国科学院考古研究所、中国历史博物馆和当地文物单位共同组成东下冯考古队，对该遗址先后进行了十余次发掘，在遗址的东、中、北区发现了丰富的东下冯类型遗存和商代二里冈期文化层。[1]

东下冯龙山时期遗存主要分布在遗址的西区，计有房址12座，灰坑35个，墓葬21座，并出土有大量石器、骨器、陶器以及原始青瓷片20余片、石灰20余公斤。[2]

发掘者将东下冯遗址的龙山遗存分为早、晚两期，但有学者指出，某些龙山早期的遗存实际上可以归入仰韶晚期，这里暂不讨论。[3] 东下冯龙山晚期陶质以夹砂灰陶、泥质灰陶最多，约占陶片总数70%多，黑陶次之，褐陶和红陶再次之，白陶很少，还有少量的浅绿色陶片。纹饰以绳纹最多，约占陶片总数的50%，篮纹次之，约占35%，附加堆纹再次之，弦纹较少，方格纹和席纹更少；绳纹多见于夹砂陶

---

[1] 中国社会科学院考古研究所等：《夏县东下冯》，文物出版社，1988年。该报告主要报告了东下冯类型的材料，而庙底沟二期和龙山时期的遗存则见于下引的发掘简报。
[2] 东下冯考古队：《山西夏县东下冯龙山文化遗址》，《考古学报》1983年第1期。
[3] 李健民：《东下冯"龙山文化早期遗存"的再认识》，《考古》1984年第9期。

器上，而篮纹多见于泥质陶器上。器形以鬲、斝、甗、瓮、罐、缸、盆、杯等为常见，鼎、盉极少，三足瓮、蛋形瓮、直壁缸和小底缸等较有特点，此外还有豆、甑、钵、碗和器盖。

发掘者指出，东下冯龙山晚期遗存中的单把鬲、双腹盆以及斝、罐、钵、碗、杯等器物与三里桥遗址的同类器相似，因此主张将这里的龙山晚期遗存归入河南龙山文化。而田建文则把东下冯龙山晚期陶器分为四群因素，分别是：A群以鼎、三足盘和宽折沿深腹罐为代表，源自王湾三期文化；B群以单把鬲、单把罐为代表，源自客省庄二期文化；C群以双鋬鬲和大口罐为代表，源自陶寺文化；D群则是直壁缸、小底缸、折肩瓮、桶形缸等器物，属于当地土著特色。[1]

从出土陶器特征来看，东下冯龙山晚期遗存与陶寺文化差别明显，如东下冯不见陶寺文化的典型器物肥袋足鬲、扁壶等物，陶寺所流行的双鋬鬲在东下冯也很少见，两者显然难以归入同一文化系统。发掘者将东下冯龙山晚期遗存归入河南龙山文化三里桥类型，无疑是正确的。从纹饰上看，东下冯龙山晚期多绳纹；炊器上以鬲、罐（包括单耳罐、深腹罐）为核心器类；食器有碗、豆；酒水器以单耳杯为主，盛储器有双腹盆、深腹盆以及高领罐。这些特征与前述三里桥类型基本一致。

10．垣曲古城东关遗址[2]

垣曲县位于晋南和豫西交界的黄河北岸，境内北有中条山连绵起伏，南有黄河流经，形成了相对独立的地理单元垣曲盆地。古城东关遗

---

[1] 田建文：《东下冯龙山晚期遗存分析及其意义》，《三晋考古》（第二辑），第259—264页。
[2] 中国历史博物馆考古部等：《垣曲古城东关》，科学出版社，2001年。张素琳、佟伟华：《垣曲古城东关遗址庙底沟二期文化和龙山文化遗存》，《三晋考古》（第二辑），第141—191页。

图 2-34　东下冯遗址出土的陶鬲

址位于亳清河与允河的交汇处，南隔黄河与河南渑池相望，西北越过中条山则与夏县、闻喜和绛县相邻。东关遗址南北长约 1000 米，东西宽约 400 米，总面积约 40 万平方米。1982—1986 年中国历史博物馆和山西省考古研究所等单位对东关遗址进行了数次发掘，发掘面积近 3000 平方米，获得了丰富的仰韶、庙底沟二期和龙山时期的遗存。

东关遗址龙山时期遗迹共有灰坑 128 座、瓮棺葬和土坑墓各 1 座。发掘者根据地层关系，将这里的龙山遗存分为早、晚两期。

根据对典型单位出土陶器的统计，东关遗址龙山早期陶器以夹砂陶占绝对多数，占 50%—70%，泥质陶约占 40%。纹饰以绳纹和篮纹为大宗，两者约占半数以上，次为素面磨光陶，占 15% 左右，其余则有方格纹、弦纹、附加堆纹等，但所占比例均很少。主要器类有深腹罐、鼓腹罐、大口罐、侈口折沿罐、单耳罐、双耳罐、釜灶、鬲、灶、甑、缸、瓮、斝、双腹盆、盉、簋、豆、盘、杯、碗、器盖等。根据发掘报告的统计，虽然东关遗址龙山早期的炊器有侈口罐、鬲、斝、甑、釜灶和灶等多种，但只有罐的比例高达 40.6%，其次是斝，为 6%，而其他各类炊器均未超过5%，由此可见夹砂侈口罐是最主要的炊器。类似地，在各类盛储器中，盆的比例最大，超过27%，而其他器物均未超过5%。在饮食器中，单耳杯和单耳罐共占3.6%，是最主要的器类。

东关遗址龙山晚期陶器中夹砂陶已不占绝对多数，在40%—50%，而泥质陶比例显著增加，超过了50%。纹饰方面，龙山晚期也发生了明显变化，方格纹大增，成为这一时期最具代表性的器物，其次是篮纹，两者数量占一半以上，素面和磨光陶器仍占一定比例，绳纹明显减少，降至5%左右，其他还有锥刺纹、刻划纹、附加堆纹和弦纹等。主要器类与龙山早期基本相同，只是形制上有所变化，新出现垂腹鼎、大圈足盘、敛口半球体斝等。根据发掘报告的统计，东关遗址龙山晚期最主要的炊器仍是夹砂深腹罐，占陶器总数的40%以上，其他如鬲、釜灶、斝、甗和鼎都不足3%。盛储器仍以盆为主，另有较多双腹盆和高领罐。食器则有豆、单耳杯和单耳罐等。

如发掘者所言，古城东关的龙山遗存与陶寺文化相比，差异十分明显，而与豫西的龙山文化比较一致，这一看法无疑是正确的。从东关龙山早期多绳纹、早晚期均有一定数量的陶鬲、多带耳器等特征来看，东关遗址的龙山遗存应归入河南龙山文化的三里桥类型。但该遗址龙山晚期方格纹剧增，可能是受王湾类型的影响所致。

11．垣曲龙王崖遗址[1]

龙王崖遗址西北距离垣曲县城10公里，南临亳清河，东靠原峪河。遗址面积约30万平方米，包括有仰韶、庙底沟二期、龙山、二里头以及东周时期的遗存。1982年和1983年，中国社会科学院考古研

---

[1] 中国社会科学院考古研究所山西工作队：《山西垣曲龙王崖遗址的两次发掘》，《考古》1986年第2期。

究所山西工作队对该遗址进行了两次发掘，发掘面积 133 平方米，清理房址 2 处，灰坑 8 个，墓葬 2 座，复原陶器 40 多件。

龙王崖遗址出土陶器以灰陶为主，占 55.31%；褐陶次之，占 41.53%；黑陶和红陶均少见。器表多见绳纹，占 38.37%，素面占 32.28%，篮纹占 16.25%，另有少量方格纹和磨光陶片，以及个别的弦纹、堆纹、刻划纹、剔刺纹等。器形有双鋬鬲、斝、釜灶、甗、夹砂罐、缸、双腹盆、高领瓮、盘、豆、器盖、器座、杯、碗等。发掘简报没有提供各类器物的统计数据，但从公布的标本来看，炊器中鬲和夹砂罐最多，两者数量基本接近，斝次之，釜灶和甗较少。上述特征表明，龙王崖遗址显然受到陶寺文化的影响，出现了釜灶一类的器物，但从总体特征而言，与古城东关遗址的文化面貌基本一致，因此也可归入河南龙山文化的三里桥类型。

12．垣曲丰村遗址[1]

丰村遗址也位于亳清河和允西河间的黄土塬上，南距古城东关遗址约 5 公里，遗址面积约 30 万平方米。1982 年中国社会科学院考古研究所山西工作队对该遗址进行了发掘，揭露面积 159 平方米，获得一批仰韶、庙底沟二期和龙山时期的遗存，其中龙山时期的遗迹有房基 1 座，灰坑 4 个，灰沟 1 条以及瓮棺葬 10 座。瓮棺葬均为婴幼儿，葬具大多为夹砂罐套合而成，个别使用釜灶。

出土陶器的陶质以泥质灰陶最多，约占 40%；夹砂灰陶次之，约占 35%；另有部分夹砂和泥质的褐陶。纹饰以素面和篮纹最多，分别为 27% 和 26% 左右，绳纹约占 20%，磨光陶占 15% 左右，方格纹不

---

[1] 中国社会科学院考古研究所山西工作队：《山西垣曲丰村新石器时代的发掘》，《考古学集刊》5，中国社会科学出版社，1987 年，第 27—60 页。

到 10%,此外还有附加堆纹、弦纹、锥刺纹和圆点纹等。主要器形有釜灶、各种夹砂罐、鬲、斝、甗、瓮、盆、器盖、器座、碗、杯、盉和鼎等。与古城东关和龙王崖遗址不同的是,虽然丰村遗址出土的炊器也有夹砂罐、釜灶、鬲、斝、甗等多种,但夹砂罐在数量上占压倒性多数,其他各类则数量很少。此外,这里出土的盉、鼎、器盖、双腹盆等器物也是河南龙山文化的常见器类,因此丰村遗址的龙山遗存也应归入河南龙山文化的三里桥类型。

四　晋南地区龙山时期的文化属性与文化类型

晋南地区龙山时期的文化十分发达,社会复杂化程度极高,出现了陶寺、周家庄这类面积巨大、人口众多、居民结构复杂的超大型遗址。

就文化类型而言,这一时期的晋南地区可谓泾渭分明:以临汾盆地、运城盆地为中心,龙山时期的主流文化无疑是陶寺文化。从已有的发现来看,陶寺文化北至霍山,南达黄河岸边,基本上局限在南北窄长一线。而在晋西南的东段,即以垣曲盆地为中心,则是河南龙山文化三里桥类型的分布区。

就文化发展高度而言,陶寺遗址堪称这一时期黄河流域的文明高峰,大城、大墓及殉人等现象足证陶寺社会已经极度分化,而且类似情况在周家庄、清凉寺和下靳等遗址都有反映,说明这种分化并非陶寺遗址所独有,而是陶寺社会的普遍现象。但在另一方面,陶寺社会的上层似乎热衷于把自己所能掌控的社会资源消耗在个人消费方面,而无意使用在社会公权力领域。由此造成的结果是陶寺文化"小国寡民"的状态,最直接的表现就是陶寺文化分布区的狭小——局促于临汾盆地的大部和运城盆地的局部,它的分布范围北不过霍山,南不渡黄河,东不至垣曲,西不越吕梁。概言之,陶寺文化缺乏突破地理天垦的能力，因此被黄河、霍山、吕梁山和中条山牢牢束缚在晋南的两个盆地中。反观三里桥类型，虽然迄今为止尚未发现一处成规模的大型遗址，更未见能与陶寺、周家庄遗址相比肩者，但三里桥类型不仅跨越了黄河，占据了垣曲盆地，并翻越了中条山进入运城盆地，夏县东下冯遗址更是直接楔入陶寺文化的腹心地带。

  究竟是何种原因导致了陶寺文化的"保守"和三里桥类型的"激进"，这无疑是一个饶有兴趣的问题。有学者指出，中条山的铜矿资源和河东的盐池可能是促使豫西二里头文化向晋南扩张的主要动力[1]，那么，或许是同样的原因导致了河南龙山文化三里桥类型向北推进。反之，也有学者分析认为，陶寺社会的上层很有可能是经营河东盐池的大盐商们，他们毫无政治抱负，而只注重个人享受，花费大量社会资源以获取玉料、铜器等各类奢侈品。[2] 倘真如此，却也和陶寺文化所表现出的"不思进取"现象非常契合。

---

[1] 刘莉、陈星灿：《中国早期国家的形成——从二里头和二里岗时期中心与边缘之间的关系谈起》，《古代文明》第1卷，文物出版社，2002年，第71—134页。

[2] 张海、陈建立：《史前青铜冶铸业与中原早期国家形成的关系》，《中原文物》2013年第1期。

第三章

二里头遗址与二里头文化

二里头遗址

315

二里头文化的分期与测年

335

二里头文化的核心器物群

348

东下冯类型的归属与
"新砦期"的困惑

365

二里头遗址是当前学术界探索夏代都邑的关键性遗址,二里头文化则是探索夏文化的主体文化。自二里头遗址被发现和二里头文化被确认以来,几代考古学者围绕夏文化的问题展开了长期、持续、激烈和深入的探讨,被誉为是中国考古学界一道最亮丽的风景线。

本章旨在通过对二里头遗址墓葬和居址出土陶器的分析统计,归纳出二里头文化的核心器物群,对二里头文化的内涵给予明确界定,进而考察"新砦期"和东下冯类型的文化属性,由此揭开笼罩在二里头文化及相关遗存之上的神秘面纱。

第一节 | 二里头遗址

一　发掘概况[1]

二里头遗址位于河南省偃师市，地处洛阳盆地的东部，伊河和洛河两河相夹的狭小三角地带东端。这一带北有邙山，南面是伊阙，西部的周山与豫西的丘陵地相连，东部冈峦起伏连接着嵩山，四周环山，中部是狭长形盆地，境内有伊、洛、瀍、涧四河，沟渠纵横，适于农业耕作。遗址西距洛阳汉魏故城约5公里、隋唐东都城约17公里、洛阳东周城约24公里，东距偃师商城约6公里。

现存遗址范围北至洛河滩，东缘大致在圪垱头村东一线，南到四角楼村南，西抵北许村。遗址略呈西北—东南向，东西最长约2400米，南北最宽约1900米，现存面积约300万平方米，其中约100万平方米被二里头等村子的现代建筑所占压。此外，现洛河北岸的古城村一带也曾发现二里头文化时期的遗物，但这一区域是否属于同一遗址范围尚不明确。

据当地村民回忆，1949年之前在遗址东部圪垱头老村以北一带，曾经多次出土玉器和铜器。1959年5月，徐旭生先生在豫西地区开展

---

[1] 此节多据中国社会科学院考古研究所《二里头（1999—2006）》（以下简称《二里头》）第一章和第二章中的有关内容，文物出版社，2014年。该报告由二里头工作队第三任队长许宏主编，参与编写的有赵海涛、陈国梁等人。

图 3-1　二里头遗址位置图（据《二里头》）

"夏墟"调查工作，与中国科学院考古研究所洛阳发掘队方酉生等人一起踏查了二里头遗址，并根据遗址规模和包含物特征推测它"为商汤都城的可能性很不小"。[1]徐旭生的调查发现以及他对遗址性质的判断引起了考古所夏鼐所长的高度重视，随即于1959年秋委派洛阳发掘队赵芝荃等人对二里头遗址进行试掘，由此揭开了二里头遗址和二里头文化的研究序幕。[2]

自1959年首次试掘以来，二里头遗址的考古工作持续不断，先后进行了60余次发掘，累计揭露面积达4万余平方米。概括而言，二里头遗址的发掘工作分为以下几个阶段：

第一阶段：1959年秋至1960年

---

[1] 徐旭生：《1959年夏豫西调查"夏墟"的初步报告》，《考古》1959年第11期。
[2] 有关二里头遗址的发现经过及其意义可参看拙文《考古学的春天：1977年"河南登封告成遗址发掘现场会"的学术史解读》，《追迹三代》，第103—152页。

主要工作是了解以陶器为中心的文化面貌，建立起分期框架，划分出早、中、晚三期遗存。通过这一阶段的工作，基本明确了遗址范围，同时根据遗址上的主要道路、水渠和自然村地界，将整个遗址划分为9个工作区，平面呈"井"字形。

这一阶段工作先后由高天麟和殷玮璋负责。

第二阶段：1961年秋至1964年春

主要发掘1号宫殿基址，揭露了该基址的东半部，发掘面积约6500平方米。同时还发掘了与铸铜、制陶有关的一些遗存。

这一阶段工作由赵芝荃负责，殷玮璋、高天麟、方酉生、钟少林、李经汉等人参与。

第三阶段：1972年秋至1978年

主要发掘1、2号宫殿基址，其中1972年秋至1975年揭露了1号基址的剩余部分，1977年秋至1978年全面揭露了2号基址。在此期间，还钻探出夯土基址30余处，发掘贵族墓葬若干座，并区分出二里头四期遗存。

这一阶段工作仍由赵芝荃负责，主要参加者有方酉生、高天麟、李经汉和郑光等人。

以上三个阶段的发掘资料在20世纪90年代已经刊布。[1]

第四阶段：1980年至1997年

其中1980—1984年发掘宫殿区以南的铸铜作坊遗址，1985年后主要配合基建发掘，发现多处二里头二期的夯土遗存。发掘范围扩展至遗址西部和北部，新划定了三个工作区。

这一阶段工作主要由郑光负责，主要参加者有杨国忠和刘忠伏等

---

[1] 中国社会科学院考古研究所编著：《偃师二里头——1959—1978年考古发掘报告》（以下简称《偃师二里头》），中国大百科全书出版社，1999年。该报告由二里头工作队首任队长赵芝荃主编，李经汉和方酉生等人参与了部分章节的编写工作。

人。这一阶段的发掘报告尚未正式出版,但发表了多篇发掘简报。[1]

第五阶段:1999 至 2006 年

1999 年许宏继任二里头工作队队长,鉴于以往工作多集中在文化分期和宫殿、贵族墓葬以及铸铜遗址的发掘,决定将工作重点转移到遗址聚落形态的探索上来。这一阶段各年度的工作重点及收获是:

1999 年:对遗址上各种现代建筑物的占地情况进行了全面测绘,对遗址边缘地区及其外围继续进行系统钻探,确认了遗址的现存范围、边缘区情况及其成因。同时对以往工作较少的遗址西部进行了钻探,初步确认地势偏低的遗址西部为一般居住区,而历年发现的重要遗存集中在遗址东部而非中部。

2000 年:重点对遗址的Ⅲ区进行了钻探,发现一条沟状堆积,并进行了解剖发掘,确立了二里头遗址的东界。

2001 年:在Ⅲ区、Ⅳ区、Ⅴ区和Ⅵ区进行大规模钻探,钻探面积超过 40 万平方米。在宫殿区的东侧、北侧和南侧发现了 3 条垂直相交的大道,并在宫殿区内钻探出若干夯土基址、数条小型道路及大面积的路土和卵石活动面,确认在 2 号基址下压有二里头文化早期的 3 号基址。

2002 年:在 3 号基址以西发现同时期的 5 号基址,以及贯通两者的木结构排水暗渠;在 2 号基址以南发现与其同时期的 4 号基址;在 2 号基址以北首次发现始建于二里头文化四期的 6 号基址;同时全面揭露了 4 号基址。

2003 年:主要确认了宫城的四面城墙,在南城墙外的大路上发现

---

[1] 中国社会科学院考古研究所二里头工作队:《1980 年秋河南偃师二里头遗址发掘简报》,《考古》1983 年第 3 期;《1981 年河南偃师二里头墓葬发掘简报》,《考古》1984 年第 1 期;《偃师二里头遗址 1980—1981 年Ⅲ区发掘简报》,《考古》1984 年第 7 期;《1982 年秋偃师二里头遗址九区发掘简报》,《考古》1985 年第 12 期;《1984 年秋河南偃师二里头遗址发掘的几座墓葬》,《考古》1986 年第 4 期;《河南偃师二里头遗址发现新的铜器》,《考古》1991 年第 12 期;《1987 年偃师二里头遗址墓葬发掘简报》,《考古》1992 年第 4 期。

了车辙；在 1 号基址的正前方发现 7 号基址。

2004 年：进一步确认宫城城墙的位置、结构和年代；全面揭露 7 号基址，发现并揭露 8 号、9 号基址及一堵夯土隔墙；发现多道夯土墙和一处绿松石作坊遗址。

2005 年：确定围垣作坊区的北、东墙，发现 10 号基址和 11 号基址；基本揭露 6 号基址，并在其下发现 12 号基址。

2006 年：发掘数条解剖沟以了解 6 号基址的时代、结构和建筑方法。

这一阶段揭露的总面积近 9000 平方米。发掘工作由许宏负责，主要参与人员有赵海涛、陈国梁等。

二　宫城[1]

1978 年，二里头工作队在 2 号宫殿基址的东侧钻探出一条南北向大路（LE），当时探出长度超过 200 米。2001 年，对该道路的南北两端继续钻探，确认其现存长度超过 700 米。随后又在宫殿区北侧发现与这条道路垂直相交的东西向大道（LN），现存长度超过 300 米。同年 11 月，在宫殿区南侧发现了第三条大路（LS）；而宫殿区西侧大路（LW）因为破坏较严重，直到 2004 年春节才最终确认。这四条道路垂直相交，围出一个面积超过 10 万平方米的范围，这就是二里头遗址的宫城。

宫城平面略呈南北纵长方形，城墙沿已探明的四条大路的内侧修筑。东、西墙的复原长度分别约为 378 米、359 米，南、北墙的复原长度分别为 295 米、292 米，宫墙平均宽度在 2 米左右。四面围墙围

---

[1] 此节多据《二里头》第六章第一节"文化堆积与遗迹分布"和第三节"宫殿区及周边建筑"。

图 3-2 二里头遗址卫星影像（据《二里头》）

起的面积约10.8万平方米。

宫城内分布有西、东两组建筑群。西部建筑群包括1号、7—9号等4座建筑，均始建于二里头文化三期，集中分布在宫城西南部。其中7号基址位于1号基址正南方的宫城南墙上，应为宫城南门的门塾建筑。8号基址则坐落于宫城西墙上。

东部建筑群包括2—6号、11号、12号等7座不同时期的建筑，集中分布在宫城东部偏北处。其中3号、5号属二里头文化二期，2号、4号和12号始建于二里头文化三期，6号、11号始建于二里头文化四期，而2号、4号、6号三座基址处于同一中轴线上。在3号和5号基址之间有宽约3米的通道相隔，通道下有木构的排水暗渠，长逾百米。

宫城城墙及其下压路土中出土陶器的时代为二里头文化二期，最晚的为二里头文化二期晚段，而宫城城墙使用时期的路土中则含有二里头文化二期至四期晚段的陶片，由此判断宫城的使用时间从二里头文化二期晚段一直延续到二里头文化四期晚段。

1．西部建筑群

西部建筑群包括处于同一轴线上的1号、7号基址，宫城西墙南部的8号基址和1号基址门塾右前方的9号基址。

（1）1号基址[1]

1号基址位于宫城西南部，其南门正对7号基址。该基址发掘于20世纪60—70年代，由于当时地下水位较高，基址主殿后的深坑以及西围墙外的两口水井未清理到底。2001年进行了补充发掘。

---

[1] 有关1号基址的描述多据《偃师二里头》第五章"宫殿建筑基址"一节，同时据《二里头》第六章第三节"宫殿区及周边建筑"补充。

经过20世纪60—70年代的发掘，1号宫殿基址的整体形制已经比较清楚。兹据《偃师二里头》中的有关介绍，将该基址的有关情况概述如下。

1号基址位于二里头遗址Ⅴ区，东临圪垱头村，西面是翟镇公社的化工厂，南北两面各有一条东西向的田间大道。基址为一座大型夯土台基，形状略呈正方形，但东北角向内凹进一角，方向352°。台基西边长98.8米，北边长90米，东边南段长48.4米，总长96.2米，南边长107米，总面积达9585平方米。台基面大体平整，高出当时地面约0.8米，东、南、西三面的台基折棱处呈缓坡状，表面有路土，有的铺一层料礓石面。

在台基上保留大量的柱洞、柱基槽、木骨墙基和主体殿堂的下部夯土基座。根据这些迹象可以看出在台基中部偏北处有一座主体殿堂建筑，四周有回廊相围，南面有宽敞的大门，东面、北面有两个侧门。

a．主体殿堂

位于夯土台基的北部，北距台基北边约20米，距台基东、西边各约30米，距台基南面的大门约70米。殿堂下部有基座，高出台基面0.1—0.2米，平面呈长方形。东西长36米，南北宽25米，面积为900平方米。根据主体殿堂上的柱洞以及草拌泥和夯土块等残留物，发掘者判断1号宫殿的主体建筑应是采用木骨泥墙的宫室。该宫室的四周有回廊相围，顶部则有可能为四面坡。

b．四面围墙

1号基址四周有围墙，但墙体已毁，仅存墙基，较为完整，在墙基中间保留有一排小柱洞，排列不在一条直线上。在西围墙的内侧有一排大柱洞，距离西墙6米；而北、东、南三面围墙内、外侧各有一排与之平行的大柱洞，各距墙基3米。

c．门和门道

在基址南面回廊中间有一个较大的缺口，形成南面的门道，是宫殿的正门。门道下面有长方形的基座。基座东西长 28 米，南北宽约 13 米，面积 364 平方米。基座南北两面各有一排较大的柱洞与基槽，每排各 8 个，南北相对，应是南大门的廊柱。

在门道基座上保留有三条南北向的路土，均从柱洞中间通过，使基座形成四个隔断，应是三条门道。在南大门之外，是一片开阔呈缓坡状的路土面，应是出入宫殿建筑的大道。

d．其他遗迹

在 1 号宫殿基址的西墙基外侧发现两口水井，在二里头文化四期被废弃不用。

在主体建筑周围还发现 5 座葬式特殊的墓葬（VM52、M54、M55、M57 和 M27），其中 M52、M54 和 M55 在主体殿堂北面檐柱之北与北面内排回廊的檐柱之间，围绕着一个圆形夯土深坑（1972VH80）的周围，坑内填大量陶片、红烧土块、料礓石和草木灰等。M52 内人骨下肢作折跪状，M54 和 M55 则均为俯身葬，墓主双足似被捆绑在一起。M57 位于主体殿堂的西面庭院内，也似捆绑后埋入；M27 在宫殿的东南面，人骨下肢被砍断，手和足部都被砍掉。这 5 座墓葬的葬式特殊，而且它们的墓室都打破宫殿基址，推测有可能与某种祭祀相关。

2001 年对 VH80 进行了补充发掘，发现该坑深度超过 10 米，上部为不规则椭圆形，而下部为规整的长方形；上部含有第四期陶片，而下部仅有二期的陶片。据此，许宏等人认为"不排除此坑的上下部分属于不同遗迹而上下叠压的可能性"，这实际上就是委婉地指出此前的发掘可能存在错误，将两个遗迹单位误作为一个。

此外，1972 年曾在宫殿台基北侧的 H53 中发现陶水管 1 节，长 42 厘米。后来在夯土台基西北的数座灰坑中也发现了陶水管，表明该建筑原先有排水设施。

e．基址年代

发掘过程中共发现打破夯土基址的灰坑 17 座和陶窑 1 座，出土陶器的年代属于二里头四期。而在宫殿夯土基址之下叠压着 3 座灰坑和残陶窑 1 座,灰坑出土陶器属二里头二期,残陶窑出土陶器年代介于二里头二、三期之间。据此,发掘者判断 1 号宫殿基址的始建应不早于二里头三期。

(2) 7 号基址[1]

7 号基址位于宫城南墙西段,其北面正对 1 号基址正门,两者相距 31.8 米。2003 年秋,在寻找宫城南墙时发现了这座基址。

7 号基址是一座较大型的单体夯土建筑基址,由基址的主体部分及其外围路土组成。其中主体部分由台基、基槽和柱网组成,主体部分破坏较甚,基槽部分面积约 357 平方米。基址四周均发现有路土。从层位关系和包含物来看,7 号基址的始建年代不早于二里头文化二期,而废弃时间很可能在二里岗文化晚期阶段。

(3) 8 号基址[2]

8 号基址位于宫城西南角,北接宫城西墙,南部被现代建筑叠压而未发掘。2004 年春季在寻找宫城西墙时发现了 8 号基址以及它与 1 号基址相连的夯土墙 Q2。8 号基址的地面以上部分已经无存,保留有基槽、柱网和外围路土。这座基址可能和宫城西墙同时修筑于二里头文化三期,至迟在二里头四期就已经废弃。

(4) 9 号基址[3]

9 号基址位于宫城西南部,在 1 号基址和宫城南墙之间。基址仅残留有基槽部分,而且只发掘了西端一小部分,基槽上也未发现柱洞和墙槽,所以具体形制不明。从地层关系和包含物特征来看,9 号基址的始建年代不早于二里头二期,四期晚段已经废弃。

---

[1] 据《二里头》第六章第三节"宫殿区及周边建筑"。
[2] 同上。
[3] 同上。

上述四座基址的始建和废弃年代基本一致，共同组成了宫城内的西路建筑群。其中 1 号基址规模最大，是这组建筑中的核心建筑。7 号基址位于 1 号基址的正南方，具有共同的中轴线，当属于同一组建筑。8 号和 9 号建筑则应是它们的附属设施。

2．东部建筑群

（1）2 号宫殿基址

2 号基址位于宫城东部，西南距 1 号基址约 150 米。发掘工作从 1977 年开始至 1978 年年底结束。《偃师二里头》对基址情况进行了全面的介绍。[1]

基址为一长方形的台基，南北长 72.8 米，东西宽 57.5—58 米，方向 354°。包括主体殿堂，东、南、西三面回廊和四面围墙，南面门道及庭院，组成一座完整的宫殿建筑。整个台基以主体殿堂部分的夯筑最厚，约 3 米，台基的南半部夯土较薄，质量也较差。

a．主体殿堂

主体殿堂的基址高于整个大夯土台，现存部分较当时庭院的地面高出约 0.2 米。台基北边长 32.75 米，南边长 32.6 米，东边宽 12.4 米，西边长 12.75 米。基址与宫殿建筑的东、西回廊距离 6.5—6.6 米。殿堂面阔三间，四周有回廊。其中东间阔 7.4 米，西间阔 7.7 米，正中的一间阔 8.1 米，进深约 5.6 米。在主体殿堂基址的南面有三块夯土紧贴基址，推测是台阶。

b．四面围墙、回廊与门道

四面围墙均挖槽夯筑而成，墙内侧有廊柱，南墙则有内外回廊。在东围墙上发现四个缺口，可能是门道。南大门位于南围墙的偏东

---

[1] 参看《偃师二里头》第五章"宫殿建筑基址"一节。

部，四面有墙，是一座面阔三间的小型屋室。其东西两间呈正方形，可能相当于"东塾"和"西塾"，正中的一间略宽，应是主要的门道。

c．庭院

庭院南北长 56.5 米，东西宽约 45 米，庭院中南部和西部有一部分未发掘。在庭院内发现两处地下排水设施，在东北部的一处将陶水管安放在预先挖好的沟槽之内，而庭院东南部的一处则是先挖沟槽然后用石板砌成地下排水沟。

d．其他遗迹

在主体殿堂之北与北墙之间发现一座墓葬（VD2M1），墓口东西长 5.2—5.35 米，南北宽 4.25 米；墓内有生土二层台，墓室东西长 1.85 米，南北宽 1.3 米，墓深 6.1 米。墓室中部有一早期大盗洞，直抵墓底，墓室未见随葬品和人骨，仅在盗洞内发现少量的朱砂、漆皮和蚌饰。墓室填土内发现一具完整的狗骨架，被置于一红漆木匣内。墓底则发现少量经火烧过的骨渣和一块加工过的骨片。发掘者推测 M1 的墓主就是此建筑的主人，并引《礼记·檀弓》所谓"殷已悫，吾从周，葬于北方北首，三代之达礼也"来证明这座墓葬就是"寝殿而楹"的典型例证。

e．基址年代

2 号基址下压二里头二期的文化层和夯土基址，在其上面则压有三期和四期的路土层，而基址本身所出陶片属二里头三期，因此发掘者判定 2 号基址属于二里头三期，而基址的废弃则在二里头四期之后。

2001—2006 年，二里头工作队对 2 号基址进行了一系列的补充发掘，获得若干重要的新认识，如确认该基址的东墙其实就是宫城的东墙，原先所谓"大型墓葬"VD2M1 也并非墓葬，并进一步明确 2 号基址的始建年代为二里头三期晚段，延续使用至四期晚段，在二里岗文化晚期阶段彻底废弃。[1]

(2) 3号基址[2]

3号基址位于宫殿区东部偏北，大体位于2号、4号、6号基址之下。早在1978年对2号基址进行发掘时即已发现其下分布有大面积的夯土，2001年确认在2号基址之下叠压着另一座大型基址，即3号基址。

由于3号基址被其他基址所叠压，只能局部发掘，无法了解全貌。目前已判定3号基址至少包括南、中、北三重院落，中院为主殿，东西两侧有廊庑，已知夯土南北长133米，东西宽约50米。在院落里发现有墓葬和水井，另见排水设施和路土等遗迹。

3号基址的主殿可能建于二期早段，北院和南院则可能是二期晚段新建。

(3) 4号基址

4号基址位于宫城东部中段，北距2号基址南大门仅10余米，且与2号基址拥有共同的建筑中轴线，当属同一组建筑。

4号基址的夯土台基呈圆角长方形，面积466平方米。它的始建年代不早于二里头文化二期晚段，也不晚于三期晚段，主殿的使用至少延续到四期晚段。

(4) 5号基址

5号基址位于宫城东部，东侧隔路与3号基址的西庑东西并列。该基址包括南北两部分夯土台基，根据层位关系和出土器物分析，5号基址的年代不晚于二里头文化二期晚段。

---

[1] 据《二里头》第六章第三节"宫殿区及周边建筑"。另外，杜金鹏《二里头遗址宫殿基址初步研究》一文对VD2M1并非"大型墓葬"的理由有详细分析，可供参考。《考古学集刊》16，文物出版社，2005年。

[2] 以下几处基址的情况均据《二里头》第六章第三节"宫殿区及周边建筑"。

(5) 6号基址

6号基址位于宫城东北部、2号基址以北。基址北缘距离宫城北墙约70米，与2号基址之间有宽约10米的通道。解剖发掘表明，该基址的修建经历了3个阶段，整个基址呈横长方形，总面积逾2500平方米。

6号基址的建造和使用年代均为二里头文化四期晚段，最晚在二里岗文化晚期被彻底废弃。

(6) 11号基址

11号基址位于6号基址的西侧，两者东西并列。由于仅发掘了东部边缘部分，所以整体特征不明。该基址的建造和使用时代为二里头文化四期晚段，另外还发现二里岗文化晚期阶段的夯土墙建造于其上，或说明该建筑在此时仍在使用。

(7) 12号基址

位于6号基址西庑的西南部，因为被其他建筑和路土所叠压，所以无法确知其形状特征。从层位关系上看，12号基址的始建不晚于二里头文化三期，最迟在四期晚段时已完全废弃。

3．墓葬

在宫殿区范围内共清理瓮棺葬1座、土坑竖穴墓15座，另有乱葬13处以及其他埋葬形式的全尸葬6处。兹将瓮棺和土坑墓的有关情况列表如下。[1]

---

[1] 据《二里头》第六章"宫殿区"的墓葬部分。

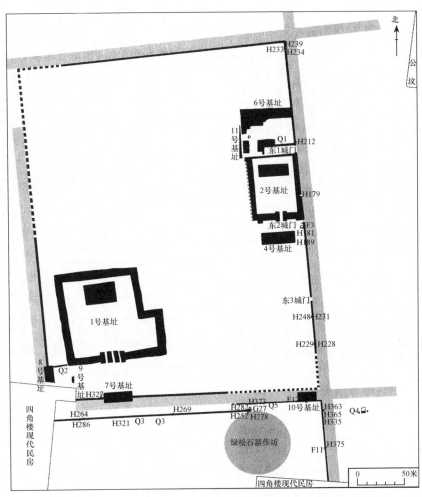

图 3-3 二里头遗址中心区道路网络、宫城城墙及相关遗迹平面图（据《二里头遗址二里头文化四期晚段遗存探析》）

墓号	时代	位置	主要随葬器物
2004VM15	王湾三期	2004VT80	深腹罐1（瓮棺）
2001VM1	二里头二期早段	3号基址庭院主殿南部偏西处	鼎3、盆1、平底盆3、豆1、尊1、壶1、盉2、爵2、圆陶片2、玉柄形器1、漆器1
2001VM2	二里头二期早段	3号基址庭院主殿南部偏西处	被扰动，未见随葬品
2001VM3	二里头二期晚段	3号基址南院	鼎1、平底盆2、豆3、高领尊3、盉3、爵1、器盖1、斗笠形器3、圆陶片3、玉鸟1、石铃舌1、绿松石龙形器1组、绿松石珠5、绿松石片1组、漆爵1、漆勺1、漆匣1、圆形圈底漆器1、海贝串饰1组、螺壳2
2002VM4	二里头二期晚段	3号基址南院	圆腹罐1、鼎2、盆1、平底盆1、三足盘1、豆2、捏口罐1、敛口罐1、高领尊1、小尊1、盉1、爵1、圆陶片1、漆器7
2000VM5	二里头二期晚段	3号基址南院，与M3和M4东西并列	鼎1、盆1、平底盆1、高领罐2、鬶1、盉1、爵1、器盖1、漆豆1、漆觚2、漆圈足器1、弦纹漆器1、不明漆器6、玉柄形器1、蚌饰1组
2003VM7	二里头二期晚段	2003VT31	盆1、高领尊1
2003VM8	二里头四期晚段	2003VT34	圆腹罐1、盆1、簋1、陶纺轮1
2003VM10	二里头四期晚段	2003VT34	未见随葬品
2003VM11	二里头四期晚段	2003VT27	豆1、簋1、大口尊1、小尊1、觚1
2003VM12	二里头四期早段	2003VT35	未见随葬品
2003VM13	二里头四期晚段	2003VT61	未见随葬品

续表

墓号	时代	位置	主要随葬器物
2003VM17	二里头四期晚段	2004VT72	圆腹罐1、豆1、簋1、高领尊1
2002VM6	二里岗期	2002VT25	骨猴1
2003VM9	二里岗文化晚期	2003VT27，打破宫城东墙	未见随葬品
2002VM14	二里岗文化晚期	2002VT18	填土中有盆1、簋1、石刀1

此前已有研究者对二里头文化的墓葬进行过系统研究，根据墓圹规模、葬具和随葬品等情况将二里头文化的墓葬分为五个等级，具体是[1]：

Ⅰ级墓：墓圹面积多在2平方米以上，墓圹长度一般在2米以上，宽度在1米左右。随葬器物有青铜礼器、玉器、绿松石器和比较精致的陶器（如白陶），往往还有漆器和圆陶片。有的墓葬有海贝。墓中一般铺撒朱砂，多发现木棺，有的用漆棺。

Ⅱ级墓：墓室面积一般在1.2平方米左右，通常随葬成组陶酒器、玉礼器和圆陶片，也常见绿松石器、漆器、海贝等物。墓中有较多的朱砂，一般有木质葬具。

Ⅲ级墓：墓室面积一般在1平方米以下，基本无葬具，但有少量墓有朱砂。随葬少量日用陶器或其他生活用品，基本不见陶酒器。

Ⅳ级墓：墓室面积一般在0.8平方米以下，无随葬品。

---

[1] 李志鹏：《二里头文化墓葬研究》，《中国早期青铜文化——二里头文化专题研究》，科学出版社，2008年，第1—123页。近年也有人将二里头文化的墓葬分为大型墓、中型墓、小型墓三级，而中型墓又可分A、B两类。参看燕飞《龙山文化墓葬与二里头文化墓葬的比较研究》，郑州大学历史学院硕士学位论文，2013年。

V级墓：乱葬墓，多弃于灰坑或地层中。既有单人独葬，也有多人丛葬，人骨或完整，或凌乱，或身首异处。

很显然，上述墓葬等级划分与二里头时代的社会实际并不吻合，要了解这一时期丧葬习俗的全貌，尚有待于高等级墓葬的发现。

4．小结

到目前为止，在二里头遗址的宫殿区内已发现10余座宫殿基址。根据这些建筑的建造、使用和废弃年代，发掘者已经大致勾画出宫殿区的兴衰过程。

二里头文化一期，该区域出现了相当规模的人类活动。

二里头文化二期，在该区域出现了"井"字形的大路，沿道路内侧开始兴建建筑基址，宫殿区开始形成。在该期的晚段，东北部兴建了3号、5号基址，其中3号基址至少有三进院落，北院内有大型的池状遗迹。

二里头文化三期，在宫殿区"井"字形大路的内侧出现了宫城城墙，在宫城西南部出现了规模最大的1号基址，其附近修建了7号和8号基址。大约在同时，宫城之内的东北部出现了2号和4号基址。这一时期，宫城内的路网以及宫城外围的"井"字形道路相互连通，二里头宫城的基本格局奠定。

二里头文化四期阶段，宫城城墙、内外路网、各种作坊等设施继续存在，四期晚段二里头遗址开始了衰败，原先规整的布局被破坏。在二里头文化四期之末，宫城城墙、大型基址和各种生活设施可能大部分被废弃。

到了二里岗文化晚期阶段，生活在这里的居民对二里头文化时期残留的建筑基址和宫城城墙造成了严重的破坏，二里头遗址彻底衰落。

三 围垣作坊区

1．围垣区[1]

2004年春，为确认宫城南墙及其外大路的分布情况，二里头工作队在7号基址以南进行大规模钻探，发现了一道夯土墙（Q3）。Q3包括墙体和基槽两部分，东西走向，与宫城南墙基本平行，两者之间有道路相隔。已发掘部分长212米，墙体残高多在0.40—0.60米，上部残宽1.43—1.86米，底部残宽1.90—2.18米，最宽处达3.06米。

在Q3的东北部发现有曲尺形的Q5，南北长88米，东西长92.5米，且继续向西延伸。但Q5南端被现代村落叠压，西段又被晚期遗迹破坏，所以很难确定原有长度。

从出土遗物和层位关系来看，Q3的始建和使用年代都在四期晚段，而Q5的始建年代则不晚于二里头二期，可能为二期早段，并延续至四期晚段。发掘者推测Q3是Q5西段被毁后的重建部分。

由于Q3和Q5两道夯土墙形成一个相对封闭的区域，故称为围垣区。

2．绿松石作坊区

在探寻Q3的过程中发现了一座绿松石坑（2004VH290），坑中一些部位密布绿松石料，因此推测是一处与绿松石器制造有关的遗迹。通过钻探，在H290以南约1000平方米范围内也发现有绿松石料，因此推测这是一处绿松石作坊区。随后的试掘也出土了少量绿松石料和砺石等物。

---

[1] 参看《二里头》第五章"围垣作坊区"。

绿松石料分布范围正处于 Q3 和 Q5 的内侧，在它们周围还发现不少小型房址，可能是绿松石加工的作坊所在，因此发掘者把这一区域称为围垣作坊区。从出土器物来看，绿松石作坊的使用年代为二里头二期至四期。从二里头遗址出土的绿松石龙和绿松石牌饰来看，当时的社会上层对绿松石制品有很大的需求，这应该就是绿松石作坊区处于宫城内的主要原因。

3．铸铜作坊区

铸铜作坊区位于绿松石作坊区以南靠近古伊洛河的高地上，北距宫殿区 200 余米，面积约 1 万平方米。在作坊区南部发现壕沟遗迹 1 处，宽 16 米以上，深约 3 米，已知长度逾 100 米。虽然围垣区的南墙尚不明确，但推测铸铜作坊很有可能也在围垣作坊区之内。

在这里发现的遗迹主要包括浇铸工场、陶范烘烤区和陶窑等，此外还发现若干座墓葬，墓主可能是铸铜工匠，也可能是铸器过程中举行某种仪式的牺牲。作坊区内发现的遗物有陶范、石范、坩埚、炉壁、炼渣、铜矿石、铅片、木炭和小件铜器等。从残范的形制来看，所铸器物多为圆形，最大者直径可达 30 厘米以上。

这是在二里头遗址迄今发现的唯一一处铸铜作坊，从其堆积来看，这处铸铜作坊曾经长期使用，并且在二里头遗址衰落之后又被迁移到郑州商城。[1] 据统计，历年来二里头遗址出土的铜器共 131 件，但兵器、工具和装饰品较多，容器较少，仅有鼎、斝、爵、盉等类。[2]

---

[1] 许宏：《最早的中国》，科学出版社，2009 年，第 166—167 页；许宏等：《二里头遗址聚落形态的初步考察》，《考古》2004 年第 11 期。
[2] 陈国梁：《二里头文化铜器研究》，《中国早期青铜文化——二里头文化专题研究》，第 124—274 页。据该文统计，二里头遗址出土的铜容器计有鼎 1、盉 1、斝 2、爵 13 件，另有 1 件铜觚存疑。

第二节 | 二里头文化的分期与测年

一 分期诸说

自二里头遗址发掘以来,有关二里头文化分期的研究持续不断,并几经变化。大体而言,可以归纳为以下几种观点:

(1) 三期遗存说

1959年秋,中国科学院考古研究所洛阳工作队在对二里头遗址进行了首次试掘之后,就把该遗址龙山晚期至商代早期遗存分为三期,具体是:

> 早期当属河南龙山文化晚期,但与常见的河南龙山文化还不能衔接,尚有缺环;中期虽仅留有若干龙山文化因素,但基本上接近商文化;晚期则是洛达庙类型商文化。通过这一发现,对商文化与河南龙山文化的关系有了进一步的认识,可以进一步肯定河南龙山文化与商文化有承继关系。[1]

不难看出,发掘者这里所分的是二里头遗址的三期遗存,而不是同一种考古学文化的三个发展阶段。按发掘者的理解,二里头遗址的

---

[1] 中国科学院考古研究所洛阳发掘队:《1959年河南偃师二里头试掘简报》,《考古》1961年第2期。

上述三期遗存实际上代表了三种不同的考古学文化——早期是河南龙山文化，晚期是商文化，中期则是两者之间的过渡文化。发掘者划分三种文化的依据是：

> 早期的陶器以夹砂陶为最多，泥质灰陶和黑陶梳理较少；制法以轮制为主，兼用模制和手制；陶胎较薄；种类有小口瓮、平底盆、澄滤器、鼎形器和罐类（器多平底，口沿上常带有小突起）；纹饰以篮纹为主，绳纹次之。早期遗物属龙山文化。
>
> 中期遗物基本与早期相同，但出现了爵。从形制看，平底器减少，圜底器增多。纹饰以细绳纹为主，篮纹次之，出现了云雷纹和回纹等商代常见的纹饰。中期出土遗物龙山文化因素大减，商文化的特点增多。
>
> 晚期与前两期有了较显著的变化。陶器以泥质灰陶为主，夹砂陶减少，种类与早期有较大的不同，爵、盉和觚逐渐普遍，并出现了短颈大口尊和圜底卷沿盆等商代常见之器。较大的器物的陶胎较早中期粗厚。一般的器物内部都施有麻点。纹饰以绳纹为主，且多为粗绳纹。器形的风格很多地方与郑州洛达庙出土的接近。

从以上的描述来看，划分二里头遗址早、中、晚三期遗存的主要依据是陶质、纹饰和器类，但基本上是根据发掘者的观察和直觉，缺乏统计数据的支持，因此就不免有主观乃至矛盾的地方。比如发掘者一方面说"中期遗物基本与早期相同"，但同时又说"中期出土遗物龙山文化因素大减"。遗物（器类）本身就是最重要的"文化因素"，既然早、中期的"遗物"基本相同，又如何能说中期"龙山文化因素大减"？同理，正因为注意到二里头遗址晚期陶器"种类与早期有较大的不同"，发掘者才可以把晚期遗存定性为"洛达庙类型商文化",而非龙山文化。

(2) 三期说

从 1960 年开始,洛阳工作队开始连续对二里头遗址进行发掘,到 1964 年春,"共作了八次正式发掘,揭露的面积共达八千多平方米"。[1] 根据这些新材料,发掘者对二里头遗址三期遗存的认识有了显著的改变,转而主张:

> 根据地层的堆积,陶器可以分为早、中、晚三期,三期之间有一定的区别,但属于一个文化类型。

此前的三期遗存被划分为三种不同的考古学文化,现在则归属"一个文化类型",这一变化称得上是颠覆性的。发掘者为此解释道:

> 早期的瓮、罐、盆,多平底,有假圈足,晚期的多圜底。早期泥质黑陶约占 14%,中期约占 9.5%,晚期约占 3%。早期纹饰以篮纹为主,并有方格纹和细绳纹。……中期纹饰以细绳纹为主,有少数篮纹和大方格纹,并盛行各种印纹和凹凸弦纹,附加堆纹也很发达。……晚期纹饰多粗绳纹,陶器内壁普遍施加麻点……

不难看出,上述理由与之前"三期遗存说"的证据并没有本质上的不同,发掘者却得出了截然不同的结论,由此可见考古学者在对考古遗存文化属性的判断上是有很大的游移空间的,发掘者的主观认识和主观判断在其中发挥重要作用。但无论如何,二里头遗址早、中、晚期遗存同属"一个文化类型"的观点从此以后被学术界广泛接受,

---

[1] 中国科学院考古研究所洛阳发掘队:《河南偃师二里头遗址发掘简报》,《考古》1965 年第 5 期。

并在此基础上发展出目前广为采用的四期说。

(3) 四期说

1972年秋,因为"文化大革命"而停顿了数年的二里头遗址发掘工作重新启动。经过三个季度的发掘,1号宫殿基址的完整面貌得以展现。[1] 与此同时,由于在1号宫殿基址上面发现"压着晚于晚期和早于商代二里岗期的文化层",发掘者就把这些遗存"定为第四期",相应地,"以前的早、中、晚期改为一、二、三期",由此确立了二里头文化的四期说。发掘者解释如此划分的理由是:

> 台基上面灰坑和灰层中出的陶器,比之于二里头遗址三期(即晚期,以下简称三期)的陶器有较大的变化,和郑州二里岗期的陶器也有显著的区别。因此,我们把它定为二里头遗址四期(以下简称四期)。譬如四期的陶鬲是大口长颈,瘦腹,器形与二里岗期的不同,数量较三期有明显增多,但仍少于同期的夹砂陶罐类,与二里岗期多鬲的情况也不同。又如四期的陶簋,口部较大,圈足较高,型式较三期为多,但不见二里岗的Ⅱ式广腹簋和Ⅱ式直壁簋,型式又不及二里岗期多。四期不见三期通见的三足盘,可能是被陶簋所代替。再以大口尊为例,三期的是口径小于肩径,二里岗期是口径大于肩径,而四期的大口尊则是口径与肩径大致相当。

二里头文化四期说的提出,不单纯是丰富了对其文化内涵的认识,更重要的是,"四期的陶器是把三期和二里岗期的陶器紧紧地连在一起了,好像是一个长链中三个毗邻的环节"。按此逻辑,实际上就是主张

---

[1] 中国科学院考古研究所二里头工作队:《河南偃师二里头早商宫殿基址发掘简报》,《考古》1974年第4期。

河南龙山文化晚期、二里头文化和二里岗文化是一脉相承的，它们是同一文化的不同发展阶段。而促使发掘者得出上述判断的主要原因是，企图通过论证二里头文化三、四期和二里岗期文化的延续性来呼应二里头遗址是汤都西亳说和郑州商城的仲丁隞都说。[1]

与二里头遗址发掘伊始所形成的"三期遗存说"相比，这些新认识堪称翻天覆地的变化。如此巨大的转变令后来的二里头工作队队长许宏也感到难以理解，他说：

> 1965年二里头遗址发掘简报首次将遗址的早期遗存归入"二里头类型"，但发掘者并未对此进行明确的解释或展开论证。……就目前的认识，洛达庙遗址一至三期遗存相当于二里头文化的二至四期或稍晚。原来以该遗址命名的"洛达庙类型文化"本来不包括二里头遗址早期遗存即后来的"二里头文化一期遗存"。我们可以设想，如果二里头遗址不存在"一期遗存"，而同类遗存发现于其他遗址，我们在确认二里头文化的内涵时，是否还会特意将这种与当地龙山文化及"新砦期"遗存有大体相近的文化面貌和分布地域的遗存纳入二里头文化，作为其初始阶段呢？[2]

许宏的上述反思在考古学研究中其实十分普遍，值得高度重视，但学术研究的惯性似乎容不得重新思考二里头遗址各期遗存的文化属性。1999年，由赵芝荃主编的《偃师二里头》发掘报告出版，该报告是对二里头遗址1959—1978年发掘收获的总结。在这部报告中，赵芝荃等发掘者将二里头遗址的文化堆积分为六期，其中前四期为二里头

---

[1] 关于二里头遗址发掘者的心路历程，可参看拙文《考古学的春天——1977年"河南登封告成遗址发掘现场会"的学术史解读》，《追迹三代》，第103—152页。
[2] 许宏：《二里头遗址发掘和研究的回顾与思考》，《考古》2004年第11期。

文化的一至四期，第五期为二里岗下层文化，第六期为二里岗上层文化。

从该报告第二章第三节"二里头遗址的文化分期"所述内容来看，赵芝荃的分期依据主要有以下四个方面：陶器的系类和质料、陶器的形制、陶器的纹饰以及陶器形制（共19种器类）的演变。这是对二里头文化四期说最系统的论述，代表了四期说的最终确立。

（4）五期说

自从1965年二里头遗址发掘简报将该遗址的相关遗存确定为同一考古学文化类型的早、中、晚三期之后，表面上看，有关二里头文化陶器的分期似乎就"成为一种近乎凝固的观念"了。[1] 但在二里头工作队内部，其实还存在不同意见。

1977—1978年，二里头工作队发掘了2号宫殿基址，在基址上发现了晚于二里头四期、年代属于二里岗上层偏早阶段的堆积。[2] 根据这些发掘材料，郑光将二里头遗址的遗存分为五期，并明确提出"二里头一期属夏文化，二、三期属早商文化，四期（相当于二里岗期下层）及新分出的五期（相当于二里岗期上层）属中商文化"的新看法。[3]

随后，在《二里头陶器分期初论》一文中，郑光制作了详细的分期图表，考察了二里头遗址出土的30类陶器的演变规律，进一步论证二里头陶器分期的五期说。他最后总结道：

> 就二里头的器物群体而言，各期有自己的特点，有自己的风格。在各期陶器的演变过程中，有旧的器物消失，新的器物产生，

---

[1] 郑光：《二里头陶器分期初论》，中国社会科学院考古研究所编《中国商文化国际学术讨论会论文集》，中国大百科全书出版社，1998年，第11—40页。

[2] 中国社会科学院考古研究所二里头队：《河南偃师二里头二号宫殿遗址》，《考古》1983年第3期。

[3] 郑光：《试论二里头商代早期文化》，中国考古学会编《中国考古学会第四次年会论文集》，文物出版社，1985年，第18—24页。

> 但这二者仅是局部现象而非整体现象,是支流而不是主流。主流是基本器物延续不断,一脉相传。……它鲜明地反映出从上到下,从一期到五期,从龙山文化到晚商文化皆为同一文化在延续、传承。它在发展过程中的变化只是同一文化随时间推移产生的自然而然的变化,并非不同质文化相更迭所产生的变化。

虽然在文章中郑光没有明确指出究竟哪些陶器是二里头文化"延续不断,一脉相传"的"基本器物",但从他所列的分期表来看,其中所列举的30类器物几乎都纵贯了一至五期,所以这些器物应该就是郑光所理解的二里头文化基本器物群。正因为对二里头遗址陶器面貌的上述观察,郑光坚信:"朝代或政权的更迭,王都的迁徙,不可能引起文化,特别是陶器种类、形制特征的巨大变化。"[1] 按照郑光先生的这一理解,那种企图通过陶器形别的变化来考察王朝更迭的做法基本上就是死路一条。

然而,学术界的主流意见是把二里岗文化视为不同于二里头文化的另一支独立的考古学文化,所以郑光的"五期说"几乎是无人喝彩,"四期说"则始终被奉为学界圭臬。[2] 但郑光先生毫不气馁,笃信夏商同源,并建议考古同行们"超越疑古,走出迷茫,走出(夏商文化)二元论"。[3]

---

[1] 郑光:《试论二里头商代早期文化》,中国考古学会编《中国考古学会第四次年会论文集》,第18—24页。
[2] 如中国社会科学院考古研究所主编的《中国考古学·夏商卷》就认为郑光所界定的二里头五期"事实上已超出二里头文化的范畴",强调"二里头文化的概念应限于20世纪70年代所分二里头遗址一至四期遗存的范畴"(中国社会科学出版社,2003年,第70页)。另外,《二里头》发掘报告对郑光的"二里头五期"概念专门进行了辨析,再次强调它不应归属于二里头文化的范畴。《二里头》第叁册,第1654—1655页。
[3] 郑光:《夏商文化是二元还是一元——探索夏文化的关键之二》,《考古与文物》2000年第3期。

(5) 四期多段说

在 1980—1981 年发掘二里头遗址Ⅲ区时，郑光即注意到二里头遗址二、三、四期遗存丰富，每期都"可以分为偏早、偏晚两个阶段"。[1] 进入 20 世纪 90 年代，他的这一意见引起了重视，多位学者先后对二里头文化的分期进行了细化，如李维明的两大段四小段八组[2]，张良仁的四期八段[3]，以及李志鹏对二里头墓葬所分的四期七段（其中第一期仅一段）。[4]

作为二里头工作队的队长，许宏对二里头文化的分期研究现状无疑是不满的。[5] 但他也无奈地承认："一种考古学文化及其分期方案一旦提出，其后的研究中新的提案即便具有合理性也难以为学术界所认可和采纳。"[6] 因此，在他主编的《二里头》大型报告中，沿用了四期说，并细化为七段，即每一期分早、晚两段，但一期早段材料缺乏，仅列出晚段。可以预见，该报告的四期七段说将会被学术界广泛采用。

从表面上看，学者们对二里头文化的分期似乎大同小异，但实际情况是，不同学者在对二里头文化进行分期时，所依据的陶器种类是有很大差别的。就以二里头工作队前后三任队长为例，他们在分期时也是各有侧重：在编写《偃师二里头》时，首任队长赵芝荃主要是依据了 19 种陶器的演变规律；第二任队长郑光则是在分析了 30 种器类特征演变的基础上，完成了《二里头陶器分期初论》一文；而在《二

---

[1] 中国社会科学院考古研究所二里头工作队：《偃师二里头遗址 1980—1981 年Ⅲ区发掘简报》，《考古》1984 年第 7 期。
[2] 李维明：《二里头遗址二里头文化陶器编年辨微》，《中原文物》1991 年第 1 期。
[3] 张良仁：《论二里头文化分期与性质》，《考古学集刊》14，文物出版社，2004 年，第 392—419 页。
[4] 李志鹏：《二里头文化墓葬研究》，《中国早期青铜文化——二里头文化专题研究》，第 1—123 页。
[5] 如他就曾对二里头文化进行过重新分期，参看《二里头遗址文化分期再检讨——以出土铜、玉礼器的墓葬为中心》，《南方文物》2010 年第 3 期。
[6] 许宏：《二里头遗址发掘和研究的回顾与思考》，《考古》2004 年第 11 期。

里头》这部大报告中,第三任队长许宏划分四期七段的依据又是21种典型器物。至于其他学者对二里头文化的分期研究则更是各有依据,如邹衡是用了9类陶器[1],李维明是8种,张良仁是10种,李志鹏是14种,而近年段天璟在对二里头文化重作分期时,又是依据了11种陶器。[2]

将陶器分期等同于文化分期,而且不同学者又是在不同器类的基础上得出的分期结论,此种研究现状应该引起学术界的足够重视。从表面上看这只是个陶器分期研究,但实际上这里涉及一个根本性的问题,即究竟如何界定"二里头类型"或"二里头文化"的内涵?如果不能有效地解决文化内涵的界定问题,文化分期自然也就无从谈起。但上述研究恰恰表明,长期以来学术界对二里头文化内涵的界定基本上是因人而异的,每个学者都有一个"属于"他"自己的"二里头文化,不同学者所说的二里头文化、所划分出的二里头文化各期,名同而实异。毫无疑问,要正确理解二里头文化这一概念,首要任务是要确立具有二里头文化代表性的器物群,这样不同的学者才有可能在同一话语平台上进行讨论。有鉴于此,有学者强调文化分期要从典型遗迹单位着手,力求寻找"器物群体标准",这是一个值得肯定的方向。[3]

二 测年反复[4]

二里头文化的碳十四测年研究大体上经历了三个阶段,即夏商周

---

[1] 参看邹衡《试论夏文化》一文的"夏文化分期图表",《夏商周考古学论文集》,第132页。
[2] 段天璟:《二里头文化时期的中国》,社会科学文献出版社,2014年,第91—92页,图十、图十一。
[3] 袁广阔:《二里头文化研究》,郑州大学历史文化学院博士学位论文,2005年。
[4] 此节内容多据《二里头》第七章"碳十四测年研究"。

断代工程之前、夏商周断代工程期间以及夏商周断代工程之后。

1．夏商周断代工程之前二里头文化的碳十四测年

1974—1978 年，中国科学院考古研究所碳十四测年研究室共测定了二里头遗址的 5 个样品。树轮校正后的年代分别是公元前 2470—前 2140 年，公元前 1916—前 1683 年，公元前 1493—前 1266 年，公元前 1886—前 1681 年以及公元前 1625—前 1430 年。

1980—1983 年，该研究室又测定了 33 个二里头遗址的样品。随后仇士华等人应用这些样品数据，并结合东下冯和陶寺遗址的测年数据，发表了《有关所谓"夏文化"的碳十四年代测定的初步报告》，得出的结论是——"从统计的观点总体来看，二里头遗址的时代应不早于公元前 1900 年，不晚于公元前 1500 年，前后延续 300 多年或将近 400 年"。[1] 这一结论在此后数十年间被学术界广泛引用，但仇士华后来却提出，由于当时的样品"大都是用木炭做的一般测定，误差相应比较大"，这实际上就是否定并抛弃了以往的测年数据。[2]

2．夏商周断代工程期间二里头文化的碳十四测年

1996—2000 年夏商周断代工程实施期间，中国社会科学院考古研究所碳十四研究室等单位进行了大量的技术改进，采用 20 世纪 90 年代国际上开始流行的"高精度系列样品方法"，力图有效地提高测

---

[1] 仇士华等：《有关所谓"夏文化"的碳十四年代测定的初步报告》，《考古》1983 年第 10 期。《二里头》第七章"碳十四测年研究"称，1980—1983 年共测了 28 个样品，但该文实际上公布了 33 个样品数据。
[2] 仇士华：《^{14}C 测年与中国考古年代学研究》，中国社会科学出版社，2015 年，第 92 页。

年精度。[1]

在此期间，仇士华等学者利用常规碳十四测年方法对二里头遗址的18个样品进行了年代测定。测年学者指出，与此前的数据相比，夏商周断代工程期间所获数据具有以下特点：首先是缩小了误差范围。20世纪70年代和80年代的数据误差范围通常在70年以上，甚至超过100年，而断代工程期间的数据年代误差均在30—40年。第二是细化到每期的年代。断代工程得到的数据表明，二里头一期的年代为公元前1880—前1640年，二期的年代为公元前1740—前1590年，三期的年代为公元前1610—前1555年，四期的年代为公元前1560—前1590年。第三，给出了二里头文化一至四期更窄的年代范围，即公元前1880—前1520年，而此前的年代范围是公元前2100多年—前1300多年。

3．夏商周断代工程之后二里头文化的碳十四测年

夏商周断代工程阶段性成果公布之后，围绕二里头文化测年的相关工作仍在继续，其核心任务是对以往测年数据"加边界"进行拟合，而拟合的基础是[2]：

>　　根据考古发掘和研究的情况，这四种文化，河南龙山文化→新砦期→二里头期→二里岗期，地层关系清楚，先后顺序无间断

---

[1] 具体改进可参看仇士华《^{14}C测年与中国考古年代学研究》一书的第二章"为提高精度所做的技术改进研究"。技术改进的第一项就是^{14}C样品的选择，仇士华先生指出："过去都说木头、木炭是最好的测试样品，但在夏商周断代中则不尽然。因为树木生长过程时间长，砍伐后不一定立即使用等因素，这种样品的^{14}C年代往往偏老，势必会增加年代误差，甚至不能使用，所以在采集样品时对于这种样品的代表性要求极为严格。夏商周断代工程中应用最多的是文化分期清楚的墓葬人骨，遗址中的粮食如小米也很好，它们的年代代表性最符合要求。另外，采集遗址中的木头做树轮系列样品测定时，一定要木头比较完整，可以推出靠近树皮的最外层，因为靠近树皮的树轮生长年代就是被砍伐的年代。"
[2] 仇士华：《^{14}C测年与中国考古年代学研究》，第91页。

连续，系列年代跨度长并有大量相关的 ^{14}C 年代数据，最适合于做系列样品拟合和研究分析。

拟合的结果，则是对二里头文化及各期年代的不断刷新。

(1) 第一次拟合

2005 年，北京大学有关研究机构发表了对龙山晚期和新砦期 18 个系列样品的加速器测年数据。仇士华等人将这批数据和夏商周断代工程期间所获的二里头遗址 18 个常规碳十四数据进行拟合，得出二里头文化一期的年代上限为公元前 1710 年。这与断代工程期间所获的结果（公元前 1880 年）相比，向后压缩了 100 多年。

对于这一结果，测年专家给出的解释是[1]：

> 在断代工程期间得到的数据，二里头文化一期的前面没有比之更早的数据，因而二里头文化一期年代向前延伸的趋势与单一样品的前延几近相同，……由于这种情况，导致了二里头文化一期的年代上限中不实的成分可能较大，因而也给二里头年代留下了进一步讨论的空间。另外，将两次拟合所得结果进行比较也可以发现，后来得到的结果仍处于先前结果的范围之内，只是比先前结果更加具体。

(2) 第二次拟合

2005—2006 年间，中国社会科学院考古研究所碳十四研究室又对"中华文明探源工程"期间在二里头遗址新采集的 18 个样品进行了测年。将这批数据与断代工程期间的常规碳十四数据共同拟合，得出二里头二期的最上限为公元前 1705 年。同时指出，如果按每期 50 年估算，则二里头一期的年代应早不过公元前 1750 年。

---

[1]《二里头》第叁册，第 1229 页。

(3) 第三次拟合

仇士华等人又将这两批二里头遗址的常规碳十四数据与北大公布的新砦期加速器测年数据进行整体拟合，得出的结论是：新砦早期的年代为公元前 1870—前 1785 年，新砦晚期的年代约为公元前 1790—前 1720 年，二里头一期的年代上限约为公元前 1735 年，二里头四期的年代约为公元前 1565—前 1530 年，二里头二至四期的年代为公元前 1680—前 1530 年。

由于二里头文化四期的年代已经晚至公元前 16 世纪后段，由此仇士华等测年专家认为：

> 根据现有的考古资料和年代测定，二里岗文化不可能是最早期的商代文化。二里头文化在时间上跨越了夏代中、晚期和商代早期。[1]

纵观二里头文化碳十四测年结果的多次反复，其总趋势十分明显，即不断下压了二里头文化一期的初始年代。仇士华等人所获的最新数据显然支持 20 世纪五六十年代流行的二里头文化二、三期分界说，而不利于当前学术界的主流意见——二里头文化一至四期均为夏文化。但测年专家同时也提醒我们，"上面是目前测年和研究的进展情况"，"在给出目前结论的条件下，仍然存在着一定的探讨空间"。[2] 由此看来，有关二里头文化年代问题的讨论远未结束，上述年代数据仅供参考。[3]

---

[1] 仇士华等：《关于二里头文化的年代问题》，原载《二里头遗址与二里头文化研究——中国二里头遗址与二里头文化国际学术研讨会论文集》，科学出版社，2006 年，收入《^{14}C 测年与中国考古年代学研究》，第 149—153 页。
[2] 《二里头》第叁册，第 1237 页。
[3] 如最近姜圣芃对郑州东赵遗址进行了年代学研究，测得该遗址新砦期始于 1889BC（1922BC—1878BC，68.2%），而该遗址二里头一期早段始于 1793BC（1820BC—1763BC，68.2%）。参看《东赵遗址年代学研究与古食谱分析》，北京大学考古文博学院硕士学位论文，2017 年。

第三节 | 二里头文化的核心器物群

一 核心器物群的重要意义

在讨论二里头文化的核心器物群之前，我们有必要先来温习一下夏鼐先生关于考古学文化的有关论述。夏先生指出：

> 在史前考古学的领域内，主要是在新石器时代考古学上，考古学文化的研究是一项不可或缺的重要工作。在研究考古学文化时，必须注意各类遗物之间以及遗物与遗迹之间的共存关系。例如，通过广泛的调查、发掘，发现某几种特定类型的陶器及石器、骨器和装饰品等经常从某种特定类型的墓葬或居住址中同时出土，这就证实了它们之间的共存关系。这种共存关系是陶器与陶器之间的共存关系，也是陶器与石器、骨器、装饰品之间的共存关系，而且还有陶器、石器、骨器、装饰品等遗物与墓葬、居住址等遗迹之间的共存关系。这样的共存关系，便构成了史前考古学上的"文化"，称为"考古学文化"。
>
> 调查发掘工作证明，"考古学"文化代表同一时代的、集中于一定地域内的、有一定地方性特征的遗迹和遗物的共同体。这种共同体，应该是属于某一特定的社会集团的。由于这个社会集团有着共同的传统，所以在它的遗迹和遗物上存在着

这样的共同性。[1]

虽然从理论上讲，考古学文化是一群"遗迹和遗物"的共同体，但在中国考古学的具体实践中，研究者通常是根据一群"遗物"，尤其是一群陶器来定义某种考古学文化的。夏鼐先生对此当然了然于心，所以他对于如何根据一群器物来划分考古学文化有非常细致的说明：

> 在地质学上，有所谓"标准化石"者，是指地史学上每一时期所特有的化石。……考古学中这种具有文化特征的东西，也可以称为"标准化石"。……如果一个文化层（或一个遗址或墓葬群）有好几种这些"标准化石"，便可以说这是属于甲文化。另外的一个文化层没有这些"标准化石"，而另有可代替它们的另一类型的东西，便称为乙文化。虽然这二种文化可能有许多元素是相同的，但必定有互相区别的一系列的各自独有的"标准化石"。……
>
> 一个文化是在不断地发展着的。当它的元素尤其是作为"标准化石"的元素，由量变到质变，都成为另外一些显然不大相同的类型时，我们有时称之为另一文化，有时称之为同一文化的一个新阶段（或时期）。这一方面要看它们差异的程度（量）和性质（质）。……此外，不同的文化之间，有时有生产物的交换。所以我们在甲文化的遗存的少数例子中，有时偶或发现乙文化的"标准化石"，这通常便以交换关系来解决。这可能是生产物成品被输

---

[1] 夏鼐、王仲殊：《考古学》，《中国大百科全书·考古学》，中国大百科全书出版社，1986年，第1—21页。

入，也可能是生产品的形式或生产方法作为观念被传播而当地仿制。这些有关一个文化的起源、发展过程以及和别的文化的关系等问题，都需要考古学家加以研究。[1]

因此，要确定某个考古学文化，并对该文化的发展阶段做出判断，首要任务是确定那些共存的"标准化石"，这些所谓"标准化石"，实际上就是我们反复强调的核心器物群。从上文所述二里头文化的分期研究来看，每个学者对二里头文化核心器物群的选择似乎没有规律可循，具有一定甚至是相当的随意性。我们认为，一个考古学文化核心器物群的选定应该建立在客观可信、有说服力的统计数据上，一般而言，只有那些延续时间长、使用频率高、数量较多的器物才能被视为该文化的核心器物，反之则否。以下我们分别从墓葬和居址出土陶器来看二里头文化核心器物群的组成。

二 从墓葬材料看二里头文化的核心器物群

由于每座墓葬都是一个相对独立完整的文化单元，因此从墓葬随葬器物来判断一个考古学文化的核心器物群具有突出优势。早在20世纪80年代，刘绪先生即依据当时所见材料，对发表材料较详细的42座二里头文化墓葬随葬陶器进行了统计，发现在二里头文化早（一、二期）、晚（三、四期）两期都存在的器物有圆腹罐、豆、盉、斜腹盆、爵、平底盆、小口瓮、瓦足皿（三足盘）和觚九种。在早、晚两期中，这九种器物的数量都占各期陶器总数的90%

---

[1] 夏鼐：《再论考古学上文化的定名问题》，《夏鼐文集》上册，社会科学文献出版社，2000年，第359—366页。

以上。⁽¹⁾这一研究表明,从墓葬材料出发来分析二里头文化的核心器物群是行之有效的。

据统计,迄今已经发现并公布材料的二里头文化墓葬超过了500座,其中400座以上均见于二里头遗址,此外则散见于郑州洛达庙、洛阳东干沟、郑州上街、伊川南寨、商州东龙山等遗址。⁽²⁾以下我们对二里头、洛达庙和东干沟三处典型遗址二里头文化墓葬的随葬陶器进行统计,以此来考察二里头文化的核心器类。⁽³⁾这三处遗址二里头文化墓葬随葬陶器的详细情况可统计如下表(见下页)。

根据上述统计,可以看出二里头文化墓葬随葬陶器具有明显的规律性,即以炊器中的鼎、圆腹罐,盛食器的豆、盆、三足盘以及酒器中的觚、爵、盉最为常见,这八种器物无疑可以被视为二里头文化的核心器物群。如果进一步分析,则会发现鼎和觚在二里头三期以后明显减少,三足盘和爵在三期以后也逐步减少,而只有圆腹罐、豆、盆和盉这四类器物贯穿了二里头文化的始终,而且一直占有相当的比例,因此这四种器物堪称核心中的核心。值得注意的是,无论是全部八种器物,还是圆腹罐、豆、盆、盉这四种器物,它们实际上都涵盖了炊器、食器和酒器三大类,由此反映了二里头文化居民饮、食并重的葬俗。

---

(1) 刘绪:《从墓葬陶器分析二里头文化的性质及其与二里冈期商文化的关系》,《文物》1986年第6期。
(2) 李志鹏:《二里头文化墓葬研究》,《中国早期青铜文化——二里头文化专题研究》,第1—123页。
(3) 李志鹏《二里头文化墓葬研究》所附"二里头文化墓葬统计表"对相关资料已有详细收集,本文统计据此表并补充了《二里头》第六章"宫殿区"所公布的墓葬材料。

随葬陶器

墓号	期别	鼎	圆腹罐	高领罐	小罐	豆	深腹盆	平底盆	碗或钵	器盖	簋	敛口罐、瓮	高领瓮	大口尊	高领尊	矮领尊、瓮	三、四足盘	瓠	爵	盉	觚	角	长、短颈壶	其他
Ⅳ M26	一	2																					1	
Ⅱ·Ⅴ M54	一		1	1		1	1	1		1								1	1					
Ⅱ·Ⅴ M56	一	1					1	1		1								1	1	1			1	
Ⅱ·Ⅴ M57	一	2	1			2		1																
东 56M1	一				2	1			1															
东 56M2	一	1							1															
东 56M12	一															1	1							
小计		6	2	3	2	4	2	4	3	1						1	2	3	3	1		1	2	
比例（%）		16.2	5.4	8.1	5.4	10.8	5.4	10.8	8.1	2.7						2.7	5.4	8.1	2.7	2.7		2.7	5.4	
Ⅳ M8	二	1									1													
Ⅱ M105	二	1		1		1						3												
Ⅳ M6	二			1	2			2								1			1	1		1		
Ⅳ M9	二	1	1																			1		
Ⅳ M11	三					1		1	1													1		

续表

墓号	期别	随葬陶器																				
		鼎	圆腹罐	高领罐	小罐	豆	深腹盆	平底盆	碗或钵	器盖	敛口罐·瓮	高领瓮	高领尊	大口尊	矮领尊·瓮	三、四足盘	瓿	爵	盉	鐎	角	长、短颈壶	其他
Ⅳ M14	二					2	1												1				
Ⅳ M18	二		1			1		2										1	1				
Ⅳ M19	二							1									1	1					
Ⅴ M15	二	2	2			5		1									2	1	1		1		
Ⅴ M23	二	1				2	1							1				1	1				
Ⅵ M8	二	1	1			1	1											1	1				
Ⅳ M17	二													1					1				
80 Ⅵ M1	二					1									1		1						
80 Ⅵ M5	二		1			2																	
80 Ⅲ M5	二					1											2	1	1				
81 Ⅴ M4	二	1							1						1								
82 Ⅸ M2	二	1	1				1											1	1				
82 Ⅸ M3	二	1	1						1								2	1	1				

第三章 二里头遗址与二里头文化

续表

墓号	期别	随葬陶器																					
		鼎	圆腹罐	高领罐	小罐	豆	深腹盆	平底盆	碗或钵	器盖	敛口罐、瓮	高领瓮	高领尊	大口尊	矮领尊、瓮	三、四足盘	瓿	爵	盉	鬹	角	长、短颈壶	其他
82 IX M10	二		2				1								1	1		1		1			
82 IX M12	二		1				1										2						
82 IX M15	二	1					2	1											1	1			
83 IX M20	二		2			2	1	1								1							
87 VI M43	二		1			1	1										2	1	1				
87 VI M49	二														1					1	1		
01 V M1	二	3				1		3							1	1		2				1	
01 V M3	二	1				3		2		1				3	1			1	3	1	1		
02 V M4	二	2			1	2	1	1			1			1	1				1				
00 V M5	二	1		2														1	漆2	2	1		
03 V M7	二															1							
洛 56M13	二																					1	
小计		16	17	3	1	29	18	17		1	5	1	5	3	8	10	17	19	20	4	4	1	

续表

墓号	期别	随葬陶器																						
		鼎	圆腹罐	高领罐	小罐	豆	深腹盆	平底盆	碗或钵	器盖	簋	敛口罐、瓮	高领瓮	高领尊	大口尊	矮领尊、瓮	三、四足盘	瓠	爵	盉	斝	角	长、短颈壶	其他
比例(%)		8	8.5	1.5	0.5	14.4	9	8.5	0.5	0.5	0.5	2.5	0.5	2.5	1.5	4	5	8.5	9.5	10	2	2	0.5	
V M22	三	1	1	1		2													1			2		
III KM2	三												1					2		1		1		
75 VI KM3	三																			1				
76 III KM6	三															1				1				
IV M16	三						1										1							
VI M7	三	1																		1				
VIII M3	三					1																		
80 III M2	三							1																
80 III M3	三		1				1						1						1	1				
80 III M4	三				1														1					
80 V M3	三		2																1					
81 V M5	三			1		2							1				1			1				

续表

墓号	期别	随葬陶器																					
		鼎	圆腹罐	高领罐	小罐	豆	深腹盆	平底盆	碗或钵	器盖	簋	敛口罐、盆	高领盆	高领尊	大口尊	矮领尊、瓮	三、四足盘	觚	爵	盉	觥	角	长、短颈壶	其他
81 V M1	三																			1				
81 V M3	三												1						1	1				带鋬器2
82 IX M1	三						1												1	1				
82 IX M5	三						1																	
82 IX M6	三		1																1	1				
82 IX M7	三		1			2																		
82 IX M8	三					1	1										1							
82 IX M9	三					1	1												3	1				
82 IX M13	三	1																						
82 IX M14	三		1			1													1	1				鬲1
82 VI M20	三		1													1								
87 VI M28	三		1												1				1	1				
87 VI M41	三					2										1	2							

续表

墓号	期别	随葬陶器																				
		鼎	圆腹罐	高领罐	小罐	豆	深腹盆	平底盆	碗或钵	器盖	敛口罐·瓮	高领瓮	高领尊	大口尊	矮领尊·瓮	三、四足盘	瓠	爵	盉	鬶、角	长、短颈壶	其他
87ⅥM44	三		1	1			1				1					1		1				
87ⅥM23	三		1	1		1		1														
87ⅥM25	三	1				2																
小计	三	3	10	5	3	15	10	3			1	3		1	3	7	2	14	17	1		3
比例（%）	三	3	9.9	5	3	14.9	9.9	3			1	3		1	3	6.9	2	13.9	16.8	1		3
ⅡM101	四					1												1	1			
ⅣM12	四											1							1			
ⅣM20	四											1						1	1			方杯1
ⅤM6	四																					
ⅤM51	四		1				1															
ⅤM59	四																					盘1
ⅤM144	四						1			1												
ⅥM1	四													1								

续表

墓号	期别	随葬陶器																					
		鼎	圆腹罐	高领罐	小罐	豆	深腹盆	平底盆	碗或钵	器盖	簋	敛口罐·瓮	高领瓮	高领尊	大口尊	棱颈尊·瓮	三、四足盘	觚	爵	盃	长短颈壶	其他
Ⅵ M11	四																				1	
73 Ⅲ M214	四		1				1															
80 Ⅵ M2	四										1											
80 Ⅵ M6	四										1	1								1		甑1
81 Ⅴ M6	四					1	1						1									大口缸1
84 Ⅵ M3	四	1													1					1		
84 Ⅵ M5	四									1	1									1		
84 Ⅵ M6	四		1												2					2		
84 Ⅵ M9	四	1																	1	1		
84 Ⅵ M11	四		1								1		1							1		斝1
87 Ⅴ M1	四																					
87 Ⅵ M57	四	1	1								1											
Ⅴ M21	四					2											1	1				

续表

墓号	期别	随葬陶器																					
		鼎	圆腹罐	高领罐	小罐	豆	深腹盆	平底盆	碗或钵	器盖	瓮	敛口罐、瓮	高领瓮	高领尊	大口尊	棱领尊、瓮	三、四足盘	瓠	爵	盉	鬻	角	长、短颈壶	其他
03 V M11	四					1																		
03 V M8	四		1				1				1													
03 V M17	四		1			1					1							1						壁1
洛 M24	四		1			1								1	1									
洛 M25	四								1															
洛 M26	四			1		1	1																	
洛 M30	四			1			1							1										
洛 M141	四						1																	
洛 M144	四																							
小计		2	8	2		10	9		1	1	9	2	4	2	6			2	2	9				6
比例 (%)		2.7	10.7	2.7		13.3	12		1.3	1.3	12	2.7	5.4	2.7	8			2.7	2.7	12				8

剔除那些数量极少的器类，上表可以进一步简化为下表：

随葬陶器

器类		鼎	圆腹罐	高领罐	小罐	豆	深腹盆	平底盆	碗或钵	器盖	簋	敛口罐、瓮	高领瓮	高领尊	大口尊	矮领尊、瓮	三、四足盘	觚	爵	盉	盌	角	长、短颈壶	其他
一	小计	6	2	3	2	4	2	4	3	1						1	2	3	1		1		2	
	比例(%)	16.2	5.4	8.1	5.4	10.8	5.4	10.8	8.1	2.7						2.7	5.4	8.1	2.7		2.7		5.4	
	合计	共7座墓葬37件器物																						
二	小计	16	17	3	1	29	18	17	1	1	1	5	1	5	3	8	10	17	19	20	4	4	1	3
	比例(%)	8	8.5	1.5	0.5	14.4	9	8.5	0.5	0.5	0.5	2.5	0.5	2.5	1.5	4	5	8.5	9.5	10	2	2	0.5	
	合计	共30座墓葬201件器物																						
三	小计	3	10	5	3	15	10	3		1	9	1	3		1	3	7	2	14	17	1	1		3
	比例(%)	3	9.9	5	3	14.9	9.9	3		1.3	9	1	3		1	3	6.9	2	13.9	16.8	1	1		3
	合计	共28座墓葬101件器物																						
四	小计	2	8	2		10	9		1	1		2	4	2	6		2	2	2	9				6
	比例(%)	2.7	10.7	2.7		13.3	12		1.3	1.3		2.7	5.4	2.7	8		2.7	2.7	2.7	12				8
	合计	共30座墓葬75件器物																						
总计	数量	27	37	13	6	58	39	24	5	3	10	8	8	7	10	12	19	24	36	46	6	4	3	9
	比例(%)	6.5	8.9	3.1	1.4	14	9.4	5.8	1.2	0.7	2.4	1.9	1.9	1.7	2.4	2.9	4.6	5.8	8.7	11.1	1.4	0.97	0.7	2.2
	合计	共95座墓葬414件器物																						

图 3-4　二里头遗址 2002VM1 陶器组合

图 3-5　二里头遗址 2002VM3 陶器组合

图 3-6　二里头遗址 2002VM4 陶器组合

三　从居址材料看二里头文化的核心器物群

《偃师二里头》没有公布相关遗迹单位出土陶器的统计数据，但介绍了各期可复原的陶器标本，据此大体可以观察各类器物的多寡。现将各期主要陶器器类分布情况统计如下。

	深腹罐	圆腹罐	鼎	甗	深腹盆	高领罐	刻槽盆	平底盆	大口尊	瓮	三足盘	豆	簋	器盖	鬲	鬶	盉	爵	盃
一期	13	17	8	5	11	7	9	11	5	10	7	6		7				1	
二期	9	23	15	8	13	2	8	13	4	11	5	5		4		2	2		
三期	29	17	13	7	21	8	11	19	17	14	11	8	4	18	10			2	1
四期	16	29	12	8	17	6	3	4	9	4			13	15	18		1	4	3
合计	67	86	48	28	62	23	31	47	43	44	27	19	17	44	28	2	5	6	3

另据《二里头》发掘报告，1999—2006年间的发掘共获陶容器标本2320件，其中深腹罐380件、圆腹罐314件、鼎79件、甑84件、鬲58件、甗18件、深腹盆190件、刻槽盆58件、平底盆57件、三足盘（皿）33件、豆66件、簋12件、捏口罐103件、敛口罐54件、高领罐38件、高领尊61件、矮领尊29件、大口尊96件、小尊12件、瓮63件、缸65件、壶13件、鬶20件、盉30件、爵15件、觚32件、杯9件、钵9件、盂6件、器盖134件。[1]

综合以上两部分数据，可以确定二里头遗址居址出土的核心陶器群包括：炊器类的深腹罐、圆腹罐，盛食器类的深腹盆、刻槽盆、平底盆、豆、三足盘，盛储器类的大口尊、瓮、缸、捏口罐、高领罐、器盖，以及酒器类的觚、爵、盉、鬶等。总体而言，居址和墓葬的核心器类既有重叠，也存在明显差异，主要表现在以下几个方面：

第一，居址中大量出土的深腹罐在墓葬中不见一例，表明当时没有随葬这种炊器的习俗。

第二，盛储器类的大口尊、瓮、缸和罐类器物在居址中数量甚多，但这些器物也较少用作随葬品。

第三，居址和墓葬中的酒器组合都以觚、爵、盉为主，但酒器在居址陶器中所占的比例明显小于它在墓葬陶器中的比例。

第四，作为炊器的一种，鬲在居址出土陶器中占有一定的比例，但在墓葬中几乎未见以鬲随葬的现象。

以上四点，或许反映了二里头时期的"生死有别"，墓葬随葬陶器主要为了满足死者在"吃、喝"两个方面的"基本需求"，因此随葬器物相当简单，以最基本的炊器、食器和酒（水）器为主；反之，日常生活必然更加丰富多彩，所需器类自然增加，如汲水所用的捏口罐就大量出土，但这些器物通常不作随葬之用。

---

[1] 据《二里头》第三章第二节"人工遗物"。

综合墓葬和居址出土陶器的情况，我们可以把二里头文化的核心器物群归纳如下：

炊器：深腹罐、圆腹罐、鼎

食器：豆、三足盘

酒器：鬶、爵、盉

盛储器：深腹盆、平底盆、刻槽盆、捏口罐、大口尊

其他：器盖

以上 14 种器物可以视为二里头文化的核心器物群，对这一核心器物群的界定为我们进一步讨论相关问题提供了标准与依据，从而有助于解决若干有争议的问题。

第四节　东下冯类型的归属与"新砦期"的困惑

一　东下冯类型的归属

所谓东下冯类型是指以夏县东下冯遗址第Ⅰ至Ⅳ期遗存为代表的文化遗存。关于这类遗存的文化属性,学术界有着截然不同的看法,或以为是二里头文化的地方类型,或以为是不同于二里头文化的一支独立的考古学文化。此类遗存的文化属性究竟如何,这里试作分析。

东下冯类型遗存是东下冯遗址的主体遗存,在遗址的东、中、北区均有分布。从地层关系上看,此类遗存晚于庙底沟二期文化,但又早于二里岗期商文化。在最初的发掘简报中,发掘者将东下冯类型分为三组。[1]在后来的正式发掘报告《夏县东下冯》中,发掘者对此类遗存进行了详细报道,并将其分为六期。这里根据《夏县东下冯》的描述,将东下冯类型六期陶器的主要特征列为下表。

特征 期别	陶质陶色	纹饰	主要器类
第Ⅰ期	以褐色陶为主,约占55%,其次是泥质灰陶和夹砂灰陶,另有少量黑皮陶。	以绳纹为主,约占59%,附加堆纹和弦纹也较多,篮纹和方格纹很少,均不足1%。	能识别的器类有18种,其中主要炊器是鬲和单耳罐,贮藏器有敛口瓮、罍、蛋形瓮和折肩罐等大型器。

---

[1]　东下冯考古队:《山西夏县东下冯遗址东区、中区发掘简报》,《考古》1980年第2期。

续表

特征 期别	陶质陶色	纹饰	主要器类
第Ⅱ期	以夹砂灰陶和泥质灰陶为主，褐色陶比重显著下降，另有部分泥质黑皮陶。	绳纹占74%，弦纹和附加堆纹也占一定比例，篮纹和方格纹仍不足1%。	可复原的器类有23种，主要炊器仍是单耳罐和鬲，折肩罐、盆、敛口瓮、罍、小口罐和器盖也较多见；鬲的数量有所增加，罐类器物明显增多，敛口瓮、蛋形瓮等器物依然使用。
第Ⅲ期	以夹砂灰陶和泥质灰陶为主，褐色陶进一步减少，仍有一定数量的黑皮陶，出现夹砂红陶。	绳纹多达80%，弦纹占10%左右，附加堆纹减少，篮纹和方格纹依然很少。	器类多达32种，但单耳罐和鬲仍是最主要的炊器，其他常见器形有深腹盆、大口尊、敛口瓮、折肩罐、蛋形瓮、小口罐和器盖，鬲的种类比上期更多。
第Ⅳ期	夹砂灰陶和泥质灰陶总数超过80%，有少量泥质褐陶和黑皮陶。	绳纹约占80%，其他依次是弦纹、方格纹、素面器和附加堆纹，篮纹仍不足1%。	器类多达30种，数量最多的是鬲、甗、单耳罐、大口尊、深腹盆、小口罐和蛋形瓮，其次是深腹罐、折肩罐、敛口瓮、双錾罐和器盖等。
第Ⅴ期	以夹砂灰陶和泥质灰陶为主，总数约占95%，另有少量褐色陶以及极少量的夹砂红陶。	以绳纹为主，约占75%，素面和弦纹各占9%左右，另有少量附加堆纹和方格纹，篮纹极少。	能够分辨的器类有27种，器物组合与前期相比变化较大，鬲成为最主要的炊器，约占全部陶器的四分之一，其次是甗、大口尊、深腹盆、小口罐、大口罐和蛋形瓮等器物。
第Ⅵ期	以夹砂灰陶和泥质灰陶为主，占总数的90%以上，另有少量的褐色陶。	绳纹约占78%，弦纹和素面陶各占10%和8%左右，另有少量附加堆纹和方格纹。	器类与上期相似，鬲的数量最多，其次是大口尊、深腹罐、小口罐、敛口瓮、壶、甗、豆、浅腹盆和器盖等。

根据上述特征，发掘报告指出：

综上所述，我们不难看出东下冯第Ⅰ期至第Ⅵ期是一脉相承的。其中，除第Ⅰ期和第Ⅱ期之间有缺环、第Ⅳ期还可能进一步细分之外，余皆紧密衔接。Ⅰ至Ⅳ期（东下冯类型）与以偃师二里头Ⅰ至Ⅳ期为代表的二里头类型大同小异；Ⅴ期和Ⅵ期与郑州二里冈的下层和上层基本相同。

发掘报告一方面强调"东下冯第Ⅰ期至第Ⅵ期是一脉相承的"，但同时又仅把第Ⅰ至Ⅳ期划归为东下冯类型，而把第Ⅴ和Ⅵ两期排除在外，这种做法显然是自相矛盾的——如果六期遗存真是"一脉相承"，那么后两期也应该归入同一类遗存中；而如果第Ⅴ和Ⅵ两期不属于东下冯类型，那就不能说它们和前四期"一脉相承"。

再看东下冯类型的文化内涵，发掘报告的描述是：

> 我们说东下冯类型和二里头类型的陶器大同小异，其具体情况如下：
>
> 就陶质而言，两者第Ⅰ期灰陶的数量都不是最多的，都是从第Ⅱ期起才以灰陶为主的。所不同的是，东下冯Ⅰ期数量最多的是褐陶，Ⅱ期至Ⅳ期的褐陶也远比黑陶多；二里头Ⅰ期数量最多的是黑陶，Ⅱ至Ⅳ期黑陶仍占一定比例，但褐陶极少。
>
> 就纹饰而言，两者都有绳纹、篮纹、弦纹、附加堆纹和方格纹。但东下冯各期均以绳纹为主，弦纹、附加堆纹次之，方格纹、篮纹甚少；二里头第Ⅰ期则以篮纹为主，Ⅱ期以后绳纹才居于首位。
>
> 就器物的种类而言，两者基本上是相同的。确切地说，二里头陶器群的种类包括了整个东下冯陶器群，而二里头的某些器物则不见于东下冯。
>
> 关于炊具的情况，两个类型也基本上是相同的，都是以单耳罐、双耳罐、双鋬罐、深腹罐等夹砂罐类器为主，鬲、鼎、甗、甑居于次要地位。两者的单耳罐、双鋬罐和鼎，无论在器形或纹饰的特征上都非常接近，而且又都显示出颈从高向矮、器形从瘦

高向肥胖和绳纹从较细向较粗发展的趋势。但是，东下冯单耳罐很多，而二里头的单耳罐很少。东下冯的深腹罐绝大多数是卷沿、凹底，圜底的不见，而二里头的深腹罐则主要是折沿、圜底。东下冯鬲多于鼎，二里头鼎多于鬲。鬲，东下冯各期都有，Ⅰ、Ⅱ期的多附单耳，二里头Ⅱ期始见，且皆无耳。东下冯常见甗和敛口罋，二里头甗少见，敛口罋不见。

其它器物，如深腹盆，东下冯主要是卷沿，二里头则卷沿少而折沿多。蛋形瓮，是东下冯常见的一种储器，而二里头仅在第Ⅳ期见到少量残片。三足盘、刻槽盆、觚和鬶是二里头类型常见和比较常见的器物，而东下冯类型却始终未见。

从上面分析可以看出，东下冯类型和二里头类型应是同一文化的两个不同类型。这一判断，我们认为是符合实际情况的。

但发掘报告在结语中又指出：

综观东下冯遗址Ⅰ—Ⅵ期的遗迹和遗物，既有相同之处，又有相异之点，但基本上是上下衔接，紧紧相连的。即以差别较大，其间尚有缺环的第Ⅰ期和第Ⅱ期而言，也仍然是同大于异，没有本质上的区别。从第Ⅰ期到第Ⅵ期主要陶器的演变过程，也可看出是循序渐变的，因此，六期的内涵应同属于一个文化系统。

这段话就更令人费解了。既然六期遗存"同属于一个文化系统"，那为什么发掘报告仅把前四期归入东下冯类型，而将第Ⅴ期和第Ⅵ期排除在外呢？按发掘报告的描述，东下冯第Ⅰ期和第Ⅱ期之间的差别主要表现在陶质、陶色和绳纹数量上，发掘报告认为这仅是"缺环"，并"没有本质上的区别"。从第Ⅴ期开始，陶鬲替代之前各期的单耳罐和甗，一跃成为最主要的炊器，这是器类组合上的显著不同，但发掘报告也认为"没有本质上的区别"。陶质、陶色、纹饰和主要器类的变化均不能算作"本质上的区别",那么,究竟何种差别才是"本质上的差别"?何种差别可以用来判断考古学文化的属性,并进而划分文化类型,进行分期研究呢?在这些关键问题上,《夏县东下冯》的编写者似乎充满了踌躇。

而刘绪很早就发现了《夏县东下冯》在此问题上的纠结,他说:

> 从东下冯第五、六期陶器的特征来看,除少数器物确系承袭当地或周邻诸文化外,多数器物则与二里冈商文化相同。对此,《东下冯》报告也予以肯定,认为"Ⅴ期和Ⅵ期与郑州二里冈的下层和上层基本相同"。可见,东下冯五、六期属二里冈期商文化当无疑问。至于五、六期和前四期的关系,报告之所以认为它们属同一文化,理由是有12种器物(第211页图一七九:A、B、C)早晚相因,一脉相承。对这一问题,我觉得不能仅看部分器物,而且要看整个器物群,看每种器物形态特征的变化以及每种器物在上下左右诸文化中的存在状况,以此研究各文化主要陶器的构成和各文化间异同因素的多少,进而区分它们的文化属性。就《东下冯》报告所列举的12种器物来说,约是东下冯类型所见器种的三分之一(依该报告陶器器形统计表推算),并不占大多数。[1]

刘绪对这12种相似器物进行了进一步的分析,发现:

> 第一,有的器物没有直接的传承关系,或者传承关系很不明显,比如豆和深腹盆。……第二,有的器物并非东下冯一至六期

---

[1] 刘绪:《东下冯类型及其相关问题》,《中原文物》1992年第2期。

所独有，它们或为同时代诸文化的共有器；或为异时代诸文化的传统器，如鬲、鼎、大口尊、蛋形瓮、绳纹浅腹盆、甗和弧顶器盖。……第三，仅见于东下冯一至六期的器物，主要有凹圜底深腹罐和单耳罐，这是六期早晚相因的器物，是当地文化因素。

由此证明，东下冯遗址的第Ⅴ、Ⅵ期与前四期遗存确实不属于同一文化系统，所谓东下冯类型确实仅包括该遗址的前四期遗存。发掘报告之所以在此问题上左右为难，语焉不详，甚至前后矛盾，原因就在于没有明确界定出各期的文化特征，或者说，没有明确各期的核心器物群。

关于东下冯类型的文化属性，在最初的发掘简报中，发掘者即明确指出此类遗存是"二里头文化东下冯类型"，这一观点也得到学术界的普遍认同。李伯谦先生还发表了专文论证东下冯类型与二里头类型的关系，他认为：

> 东下冯类型开始形成的时间晚于二里头类型开始形成的时间，东下冯类型主要文化因素来源于二里头类型，它是在二里头类型发展到一定阶段向晋南地区传播并与当地原居文化逐渐融合而形成的。如果说二里头类型是二里头文化的原生类型，那么，东下冯类型则是二里头文化的派生类型。[1]

但学术界也有不同看法，如王克林先生就认为二里头类型是由东下冯类型发展而来的，而不是相反，他的理由是[2]：

---

[1] 李伯谦：《东下冯类型的初步分析》，《中原文物》1981年第1期。
[2] 王克林：《试论东下冯类型文化的渊源》，《文物春秋》1993年第3期。

> 至于二里头类型的来源,由于文化因素的庞杂与进步,主要的炊盛器,如鬲、甗、斝等,发现的时间都晚于东下冯类型,形制又多与其晚期相接近,这就决定了二里头类型的一些主要文化因素是源于东下冯类型。而它的一部分为东下冯类型少见或没有的陶器,如鬶、三足盘、刻槽盆等,就显然是承受其所在或豫东晚期龙山文化的因素所致。有鉴于此,所以我认为:二里头类型不应是夏文化的"源"(即早期文化),而当是一个"流",即为夏文化的一个发展阶段(后期文化)。

还有学者认为,东下冯类型根本就不能归入二里头文化,它是晋南地区夏时期考古学遗存之一种,该地区当时主要分布有两类遗存:

> 一种是以东下冯为代表的类型,出土遗物有罐、尊、甗、瓮、鼎、鬲、斝、鬶等,其特点是鬲多鼎少,以鬲、甗为主要炊具。典型器形有小三足蛋形瓮和三足敛口瓮等大型贮藏器。……另一种是以永济东马铺头为代表的近似河南二里头的类型,主要出土遗物有罐、尊、甗、盆、瓮、鼎、鬲等。其特点是鼎多鬲少,以深腹罐为主要炊具,三足盘、平底盆、尊、四足方形器、刻槽盆、斝、鬶、盉、爵等数量很多。⁽¹⁾

这种观点也得到不少学者的认同,此后郑杰祥先生又做了进一步的申论,认为所谓东下冯类型"可能是在当地龙山文化的基础上继承和发展起来的一支独立的文化,这支独立的文化可称之为'东下冯文

---

(1) 山西省文物工作委员会:《建国以来山西省考古和文物保护工作的成果》,《文物考古工作三十年》,文物出版社,1979年,第54—68页。

化',它与二里头文化各有渊源、互相独立而又互相影响"。[1]郑杰祥的理由可归结为以下几点:第一,东下冯遗址流行窑洞式建筑,而二里头文化遗址中却从未发现这类居住形式;第二,东下冯遗址使用石范,二里头文化使用陶范;第三,东下冯文化的主要炊器是单耳罐、鬲、斝和甗,敛口瓮和蛋形瓮是特色器物,而二里头文化陶器群以鼎、深腹罐、三足皿、大口尊和刻槽盆为主要器物。稍后,于孟洲等人也对东下冯类型和二里头文化进行了系统比较,也主张两者分属不同的文化体系,并推测东下冯类型有可能是夏代的唐人遗存。[2]

从上述观点可以看出,不同学者对东下冯类型文化面貌的描述是不尽相同的,甚至对这类遗存典型器物的把握也存在差异,由此形成不同认识也就在所难免。因此,要确定这类遗存的文化属性,还是要从核心器物群出发,依据必要的统计数据来做出判断。以下根据《夏县东下冯》所公布的相关材料,对该遗址各期典型单位的主要陶器器类统计如下表:

期别	典型单位	器类比例(%)
第Ⅰ期	H1、H2	敛口瓮17.1,甗14.5,单耳罐10.5,折肩罐10.5,甑9.2,器盖6.6,鼎5.3,双鋬罐4,豆4,小口罐4,鬲、盆、斝、瓮和蛋形瓮均为2.6,簋1.3
第Ⅱ期	H41、H402	单耳罐18.8,折肩罐11.3,盆9.1,器盖8.1,甑8,鬲5.4,大口尊5.4,小口罐4.8,甗4.8,豆4.3,敛口瓮3.7,蛋形瓮2.7,大口罐2.7,鼎2.2
第Ⅲ期	H15、H413和H535	单耳罐21,盆12.5,甑8.9,折肩罐7.4,敛口瓮7.4,大口尊5.9,器盖5.9,小口罐5.5,深腹罐3.3,小口尊2.5,双鋬罐2.2,鬲0.7

---

[1] 郑杰祥:《夏史初探》,中州古籍出版社,1988年,第247页。
[2] 于孟洲:《东下冯文化与二里头文化比较及相关问题研究》,《文物世界》2004年第1期;于孟洲、夏薇:《东下冯文化的源流及相关问题》,《文物春秋》2010年第1期。

续表

期别	典型单位	器类比例（%）
第Ⅳ期	H5、H60、H417、H418	大口尊 12.2、甗 12.1、鬲 10.5、单耳罐 8.6、蛋形瓮 8.6、小口罐 7.7、深腹盆 6.1、折肩罐 5.4、深腹罐 4.3、器盖 3.5、敛口瓮 3.3、双鋬罐 3
第Ⅴ期	H67、H104、H401	鬲 23.5、大口尊 11.5、甗 9.8、深腹盆 9.8、小口罐 7.5、大口罐 5.2、蛋形瓮 4.9、深腹罐 3.6、缸 2.9、敛口瓮 2.6、鼎 2、豆 2、单耳罐 1.6、双鋬罐 1.3
第Ⅵ期	H35、H66	鬲 30.7、大口尊 11、深腹盆 8.8、大口罐 8.4、小口罐 5.5、甗 4.4、壶 4.2、敛口瓮 3.8、浅腹盆 3.3、豆 3.3、单耳罐 2、小口鼓腹罐 1.8

根据上表的统计数据，可以做出如下判断：

首先，在东下冯遗址的第四期，核心器类发生了显著变化——鬲的数量急剧增加，开始取代单耳罐成为主要炊器；到第Ⅴ期和第Ⅵ期时，鬲的主导地位完全确立，单耳罐则彻底衰落，文化面貌发生了根本性逆转。上述变化充分证明了东下冯类型仅仅包括该遗址的前四期遗存，该遗址的第Ⅴ期和第Ⅵ期遗存则不属于东下冯类型。

其次，上述器类统计也表明东下冯遗址一至六期遗存确实具有一定的连续性，主要表现在：甗始终是比较常见的炊器，而鼎的数量始终较少；敛口瓮、蛋形瓮、大口尊、小口罐和深腹盆始终是主要的盛储器；豆是主要的饮食器。

再把二里头文化和东下冯类型的核心器物群对比如下：

文化 器物群	二里头文化	东下冯类型
核心器物群	炊器：深腹罐、圆腹罐、鼎 食器：豆、三足盘 酒器：觚、爵、盉 盛储器：深腹盆、平底盆、刻槽盆、捏口罐、大口尊 其他：器盖	炊器：单耳罐、甗、鬲、少鼎 食器：豆 酒器：基本不见觚、爵、盉 盛储器：瓮、深腹盆、大口尊 其他：器盖

从以上的对比可以看出，东下冯类型与二里头文化核心器物群既有共性，但更有显著的差别——两者在炊器和酒水器方面几乎没有交集，在盛储器和食器方面则比较一致。一般而言，炊器和酒水器是一个考古学文化最具标志性的核心器物，两者差异如此之大，因此很难把东下冯类型视为二里头文化的一个地方类型，而更应该看作一支独立的考古学文化。

上文已经指出，东下冯遗址的龙山晚期遗存属河南龙山文化的三里桥类型。在河南龙山文化诸类型中，三里桥类型是地方特色较为显著的一个类型，所以也有学者主张将它独立为三里桥文化。[1]很显然，东下冯类型与该遗址的龙山遗存是一脉相承的，因此它天然地与郑洛地区同时期遗存带有相当的差异性。更值得注意的是，与龙山晚期阶段相比，进入二里头文化时期之后，东下冯类型与郑洛地区同时期文化在面貌上不仅没有趋近，反而是渐行渐远，以致形成了该类型遗存与二里头文化在炊器和酒器上毫无共性的现象。那么，导致这种变化的原因何在？是文化自身的嬗变还是人群或族属的更替？这一问题无疑值得深思，留待下文再做讨论。

二 "新砦期"的困惑

早在1959年二里头遗址第一次试掘之后，发掘者就意识到虽然这里的早期遗存也属于河南龙山文化晚期，但和常见的河南龙山文化还不能衔接起来，两者之间尚有缺环。[2] 1979年，赵芝荃等人试掘了河

---

[1] 张忠培、杨晶：《客省庄与三里桥文化的单把鬲及其相关问题》，《宿白先生八秩华诞纪念文集》，第1—49页。
[2] 中国科学院考古研究所洛阳发掘队：《1959年河南偃师二里头试掘简报》，《考古》1961年第2期。

南密县新砦遗址，发现了一些河南龙山文化晚期和二里头文化早期的遗存。通过对陶器特征的分析，赵芝荃意识到这里的龙山晚期和二里头早期遗存"年代似乎不太长，恰好是从龙山文化发展到二里头文化的整个阶段"。[1]因此，他后来专门著文论述该问题，强调新砦遗址的"二里头一期文化包含有相当数量的河南龙山文化的因素"，"具有介于河南龙山文化晚期和二里头文化一期的过渡形态"，并提出把这类遗存独立出来，另立为"新砦期"。[2]

虽然赵芝荃早在1985年就提出了新砦期的概念，但很少有学者对此给予足够的关注。即便是赵芝荃自己，对于这类过渡遗存究竟是该归到二里头文化，还是独立为另一种考古学文化也还犹豫不定。比如在新砦遗址发掘简报中，他把此类遗存笼统称为"二里头文化早期"。在《略论新砦期二里头文化》一文中，认识又更加具体，感觉这类遗存"似乎更接近于二里头文化一期"，所以命名为"新砦期二里头文化"。但不久他又主张把这类遗存"从二里头早期文化中区别出来，另立一期，称为新砦期文化"。[3]从"新砦期二里头文化"到"新砦期文化"，这一名称转换实际上表明赵芝荃开始强调这类遗存的独立性。

1996年夏商周断代工程实施之后，新砦遗址被确定为探索早期夏文化的重点遗址，有关单位于1999—2000年在此先后进行了两次发掘。在随后出版的发掘报告中，将新砦遗址的文化堆积分为三大期：第一期为河南龙山文化晚期，第三期为二里头文化一期，而第二期遗存即赵芝荃此前所定义的"新砦期"。[4]对于该期遗存的文化性质，负

---

[1] 中国社会科学院考古研究所河南二队：《河南密县新砦遗址的试掘》，《考古》1981年第5期。
[2] 赵芝荃：《略论新砦期二里头文化》，原载《中国考古学会第四次年会论文集》，文物出版社，1985年，收入《赵芝荃考古文集》，第8—12页。
[3] 赵芝荃：《试论二里头文化的源流》，原载《考古学报》1986年第1期，收入《赵芝荃考古文集》，第13—31页。
[4] 北京大学震旦古代文明研究中心、郑州市文物考古研究院：《新密新砦——1999—2000年田野发掘报告》，文物出版社，2008年，第527页。

责发掘的赵春青和顾万发认为：

> 可以说，从文化特征上看，既不宜归入王湾三期文化（河南龙山文化），也不便径直归入二里头文化，其性质为从王湾三期文化向二里头文化的过渡，因此，可命名为"新砦二期文化"。
>
> ……
>
> 分析新砦二期遗存的文化内涵，既有一定的与王湾三期文化、二里头文化某些类似的具有先后、承接发展关系的因素，又有占主导地位的不同于前两者的富有创新特色的"一组独特的文化特征因素"，按照考古学文化的命名原则，以新砦二期为代表的一类遗存已经具备了命名为一支考古学文化的基本要素。将之称之为"新砦二期文化"是可行的。由于新砦遗址第一、三期遗存已经分别归属于王湾三期文化和二里头文化，因此，或者将"新砦二期遗存"独立出来，径直称为"新砦文化"亦无不妥。[1]

正如赵芝荃所说，他之所以提出新砦期的概念，是因为看到河南龙山文化晚期和二里头文化一期"差别较大，之间还有一定的距离"，希望借助新砦期的确立来弥补两者之间的缺环。[2] 现在赵春青等人在新砦遗址的新发掘，不仅再一次发现了原来所谓"新砦期"阶段的遗存，而且突出强调了这类遗存的独立性，并将其命名为"新砦二期文化"。这一新认识一经提出，就引发了巨大争议。[3] 比如邹衡先生就质疑道：

---

[1] 北京大学震旦古代文明研究中心、郑州市文物考古研究院：《新密新砦——1999—2000年田野发掘报告》，第430、543页。
[2] 赵芝荃：《略论新砦期二里头文化》，《赵芝荃考古文集》，第8—12页。
[3] 许宏：《"新砦文化"研究历程述评》，《三代考古》（二），科学出版社，2006年，第146—158页；李维明：《"新砦期"已经"确认"了吗？》，《殷都学刊》2006年第2期；张海：《公元前4000至前1500年中原腹地的文化演进与社会复杂化》，北京大学考古文博学院博士学位论文，2007年。

考古界一般都认为二里头文化是独立存在于河南龙山文化与二里岗商文化之间的一种文化。时至今日，这种情况并无什么变化，可是学术界却呈现一种紊乱的局面，主要原因就在于新提出了一种所谓"新砦期"或"新砦期文化"。"新砦期文化"是在豫西新密地区，除了河南龙山文化和二里头文化之外，又划出另一种新文化。这无论从其年代或文化特征而言，都是难以成立的。因为在豫西，河南龙山文化与二里头文化之间，并不存在什么新的文化。若是在"新砦期"，问题倒是简单了一些，那就是河南龙山文化中的一个文化期，或者属于二里头文化的一个文化期。从已发表的考古材料来看，属于后者的可能性似乎更大一些。具体地说，它应该归于二里头文化第一期中的一个组。至于它同河南龙山文化的关系，则其区别较大，决不可能归属为龙山文化的一个期。[1]

考古学者对某类遗存文化属性的认识又一次陷入这样的尴尬境界——在赵春青、顾万发等发掘者看来，新砦遗址第二期遗存与河南龙山文化、二里头文化差异之大足以划分出一个独立的考古学文化——新砦二期文化；但在邹衡眼里，这类遗存不仅不能成为一个独立的考古学文化，甚至不能成为一个独立的过渡期——新砦期，它最多只是二里头文化一期的一段而已。[2] 这样大相径庭的判断足以让外

---

[1] 邹衡：《二里头文化的首和尾》，《中国历史文物》2006 年第 2 期。
[2] 虽然赵芝荃和邹衡先生在"新砦期"的有无上观点截然不同，但他们都认为新砦遗址的这类遗存与二里头文化关系密切。然而同是这类遗存，在张忠培先生看来，"无论是新砦二期，还是花地嘴那类遗存，都难以认为是二里头文化的前身。二里头文化的前身，还有待考古学家寻找"。参看《关于二里头文化和夏代考古学遗存的几点认识》，《中国历史文物》2009 年第 1 期。

人对考古学的科学性产生怀疑了。

造成这种现象的原因归根结底还是学者们对如何划分考古学文化、类型、期段有着不同的理解。在夏商文化的长期论战中,邹衡先生屡屡遭遇此类问题,因此有深入的思考。他认为:

> 当我们整理田野考古材料而进行文化分期时,经常遇到这样的情况:凡是年代衔接的两期,总是两者大部分(或是主要部分,或是本质部分)因素是相同的(所谓"相同",譬如陶器,是指陶质、颜色、花纹、形制大体相同,而尺寸大小或有别。这一类陶器,我们通常归为同型同式。以下同此,不另注),即没有发生变化,而只有少数因素不同(所谓"不同",是指器物不同型,或是同型不同式。以下同此,不另注)。即在发生渐变,因而呈现新陈代谢的交替的现象。反之,如果发现两者大部分因素不同,即在发生剧变,而只有少数因素相同或相似(所谓"相似",是指器物同型而不同式。以下同此,不另注),则可断言:如果两者并不是不同质的文化,至少也可以说是两者在年代上并不相衔接。[1]

按此标准来审视豫西地区的河南龙山文化和二里头文化,邹衡先生认为"尽管两者的年代已接近,后者又直接继承了前者的部分文化因素,但仍然是两种文化","是有根本差别的"。[2] 这些差别表现在:

> 例如豫西龙山文化普遍地流行圆形袋状灰坑,二里头文化则罕见,二里头文化普遍常见的是大小不同的圆角长方形、椭圆形

---

[1] 邹衡:《对当前夏文化讨论的一些看法——1979年5月在成都"中国先秦史学会成立大会"上的发言稿》,原载《夏史论丛》,齐鲁书社,1985年,收入《夏商周考古学论文集》(续集),第24—30页。

[2] 邹衡:《二里头文化的首和尾》,《中国历史文物》2006年第2期。

等浅灰坑。

龙山文化晚期的陶系中，有少量的蛋壳陶，二里头文化早期则没有。两者的篮纹、方格纹也有区别：二里头文化早期的方格纹比龙山文化晚期少得多，而且方格纹的纹道，远不如龙山文化的清晰。二里头文化早期常见的横篮纹，不见于龙山文化晚期。龙山文化的篮纹竖道内有的有细横道纹，却不见于二里头文化早期。就器类及其形制而言，两者的区别更加显著：龙山文化中有一定数量的陶环，二里头文化则罕见。龙山文化晚期最常见的小平底碗（器盖）、敛口钵、双腹盆、单耳杯等，二里头文化几乎不见。二里头文化早期常见的花边口罐、鬶，也不见于龙山文化晚期。两者的夹砂中口罐的形制区别是：二里头文化早期者，上腹微鼓或近直，下腹稍缓收而成平底；龙山文化晚期者，上腹外鼓，下腹急收成小平底。两者甑的形制区别是：二里头文化早期者多作平底或作圜底盆状，底部为梭状或圆状大孔；龙山文化晚期者均呈罐状，底部多小圆孔。

反观新砦遗址的发掘者，他们确定"新砦二期文化"的主要依据是：

> 我们注意到新砦二期与王湾三期文化即河南龙山文化相比，缺少后者的标型器——双腹盆和鬶；与二里头文化相比，缺少二里头文化的标型器——圆腹罐和花边罐；新砦二期拥有自己的典型器——直壁双层纽器盖、子母口瓮和深腹盆形甑。[1]

与此同时，发掘者又从地层关系、灰坑形制、陶器纹饰、器类组

---

[1] 北京大学震旦古代文明研究中心、郑州市文物考古研究院：《新密新砦——1999—2000年田野发掘报告》，第430页。

合、器形特征、碳十四测年以及文化分布等方面比较了河南龙山文化晚期、新砦二期遗存和二里头文化一期的异同，试图证明"新砦二期文化"是可以成立的，但似乎并没有从根本上解决问题。[1]

很显然，要彻底解决"新砦期"或"新砦二期文化"的问题，必须与二里头文化一期以及河南龙山文化晚期联系起来考虑，只有确定了二里头文化一期和河南龙山文化晚期的文化内涵，才谈得上正确理解"新砦期"。[2]但如许宏所言，在有关研究中新砦期与二里头文化一期常常是混淆不清的，名为二里头一期，实际却是指新砦期，在概念不清的情况下来讨论二者的异同，很难有实际意义，甚至会造成更多的混乱。[3]张莉也表达了类似的意见，在她看来，"新砦三期遗存的相对年代不早于二里头遗址二里头文化二期阶段，原发掘者认为的新砦遗址存在二里头文化一期单位叠压打破'新砦期'遗存并用以论证'新砦期'早于二里头文化一期的层位关系并不存在"。[4]因此，解决新砦期的关键首先是要确定河南龙山文化晚期、二里头文化一期以及新砦期的典型遗迹单位，然后归纳对比各自的核心器物群，在此基础上方可得出合理的判断。令人欣喜的是，常怀颖已经按此思路进行了深入的研究。[5]我们可以把他的主要结论归纳为下表：

---

[1] 北京大学震旦古代文明研究中心、郑州市文物考古研究院：《新密新砦——1999—2000年田野发掘报告》，第531—540页。
[2] 李维明先生更是指出："'新砦期'论证，必须在熟悉有关夏年及重大历史事件的文献记载基础上，至少对有关河南龙山文化的分期与年代研究成果；有关二里头文化（尤其是二里头文化早期）的分期与年代研究成果；二里头文化早期与河南龙山晚期的相应年代关系及各自文化结构、文化属性拥有前期研究成果。"参看《关于"新砦期"论证三题》，《郑州青铜文化研究》，第69—89页。
[3] 许宏：《"新砦文化"研究历程述评》，《三代考古》（二），第146—158页。
[4] 张莉：《从龙山到二里头——以嵩山南北为中心》，北京大学考古文博学院博士学位论文，2012年，第87页。
[5] 常怀颖：《二里头文化一期研究初步》，《早期夏文化与先商文化研究论文集》，第45—71页。

	王湾三期文化晚期	新砦期	二里头文化一期
器物组合	炊器以深腹罐、圆腹罐和鼎为主，嵩山以北地区也见斝，盛储器以双腹盆、高领瓮罐、刻槽盆、器盖为主，食器以豆、碗为主，酒器以鬶、觚多见。	以深腹罐、圆腹罐和鼎为最主要炊器，盛储器以深腹盆、平底盆、高领瓮罐、刻槽盆以及器盖为主，食器以豆、碗为主，酒器以鬶、觚多见。	炊器以圆腹罐、深腹罐和鼎最为常见，甑也见相当数量，盛储器以深腹盆、平底盆、捏口罐、刻槽盆、高领瓮和器盖数量最多，食器则以豆和三足盘为主，而酒器数量最少，但也以觚和爵为核心。
陶质陶色	泥质陶为大多数，夹砂陶不超过四成，灰陶占绝大多数，磨光黑陶所占比例较大，褐（红）陶比例略高。	泥质陶多于夹砂陶，有一定数量的黑皮陶或磨光陶，灰陶占绝大多数。	夹砂陶和泥质陶比较接近，灰陶略多；黑灰陶、黑陶或黑皮陶占有较大的比例；陶器烧成温度不高，火候较龙山晚期偏低，陶胎变厚。
纹饰风格	篮纹占绝大多数，方格纹和绳纹的比例也不小，磨光黑陶比例较大。	素面陶器约占三四成，有纹饰的陶器以篮纹为主，方格纹次之，绳纹再次之。	以篮纹为主，细绳纹次之，有少量方格纹；泥质陶有的作磨光处理，一些大型器有附加堆纹。总体不如前两者陶器制作精细。

根据上表所列内容，可以明确以下几点：其一，河南龙山文化晚期、新砦期和二里头一期遗存在文化面貌上一脉相承，应该属于同一个文化体系[1]；其二，新砦期更接近于二里头文化一期，而距离河南龙山文化晚期略远。

---

[1] 也有研究者持不同看法，如张莉就认为在嵩山南北地区"二里头一期早段、花地嘴遗存和新砦遗存早段是基本同时但性质和内涵有一定差异的三类遗存，无法将花地嘴遗存和新砦遗存早段归入同一类遗存，也不存在一方过渡为另一方的可能。至晚段时，花地嘴遗存已终止，和二里头一期晚段遗存共存的是新砦晚段遗存，两者的共性有所增加，但是仍保持和发展了各自的部分差异性，仍是彼此不完全相同的两类遗存"。参看张莉：《从龙山到二里头——以嵩山南北为中心》，北京大学考古文博学院博士学位论文，2012年，第65页。

上述统计表明，新砦第二期遗存固然"有一定的与王湾三期文化、二里头文化某些类似的具有先后、承接发展关系的因素"，但它缺乏"占主导地位（着重号为引者所加）的不同于前两者的富有创新特色的一组独特的文化特征因素"，因此，新砦二期遗存不宜独立为"新砦二期文化"或"新砦文化"。新砦二期遗存与二里头文化一期的差异性，更可能是地域特征，而非时代差别。如刘绪先生就认为：

> 将新砦类遗存视作过渡期遗存的说法，主要有以下两点欠考虑。一是新砦遗址位于嵩山之南，二里头遗址位于嵩山之北。虽然二者同属中原地区，但毕竟有一段距离，且被嵩山阻隔。在没有直接地层证据的前提下，不能排除同时期因地而异的可能，……现在看来，二者确非时间之分，而属地域之别。二是龙山时代和二里头文化时期是前后相衔接的两个大的历史阶段，从更大范围考虑，二者之间都不见"过渡期"存在，……很难说唯独河南的郑洛一带特殊，在这两大文化阶段之间多出一个小阶段，多出一支小文化来。[1]

可以预见，有关新砦遗址第二期遗存究竟是归入河南龙山文化晚期、二里头文化一期或独立为一个过渡期甚或一类遗存的争论仍会持续。但这种争论，既无关宏旨，也不可能在考古学上得到彻底的解决，这是由考古学文化分期研究的局限性所决定的。然而问题的关键是，如前文所述，自夏商周断代工程实施以来，测年学者采用了"高精度系列样品方法"的测年方法，以河南龙山文化晚期—新砦期—二里头文化一期为确切的考古学背景来拟合三者的碳十四测年数据，大幅向

---

[1] 参看李维明《郑州青铜文化研究》刘绪先生的序言。

后压缩了二里头文化的年代，并以此作为区分夏商文化和构建夏商年代框架的重要依据，这就赋予"新砦期"以崭新的年代学意义。[1]可以想见，夏商文化和夏商王朝的碳十四年代框架既然与这样一个充满争议的考古学概念紧密相连，那么这一框架的可信度自然要大打折扣，"新砦期"也因此背负了过于沉重的负担。[2]

---

[1] 参看张雪莲等：《新砦—二里头—二里冈文化考古年代序列的建立与完善》，《考古》2007年第8期。
[2] 在有关"新砦期"的各种争论中，以李维明先生系列文章的反对意见最为尖锐（均收入《郑州青铜文化研究》），其中很多看法值得研究者高度重视，惜乎学术界主流意见似乎对此不闻不问，甚或抱着看热闹的心态来看待这场论争，这种状况无疑是令人担忧的。

第四章

解读"夏文化"

对"夏文化"相关概念的解读

对夏文化上限的解读

对夏商分界的解读

所谓"解读"夏文化，实际上就是把前述考古材料放入相应历史语境下加以理解，力求以一种较好的逻辑阐述何种物质遗存是夏文化，然后再分层次、多角度地论述如何利用考古学的方法确定夏文化的起点与终点。

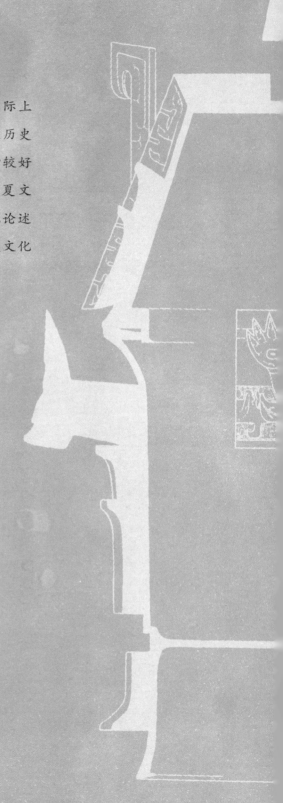

第一节　对"夏文化"相关概念的解读

夏文化是一个考古学概念，它与一般所说的夏代文化既相联系，又有区别。但目前学术界对于"夏文化"内涵的理解非常混乱，有必要加以详细分析和细致解读。

徐旭生先生在动身前往豫西"夏墟"调查之前，对于夏文化的内涵已经有了明确的认识。他说：

> 想解决夏文化的问题还需要指明这个词可能包括两个不同的涵义。上面所说的夏文化全是从时间来看，所指的是夏代的文化。可是从前的人相信我国自炎黄以来就是统一的，我们却不敢附和，我们相信在夏代，氏族社会虽已到了末期，而氏族却还有很大的势力，中国远不是统一的，所以夏文化一词很可能指夏氏族或部落的文化。[1]

按徐先生的上述意见，他所理解的"夏文化"有两个指标：从人群上讲，是指"夏氏族或夏部落"；从时间上讲，"所指的是夏代"。

徐旭生豫西调查之后，夏文化探索工作又趋于沉寂。直到1977年11月，在"河南登封告成遗址发掘现场会"上，夏文化再次成为考古

---

[1] 徐旭生：《1959年夏豫西调查"夏墟"的初步报告》，《考古》1959年第11期。

学界广泛关注的焦点问题,并形成了针锋相对的不同观点。[1]为了统一思想,方便开展学术对话,夏鼐先生在作会议总结时首次将考古学意义上的夏文化明确界定为"夏王朝时期夏民族的文化"。[2]不难看出,夏鼐的定义与徐旭生此前所言其实大同小异,都是从族属主体和时间跨度两个方面来界定夏文化的。夏先生的这一意见被学术界广泛接受,成为日后考古学界探索夏文化的出发点[3],但同时也带来了若干不确定性,这些不确定性迫切需要从理论和方法层面来加以解决。[4]

一 "夏文化"的族属主体

夏鼐先生在对"夏文化"进行定义时,"民族"一词显然是借用的,他所说的"夏民族"应该就是徐旭生先生所说的"夏氏族"或"夏部落",也就是现在学术界所习称的"夏族"。但这个"夏族"的内涵却是模糊的,因为按徐旭生和夏鼐的定义,"夏族"似乎是以血缘关系为基础的,并以此与商族、周族等其他族群相区分。但严格来讲,历史上并不存在这样一个以血缘关系而划分的"夏族"。我们在上文已经指出,大禹因治水有功,故"皇天嘉之,祚以天下,赐姓曰'姒'、氏曰'有夏'"。在这里,赐姓是基于血缘关系的,即以大禹之族为姒

---

[1] 有关这次会议的重要意义,可参看拙文《考古学的春天——1977年"河南登封告成遗址发掘现场会"的学术史解读》,《追迹三代》,第103—152页。
[2] 夏鼐:《谈谈探讨夏文化的几个问题——在"登封告成遗址发掘现场会"闭幕式上的讲话》,《河南文博通讯》1978年第1期。
[3] 如近年来夏商考古界的主流意见依然是,"夏文化是指夏王朝时期,夏王朝统辖区域内的夏族(或以夏人为主体的族群)所遗留下来的考古学文化遗存"。参看高炜等《偃师商城与夏商文化分界》,《考古》1998年第10期。
[4] 有关夏商考古对理论方法的迫切需求,可参看刘绪《对探讨早期夏文化的几点看法》,《早期夏文化与先商文化研究论文集》,科学出版社,2012年,第7—15页。

姓之长；而命氏则是突出地缘关系，即以大禹为其所在政治实体的首领。《史记·夏本纪》称"国号曰夏后，姓姒氏"，足证"夏"是一个地缘性的政治实体，而非一个血缘单纯的氏族。因此，如果单从血缘上论，夏代只有姒姓的各部族勉强可以与这个"夏族"对应，这其中至少包括《史记·夏本纪》所列的夏后氏、有扈氏、有男氏、斟寻氏、彤城氏、褒氏、费氏、杞氏、缯氏、辛氏、冥氏和斟戈氏等多个氏族。而如果非要把"夏"作为族属来理解的话，那么当如相关学者所言，"所谓夏族主要便是各个夏后氏的同姓及姻亲氏族，是他们构成了夏代国家的主体"。[1] 从上文所分析的夏代族氏情况来看，这一说法比较接近夏代的史实，但这样一个"夏族"的概念又显然超出了徐旭生和夏鼐的定义。

我们在这里之所以要强调"夏民族"的内涵，实际上是要明确夏文化探索的主体是什么——这个"夏族"究竟仅指夏后氏，还是囊括所有姒姓部族，甚或也将那些异姓部族一并纳入？换言之，探索夏文化究竟是探索夏后氏的文化，还是探索姒姓部族的文化，或者是探索夏代所有部族的文化？从过去几十年夏文化探索的具体实践来看，上述三种情况兼而有之，而且都被冠以了"夏文化"的名义，其混乱可见一斑。

这里我们仍以徐旭生和邹衡先生为例，来比较他们各自所说的"夏文化"的异同。

在本书前言中，我们已经指出，徐旭生先生大体是想通过考察"夏墟"内外"文化间的同异"，采取比较的方法找出夏文化。他所确定的"夏墟"主要是两个地区：一个是河南中部的洛阳平原及其附近，尤其是颍水的上游登封、禹县一带；另一个是山西西南部汾水下游

---

[1] 沈长云、张渭莲：《中国古代国家起源与形成研究》，第214页；沈长云：《说"夏族"——兼及夏文化研究中一些亟待解决的认识问题》，《文史哲》2005年第3期。

（大约自霍山以南）一带。

从徐先生所考定的"夏墟"范围就可以清楚地看出，他要探寻的"夏文化"只是"夏氏族（部落）"的文化，而他所说的"夏氏族（部落）"只是夏后氏，并不包括其他与夏后氏"有交涉的氏族"。因此，徐旭生先生所说的"夏文化"实际上就是"夏后氏文化"。

邹衡先生是20世纪夏商考古的旗手。在"河南登封告成遗址发掘现场会"上，邹衡第一次系统阐述了他对夏文化的看法。[1]在随后发表的会议发言摘要中，邹先生明确提出：

> 我们认为，从年代、地理、文化特征、文化来源以及社会发展阶段五个方面进行全面考察，可以肯定地说，二里头文化（包括两种类型的早、晚两期共四段）就是夏王朝所属的考古学文化，即夏文化。[2]

在这里，邹衡先生明确无误地把"夏文化"定义为"夏王朝所属的考古学文化"。在此后的相关研究中，他还多次表达了类似的看法，如他称，"夏朝是一个历史的范畴，夏文化指的又是夏王朝所属的考古学文化"[3]；又称，"既然夏文化是夏王朝时期夏民族的文化，首先应该着眼于夏王朝本身，即一个国家，而国家自然有其疆域问题。……把这个范围内已发现的诸考古学文化进行分析，最后便可以确定某种文化可能就是夏文化了"[4]。

---

[1] 可参看拙文《考古学的春天——1977年"河南登封告成遗址发掘现场会"的学术史解读》，《追迹三代》，第103—152页。
[2] 邹衡：《关于探索夏文化的途径——1977年11月在"河南登封告成遗址发掘现场会"上的发言摘要》，《河南文博通讯》1978年第1期。
[3] 邹衡：《对当前夏文化讨论的一些看法——1979年5月在成都"中国先秦史学会成立大会"上的发言稿》，《夏商周考古学论文集》（续集），第24—30页。
[4] 邹衡：《关于探讨夏文化的条件问题》，《夏商周考古学论文集》（续集），第35—43页。

正是基于对"夏文化"的上述理解，邹衡先生曾经深入系统地分析夏文化分布范围和夏王朝统治区域之间的相互关系。在该项研究中，无论是夏后氏，还是其他姒姓和异姓部族的遗存，只要在时代上大体属于夏纪年范围内，他都一律称为"夏文化遗存"或"夏文化遗址"。[1] 但在这些研究中，邹先生并没有论证为什么这些文化分布区域是在夏王朝的疆域之内——如果当时确实有明确的疆域概念的话。

然而，在其他一些研究中，邹衡先生所说的"夏文化"似乎又回归到"夏后氏文化"这一狭义层面。在夏文化探索的奠基之作——《试论夏文化》一文中，邹衡先生单列"材料和方法"一节，专门讨论探索夏文化的方法问题。邹先生说：

> 二里头文化究竟是商文化，还是夏文化？要解决这个问题，我们认为先从分析商文化入手。……只有在考古学上确认了商文化，才能区别出夏文化。……在讨论商文化时，首先要解决的是关于成汤亳都的地望问题。我们认为，只有确定了成汤建国的所在，才有可能进一步探索先商文化、早商文化，从而最后确定何者为夏文化。[2]

在这里，邹先生将夏文化、先商文化和早商文化并举，强调夏、商文化的区分。但是，从年代上讲，夏文化和先商文化在一段时间内是共存的，按照他此前的界定，先商文化就应该是"夏文化"的组成部分，而不应是一种独立的文化。化解矛盾的唯一方法，就是把这里的夏文化理解为"夏后氏文化"或商族以外的"夏代遗存"了。

---

[1] 邹衡：《夏文化分布地域内有关夏人传说的地望考》，《夏商周考古学论文集》，第219—252页。
[2] 邹衡：《试论夏文化》，《夏商周考古学论文集》，第95—182页。

在邹衡先生夏商文化研究体系中,"郑亳说"是一个枢纽。邹先生之所以特别强调成汤亳都在探索夏文化中的意义,实际上就是要确立一个夏商王朝分界线,进而以这个王朝的分界来印证他从考古学文化上所确定的夏商分界线。那么很显然,在此层面上的夏、商文化其实又回归到夏王朝文化和商王朝文化了。所以,在多数情况下,邹先生所说的"夏文化"是一个王朝文化概念,但某些时候,特别是在和商文化做对比研究时,它又常常表现为一个族属文化概念。很显然,这两种意义上的"夏文化"相互穿插转换极易造成困惑,不如徐旭生先生的"夏文化"内涵来得简单明了。

但是,把"夏文化"界定为"夏王朝文化"的做法在学术界颇为流行。夏文化研究领域的另一位重要学者李伯谦先生就曾经指出:

> 以河南省偃师二里头遗址得名的二里头文化可以分为二里头和东下冯两个类型,邹衡先生提出的二里头文化是夏文化的观点,目前已是学术界基本一致的看法。……二里头类型所属的居民当主要是夏族人,东下冯类型所属的居民当是由少数迁徙至此的夏族人和多数接受了夏文化并受夏王朝控制的当地土著人所构成。[1]

既然把二里头类型和东下冯类型分别视为以"夏族人"和"土著人"为主体人群所创造的物质文化,那么李伯谦先生所理解的夏文化自然就是夏王朝文化了。

徐旭生、邹衡、李伯谦等学者关于夏文化的不同理解,实际上可以归纳为狭义夏文化和广义夏文化。所谓狭义夏文化,是指以夏后氏为主体创造的文化;而广义上的夏文化,则是指夏王朝各部族文化的

---

[1] 李伯谦:《考古学文化的族属问题》,《感悟考古》,上海古籍出版社,2014 年,第 135—145 页。

总和。因此，当我们说探索夏文化时，首先应该明确是探索哪个层面上的夏文化。

在夏代所有氏族中，夏后氏无疑是最为特殊的一个，它是禹所属的氏族，是姒姓的大宗，或者说是夏王朝的王族，因此该族的文化应该是夏代最具代表性的文化。在夏文化探索过程中，很多学者都是企图通过确定夏代都邑来寻找夏文化的，通过这种方法所确认的夏文化的主体应该就是夏后氏文化。之所以说"主体"是夏后氏文化，这是因为都邑人群构成复杂，文化因素多元。至少从尧舜以降，已经进入部落联盟社会，各部族固然各有居地，但一些部族首领已经集中在盟主居邑（事实上就是最早的都邑）"同朝为臣"，如舜时就有所谓"四岳、九官、十二牧"等"二十二人"。夏代更是如此，如后羿"自鉏迁于穷石，因夏民以代夏政"，羿的身边还有"伯明氏之谗子弟"寒浞以及四贤臣"武罗、伯因、熊髡、龙圉"，这些东夷族人即与夏后氏共同生活在夏都。反之，在后羿代夏之后，夏之遗臣靡也继续留在夏都斟寻辅佐后羿，直到"浞因羿室"之后，靡才"奔有鬲氏"。[1] 凡此种种，足证当时都邑遗址居民构成是十分复杂的。

夏代都邑各部族居民杂处的现象不仅见诸文献记载，在考古材料上也有体现。林沄先生在研究三代居邑时就发现：

> 由原来的邑群向国转化的重要之点，恰恰在于国已经是一种地域性社会集团，而不再是一种血缘性社会集团。也就是说，在国这种社会组织中，包含的不再是由同一祖先繁衍的人们构成的诸邑，而是在同一地域中由不同血统的人们构成的诸邑。……过去在我国考古界，有一种把一定的考古学文化和一定族团等同的倾向。进一步的研究表明，已划定的考古学文化往往是可以再分

---

[1] 《史记·夏本纪·正义》引《帝王纪》："初，夏之遗臣曰靡，事羿，羿死，逃于有鬲氏。"

析的。被不少研究者认为是夏人文化遗存的二里头文化，今天已可分析出源于河南王湾三期文化的因素和源于山东龙山文化的因素。……二里头文化之混合了多种先期文化的因素，不应单从同一起源的人群对四周人群文化成分的吸收来解释，而应该看成有不同起源的人群在同一地域中错杂居住而造成文化上的交融。如果二里头文化确实是"夏人"的遗存，"夏人"在血统上也是多源的。[1]

毫无疑问，林沄先生这里所说的"夏人"不等于"夏后氏"的族众，而只能理解为"夏都居民"，它所反映的是地缘关系，而非血缘关系。因此，比"二里头文化是夏文化"更准确的表述其实应该是"二里头文化是夏都文化"。只是考虑到夏王朝最高统治阶层主要出于夏后氏，所以我们才大体上可以说这类夏都文化的"主体"是夏后氏遗存。

邹衡先生曾经说："考古学文化是我们在田野考古中使用的术语，并不是永远使用的名称，如有可能（确有证据），应该尽量用古代的族属来代替它。"[2] 李伯谦先生更认为考古学文化族属研究是反映考古学研究"见物见人"，从而上升到历史学研究高度的重要标志。[3] 但毋庸讳言，此类研究鲜见成功案例。究其原因，就在于无论是考古学文化还是古代族群，其内涵都十分复杂，有很多不确定性，要将两者有机地结合起来难度极大。它既要求研究者对族群的构成进行细究，更需要对考古学遗存进行不同层次的划分。林沄先生在谈到古代族群的复杂性时就指出：

---

[1] 林沄：《关于中国早期国家形式的几个问题》，《林沄学术文集》，第85—99页。
[2] 邹衡：《关于探讨夏文化的方法问题——答方酉生同志质疑》，《河南文博通讯》1980年第2期。
[3] 李伯谦：《考古学文化的族属问题》，《感悟考古》，第135—145页。

> 考古学文化和族的共同体是否基本一致，在考古学界有不同说法。……因为，我们通常在讨论这类问题时，所使用"族"这一词，本来是一个非常不确定的概念。可以用它来泛指一切见于古代文献的有某种统一专名的人群，只要人群的规模小于原始社会的部落或部落联盟。这种种人群的历史背景和实际性质是有非常大的差别的。比如，"陶唐氏""有虞氏"可算是族，"晋人""楚人"也可以算作族。"华夏""诸夏"是族，单称的"夏人"也是族。这些族的范围大小差别很大，而考古学文化的范围大小也差别很大，所以难怪各人有各人的说法了。⟨1⟩

而严文明先生则对考古学文化的层次有精辟论述：

> 近年来对于考古学文化的研究日益深化，已有可能将其划分为不同的层次。假如我们把文化作为第一层次，文化下面可以分期，每期文化又可分为若干地方性文化类型。这可以算作第二个层次。……实际上，文化类型本身也可以分期，每一小期又可以分为几个小区，这可以算作第三个层次。……再进一步分析，就会发现每个小区内的文化特征也不完全相同。循此以往，某些地方也许还能分出第四个层次，从而把从考古遗存中所能观察到的共同体缩小到与部落或部落联盟大体相当的规模。如果把这种与层次的划分方法同对于个别遗址所反映的氏族、部落组织结构的研究结合起来，就将使复原远古时代社会历史面貌、探索氏族—部落分布及其活动，发展的历史的工作成为现实可行的方案，而不仅仅是一个美好的愿望。⟨2⟩

⟨1⟩ 林沄：《考古学文化研究的回顾与展望》，《林沄学术文集》，第224—239页。
⟨2⟩ 严文明：《新石器时代考古研究的两个问题》，《文物》1985年第8期。

虽然过去几十年来中国考古学界对考古学文化谱系和文化因素的研究已经取得很大的成绩，但远远未到严文明先生所希冀的程度。而且严先生所说的状态，大抵是针对史前社会而言的，当时人群流动相对较少，不同的氏族—部落可能比较集中在某一特定的区域内活动。但对于夏商社会来讲，地缘政治早已取代，至少是相当程度地取代了血缘政治，已经很难区分出单一氏族或部落的活动区域。比如《夏本纪》称有扈、有男、斟寻等夏人同姓是"用国为姓"，它们早已不是血缘单纯的部落，而是人群复杂的封国，要在其中区分出不同部落的文化谈何容易。[1] 因此，实事求是地说，在很长时间内和很多情况下，要通过考古学文化的细分来探索夏王朝时期各氏族（部落）的分布恐怕只是"美好的愿望"而已。这就难怪有学者感慨，在夏文化这个问题上，如果"没有甲骨文一类当时的自证性文书资料出土，不可能解决都邑的族属和王朝归属问题"。[2]

而更深层次的思考则来自对考古学文化与族属对应这一研究范式本身的合理性。有研究者指出：

---

[1] 布鲁斯·炊格尔指出，考古学文化概念只适合于研究小规模、封闭状、定居的史前社会，对于复杂社会，由于社会和经济上的差异所造成的文化上的多元性，考古学文化就成为了不恰当的衡量手段。参看《时间与传统》，生活·读书·新知三联书店，1991年，第126页。

[2] 许宏：《学术史视角下的二里头"商都说"与"夏都说"》，《中国文物报》2015年11月20日第6版。许宏先生认为，"说到底，不会说话的考古遗存、后代的追述性文献、并不'绝对'的测年数据，以及整合各种手段的综合研究，都无法作为定论，彻底解决都邑的族属与王朝归属问题"。参看《关于二里头为早商都邑的假说》，《南方文物》2015年第3期。张光直先生也曾表达过文字材料在夏文化研究上的重要性，认为"就二里头文化而言，其地域分布范围与传说中夏朝都城之地望的巧合不可能纯属偶然。只有等到那种能将二里头文化鉴别为文献上所载的某个朝代或民族的文字被发现之时，二里头文化与夏朝的关系问题才能迎刃而解"。但他同时又大胆地断定，"二里头文化为夏文化，而不是商朝早期文化"。参看张光直著，印群译：《古代中国考古学》，生活·读书·新知三联书店，2013年，第376页。

这种范式就是用分类和类型学来处理大量的材料，用考古学文化来组织这些材料，并将其看作民族学文化一样的研究单位，以便能与史前和历史时期的族群单位相对应，从而构建一种类似编年史学的区域文化发展年表。从积极方面而言，这种范式能将海量的出土文物从时空上安排得井然有序，但是其最大的问题在于会将类型学建构的图像与具体的经验事实混为一谈；也即将今天根据器物整理和分辨的分析单位等同于史前人类的社会或生活单位。其危险在于将历史事实大体等同于一种类型学的构建，因为这很容易将用类型学方法排除大量差异而抽取的共性，看作远古族群和文化的共性。[1]

虽然要在考古学上论证夏代诸族氏的文化是一项十分困难的工作，但也不是说考古学对此就毫无作为。一般而言，只有确定了某遗址是某族氏的核心居邑，才有可能比较准确地把握该族所表现出的考古学文化，比如确定了夏代都邑，就能够从主体上了解夏后氏文化。受考古和文献材料的双重限制，目前此类研究还只能做到把某一考古学文化类型与特定的族属联系起来的程度，比如以造律台类型为有虞氏文化[2]，以下七垣文化为先商文化[3]，以辉卫型（辉卫文化）为韦族的文化等。[4] 这些研究对于探索夏代文化当然是有积极意义的，但更应该意识到，由于我们对这些族团的构成并不了解，也不掌握它们准确的分布地域，各族氏的核心居邑也未发现，因此上述判断都是粗疏的，

---

[1] 希安·琼斯著，陈淳、沈辛成译：《族属的考古——构建古今的身份》译后记，上海古籍出版社，2017年。
[2] 李伯谦：《论造律台类型》，《文物》1983年第4期。
[3] 李伯谦：《先商文化探索》，《庆祝苏秉琦考古五十五年论文集》，文物出版社，1989年，第280—293页。
[4] 张立东：《论辉卫文化》，《考古学集刊》10，地质出版社，1996年，第206—256页。

甚至有可能是完全错误的，都有进一步深入细化的余地。[1]

鉴于考古学文化族属问题的种种复杂性，我们在进行夏文化探索时应该双管齐下，兼顾广义和狭义的"夏文化"，具体来讲就是：

其一，注重夏代都邑在夏文化探索中的突出地位，把握住都邑文化也就把握住了以夏后氏为代表的狭义夏文化。

其二，注重相关族氏分布区内的核心遗址，通过对这些核心遗址考古学文化的分析来把握各族氏的文化。

其三，将上述相关考古学文化置于相应的历史情境下考察，比较和总结出广义夏文化的基本特征。

二 "夏文化"的时间跨度

关于夏文化的时间跨度，学术界意见比较一致，都把"夏代"或"夏王朝时期"作为夏文化的时间界标。大禹之前的夏文化，夏鼐先生称之为"先夏文化"；夏桀亡国之后的夏文化，学术界一般称作"夏遗民文化"。

但是，将夏文化的时间跨度限定在夏代，当然不是从文化本身出发，而纯粹是从研究方便的角度考虑的。徐旭生先生早就指出，王朝

---

[1] 比如王家范先生就指出，"现在流行的方法，凡在文献所说的夏纪年和夏人活动过的地域范围内出土的遗址均作'夏'看待，对此我持保留态度。例如二里头遗址无疑从其发掘出来的总体情况而言，要比我们先前说的'城邑'更高级（宫殿、宗庙二组建筑遗址，暗示此处当为国中之都），它可能是一个'王国'的都城。但它是否就是传说中的'夏王国'，我宁愿追随夏鼐先生之后，作孤立的'少数派'。我觉得总应该有一过硬的证据，证明此处确是'夏'。这似乎是一种严谨的科学态度所应具有的标准。否则，为什么就一定不可能是别的什么'X''Y'部族建立的'土国'？地层只说明时间，与前面文化层的相接，但并不能确指是'夏'"。参看《中国历史通论》（增订本），生活・读书・新知三联书店，2012年，第47页。

的兴衰固然会对当时的文化产生重要影响，但文化的演变绝不会与王朝的始终完全一致。所以他强调：

> 大家全知道：由于考古工作，我们已经很清楚地知道商代文化层下面压的就是龙山文化层，不惟河南北部有这种现象，就是中部和西部也有这种现象。这就是说在商代文化以前有一种文化叫作龙山文化。那末，说龙山文化就代表夏代文化不是很方便的么？现在有些历史学家就是这样地主张。虽然如此，我们觉得把夏文化和龙山文化两个名词完全等同起来还是不适当的。为什么呢？是因为：我们通常所指的夏代是指的从夏禹兴起直到夏桀亡国，年代比较清楚的四五百年间；另一方面，在考古学上所指的一种特殊的文化，它的变化却是比较缓慢的。当夏禹兴起的时候，龙山文化已经开始了一二百年也很可能。……至于龙山文化衰熄的时候，或较夏桀稍早，也许当夏桀亡国以后它还残存一个短时期。无论如何，它绝不会由于桀的亡国而突然停止存在，也是很明显的。所以龙山文化与夏代的文化有很密切的关系果然毫无疑问，可是要把这两个词中间画一个等号总是很不妥的。[1]

但问题在于，大禹的受封和夏桀的亡国，究竟会在文化上引起何种程度的变化并通过考古学遗存表现出来，则是一个非常难以把握的问题。"夏文化"就好比一条长河，而考古学似乎天生地缺乏一把利刃，可以准确地将这条长河截成"先夏文化""夏文化"和"夏遗民文化"三段。当前夏商分界研究中的新旧西亳说、郑亳说等多种观点的激烈交锋，其根本原因就在于考古学在处理过渡期文化或文化分界问题上的束手无策。考古学擅长解决诸如"先夏文化""夏文化"和"夏

---

[1] 徐旭生：《1959 年夏豫西调查"夏墟"的初步报告》，《考古》1959 年第 11 期。

遗民文化"的年代序列，却很不擅长在此时间链条上找出诸如大禹立国、夏商分界这类准确的时间节点。前者是相对年代，而后者则是绝对年代，因此考古学只好借助都邑这个媒介将它无法处理的绝对年代问题转化为它所擅长的相对年代问题。[1]邹衡先生就是以此思路来进行夏文化研究的，比如他说：

> 关于二里头文化的相对年代是明确的，无论是从层位叠压关系和文化内涵的比较，都可以证明：二里头文化晚于河南龙山文化，早于早商文化。若论其绝对年代，则稍微麻烦一些，碳十四的测定，当然应该参考，但要比较准确地断定其绝对年代，碳十四的测定则是无能为力了。这就需要另寻他途。在这一点上，目前我们只好从文献中寻找线索。
>
> 一个带关键性的问题，就是关于成汤都亳的地理考证。……那么，成汤所都之亳究竟在哪里呢？我们认为就在郑州。……郑州商城就是成汤的亳都。……由于亳都的确定，商文化就更进一步确定了。……商文化基本上弄清楚了，才有可能辨认出夏文化。[2]

在邹衡先生看来，企图通过碳十四测年的方法来分辨出夏商文化是断不可行的，而只有找到成汤的亳都，才能从时间节点上确定夏文化的下限，这也正是过去几十年来有关夏、商分界（实际上也是"夏文化"和"夏遗民文化"分界）的争论如火如荼的真实原因。

但一个有趣的现象是，在众多学者热衷于夏商分界的争论时，却

---

[1] 关于这一问题的讨论可参看拙文《什么可以成为夏商分界的证据——夏商分界研究综述》，《追迹三代》，第271—390页。
[2] 邹衡：《关于探索夏文化的途径——1977年11月在"河南登封告成遗址发掘现场会"上的发言摘要》，《河南文博通讯》1978年第1期。

很少有人对如何分辨"先夏文化"和夏文化的界线发表意见。虽然近年来有关早期夏文化的讨论也很热烈，但大家关心最多的仍然是河南龙山文化晚期是否属于夏文化这类比较粗线条的问题，而几乎无人考虑如何在考古学上确定夏王朝的建立这类更"精确"的话题。这其实并不是考古学家有意要忽略这个问题，而是因为迄今为止还没有特别恰当的遗址供考古学家们对禹都展开充分讨论，从而使得考古学家们缺少了从绝对年代到相对年代的"转换器"。[1]

因此，从某种意义上讲，就目前的考古材料而言，要在考古学上准确地判断夏文化的"起点"几乎是一个无法完成的任务；夏文化的"终点"问题似乎乐观一些，偃师商城被很多学者视为夏商分界唯一的界标。[2] 但实际上，即便在考古学上能找到所谓界标，它的"界标"意义也是带有局限性的。如偃师商城的主要发掘者之一杜金鹏就指出：

> 说偃师商城的始建是夏、商"界标"，准确地讲系指偃师商城是从考古学上运用"早商都城界定法"划分夏、商文化以及先商文化与早商文化的界标，从历史学角度讲，也可作为夏、商王朝更替的考古学界标。这个"界标"并非确指某年某月某日夏、商王朝完成了更替，而只是指夏、商王朝更替的时间下限，即夏、商王朝的更替不会晚于偃师商城开始建造的时候。偃师商城的始建与夏、商王朝的更替之间，应该有个时间差。只是，这个时间差到底有多长，我们现在无法准确判定——不但考古学目前解决不了这个问题，其他任何学科目前

---

[1] 虽然也有学者主张登封王城岗遗址就是禹都阳城，但质疑的声音也很大，至少在考古学层面上，王城岗禹都阳城说还需要增加更有力的证据。
[2] 高炜等：《偃师商城与夏商文化分界》，《考古》1998年第10期。

也都解决不了这个问题。[1]

这无疑是实事求是的态度。如果舍弃那种"某年某月某日"夏王朝建立或灭亡的时间节点，那么以目前的材料，还是有可能为夏文化的"始终"找到若干个考古学界标的。我们认为，确立这些考古学"界标"的可能途径包括：

其一，通过对夏代各主要部族活动范围内（也可以理解为夏王朝的版图内）考古学文化的研究，观察这些文化的统一性和多样性，并在夏代历史背景下加以理解。

其二，注重重大历史事件对考古学文化可能带来的影响，注意观察特定区域内考古学文化的变迁，并设法证明上述变化与夏王朝建立或灭亡阶段的特定事件密切相关，借此来确定夏文化的上限或下限。

其三，注重鉴别那些具有王朝更迭意义的特殊遗迹和遗物，通过考察这类指标性遗存的兴衰过程，从而确定夏王朝在考古学文化上的年代跨度。

可以预见，上述途径并不可能彻底解决夏王朝的始建和灭亡的具体时间，却有助于我们的认识最大限度地接近夏文化的"起点"和"终点"。

---

[1] 杜金鹏：《"偃师商城界标说"解析》，《华夏文明的形成与发展——河南省文物考古研究所建所五十周年暨华夏文明的形成与发展学术研讨会论文集》，大象出版社，2003年，第252—264页。

第二节 对夏文化上限的解读

一 对河南龙山文化的统一性与多样性的解读

1930年秋,中央研究院历史语言研究所发掘了山东历城县龙山镇的城子崖遗址,确认了一种以黑陶为典型特征的史前文化——龙山文化。[1]龙山文化一经发现,即与以彩陶为典型特征的仰韶文化共同被视为"夷夏东西"的考古学证据。[2]在此后相当长的时间内,龙山文化成为黑陶文化的代名词,凡出土黑陶的遗存均被笼统地归入龙山文化范畴,并出现了山东龙山文化、河南龙山文化、陕西龙山文化和湖北龙山文化等名称,由此逐渐演变成一个内涵极其庞杂的概念,其中包含有多个具有自身特征、文化传统和分布地域的考古学文化的集合体。[3]鉴于此,严文明先生在20世纪80年代初提出应区分各地区的龙山文化,分别给予适当的名称,同时建议把这些考古学文化所代表的时代命名为"龙山时代",这一意见得到学术界的广泛响应。[4]

根据当时的碳十四测年数据,严文明认为龙山时代诸考古学文化

---

[1] 李济等:《城子崖——山东历城县龙山镇之黑陶文化遗址》,中央研究院历史语言研究所,1934年。
[2] 可参看拙文《有心还是无意——李济汾河流域调查与夏文化探索》,《追迹三代》,第77—102页。
[3] 有关考古学界对龙山文化认识的回顾可参看刘莉《中国新石器时代——迈向早期国家之路》导言中"考古学对龙山文化的构建"一节,文物出版社,2007年。
[4] 严文明:《龙山文化与龙山时代》,《文物》1981年第6期。

的年代大致在公元前26—前21世纪，早于文献记载的夏代纪年，而与古史传说中唐尧虞舜的时代相当。[1]而最新的研究成果表明，龙山时代的年代跨度应在公元前2300—前1800年，与夏王朝的纪年有相当部分的重叠。[2]由此可见，无论采取何种测年结果，龙山时代与夏代纪年都存在某种程度的重合，早期夏文化必然要在龙山时代的诸考古学文化中加以辨析。[3]

寻找夏文化的空间范围当然要从夏代各族氏的活动区域入手。从上文梳理的夏代都邑分布情况来看，夏后氏最主要的活动范围是豫西的汝颖河上游地区和伊洛地区，但一度扩张到豫东、鲁西和豫北地区。如果一并考虑其他关系密切的同姓和异姓部族的活动范围，则夏王朝的势力范围还可扩张到豫西西部、晋西南、皖北、鲁西地区。

根据前文的分析，上述区域内龙山时期的考古学文化可表列如下：

文化圈	地理区域	文化遗存
第一核心区	汝颖河上游地区	煤山类型
	伊洛地区	王湾类型
第二核心区	豫东鲁西	造律台类型
	豫北冀南	后冈类型
第三核心区	豫西西部	三里桥类型
	晋西南（东段）	三里桥类型
	晋西南（西段）	陶寺文化
	皖北	花家寺类型

---

[1] 严文明先生的这一说法也显然是泛指的，因为如果龙山时代的年代确实是公元前26—前21世纪，那么就不是唐尧禹舜的时代所能囊括。
[2] 中华文明探源工程项目执行专家组：《中华文明探源工程成果集萃》（内部资料），2016年，第5页。
[3] 如果单纯从测年数据而言，同一考古学文化甚至同一期遗存的年代数据也会悬殊甚大。实际上，目前学术界在对二里头文化和龙山文化测年数据进行取舍时，在相当程度上参考了根据文献所推定的夏代年代范围。可参看方燕明《河南龙山文化和二里头文化碳十四测年的若干问题讨论》，《中原文物》2005年第2期。

我们再对上页表所列的考古学遗存进行历史层面的解读，可以获得以下几点认识：

第一，煤山、王湾、造律台、后冈和三里桥等文化类型形成了一个具有相当共性的文化圈，这个文化圈内数量最多、最具共性的器物是用作炊器的夹砂深腹罐，因此可以称之为罐文化圈。除深腹罐外，用作食器的豆、碗（或覆碗式器盖），用作盛储器的双腹盆和高领瓮（罐）也是具有共性的器类。这个具有强烈共性的文化圈，现在学术界通常称之为河南龙山文化，这无疑是恰当的。从上文的分析来看，河南龙山文化在空间分布上与文献所载夏王朝的核心控制区基本重叠，而且河南龙山文化晚期的绝对年代与夏纪年也有相当程度的重合。这种空间和时间上的对应便不宜用偶然性来解释，而只能理解为河南龙山文化，特别是其晚期阶段，应该就是夏王朝的物质遗存。

第二，上述三个核心区文化面貌的相似性表现出依次递减的态势，即第一核心区内的王湾类型和煤山类型最为接近，主要差别是两个区域内鼎的数量略有参差而已；而第二核心区内的造律台类型和后冈类型与王湾类型、煤山类型之间的差距就更加明显，多甗、多平底盆、多山东龙山文化因素，但在主体上，夹砂罐要占压倒性的多数，罐文化圈的属性依然十分明显；第三核心区的三类遗存其实又可细分为两个层次，其中三里桥类型虽属于河南龙山文化体系，但该类型所表现出的差异性已经非常突出了，远远超过了造律台、后冈类型与王湾、煤山类型之间的差别，多鬲、多单耳罐、多绳纹，夹砂罐甚至很难说是最主要的炊器，罐文化圈的属性已经不明显了。第三核心区内的另一层次是陶寺文化和花家寺类型，从文化面貌上讲，它们都是独立的考古学文化，只是在一定程度上与河南龙山文化发生过交流和相互影响。其中花家寺类型中的河南龙山文化因素似较陶寺文化更多一些，而陶寺文化对河南龙山文化几乎持排斥态度，倒是陶寺文化的典型器物背壶在王湾类型和煤山类型的遗址中可以见到，所以陶寺文化和花家寺类型完全是和罐文化圈并列的其他两个文化共同体。上述三个核心区所形成的四层文化圈与《尚书·禹贡》所描述的甸、侯、绥、要、荒五服实有异曲同工之妙。

第三，从族群的分布来看，上述第一核心区主要是夏后氏及其同姓斟寻、费氏的原居地，此外还包括族姓不明的有洛氏，以及部分"外来人口"如后羿、寒浞等类；第二核心区的族群最为复杂，比较明确的有祝融八姓、有虞氏、皋陶偃姓之后、伯益嬴姓之后以及穷寒氏等泛东方族群；而第三核心区中的皖北地区已知部族有著名的涂山氏，大抵属于淮夷系统，而豫西西部有妘姓的彤城氏，临汾和运城盆地则是陶唐氏的根据地。把族群分布和各区内考古学文化的亲疏远近结合起来考虑，所得结论富有意趣：王湾类型与煤山类型在文化面貌上高度一致，而这一区域内的主体居民是夏后氏、斟寻氏等姒姓部族的族众，同姓部族享有相似的物质文化是非常自然的现象。第二核心区的造律台类型和后冈类型与第一核心区的王湾、煤山类型在文化上的趋同性，则应该是上文所论述的夷夏联盟（也包括祝融八姓之后）的具体反映——一方面，以皋陶、伯益之后为代表的部分东夷族氏已经华夏化，他们在生活方式上与夏后氏等姒姓部族并无不同；另一方面，原产于东方的鸡彝（陶鬻）成为"夏礼"中的核心器类，"夏文化"中蕴含了典型的东方因素。[1] 甚至可以说，所谓"夏文化"在相当程度上就是夷夏融合的产物，"血统纯正"的夏文化其实并不存在。而第三核心区诸考古学文化所表现出的独特性，固然从整体上说明这些地区在龙山晚期还不能纳入"夏墟"的范畴，但其中的内涵则各有千秋——在晋南，以陶寺文化为代表的陶唐氏文化在夏王朝建立之后还保持有强大的惯性，依旧占据了临汾和运城盆地的大部，只有垣曲盆地和夏县一带可能是夏文化的分布区；在皖北，由于当地有强大的先行文化——大汶口文化，"历史包袱"过重，尽管有

---

[1] 邹衡：《试论夏文化》，《夏商周考古学论文集》，第163—166页。

"禹娶于涂山"以及"禹会涂山"这样的历史事件,但作为外来因素的"夏文化"仍不足以彻底改变当地的文化传统,所以形成了花家寺类型这种兼具山东龙山文化、河南龙山文化和土著文化因素的混合遗存;在豫西西部,尽管分布有彤城氏这样的姒姓部族,但这一地区的三里桥类型在文化面貌上与王湾类型和煤山类型差别明显,这恰恰表明考古学文化与族属对应的复杂性,考古学文化完全有可能超越了血缘关系——同姓部族的文化未必相同,而异姓部族的文化未必不同;华夷之辨,最根本的标准是文化,而非血缘。而民族学研究表明,在文化异同和族群之间,很少有一一对应的关系,能表现族群边界的很可能只是物质文化中的一小部分,而其他特征或式样则为多个群体所共有。[1] 河南龙山文化所表现的统一性和多样性,应该体现了夏王朝多族氏共存的历史事实。

综合上述解读,我们大体上可以说:在龙山晚期,第一核心区的王湾类型和煤山类型可以理解为狭义的夏文化——即以夏后氏为主体创造的文化。它们又和第二核心区的造律台、后冈类型共同组成了广义的夏文化——即建立在部族联盟基础上的夏王朝文化。而第三核心区的情况则更加复杂,从文化面貌上看,晋南大部和皖北地区虽在不同程度上与王湾类型和煤山类型发生联系,但均不能纳入河南龙山文化体系,都属于独立的文化区;而从政治关系上讲,夏后氏与晋南的陶唐氏以及皖北的涂山氏有着密切关系,陶唐氏(包括其后裔御龙氏)、涂山氏都是夏王朝的重要组成部分,因此它们的遗存也可以视为广义夏文化。

二 "禹征三苗"的考古学解读

前文已述,"禹征三苗"是发生在夏王朝建立前夜的重大历史事件,

---

[1] 希安·琼斯著,陈淳、沈辛成译:《族属的考古——构建古今的身份》,第36页。

如果能在考古学上加以确认，不仅可以"证明古书之某部分全为实录"，更可以有效地解决夏文化的上限问题。以下我们试从不同角度加以解读。

（一）下王冈类型和杨庄二期类型的南扩

下王冈遗址位于河南省淅川县西南部的下王冈村，遗址三面临丹江，饱受侵蚀，面积仅存 6000 平方米。1971—1974 年，为配合丹江口水库的建设，河南省博物馆文物工作队对该遗址进行了数次发掘，获得一批仰韶文化、屈家岭文化、龙山文化、二里头文化和西周时期的遗存。[1] 发掘者将下王冈遗址的屈家岭文化分为两期——屈家岭一期和屈家岭二期[2]，但从文化面貌上看，下王冈的屈家岭一期与屈家岭文化晚期相当，而这里的屈家岭二期实际上就是石家河文化。[3]

发掘报告中归入龙山时期的遗存主要有墓葬 53 座（土坑墓 29 座，瓮棺葬 24 座），灰坑 118 个，另外还有少量陶窑和灶。土坑墓一般为长方形竖穴，另有少量呈椭圆形。墓内主要埋葬成人，但也有少数儿童土坑墓。瓮棺葬多用罐、鼎、盆作葬具，主要是儿童瓮棺葬，少数是成人瓮棺葬。29 座土坑墓中，采用屈肢葬者 16 座，直肢葬 12 座，另有 1 座是二次葬。

据发掘报告的统计，下王冈遗址龙山文化层中共出土陶器 234 件。

---

[1] 河南省文物研究所、长江流域规划办公室考古队河南分队：《淅川下王冈》，文物出版社，1989 年。
[2] 河南省文物研究所、长江流域规划办公室考古队河南分队：《河南淅川下王岗遗址的试掘》，《文物》1972 年第 10 期。在该简报中，发掘者对该遗址遗存的分期是早一期、早二期、中期、晚一期、晚二期、先商和西周等，而在《淅川下王冈》正式报告出版时，早一期和早二期分为仰韶文化的一、二、三期，中期定为屈家岭文化一期，晚一期定为屈家岭文化二期，晚二期定为龙山文化，先商定为二里头文化。
[3] 张绪球《石家河文化的分期分布和类型》（《考古学报》1991 年第 4 期）即将这里的屈家岭二期遗存（原发掘简报称"晚一期文化遗存"）界定为石家河文化。

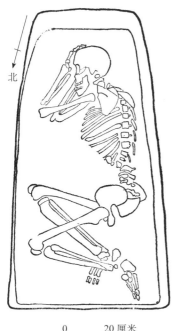
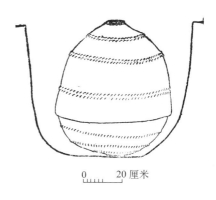

图 4-1　下王冈遗址 M500 的屈肢葬（左）
图 4-2　下王冈遗址 W593 瓮棺葬（右）

陶器中以泥质黑陶居多，占总数的 60%，夹砂灰陶次之，占 30%，泥质和夹砂棕陶较少，约占 10%。纹饰以绳纹、篮纹为主，方格纹、弦纹、附加堆纹次之。主要器形有鼎、罐、钵、碗、豆、杯、盘、甗、盆、簋、壶、瓮、缸、鬶、盉、器盖和器座等。其中鼎的数量最多，共 72 件，约占出土陶器总数的三分之一，且以侧装三角形高足鼎和柱状足鼎为主，基本不见石家河文化的宽扁足鼎，也不见王城岗和煤山等遗址所流行的矮足鼎。罐的数量仅次于鼎，除了深腹罐和圆腹罐之外，还有一定数量的单耳罐和双大耳罐。从器物特征来看，下王冈龙山文化层出土的侧装三角形高足鼎、柱足鼎和夹砂罐与瓦店二、三期的同类器相似，说明两者年代大致相当。

发掘者认为，下王冈遗址的龙山遗存是从当地屈家岭二期文化（即石家河文化）发展而来，但鼎和罐是河南龙山文化的因素，而单耳罐和双大耳罐则是源自陕西龙山文化。[1]换言之，发掘者主张下王冈遗址的龙山遗存在主体上应归入石家河文化系统，而不属于河南龙山文化。这类遗存的文化属性究竟如何，这里试作分析。

葬俗是考察一类遗存文化属性的关键因素，从下王冈龙山墓葬多见屈肢葬这一现象来看，说明该遗址龙山时期的居民主要是当地屈家岭、石家河文化居民的后裔。但是，与该遗址石家河文化时期（屈家岭二期）相比，龙山阶段的文化面貌变化是非常显著的。石家河文化阶段的陶器以泥质棕色陶居多，夹砂灰陶次之，而龙山时期泥质黑陶占60%左右，夹砂灰陶次之，泥质棕陶数量已经很少。从纹饰上看，石家河文化时期陶器多素面，有纹饰者以篮纹、绳纹和方格纹为主，而龙山阶段素面陶器显著减少，绳纹、篮纹流行。从器类上看，石家河文化阶段鼎是最主要的炊器，但几乎都是江汉平原所流行的宽扁足鼎和罐形小鼎，另有个别煤山类型所流行的矮足鼎；下王冈龙山阶段鼎依然是主要炊器，但石家河文化的宽扁足鼎已然绝迹，代之而起的是河南龙山文化的扁三角形高足鼎和柱足鼎。

综合上述文化特征，可以肯定下王冈遗址在石家河文化阶段已经明显受到煤山类型的影响，下王冈H288:20高领瓮[2]与瓦店一期的Ⅳ T3H61:29[3]同类器在形制上几乎完全相同，据此可知两者的年代大体接近。而到了所谓下王冈龙山文化时期，也即煤山类型的晚期阶段，屈肢葬依旧流行，这种稳定的葬俗说明当地的居民没有变化，但在文化面貌上几乎被河南龙山文化所同化，最显著的标志就是扁三角形高足鼎和柱足鼎对石家河文化宽扁足鼎的完全替代。与此同时，由于下王冈地处丹江下游，这里自古就是鄂豫陕三省文化交流的要道，因此

---

[1] 河南省文物研究所、长江流域规划办公室考古队河南分队：《淅川下王冈》，第336—337页。
[2] 同上书，图版六七—5。
[3] 河南省文物考古研究所：《禹州瓦店》，图一五0C—24。

它在文化面貌上又不可避免地带有较多的客省庄二期文化特征。但从总体上讲，下王冈的龙山遗存应该归入河南龙山文化，将其称为河南龙山文化下王冈类型是合适的。这就是说，在河南龙山文化晚期的早、晚段之间，下王冈遗址经历了一次明显的文化变更，早段是石家河文化，晚段则是独具特色的河南龙山文化下王冈类型。

尤其值得注意的是，这种文化更替现象在龙山晚期的豫西南地区并非孤例，而是普遍存在，例如淅川下寨和邓州八里岗等遗址均可见到类似现象。

下寨遗址位于淅川县滔河乡下寨村北，北临丹江，东、南临滔河，遗址总面积约60万平方米。2009—2010年，河南省文物考古研究所为配合南水北调中线丹江口库区大坝加高工程，对属于未来淹没区的淅川下寨遗址进行发掘，发现了较为丰富的仰韶文化、石家河文化、河南龙山文化晚期以及二里头文化早期阶段的遗存。

下寨遗址石家河文化墓地共发现墓葬24座，其中10座出土有随葬品，主要是玉石钺、玉璜、红陶杯、簋形器、壶形器、罐等，均是石家河文化的常见器物。但到了河南龙山文化晚期阶段，墓葬以瓮棺葬为主，共清理45座，葬具包括瓮、罐、豆等，出土的主要陶器器类有鼎、罐、豆、盆和瓮等，均是河南龙山文化的核心器类。[1]

八里岗遗址位于河南省邓州市城东约4公里处的白庄村北的岗地上，在遗址北面有湍河自西向东流过。20世纪70年代，因取土而致使遗址文化层遭到破坏，现存面积约6万平方米。自1991年以来，北京大学考古系师生在此进行过多次发掘，发现仰韶、屈家岭、石家河和所谓八里岗四期（龙山晚期）等不同阶段的遗存。

八里岗四期遗存残留较少，最初仅在耕土层下发现一些残破灰坑，

---

[1] 河南省文物考古研究所等：《河南淅川县下寨遗址2009—2010年发掘简报》，《华夏考古》2011年第2期。

可复原陶器极少，可辨器类有鼎、罐、豆、杯和盆等。发掘者指出，这一阶段的陶器以夹砂陶居多，泥质陶较少；陶色以灰陶为主，黑陶次之，灰褐陶少量，不见红陶；纹饰以篮纹、绳纹为主，有少量弦纹和镂孔。发掘者认为该期遗存与石家河文化陶器差异甚大，明显受到河南龙山文化晚期遗存的强烈影响。[1]

1998 年，在该遗址的西部发现丰富的石家河文化时期和八里岗四期遗存的堆积，主要有灰坑 400 余座，其中多数属于后者。石家河文化陶器主要有粗砂红褐素面陶的宽扁足鼎、大口缸、碗，夹蚌红褐素面陶的扁足釜形鼎，泥质黑、灰篮纹陶的高领罐和附加堆纹罐，细泥素面压光灰陶的豆、碗、盖，粗泥素面红陶的杯，细泥黑陶轮制的薄胎杯等。属于八里岗四期的陶器器类则有夹砂灰褐陶篮纹三角足釜形鼎、夹砂灰褐陶方格纹鼎、细砂灰褐陶绳纹瓮、泥质灰陶卷沿大口瓮、泥质红陶方格纹敛口盆、泥质红陶素面刻划纹盉、泥质红褐陶间断绳纹加篮纹罐、泥质棕褐陶刻划纹薄胎高领小罐、泥质灰陶间断方格纹罐、泥质红陶直领广肩罐、泥质灰陶高柄豆、黑皮灰陶高柄豆、泥质灰陶圈足盘等。[2] 虽然这些器物的文化因素来源多样，但带有浓烈的河南龙山文化特征，而明显地与石家河文化"分道扬镳"。

长期以来，学术界对于广泛分布在豫西南和鄂西北，以淅川下王冈晚二期和均县乱石滩上层为代表的龙山晚期遗存的文化属性争议很大，出现了诸如乱石滩文化、河南龙山文化下王冈类型、王湾三期文化乱石滩类型、石家河文化青龙泉类型、后石家河文化、三房湾文化

---

[1] 北京大学考古学系、南阳地区文物研究所：《河南邓州市八里岗遗址 1992 年的发掘与收获》，《考古》1997 年第 12 期；樊力：《豫西南新石器文化的发展序列及其与邻近地区的关系》，《考古学报》2000 年第 2 期。
[2] 北京大学考古文博院、南阳地区文物研究所：《河南邓州八里岗遗址 1998 年度发掘简报》，《文物》2000 年第 11 期。

以及二里头文化下王冈类型等各种名称。[1] 导致意见纷陈的原因是显而易见的，豫西南和鄂西北本身就地处河南龙山文化、石家河文化和客省庄二期文化三种考古学文化分布区的交会地带，文化因素互见，文化性质自然不易判断；而又恰恰在龙山晚期，这个交会地带发生了剧烈的文化更迭，河南龙山文化大规模地替换石家河文化，再加上客省庄二期文化的渗透，文化面貌自然变得极其复杂。要对此种文化交汇地带过渡期的文化性质做出判断，是难上加难的事情，出现争论是十分正常的。

河南龙山文化的南扩并不局限在豫西南，在河南南部地区，也出现了杨庄二期类型向南拓展的现象。

杨庄遗址位于河南省驻马店市西南6公里的橡林乡杨庄村，面积约4万平方米。1992年秋，北京大学考古学系及当地文物工作者联合发掘了该遗址。发掘表明，杨庄遗址主要包括三期遗存：一期为石家河文化，二期属河南龙山文化，三期则是二里头文化。[2]

杨庄一期陶器以夹砂和泥质陶为主，另有少量的夹蚌陶。灰陶居多，黑陶次之，褐陶较少。纹饰以篮纹最多，约占50%，素面陶次之，约占43%，绳纹和方格纹都很少，附加堆纹、弦纹、旋纹和刻划纹更罕见。石家河文化的典型器物如红陶杯、红陶鸟、宽扁足鼎、漏斗形刻槽盆在此均可见到，但也有河南龙山文化的器类如深腹罐、乳足鼎等。

杨庄二期陶器发生了显著的变化，最突出者有以下几点：（1）各类陶罐如深腹罐、鼓腹罐和圆腹罐均以竖行篮纹或斜行篮纹为主，少见杨庄一期的横篮纹；（2）陶鼎几乎都是矮足鼎和锥足鼎，基本不见石家河文化的宽扁足鼎；（3）杨庄一期流行的红陶杯在此期基本不见。

---

[1] 何强：《汉水中游新石器文化编年序列及其与邻近地区的互动关系》，吉林大学博士学位论文，2015年，第165—166页。

[2] 北京大学考古学系、驻马店文物保护管理所：《驻马店杨庄》，科学出版社，1998年。

上述迹象表明，杨庄二期的文化属性发生了改变，由第一期的石家河文化转变为河南龙山文化。由于杨庄遗址地处两个文化的交会地带，且先行文化是石家河文化，所以杨庄二期仍保留有较多的石家河文化因素，故发掘者将这类遗存称为河南龙山文化的杨庄二期类型。

已经有多位学者指出，促使下王冈类型和杨庄二期类型南扩的历史动因就是"禹征三苗"。[1] 实际上，在河南龙山文化晚期，该文化不仅占有了豫西南和豫南地区，而且还进一步扩张到鄂西北，因此在诸如随州西花园、郧县大寺和宜都石板巷子等遗址均可以看到类似的文化更替现象。[2] 然而，最能体现"禹征三苗"这一历史事件对区域文化的巨大影响的则莫过于石家河遗址的嬗变了。

（二）石家河遗址的"沦陷"

石家河遗址位于湖北省天门市石河镇，地处大洪山南麓、江汉平原的北部，是长江中游地区面积最大、延续时间最长、等级最高、附属聚落最多的史前聚落城址。多年来的考古工作已经表明，这一地区的文化序列是油子岭文化、屈家岭文化、石家河文化和后石家河文化，其中屈家岭和石家河文化时期是该城址的繁荣期。

区域调查表明，大洪山南麓史前聚落的演变大体经过了以下四个阶段：油子岭文化时期，这一区域仅发现遗址6处，分布较零散，规模最大的龙嘴遗址已经出现平面近圆形的环壕土垣的聚落结构，土垣内的面积约6万平方米。屈家岭文化时期遗址上升至22处，集中分布于石河镇北一带；这一阶段最显著的变化是在石河镇北形成了石家河古城，城

---

[1] 杨新改、韩建业：《禹征三苗探索》，《中原文物》1995年第2期；靳松安：《王湾三期文化的南渐及其相关问题》，《中原文物》2010年第1期。
[2] 韩建业：《湖北随州市西花园早期遗存分析》，《考古》1999年第3期；《王湾二期文化研究》，《考古学报》1997年第1期。

图 4-3　驻马店杨庄遗址第一、二期遗存陶器

址平面略呈圆角长方形，南北长约 1200 米，东西宽约 1000 米，城墙现存顶宽 8—10 米，底宽约 50 米，高达 6—8 米；城内面积达 120 万平方米，如果加上城外环壕及人工堆筑的土岗，其面积达 200 万平方米以上，石家河城址显然已经发展成为区域中心。到了石家河文化时期，这一地区的遗址剧增，达 63 处，除集中分布于石家河古城周围外，周边地区的遗址数量也明显增加；石家河古城继续使用，并进入鼎盛期。然而，在后石家河文化时期，遗址锐减，只发现 14 处，集中分布在原石家河古城的东南一带；遗址面积也急剧缩小，面积最大者仅 4 万平方米，最小者 1.5 万平方米，遗址规模甚至不如油子岭文化时期。[1]

近年来，在石家河城址的中心部位谭家岭发现了早于屈家岭文化时期、带环壕和城垣的城址，其中壕内面积约 26 万平方米，城垣内面积约 18 万平方米。发掘者认为，谭家岭古城的年代比石家河古城的年

---

[1]　湖北省文物考古研究所：《大洪山南麓史前聚落调查——以石家河为中心》，《江汉考古》2009 年第 1 期。

代至少早 500 年以上。⁽¹⁾ 同时，对石家河古城东南部城垣的解剖发掘表明，城垣的兴建年代不早于屈家岭文化晚期，而最晚在石家河文化晚期该城城垣就已经被夷为平地。⁽²⁾

早在石家河遗址肖家屋脊地点的发掘中，发掘者就已经注意到这里的石家河文化早、晚期之间的显著差别：

> 早期少见玉器，而晚期则突然出现大量玉器。……石家河文化晚期开始流行瓮棺葬式和大面积的瓮棺墓地，这些瓮棺墓中随葬有大量玉器。不仅肖家屋脊遗址如此，而且荆州枣林岗和钟祥六合等石家河文化晚期遗址也是这样。而在历年的田野工作中，我们始终没有发现过石家河文化晚期土坑墓。这种情况表明，石家河文化早期土坑墓葬俗发展到石家河文化晚期为瓮棺葬俗所替代。石家河文化早期带有宗教性质的陶臼遗迹到石家河文化晚期也不见踪影。

对于这种文化遗存上的巨大差异，发掘者认为：

> 石家河文化早期和晚期之间存在显著差别的主要原因是，晚期遗存替代早期遗存只延续了一部分早期的文化因素，却融入了大量非当地文化传统的新文化因素，其中最主要的是河南龙山文化因素和山东龙山文化因素。这些新的文化因素，有的是外来文化的传入或影响，有的是文化交互作用。石家河文化晚期在融合了多种来源的文化因素之后，形成了有别于石家河文化早期遗存的自身特色。

⑴ 湖北省文物考古研究所：《石家河遗址 2015 年发掘的主要收获》，《江汉考古》2016 年第 1 期。
⑵ 孟华平等：《湖北天门石家河遗址发掘取得新进展》，《中国文物报》2011 年 11 月 7 日第 7 版。

因此从总体上看，它与早期文化有相当大的差别，与早期文化之间呈现出一种"断层"现象。有部分学者认为石家河文化晚期遗存与早期遗存的差别很大，"基本上没有直接的发展关系，故不应再纳入石家河文化范畴"，而应该命名为另一种文化或文化类型。[1]

学术界后来通常把石家河文化晚期遗存称为"后石家河文化"。据孟华平的研究，石家河文化陶器的典型特征是：灰陶较多，流行篮纹、方格纹，出现模制技术；典型器物为宽扁足盆形鼎、厚胎红陶杯、长颈鬶、高领罐、（漏斗形）擂钵、卷（或折）沿豆、盆、碗、高足杯、深腹盆形甑等；绝对年代约在距今 4500—4200 年。而后石家河文化陶器特征则是：以黑、灰陶为主，流行方格纹、弦断篮纹、绳纹，出现叶脉纹。典型器物有盉、侧装三角形足鼎、敞口浅盘豆、高领下腹内收罐、敛口深腹钵、敛口厚唇瓮等；绝对年代约为距今 4200—4000 年。[2]

对于这两种文化的兴衰，孟华平也有独到的见解：

> 石家河文化的脱颖而出，却并非屈家岭文化自然发展的简单产物。石家河文化中篮纹、方格纹的流行及袋足鬶的大量发现均不能从屈家岭文化中寻找答案。青龙泉三期类型所见（青龙泉 T7⑤A：51、T2⑤C：6），季家湖类型所见蛋壳高柄杯、镂孔粗圈足豆、橄榄形罐、矮领瓮、筒形擂钵，石家河类型所见白陶鬶（肖家屋脊）、斝（邓家湾），尧家林类型所见夹砂深腹罐（土城）、黑陶带流壶形器、黑陶觚形器、附鸟喙形纽的子口凹底瓮（栗山岗），等等，也非长江中游的传统特点。所以，石家河文化的产生还应有其他背景。

---

[1] 石家河考古队：《肖家屋脊》，文物出版社，1999 年，第 347 页。
[2] 孟华平：《长江中游史前文化结构》，长江文艺出版社，1997 年，第 121—134 页。

后石家河文化时期，长江中游地区的传统特征越来越少，除少量因素如红陶杯、钵等有所保留外，大量的遗存与长江中游地区传统文化并无关联。如石家河文化时期非长江中游文化传统的矮领瓮、浅盘圈足豆、擂钵、夹砂深腹罐、鬶等有了进一步的发展，新出现了盉、鬲，流行瓮棺葬和玉器等。说明此时长江中游地区的文化传统已被打破，出现了新的变革。[1]

而王劲先生在整理石家河遗址群中的三房湾、石板冲、贯平堰三处遗址的发掘材料时，石家河与后石家河文化在面貌上的巨大差异给她留下极其深刻的印象。但她不太同意"后石家河文化"的命名方式，而主张以典型遗址三房湾来命名这类遗存，并概述其特点是：

> 三房湾文化的各类型，因所处地理位置的不同，在与各自周边同期文化的接触交流和冲击下，所接受的外来文化因素亦有差异。但构成三房湾文化各类型陶器基本组合中的大部分新器形，多可在北面中原地区河南龙山文化中、晚期的煤山类型和王湾类型的同类器中见到，尤其是煤山类型中相同或相近的器形较多。如三房湾文化中的大型浅盘直壁粗圈足盘、浅盘细高圈足豆、矮直领鼓腹小平底瓮、小型直领鼓腹平底罐、矮直领广肩缩腹小平底瓮、矮直领鼓腹小平底（或平底微凹）瓮、折沿深腹圈底三矮小聚足罐（此型罐在石家河文化三房湾类型中即已出现）、侈口斜直腹壁觚等，在煤山龙山文化一、二期（主要在煤山二期）及煤山类型的龙山文化中，均可见到与以上器类相同或近同的器形。……由于中原龙山文化后期逐渐强盛，在河南龙山文化中、晚期，石家河文化通过汉水支流北进的势力渐弱，煤山等类型龙

---

[1] 孟华平：《长江中游史前文化结构》，第158—159页。

山文化向南拓展扩大的势力远大于北进的石家河文化，龙山文化晚期向南传播之势经汉水直达长江峡区。中原煤山等类型龙山文化南下，以取而代之之势的强大冲击，抑制了石家河文化的发展，改变了本区域内原有的文化格局。……综合以上几个遗址的三房湾文化遗存碳十四测定年代数据观察，三房湾文化的绝对年代，早期似在距今4200年，晚期在距今3900年左右，已进入夏文化的年代范围。[1]

如果说考古学者早已就石家河与后石家河文化之间的巨大反差形成了共识，那么，现在他们也对造成这种巨变的原因达成了新的共识，普遍相信这就是"禹征三苗"所带来的直接后果。关于这一认识，方勤将其概述为：

长江中游一带是古史传说的"三苗"部落所在区域。在近两千年的时间里，长江中游群城迭起、文化璀璨，与古史传说的"三苗"部落时代相吻合，暗示当时长江中游已进入早期国家文明形态。油子岭文化—屈家岭文化—石家河文化属于同一个谱系，目前已经得到考古学的证实。而进入后石家河文化时期，文化面貌为之一变：大量精美玉器出现，瓮棺葬流行，可以说，后石家河文化与石家河文化之间，不是谱系的延续，而是谱系的巨变，意味着出现了明显的社会和文化转型。关于后石家河文化所反映的历史事件，当与"禹伐三苗"有关。……在古史传说的尧、舜、禹时期，特别是禹时期，已经进入国家文明的前夜，代表中原文化的"禹"对代表长江文明的"三苗"进行了讨伐，所说的"三苗"亦即南方地区，更准确地说，也就是长江中游地区以石家河

---

[1] 王劲：《后石家河文化定名的思考》，《江汉考古》2007年第1期。

为中心的聚落,而后石家河文化的面貌突变,并大量出现中原龙山文化的文化因素,当是与此传说事件吻合。[1]

(三)句芒类玉器在石家河遗址的勃兴

自20世纪50年代以来,在石家河遗址的瓮棺葬中多次发现玉器,被认为是石家河文化玉器的典型代表。[2] 2015年,在石家河古城核心区谭家岭发掘的5座瓮棺葬中,又出土了200余件精美玉器。[3] 在这些玉器中,最引人注目的器类和纹饰主要有三类:一是嘴吐獠牙、双耳带环的玉神像,如谭家岭9号瓮棺出土的"玉人头像";二是具有典型五官模样的玉人像,如谭家岭8号瓮棺出土的"玉人头像";三是双翅展开或收拢的玉鸟(学术界通常称之为玉鹰),可以谭家岭遗址8号瓮棺出土的鹰纹玉圆牌和9号瓮棺出土的双鹰玉牌饰为代表。[4]

在传世品中也有不少类似风格的玉器,早已引起了学者们的注意。邓淑蘋将这类神像和人像统称为"神祖面纹",不仅对相关资料进行了最为详备的收集,而且概述了学术界对于这类玉器的认识:

> 最早被学术界认知的一件雕有神祖面纹的带刃玉器,是刘敦愿征集山东日照两城镇的玉圭,1972年首度发表。……两城镇玉圭的公布,甚早就引起了学者们的关注,1979年林巳奈夫、

---

[1] 方勤:《三苗与南土——长江中游文明进程的考古学观察》,载《三苗与南土——湖北省文物考古研究所"十二五"期间重要考古收获》,江汉考古编辑部,2016年,第10—14页。
[2] 荆州博物馆:《石家河文化玉器》,文物出版社,2008年。
[3] 湖北省文物考古研究所:《石家河遗址2015年发掘的主要收获》,《江汉考古》2016年第1期。
[4] 在石家河等遗址出土的玉器中还常见虎的题材,也应有独特的含义,但目前尚不能明确辨析,故这里暂不讨论。

1

2

3

4

图 4-4　石家河遗址玉器
　　1. 谭家岭 W9 玉神面　　2. 谭家岭 W8 玉人像
　　3. 谭家岭 W8 鹰纹玉牌　　4. 谭家岭 W9 双鹰玉牌

图 4-5　两城镇玉圭与西朱封玉冠饰

第四章　解读"夏文化"　| 421

巫鸿都撰文将之与许多流散品，包括带刃器与嵌饰器串联起来讨论。1985年巫鸿将之与文献中的"东夷"作了联系，笔者则于1986年论文中，广搜相关资料分析其间复杂的演变关系。到了20世纪80年代末，长江中游石家河文化遗址中出土许多具象与抽象的神祖面嵌饰器或佩饰器（报告中多称之为"玉人头""玉兽头"），证明林巳奈夫、巫鸿及笔者论文中所论述的一些早年流散欧美的雕有这类纹饰的嵌饰器，并不是海岱地区的山东龙山文化，而是江汉地区的石家河文化晚期的遗物，因此学界开始有了新的看法。杨建芳于1992年提出移民的观点，认为这是东夷族被蚩尤战败后分裂，其中名号为少昊挚的一支移民到长江中游的结果。[1]

然而，近年来的发掘表明，尽管这些玉器大多出土在石家河遗址，但实际上它们的年代均属于后石家河文化时期。这也就是说，这批玉器是伴随着中原文化大规模进入江汉平原之后才出现的，因此需要重新考虑它们的性质和文化属性。

从两城镇玉圭[2]和临朐朱封龙山墓葬[3]出土的玉冠饰来看，这类神祖纹玉器与山东地区关系密切。早在1979年，巫鸿就提出这些玉器及其纹样反映了东方太皞和少皞部落的鸟图腾信仰。[4]这确是一个卓识，但略显笼统，还可以做进一步的细究。

《左传》昭公十七年载：

---

[1] 邓淑蘋：《新石器时代神祖面纹研究》，《玉魄国魂——中国古代玉器与传统文化学术讨论会论文集》（五），浙江古籍出版社，2012年，第230—274页。
[2] 刘敦愿：《记两城镇遗址发现的两件石器》，《考古》1972年第4期。
[3] 中国社会科学院考古研究所山东考古队：《山东临朐朱封龙山文化墓葬》，《考古》1990年第7期。
[4] 巫鸿：《一组早期的玉石雕刻》，《美术研究》1979年第1期。

秋，郯子来朝，公与之宴。昭子问焉，曰："少皞氏鸟名官，何故也？"郯子曰："吾祖也，我知之。昔者黄帝氏以云纪，故为云师而云名；炎帝氏以火纪，故为火师而火名；共工氏以水纪，故为水师而水名；大皞氏以龙纪，故为龙师而龙名。我高祖少皞挚之立也，凤鸟适至，故纪于鸟，为鸟师而鸟名：凤鸟氏，历正也；玄鸟氏，司分者也；伯赵氏，司至者也；青鸟氏，司启者也；丹鸟氏，司闭者也。祝鸠氏，司徒也；䲭鸠氏，司马也；鳲鸠氏，司空也。爽鸠氏，司寇也；鹘鸠氏，司事也。五鸠，鸠民者也。五雉为五工正，利器用、正度量，夷民者也。九扈为九农正，扈民无淫者也。自颛顼以来，不能纪远，乃纪于近。为民师而命以民事，则不能故也。"

据郯子所言，鸟图腾信仰是少皞氏所独有，而与太皞氏无涉。也正是因为鸟崇拜的缘故，少皞部族中还诞生过一位人面鸟身的大神，这就是五祀之一的句芒。《左传》昭公二十九年所载魏献子和蔡墨的一段对答，揭开了句芒的来历：

献子曰："社稷五祀，谁氏之五官也？"对曰："少皞氏有四叔，曰重、曰该、曰修、曰熙，实能金、木及水。使重为句芒，该为蓐收，修及熙为玄冥，世不失职，遂济穷桑，此其三祀也。颛顼氏有子曰犁，为祝融；共工氏有子曰句龙，为后土，此其二祀也。后土为社；稷，田正也，有烈山氏之子曰柱为稷，自夏以上祀之。周弃亦为稷，自商以来祀之。"

据蔡墨所论，重是少皞氏四叔之一，也即少皞集团中某个部族的首领，因有功德而死后被尊为五祀之一，即句芒。《礼记·月令》称："孟春之月，日在营室，昏参中，旦尾中。其日甲乙。其帝大皞，其神句芒。"春日草木生长，故句芒"盛德在木"，为东方之神。徐旭生先生认为这个重也就是帝颛顼"绝地天通"之后所任命的"南正重"，为少皞氏的大巫。[1]

句芒能降福于人，《墨子·明鬼下》记：

> 昔者秦穆公，当昼日中处乎庙，有神入门而左，鸟身，素服三绝，面状正方。秦穆公见之，乃恐惧奔，神曰："无惧！帝享女明德，使予锡女寿十年有九，使若国家蕃昌，子孙茂，毋失。"秦穆公再拜稽首曰："敢问神名？"曰："予为句芒。"

秦穆公在宗庙见到人面鸟身的句芒，实在不是偶然，因为嬴姓之秦本来就是少皞之后。《史记·秦本纪》载：

> 秦之先，帝颛顼之苗裔孙曰女修。女修织，玄鸟陨卵，女修吞之，生子大业。大业取少典之子，曰女华。女华生大费，与禹平水土。已成，帝锡玄圭。禹受曰："非予能成，亦大费为辅。"帝舜曰："咨尔费，赞禹功，其赐尔皂游。尔后嗣将大出。"乃妻之姚姓之玉女。大费拜受，佐舜调驯鸟兽，鸟兽多驯服，是为柏翳。舜赐姓嬴氏。

《史记·秦本纪·正义》进一步解释道：

> 《列女传》云："陶子生五岁而佐禹"，曹大家注云："陶子者，皋陶之子伯益也。"按此，即知大业是皋陶。

---

[1] 徐旭生：《中国古史的传说时代》，第118—120页。但正如徐先生所论，对于"重黎"究竟是一人，还是南正重、火正黎两人，《史记》本身就有不同的说法。

大业即皋陶，则大费（柏翳）即皋陶子伯益，他们都是少皞氏的族长，故《史记·秦本纪·索隐》称：

> 《左传》郯国，少皞之后，而嬴姓盖其族也，则秦、赵宜祖少皞氏。

秦出于少皞氏，所以秦人先祖中颇有与鸟有关的传说。《史记·秦本纪》记：

> 大费生子二人：一曰大廉，实鸟俗氏；二曰若木，实费氏。……大廉玄孙曰孟戏、中衍，鸟身人言。

秦之先既有鸟俗氏，又有"鸟身能言"者，实际上都反映了少皞氏的鸟崇拜传统。句芒之神原本就是少皞氏四叔之一的重，而秦出于少皞集团，属于同族，这就是句芒赐福秦穆公的历史根源。

重既为少皞集团某一部族首领，又为东方之神句芒的这种双重身份，对于正确理解神祖纹玉器具有决定性作用。纵观这类玉器，虽然纹饰和造型多样，但实际上仅有三种母题，即神、人和鸟。而最可注意的是，从两城镇玉圭和台北故宫所藏两件玉圭纹饰来看，玉圭上的主体纹样既可以是神像，也可以是神鸟，这说明神与鸟的母题是可以相互替换的。特别是台北故宫玉圭上神鸟的腹部有一抽象的神像，更进一步证明神与鸟之间有密切关系，它们实际上代表的是同一种神灵。毫无疑问，在上古东方各部族中，形象为鸟的神灵最有可能就是句芒——它不仅可以表现为口吐獠牙、略显狰狞的神像，也可以是昂首挺立、羽翼刚健的立鸟，这也正是文献记载句芒是人面鸟身的原因所在。很自然地，我们可以想见，那些与神像和神鸟伴出的人形母题无疑就是重的造型，是句芒之神在人间的真

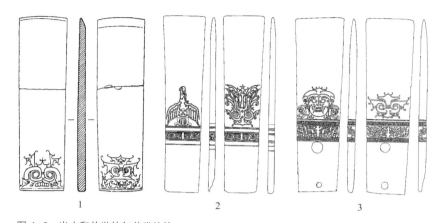

图 4-6 出土和传世的句芒类纹饰
1. 两城镇玉圭 2. 台北故宫鹰纹玉圭 3. 台北故宫神面玉圭

实形象。尤可注意的是,这类玉人像毫无例外均有向后披散的长发,这大概就是《礼记·王制》所谓"东方曰夷,披发文身"的具体表现。重是少皞氏之首领,是一个真实的历史人物,故以普通面貌示人;而他的化身句芒则是东方之神,则塑造出狰狞造型或表现为该族所崇拜的鸟形,以此来区隔人神之别。石家河玉器中人、神、鸟的三种造型实际上分别代表了重、句芒以及句芒的化身,因此这类玉器不妨称之为"句芒"类玉器。

除了上述单一母题的器物外,在这类玉器中,还有一些是组合母题造型的。但有意思的是,组合方式主要有三种,分别是神—人组合、鸟—人组合、神—鸟组合。在洞察了这类玉器中人、神、鸟三种母题的真实含义后,这些组合的意蕴也就昭然若揭了:神—人组合与鸟—人组合在本质上是相同的,均是句芒和重的组合,旨在说明句芒与重的转换关系;而神—鸟组合则用于揭示句芒的两种面相,既可以为具象的神面,也可以是抽象的化身。

如果上述理解不错的话,就必须回答一个问题:少皞之墟远在曲阜⁽¹⁾，为何如此众多的少皞族玉器集中出土在千里之外的江汉平原？我们认为，导致这一现象的原因正是"禹征三苗"。

在有关这场战争的文献记载中，有一些关于人面鸟身大神的说法值得格外关注。如《墨子·非攻下》说：

> 昔者三苗大乱，天命殛之，日妖宵出，雨血三朝。龙生于庙，犬哭乎市。夏冰，地坼及泉。五谷变化，民乃大振。高阳乃命玄宫，禹亲把天之瑞令，以征有苗。四电诱祇，有神人面鸟身，若瑾以侍。搤矢有苗之祥，苗师大乱。后乃遂几。禹既已克有三苗，焉磨为山川，别物上下，卿制大极，而神民不违，天下乃静，则此禹之所以征有苗也。

《太平御览》卷八八二引《随巢子》也有类似的记载：

> 昔三苗大乱，天命殛之，夏后受于玄宫。有大神，人面鸟身，降而福之：司禄益食而民不饥，司金益富而国家实，司命益年而民不夭，四方归之。禹乃克三苗，而神民不违，辟土以王。

两条记载虽然有所差异，但都反映了禹在征伐三苗的过程中得到了一个"人面鸟身"大神的鼎力支持。杨宽先生曾经考证这位大神是秦人始祖伯益，略显曲折，其实倒不如孙诒让《墨子间诂》释作句芒更为直接有据。⁽²⁾那么，作为东夷族神的句芒又缘何会助大禹伐三苗呢？这就需要从夷夏关系以及"禹征三苗"的过程来理解。

⟨1⟩ 《左传》定公四年载鲁国之分封："因商奄之民，命以伯禽而封于少皞之虚。"《史记·夏本纪》"正义"："《帝王纪》云：'皋陶生于曲阜。曲阜偃地，故帝因之而以赐姓曰偃。……'"
⟨2⟩ 杨宽：《中国上古史导论》，第281—282页。

在上文中，我们反复强调了夷、夏的交融问题，夷、夏之间固然有纷争，但主体是政治联盟，夷、夏真正的敌人不是对方，而是另有其人——南方的苗蛮集团，"禹征三苗"就是这一史实的具体反映。

前文已述，尧、舜、禹均发动过对南方苗蛮集团的战争，"禹征三苗"其实是夷夏联盟与三苗集团斗争的代名词。所谓"禹征三苗"，实际上是夷夏联军共同创造的。而在当时，少皞族首领就是皋陶、伯益二人，他们是辅佐禹的第一功臣。虽然文献中缺乏皋陶、伯益曾经参与征三苗之役的确切记载，但也有些线索可供参考，如《尚书·吕刑》称：

> 苗民弗用灵，制以刑，惟作五虐之刑曰法，杀戮无辜。爰始淫为劓、刵、椓、黥，越兹丽刑并制，罔差有辞。

五刑之作与"禹征三苗"有关，而五刑又与皋陶关系密切。《尚书·尧典》记舜命皋陶"作士以理民"，也就是任命皋陶为司法之官。《左传》昭公十四年引"夏书曰：昏、墨、贼，杀，皋陶之刑也"，《尚书·皋陶谟》更是记载禹感慨"何迁于有苗"，而皋陶向禹详细解释"天讨有罪，五刑五用"的道理。根据这些文献内容，可以推断皋陶之族也参与了对三苗的讨伐，在与三苗的激战中，皋陶之族以某种方式祈求本族族神句芒莅临上空，助其一臂之力，这应该就是《墨子》和《随巢子》所谓禹得"人面鸟身"大神支持的真实状况，禹得句芒之助克三苗，其真实的历史素地就是夏后氏和皋陶之族合力压服三苗。因此，我们可以大胆地判断，江汉平原出土的"句芒"类玉器并非当地石家河文化的产物，而是参与征伐三苗的皋陶族将士的遗留物。[1] 我

---

[1] 张绪球先生就指出，在肖家屋脊遗址石家河文化晚期遗存中可见山东龙山文化的典型器物白陶鬶和薄胎黑陶杯，足证山东龙山文化因素确实进入江汉平原地区。见《石家河文化玉器的发现与研究概述》，载荆州博物馆：《石家河文化玉器》，第1—24页。

们也有理由相信,日后在河南龙山文化和山东龙山文化的分布区内一定会见到更多的这类玉器。[1]

综上,河南龙山文化的南扩、石家河文化与后石家河的兴衰更迭、句芒类玉器的文化内涵及其在江汉平原的盛行,均可以从"禹征三苗"这一历史事件中得到合理的解释,由此证明夏文化的"起点"应在河南龙山文化的晚期阶段。

三 夏王朝的建立与玄圭的扩散

夏王朝的诞生,有两个标志性事件:一是"铸鼎象物",一是"禹锡玄圭"。

"铸鼎象物"习惯上称"禹铸九鼎",事见《左传》宣公三年:

> 楚子伐陆浑之戎,遂至于雒,观兵于周疆。定王使王孙满劳楚子。楚子问鼎之大小、轻重焉。对曰:"在德不在鼎。昔夏之方有德也,远方图物,贡金九牧,铸鼎象物,百物而为之备,使民知神、奸。故民入川泽、山林,不逢不若。螭魅罔两,莫能逢之。用能协于上下,以承天休。桀有昏德,鼎迁于商,载祀六百。商纣暴虐,鼎迁于周。德之休明,虽小,重也。其奸回昏乱,虽大,轻也。天祚明德,有所厎止。成王定鼎于郏鄏,卜世三十,卜年七百,天所命也。周德虽衰,天命未改。鼎之轻重,未可问也。"

---

[1] 从理论上讲,既然"句芒"类玉器是皋陶族的遗物,那么应该广泛见于中原地区,但目前却集中发现在石家河遗址,这应该与考古发现的局限性有关。除了山东地区外,在禹州瓦店遗址的龙山晚期瓮棺中,也出土过同样风格的玉鸟,说明这类器物在中原地区确有分布。参看河南省文物考古研究所:《禹州瓦店》,第36—37页,彩版八。

"禹锡玄圭"则见于《尚书·禹贡》，其中叙述大禹治水成功，划定九州：

> 东渐于海，西被于流沙，朔南暨，声教讫于四海。禹锡玄圭，告厥成功。

《史记·夏本纪》几乎全录此文，《史记正义》并释玄圭为："玄，水色。以禹理水功成，故锡玄圭，以表显之。"

顾颉刚、刘起釪两先生将这段话校译为：

> 我们的大地东边浸在大海，西边覆盖在辽远的沙漠下，北方和南方以能达到的地境为地境，华夏的声威教化达到四海的尽头。于是上帝赏赐给禹一个玄圭，用以向普天之下宣布他的大功告成。[1]

宽泛地讲，九鼎和玄圭是当时的主要礼器，都可以视作夏王朝的象征物。但细究起来，两者其实有本质的区别——九鼎彰显君权，而玄圭突出神权。

夏代的铜鼎，目前仅在二里头遗址出土了一件，这样一件造型朴素的圆鼎当然与"九鼎"无涉。[2] 但值得注意的是，二里头遗址还出土有陶方鼎，器形很小，近似于明器，但其造型和纹饰却可以让我们遐想当时的铜方鼎，甚至九鼎。据统计，各地出土的二里头和二里岗

---

[1] 顾颉刚、刘起釪：《尚书校释译论》第二册，第831页。
[2] 中国青铜器全集编辑委员会：《中国青铜器全集》第一册，器一"网格纹鼎"，文物出版社，1996年。另据郑光先生介绍，这件铜鼎是1987年春当地橡胶厂工人偶然挖出的，伴出的尚有一件铜斝、一件铜盉和残玉石器，郑光先生推测这些器物出自同一座墓葬。参看中国社会科学院考古研究所二里头工作队：《河南偃师二里头遗址发现新的铜器》，《考古》1991年第12期。

图 4-7　二里头遗址出土的铜圆鼎和陶方鼎

文化时期的陶方鼎已经多达 50 件，方鼎之流行，由此可见一斑。[1]

"禹锡玄圭"实际上就是"赐禹玄圭"，意指天帝赐给大禹玄圭，以表彰其"成功"，它的背后其实是强调君权神授，唯有受此玄圭，大禹的统治地位才具有合法性。所以，九鼎和玄圭的搭配，实际上是君权和神权的完美结合。

有关玄圭的记载，除上引资料之外，另有两条文献也值得注意：其一，《初学记》引《尚书·璇玑钤》谓禹授启以玄圭，圭上有"延喜之玉受德，天赐之佩"的刻文；其二，古本《竹书纪年》记载"后荒即位，元年，以玄圭宾于河，命九东狩于海，获大鸟"。这两条材料或失于无征，或失于荒诞，但无疑都和"禹锡玄圭"有关，其中所蕴含的史实应当就是玄圭为大禹平治九州、四海会同、膺受天命的象征物，是夏代的核心礼器。

---

[1]　李翔：《青铜时代早期陶方鼎（杯）研究》，中国社会科学院研究生院硕士学位论文，2016年。

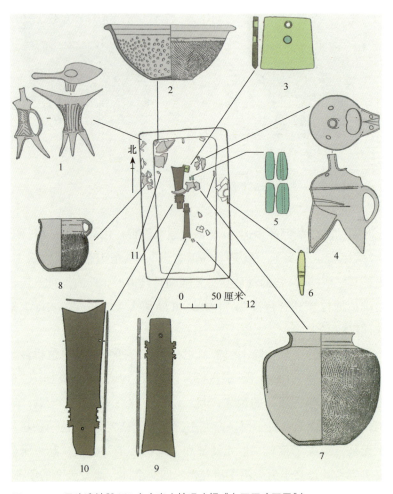

图 4-8 二里头遗址 V M3 玄圭出土情况（据《东亚牙璋图展》）

图 4-9 二里头遗址 V M3 出土的玄圭（据《东亚牙璋图展》）

但玄圭为何物，久已成谜。通过检视龙山和二里头文化时期的出土玉器，笔者认为长期以来被误称为"牙璋"的一类玉器就是玄圭。[1] 玄圭误作牙璋，始于清代学者吴大澂。吴氏在其《古玉图考》中曾考释他的几件玉器藏品，其中提到：

> 此《周礼·典瑞》《考工记·玉人》所谓牙璋也。牙璋，以起军旅，以治兵守，故与戈戌之制略同，首似刀而两旁无刃，世俗以为玉刀，误矣。圭璋左右皆正直，此独有旁出之牙，故曰牙璋。郑司农云："牙璋，瑑以为牙。牙齿，兵象，故以牙璋发兵，若今时以铜虎符发兵。"后郑云："牙璋亦王使之瑞节。兵守，用兵所

---

[1] 参看拙文《礼失求诸野——试论"牙璋"的名称与源流》，《金玉交辉——商周考古、艺术与文化论文集》，中研院史语所，2013 年 11 月，第 467—508 页。

第四章 解读"夏文化" | 433

守,若齐人戍遂,诸侯戍周。"又《玉人》"牙璋中璋"注云:"二璋皆有鉏牙之饰于琰侧。"今得是器,可以证康成鉏牙之说。[1]

很明显,吴大澂仅仅因为这类玉器两侧有牙状突起便称之为"牙璋",他的考释其实是一种简单的附会,但他的这一意见却被后来的考古学者广泛袭用。[2]经过笔者的反复论证,牙璋即玄圭的概念已经成为学界的基本共识。[3]

玄圭的数量虽众,但大多为采集品,缺少出土层位,极大地束缚和误导了对这类器物源流的研究。在以往的研究中,我们曾经依据中原地区二里头、花地嘴、下王岗和东龙山四处遗址共7件具有明确层位关系的玄圭材料,归纳出玄圭形制的演变规律,并进而把各有关遗址出土的90余件牙璋的制作年代(非出土单位的年代)排定为三大阶段,即龙山晚期至二里头文化一期、二里头文化二至四期、二里岗早商阶段至殷墟一期,其中前两个时期是玄圭的繁荣期,而后者则是玄圭的衰落期。

如果单从玄圭的形制和年代上讲,中原地区、山东地区和陕北神木一带皆有可能是这类器物的发源地,但如果进一步分析,玄圭最有可能是在中原地区起源的,原因是:

首先,在中原地区玄圭的使用是持续的。所谓持续,是指在该地

---

[1] 吴大澂:《古玉图考》,《古玉考释鉴赏丛编》,书目文献出版社,1992年。标点为引者所加。

[2] 实际上,《考工记》所载玉器名称及用玉制度多不可靠,璋类器物尤甚。参看拙文《〈考工记·玉人〉的考古学研究》,《考古学研究》(四),科学出版社,2000年,第115—139页。

[3] 拙文《再论牙璋为夏代的玄圭》,《玉魂国魄——中国古代玉器与传统文化学术讨论会论文集》(六),浙江古籍出版社,2014年,第145—149页;邓聪:《牙璋与初期中国世界秩序的雏形》,《盱古衡今——郑德坤教授百十诞辰纪念》,香港中文大学中国考古艺术研究中心出版,2015年,第30—33页。

区至少从龙山晚期以降直到二里头文化四期，玄圭都是作为一种重要的礼仪用器而频繁使用；反之，在山东和陕北地区出土的玄圭主要集中在龙山晚期和二里头文化早期阶段，二里头文化二期以后即趋于消失，说明玄圭在这两个地区内仅短暂使用。

其次，在中原地区玄圭的使用是普遍的。所谓普遍，是指花地嘴、东龙山以及二里头遗址的6件玄圭均出土于墓葬之中，说明它是当时贵族阶层所普遍拥有的礼器。如果考虑到上述几座墓葬的规模均不大，墓主充其量是当时的中下层贵族，那么不难推测同时期高等级贵族所拥有的玄圭无论在质量上和数量上都要更为惊人。反观山东地区所见的8件玄圭，虽然制作年代较早，但无一例外都是采集品，极大地影响了这些器物的科学价值。而更应引起注意的是，迄今为止在山东龙山文化和岳石文化数量众多的墓葬中还没有发现一例以玄圭随葬的现象，表明玄圭在该地区的普遍性远不如中原地区，使用方式也和中原地区大相径庭。至于神木石峁出土的玄圭，虽然数量颇不少[1]，但在埋藏和使用方式上却更具特点——迄今为止，该遗址的各类墓葬包括土坑墓、石棺墓和瓮棺葬均未见随葬玄圭的现象，反而在地层中发现被有意砸碎的玄圭碎片。[2] 由此可以推测，石峁遗址那些保存完好的玄圭更可能是集中出土在某处或某几处窖藏坑中。总之，石峁先民对玄圭的"土豪式占有"，却又"破坏性"地使用，与中原地区将其视为至高礼器的做法可谓大异其趣，因此石峁也不会是玄圭的起源地。

第三，以玄圭材质之稀缺，器形之巨大，工艺之精致，无不彰

---

[1] 戴应新：《神木石峁龙山文化玉器探索》（1—6），《故宫文物月刊》第125—130期，1993年8—12月。据戴应新先生统计，各有关学术机构收藏的出自石峁遗址的牙璋至少在35件以上，他本人所征集的28件均藏陕西历史博物馆。

[2] 这一现象是石峁遗址的发掘者邵晶先生在2016年10月31日—11月2日"东亚牙璋学术研讨会"（河南郑州）上披露的。

图 4-10 东亚牙璋扩张态势（据《东亚牙璋图展》）

显出它是一种相当重要的礼仪用器。有限的科学发掘品表明，玄圭主要见于祭祀场所和墓葬之中，前者如三星堆祭祀坑和金沙遗址，后者如二里头遗址、香港大湾遗址和越南 Xom Ren 遗址等。但毫无疑问，用作祭器才是玄圭的固有功能，三星堆 2 号祭祀坑出土的执"璋"铜人和"插璋祀山"图案为玄圭的使用方式提供了鲜活的例证。从龙山晚期至二里头文化四期这个漫长阶段，玄圭的分布东起山东，西到甘肃，北至陕北，南则遍及四川、湖北、湖南、广东、香港和福建，最远可达越南，早已超出了"禹迹"的范围。[1]一种礼器如此广泛传播的背后必有一种强大的文明作为支撑，具体到这一历史阶段，具备此种力量的文明只能是中原地区的夏文明。玄圭在中原以外地区的大量出土，反映的是夏王朝宗教礼仪观念和祭祀形式的向外输出。

基于上述认识，我们对于所谓"牙璋"的性质及其扩张曾有如下判断：

> 牙璋起源于中原地区，是夏王朝的核心礼器，它的真实名称应是《禹贡》中所说的"玄圭"。它随着夏文化的扩张而向外传播，并集中见于山东、陕北以及成都平原三个地区，其背后都有深刻的历史背景——夷夏长期对峙和交往，所以山东地区的玄圭或属于被征服的夷人，或属于夏人在当地的盟国；神木石峁城址是龙山晚期和夏代晋陕高原地区的文化中心或都邑性遗址，此处发现的玄圭当源于两地的文化交流，但也不排除某支夏人曾经迁居于此并带来夏代礼器的可能性；在成都平原，早期蜀人与夏人关系密切，即便不是夏蜀同祖，但三星堆

---

[1] 香港中文大学中国考古艺术研究中心等编：《东亚牙璋图展》，郑州市文物考古研究院，2016 年 10 月；邓聪：《牙璋与初期中国世界秩序的雏形》，《盱古衡今——郑德坤教授百十诞辰纪念》，第 30—33 页。

文化的居民曾经在很深的层面上接受了夏礼，这是玄圭长期盛行于此的主要原因。[1]

综此，河南龙山文化晚期玄圭在中原腹心地区的兴起及其大幅扩张实际上揭示了夏王朝的建立，这类器物开始盛行的年代是确定夏文化上限的重要指标。

---

[1] 拙文《礼失求诸野——试论"牙璋"的名称与源流》，《金玉交辉——商周考古、艺术与文化论文集》，第467—508页。《史记·匈奴列传》称："匈奴，其先祖夏后之苗裔也。"徐中舒先生认为："他们自称出于夏后氏，必然是他们历代相传的旧说。汤灭夏后，虞、夏两族相继西迁，夏称大夏，虞称西虞。……秦始皇《琅邪刻石》说秦王朝疆域'北过大夏'（《吕氏春秋·古乐篇》也说'北过大夏'），这是秦时大夏尚留居中国北方最有力的说明，而这里也正是后来匈奴之所在。"（《夏史初曙》，《中国史研究》1979年第3期）从现在神木石峁遗址的位置来看，即在秦长城以北不远，与"北过大夏"可以契合。目前学术界对于石峁城址的性质尚无定论，但似不排除有夏遗民迁居于此并与当地土著居民融合的可能性，这大概也是《匈奴列传》强调"其先祖夏后之苗裔"的原因。至于玄圭在三星堆遗址的大量出土，如按前文引蒙文通、俞伟超诸先生的意见，岷山即三危山，则这里的玄圭当与夏人迁三苗十三危密切相关。

第三节 对夏商分界的解读

一 二里头文化与夏商分界

有关夏文化下限的研究,在学术界多表现为夏商分界的争论,这是中国考古学界最受瞩目的"焦点之争"。对于夏商分界的种种分歧,最初是学者们对二里头遗址各期遗存文化性质的不同认识。对此我们已经有过综述,并可以归纳如下表[1]:

学者	核心观点	主要理由
高天麟 (1959)	二里头遗址晚期相当于商汤西亳阶段。	因为文献记载汤都西亳在偃师,二里头遗址又以晚期遗存——洛达庙类型的遗存最丰富,而洛达庙类型是早商文化,所以这一阶段相当于商汤建都的阶段。
许顺湛 (1960)	二里头上层为早商文化,下层为夏代文化。	郑州商城是隞都,故二里岗下层文化为中商文化,因此洛达庙类型是早商文化;二里头上层属于洛达庙类型,所以是早商文化,二里头下层文化连接了龙山文化和早商文化,自然是夏文化。
方酉生 (1965、1979) 殷玮璋 (1977、1984)	二里头文化一、二期为夏代晚期文化,三、四期为早商文化。	(1) 从遗址内涵看,二里头遗址规模大,发现有宫殿基址,所以它是一处都邑;(2) 从年代上看,二里头三、四期早于商代中期的二里岗下层文化,所以是早商文化;(3) 从文献记载看,西亳在偃师,与二里头遗址位置相合。因此,二里头遗址三、四期为汤都西亳,一、二期为夏文化。

---

[1] 拙文《什么可以成为夏商分界的证据——夏商分界研究综述》,《追迹三代》,第 271—390 页。

续表

学者	核心观点	主要理由
邹衡（1977）	二里头文化一至四期为夏文化。郑州商城是成汤的亳都，二里头遗址是夏代的王都。	二里头文化与先商文化和早商文化在年代、分布地域、文化特征、文化来源和社会发展阶段五个方面均不同；二里头文化一至四期在文化特征上一脉相承，不能一分为二。
孙华（1980）	二里头文化前三期为夏文化，第四期为早商文化；二里头遗址可能是夏都阳城。	（1）文献记载商汤灭夏前即已居亳，而二里头遗址在传说中夏人的活动地域内，所以它不可能是汤都；（2）二里头三期看不出有新文化因素出现，至第四期文化面貌才发生了明显变化；（3）二里头遗址1号宫殿的废弃是在三期，应是夏商更替的结果。
郑光（1983）	二里头一期属夏文化，二、三期属早商文化，四期和五期为中商文化；二里头遗址二、三期为汤都西亳，四期时迁都于郑州商城。	（1）二里头遗址的规模和内涵表明这是一处都邑遗址；（2）随着二里头二期材料的丰富，证明二、三期文化没有本质区别，它们同属商代早期文化；（3）夏商两族同为华夏族，它们的文化同一，没有本质差别，二里头一期文化属于夏文化，二期以后为商文化。

长期以来，学者们在判断二里头遗址各期遗存的文化属性时，主要是依据各期的器类组合，如殷玮璋先生在论证二里头文化二、三期之间为夏商分界时就说：

> 反映二里头文化特征最显著的，是它有一组独特的器物群。在这组作为生活用具的陶器中，作炊器的是鼎、折沿深腹罐、侈口圆腹罐等；作食器和容器的有深腹盆、三足盘、平底盆、豆、澄滤器、小口高领罐和大口缸等。另外还有觚、爵、盉等酒器。侈口圆腹罐、口沿部位的花边装饰和深腹盆、甑、侈口圆腹罐口沿下附加的一对鸡冠形鋬，是这组陶器中很有特色的作风。在这里见不到河南龙山文化中常见的斝、带把鬲、带耳罐、杯、碗和双腹盆等形制的陶器，同样，它同以鬲、斝、甗、卷沿圜底盆、

篮、大口尊、小口直领瓮等器物为代表的郑州商代文化有明显的差别，反映人们生活方式的器物组合的不同，正说明二里头文化既不属于河南龙山文化，也不应简单地把它归入商文化范畴。这是一种具有一定特征和作风的古代文化。[1]

在这里，殷玮璋首先强调二里头文化具有一组既不同于河南龙山文化，也不同于郑州商文化的"独特的器物群"，所以它是一种独立的考古学文化。但同时他又强调，"二里头文化不仅给人以持续发展的概念，在文化面貌上还给人以经历着某种变革的印象"，"这种现象集中表现在第三期遗存中"。其中最显著的变化是，"这期遗存内不仅包含了一、二期中常见的那组陶器，还出现了鬲、斝、卷沿圜底盆、大口尊等一组新的陶器"，而"郑州商代中期遗址发掘的成果证明，这后一组陶器是二里岗期商代文化中富有特征的器物"。据此，殷玮璋认为：

> 它（引者按，指后一组陶器）的出现，表明第三期遗存中包含了两种文化因素，既有原来就在这里发展着的以一、二期为代表的文化遗存，又有这一时期新出现的一组文化因素。这组文化因素后来突出地表现于二里冈商代文化中，可能便是商文化。……二里头一、二期文化在经历了很长一段时期的发展之后，因它的出现而受到抑阻以致被融合。

按照以上的表述，则二里头文化一至四期的特征可以概括为：二里头文化第一、二期是单纯的夏文化，第三、四期则是夏、商两

---

[1] 殷玮璋：《二里头文化探讨》，《考古》1978年第1期。

种文化因素并存的文化。那么，由此引发了两个问题：其一，两种因素并存的二里头文化第三、四期的文化属性应该如何判断？其二，如果"新出现的一组文化因素"已经成为二里头文化三、四期的主体遗存，那么按照考古学文化的定义，这两期遗存还能再被称为"二里头文化"吗？

殷玮璋先生显然也注意到这个问题，所以他后来进一步解释道：

> 考虑到三、四期中的两种文化因素不是简单的平行发展，而是有兴衰变化，新出现的那组文化因素有压倒、融合一、二期中固有的那组文化因素的趋势，例应把它们划入商代的范畴。目前一般都把这四期遗存统称为二里头文化，或可理解为广义的二里头文化。[1]

很明显，这段话的关键词是"压倒"，因为只有"新出现的那组文化因素"压倒"一、二期中固有的那组文化因素"，才能够说二里头遗址的第三期遗存不再是夏文化，而是商文化了。但问题是，既然新出现的二里岗期文化因素已经"压倒"了原有的二里头文化因素，那为什么不直接改称二里岗文化，而非要坚持叫二里头文化，甚至勉为其难地提出"广义的二里头文化"这样一个模糊的概念？很明显，"广义的二里头文化"不是一个好的解释，一类遗存只能属于某种考古学文化，而不应有模糊犹豫的空间。殷玮璋先生的犹豫，其实正说明了他对于二里头三期遗存是否真的出现了"压倒"性的新因素并无十分的把握。比如，判断三、四期遗存中"新出现的那组文化因素"压倒"一、二期中固有的那组文化因素"的依据究竟是什么，殷先生在他的文章中就没有给出具体

---

[1] 殷玮璋：《二里头文化再探讨》，《考古》1984年第4期。

的回答。[1]也正因为如此,殷先生的上述观点就很容易给论战对手以口实,如主张二里头文化一至四期都是夏文化的邹衡先生就反问:

> 二里头文化二、三期,年代既相衔接,大部分文化因素又相同(如二里头、东干沟、稍柴、上街、洛达庙以及东下冯等遗址都有一定数量的陶器或陶片,甚至一部分灰坑和墓葬,二、三期区别并不十分明显),只有少部分因素(特别是有分期意义的陶器)不同,可见两者是属于同一文化的不同期段。凡是参加夏文化讨论的先生,谁也没有否认二里头文化"有一组独特的器物群",既不同于河南龙山文化,也不同于二里岗商文化。因此,直到今天,还没有任何人直接取消"二里头文化"的命名。[2]

从以上的争论可以看出,问题的实质依然是如何确定考古学文化的"标准化石"及其演变问题。这是考古学研究的基本问题,夏鼐先生对此极为重视,并有专门的论述。夏先生说:

---

[1] 直到近年殷玮璋先生仍然坚持"二里头遗址第一、二期的陶器组合与第三、四期的陶器组合明显不同。前者以实足三足器的鼎和罐为炊器,与深腹盆、三足皿、刻槽盆等构成组合;后者则出现了用袋足三足器的鬲、甗等做炊器,与卷沿圜底盆、大口尊等器物构成新的组合"的观点,但他也未举出具体的统计数据来(参看《在反思中前行——为"夏商都邑暨偃师商城发现30年学术研讨会"而作》,《南方文物》2014年第1期)。在他的另一篇文章中,殷先生还指出,"在偃师二里头遗址的四期遗存中有没有商文化?这是20余年来一直在争论的问题。其实,这个问题不难解决。因为其中有没有商文化遗存,可用文化分析法,由已被公认的商文化遗存在比较研究中予以论定的"。从这段表述来看,殷先生关注的重点是二里头遗址有无商文化因素,似乎只要出现了商文化因素,就表明二里头文化的属性发生了改变。这显然是没有强调一类遗存中各类文化因素的量的不同,只有商文化因素占据主流,二里头文化的性质才发生改变,而不能说有了商文化因素性质就发生了变化(参看《考古研究中的几个问题》,《社会科学管理与评论》2001年第2期)。

[2] 邹衡:《对当前夏文化讨论的一些看法——1979年5月在成都"中国先秦史学会成立大会"上的发言稿》,《夏商周考古学论文集》(续集),第24—30页。

> 在地质学上,有所谓"标准化石"者,是指地史学上每一时期所特有的化石。……考古学中这种具有文化特征的东西,也可以称为"标准化石"。……如果一个文化层(或一个遗址或墓葬群)有好几种这些"标准化石",便可以说这是属于甲文化。另外的一个文化层没有这些"标准化石",而另有可代替它们的另一类型的东西,便称为乙文化。虽然这二种文化可能有许多元素是相同的,但必定有互相区别的一系列的各自独有的"标准化石"。……
>
> 一个文化是在不断地发展着的。当它的元素尤其是作为"标准化石"的元素,由量变到质变,都成为另外一些显然不大相同的类型时,我们有时称之为另一文化,有时称之为同一文化的一个新阶段(或时期)。这一方面要看它们差异的程度(量)和性质(质)。……此外,不同的文化之间,有时有生产物的交换。所以我们在甲文化的遗存的少数例子中,有时偶或发现乙文化的"标准化石",这通常便以交换关系来解决。这可能是生产物成品被输入,也可能是生产品的形式或生产方法作为观念被传播而当地仿制。这些有关一个文化的起源、发展过程以及和别的文化的关系等问题,都需要考古学家加以研究。[1]

后来李伯谦先生把这种分析方法称为"文化因素分析方法",并认为该方法和地层学、标型学方法一样,是考古学的基本方法。李伯谦还特别强调:

> 考古学文化所含诸文化因素既有质的不同,又存在量的差别,考古学文化的性质正是由其中占主导地位的因素决定的。进

---

[1] 夏鼐:《再论考古学上文化的定名问题》,《夏鼐文集》上册,第359—366页。

行文化因素分析，既要对其所含不同文化因素定性，即确定这些不同文化因素原来所属文化系统；又要引入量的概念，做量的统计和对比，即定量分析，从而分清各不同文化因素的轻重主次，正确判定该考古学文化的性质。[1]

据此，如果要解决二里头文化三、四期的性质问题，首先要明确二里头文化和二里岗文化各自的核心因素（标准化石）是什么，在此基础上再分析这些核心因素"量"的变化情况，然后才可以就其性质问题得出准确判断。二里头遗址发掘队的首任队长赵芝荃先生就是以此思路开展研究的，他一方面主张河南龙山文化、新砦期遗存、二里头文化和二里岗文化是一脉相承的，但同时又认为只有"新砦期文化，二里头文化一、二、三期文化，再加上豫西地区的河南龙山文化为夏代文化"[2]，因此他就必须要证明在二里头遗址的三、四期之间文化属性发生了根本性的变化。[3]

赵芝荃先生的主要论据可列如下表（见下页）。

据此，赵芝荃得出结论说：

> 根据偃师二里头遗址的文化层叠压关系和出土遗物的特点，二里头文化可以分为四期。第一期文化包含有明显的河南龙山文化的因素；第二期文化还没有摆脱河南龙山文化的影响；第三期文化开始不见河南龙山文化的因素，而且还出现了若干新的内容，是二里头文化的最繁盛阶段；第四期文化是二里头文化的尾声阶段，又出现一些新的内容，最后发展为二里冈期文化。

---

[1] 李伯谦：《论文化因素分析方法》，《感悟考古》，第93—97页。
[2] 赵芝荃：《关于二里头文化类型与分期的问题》，《赵芝荃考古文集》，第32—44页。
[3] 赵芝荃：《试论二里头文化的源流》，《赵芝荃考古文集》，第13—31页。

特征 时代	陶质陶色	纹饰	典型器类	器类变化
河南龙山文化晚期	夹砂和泥质灰陶为主,磨光黑陶和灰陶次之,黑衣陶较少。	以大方格纹和篮纹为主,细绳纹、弦纹、刻划纹、指甲纹和附加堆纹只占一部分。		
新砦期	夹砂和泥质灰陶为主,磨光陶减少,黑衣陶增多。	篮纹和方格纹为主,其次是细绳纹、弦纹、刻划纹和指甲纹等,附加堆纹增多。	共有鼎、深腹罐、甑、鬲、盆、刻槽盆、大平底盆、大口罐、高领罐、圈足罐、豆、碗、壶、觚、鬶、瓮、缸和器盖18种。钵和斜壁碗在二里头早期不见,而圆腹罐则不见于前两期。	深腹罐、罐形鼎、盆形鼎、甑、鬲、盆、刻槽盆、大平底盆、钵、大口罐、高领罐、圈足盘、三足盘、豆、斜壁碗、盒、单耳杯、壶、觚、瓮、缸和器盖等。
二里头文化早期(一、二期)	仍以夹砂和泥质灰陶为主,磨光陶更少,黑衣陶和棕褐陶明显增多。	篮纹为主,方格纹和绳纹次之,附加堆纹盛行,弦纹、刻划纹和指甲纹不多;新增加几何形压印纹,前期未见。		二里头一期不见前期的钵、斜壁碗、盒和单耳杯,新增加圆腹罐、尊、罍和爵等。二里头二期新增加簋形豆、高领尊和敛口尊等。
二里头文化晚期(三、四期)		均以绳纹为主,弦纹、阴线纹、印纹和刻划纹占一定比例,附加堆纹大减,绳纹逐渐变粗,两期的弦纹和阴线纹相似。	二里头四期和二里岗期共有24种陶器,但二里头四期的三足盘不见于二里岗。	二里头三期新增加鬲、簋和大口尊等;二里头四期陶鬲数量增多,器形趋于规范化。
二里岗期				

赵芝荃所分析的陶质陶色、纹饰、典型器类及其演变无疑都可以看作考古学文化的"标准化石",但是他的上述研究依然没有解决好这些

"标准化石"差异的"量"与"质"的问题。换言之,没有能够很好地回答这样一个问题——既然从河南龙山文化晚期到二里岗期文化面貌是一脉相承、持续发展的过程,那么考古学家究竟是以何种标准来判断上述遗存究竟是不同的考古学文化,还是同一文化的不同发展阶段?或者说,一类考古学遗存的"标准化石"差异到何种程度要划分为不同的考古学文化,差异到何种程度又可视为同一文化的不同阶段?

赵芝荃先生对此问题无疑是做过深入思考的。在《偃师二里头》发掘报告中,他就试图用更翔实的数据来回答这个问题。在该报告第二章第三节"二里头遗址的文化分期"中,分别列举了陶器系类、陶器质料、陶器口部形制、陶器底部形制以及陶器器表处理和纹饰五个统计表,其中的一些数据颇具说服力。如在陶器系类上,黑陶从一期的40.2%下降到四期的6.1%;在纹饰方面,一期颇为流行的篮纹在三期以后渐趋消失,而一期甚为少见的绳纹在二期之后明显增多,到了三、四期则几占50%。但遗憾的是,发掘报告没有提供二里头遗址各期核心器类的统计数据,因此在相当程度上影响了对各期文化属性的判断。

对于夏商文化研究中的这一致命问题,刘绪给予了严厉的批评:

> 20世纪80年代,正是学术界对二里头文化晚期(主要是指三、四期)属夏文化,还是属早商文化进行激烈争论的时期,主张二里头文化晚期是早商文化的学者极力夸大二里头文化晚期与二里冈下层的相似成分,将二者视为同一文化。……为什么会出现这种现象?……关键是二里头遗址的发掘资料从来没有提供过系统的统计数据,即使在1999年出版的《偃师二里头》发掘报告中,也仅仅按期别(不按出土单位)介绍了复原器物的部分统计结果。所有持此论者,包括参加过二里头遗址发掘的学者,也未提供该遗址有关单位的详细统计数据。偃师商城的情况也是如此。这对于缺少或没有对任何二里头文化与二里冈文化遗存进行过细致整理和排比的

学者来说，等于失去了最好的判断标准。比如，明明二里头文化三、四期主要炊器是深腹罐，可有学者为了强调其与二里冈文化同属商文化，却是非颠倒，硬说二里头三、四期的炊器"以鬲、甗为主，文化面貌与一、二期有明显的变化"，"和二里冈下层文化面貌是相同的"。我想，说这种话的学者一定没有亲自整理过这两种文化的出土材料，也没有很好地消化和理解其他同类遗址的材料，缺少最基础的知识，因而产生想当然的错误认识。[1]

在最新出版的《二里头》报告中，根据2000—2006年的发掘材料，许宏等发掘者将二里头文化分为四期七段。[2]《二里头》新报告的分期方案与之前的四期方案大体相同，但它完全没有涉及各期的文化属性，更未对二里头遗址的性质做出判断，此种处理方式自有深意在焉。因为在报告主编许宏先生看来，夏王朝的有无本身就是一个需要论证的问题，他说：

> 不少文献中夏和商的王系应理解为口传的世系，尽管在商和其他同时期人群中可能有关于夏人的口头传说，夏也很有可能是早于商的一个重要的政治实体，但在没有夏当时的文字材料发现的情况下，作为一个王朝的夏的存在还无法得到证明。[3]

许宏认为，由于中国考古学"一直没有建立起有效地说明考古学文化与族群、考古学文化的变迁与社会政治变革之间相互关系的解释理论"，那么，在此学术背景下讨论二里头文化族属性质所产生的各种观点都"不可避免地具有推断和假说的性质"，因此"二里头都邑王朝归属之谜的最终廓清，仍有待于包含丰富历史信息的直接文字材料的

---

[1] 参看李维明《郑州青铜文化研究》刘绪序。
[2] 中国社会科学院考古研究所：《二里头（1999—2006）》，第壹册，第25—36页。
[3] 许宏、刘莉：《关于二里头遗址的省思》，《文物》2008年第1期。

发现和解读"。[1]但即便如此，许宏还是在发掘报告之外的其他论述中对二里头遗址的属性表达了强烈的倾向性意见——二里头遗址为早商都邑的假说。他的理由主要有三点[2]：

其一，二里头文化碳十四测年"渐晚渐短入商年"。他采纳测年专家仇士华、张雪莲等人的最新研究结果，即"二里头第一期的年代约为公元前1735—前1705年，二里头第四期的年代约为公元前1565—前1530年"。因为这些测年结果"是得到国内外三家测年机构相互认可、测定结果高度一致的数值，颇为难得"，而上述数据"看来更支持'二里头商都说'（二里头文化一、二期之间分界或二里头文化二、三期之间分界）以及'陶寺文化为夏文化说'等当前属少数派学者的假说"。

其二，采信冯时有关"亳中邑"与地中的解读。冯时和许宏均持"大都无城"的观点，都相信中国早期王都采用无城之邑的形制。冯时认为，早期地中由舜测得，地在历山，即今濮阳一带；晚期地中则由商汤六世祖上甲微所测得，地在河洛有易之地，即今河南嵩山、洛水一带，而"目前的考古遗存唯有二里头遗址可以当"。又由于二里头文化的碳十四测年"上限不早于公元前1750年，这意味着二里头文化第一期的年代恰好落在了商汤六世祖先上甲微变求地中的时代"，换言之，二里头文化第一期就只能是夏代晚期文化。

其三，二里头遗址本身的变迁。根据许宏对二里头遗址相关遗存的分析，"二里头文化第一期遗存在遗址中东部区域有广泛的分布，文化堆积范围逾100万平方米"，但"由于破坏严重，它究竟属于一个大型聚落抑或是由数个聚落组成的大遗址群，尚不得而知"。"从第二期

---

[1] 许宏：《"共识"与"假说"——关于二里头遗址为早商都邑的新观点》，《中国文物报》2015年11月6日第5版。应该承认，正如许宏先生所指出的那样，中国考古学缺乏恰当的理论来指导考古学文化与族属对应关系的研究，但这种理论缺乏导致的只是诸如二里头文化是夏还是商这类假说，而不应由此怀疑夏代的信史地位。

[2] 许宏：《关于二里头为早商都邑的假说》，《南方文物》2015年第3期。

开始,二里头都邑进入全面兴盛的阶段,这一时期的遗存开始遍布现存 300 万平方米的遗址范围。""二里头文化第三期持续着第二期以来的繁荣。总体布局基本上一仍其旧,道路网、宫殿区、围垣作坊区及铸铜作坊等重要遗存的位置和规模几同以往","贵族墓中也开始随葬大型玉礼器,其奢华程度较二里头文化第二期又上了一个台阶"。二里头文化四期阶段,"二里头都邑持续繁荣","所有建于第三期的宫室建筑与宫城,绿松石器作坊、铸铜作坊及其外的围垣设施,以及四条垂直相交的大路都沿用至此期末,均未见遭遇毁灭性破坏的迹象"。直到郑州南关外铸铜作坊兴起时(也即二里岗下层二期阶段),"二里头都邑沦为一般聚落,二里头时代也就正式为二里岗时代所取代"。

综合许宏的上述意见,核心有两点:首先,无论是文化面貌还是遗址本身的演变来看,二里头文化是一种连续发展的考古学文化,二里头遗址也是一个持续发展的都邑遗址;其次,从碳十四测年和都邑形态特征(大都无城)等方面观察,二里头遗址早期(一、二期)可能为夏都,而晚期(三、四期)为早商都邑。对于这种看似矛盾的结论,许宏认为更需要反思的其实是"夏商周三代是不同的族群建立的王朝,它们只能属于不同的考古学文化,而一个王朝在同一时段上只能对应于一种考古学文化"这样的思维模式。

基于发掘报告旨在客观公布发掘材料的考虑,《二里头》这部新报告未对该遗址各期遗存的属性做出任何判断,这样的处理方式虽然略显保守,但也是可以接受的——读者完全可以根据材料做出自己的判断。更值得称许的是,该发掘报告为读者讨论这一重大问题提供了至关重要的材料——22 个典型单位的陶片统计表,而且这些典型单位在时代上基本涵盖了二里头文化的各个期段。[1] 这里根据原报告的统计表,将全部 22 个典型单位重要陶器器类的数量、比例进一步归纳如下:

---

[1] 中国社会科学院考古研究所:《二里头(1999—2006)》,第伍册,附表 8-1 至附表 8-22。

期段	单位	深腹罐		圆腹罐		捏口罐		鼎		鬲	豆		三足盘		盆		大口尊		尊	
一期晚段	2002 V G10 ②	36	29.5%	1	0.82%	0		2	1.64%	0	0		0		6	4.92%	0		54	44.3%
二期早段	2002 V G10 ①	1034	22.3%	73	1.57%	31	0.67%	27	0.58%	0	60	1.29%	6	0.13%	15	0.32%	0		2547	54%
	2003 V H211	200	24.6%	102	12.6%	33	4.06%	3	0.37%	0	20	2.46%	2	0.25%	91	11.2%	0		280	34.5%
	2005 V H391	184	30.3%	94	15.5%	3	0.49%	2	0.33%		10	1.64%	0		1	0.16%	0		253	41.6%
二期晚段	2006 V T117剖⑤A	24	1.91%	78	6.21%	19	1.51%	16	1.27%	0	12	0.96%	9	0.72%	51	4.06%	0		105	8.36%
	2003 V G38 ①	1096	30.9%	470	13.3%	122	3.44%	27	1.21%	0	56	1.58%	5	0.14%	41	2.31%	0		1199	33.8%
三期晚段	2000 Ⅲ T4⑰	137	36.7%	30	8%	14	3.8%	3	0.8%	0	4	1.1%	1	0.2%	16	4.3%	46	12.3%	15	4%
	2000 Ⅲ T4⑯	166	39.3%	15	3.6%	5	1.2%	4	0.95%		7	1.7%	1	0.2%	22	5.2%	11	2.6%	60	14.2%

器类数量和比例（件，%）

续表

期段	单位	器类数量和比例（件，%）									
		深腹罐	圆腹罐	捏口罐	鼎	鬲	豆	三足盘	盆	大口尊	尊
三期晚段	2000Ⅲ T4⑮	692	214	33	5	4	6	2	33	37	416
		42.7%	12.8%	1.97%	0.3%	0.24%	0.36%	0.12%	1.97%	2.21%	24.9%
	2000Ⅲ H20	319	124	35	8	11	26	0	59	26	408
		28.7%	11.2%	3.15%	0.72%	0.99%	2.34%		5.3%	2.34%	36.8%
	2006ⅤT111剖④D	1607	763	91	11	0	48	9	102	137	500
		15.7%	7.44%	0.89%	0.11%		0.47%	0.09%	0.99%	3.72%	4.88%
	2006Ⅴ H440	252	25	10	0	0	3	1	11	16	156
		17.2%	1.71%	0.68%			0.21%	0.07%	0.75%	1.1%	10.7%
四期晚段	2000Ⅲ T3⑤B	285	199	8	5	19	0	0	40	390	3
		21.6%	15.1%	0.61%	0.38%	1.44%			3.03%	29.5%	0.23%
	2000Ⅲ T4⑩	1101	407	67	5	0	14	8	140	71	1062
		28.5%	10.5%	1.73%	0.13%		0.36%	0.2%	3.62%	1.83%	27.2%
	2000Ⅲ H24	2146	979	206	66	91	42	4	253	2282	1
		25.3%	11.5%	2.43%	0.78%	1.07%	0.49%	0.05%	2.99%	26.9%	0.01%

续表

期段	单位	器类数量和比例（件，%）									
		深腹罐	圆腹罐	捏口罐	鼎	鬲	豆	三足盘	盆	大口尊	尊
四期晚段	2000 V H447	33 5.91%	20 3.58%	11 1.97%	1 0.18%	0	10 1.79%	0	22 3.94%	85 15.2%	4 0.72%
	2005 V H410	264 49.1%	48 8.92%	18 3.34%	0	0	10 1.86%	1 0.19%	3 0.56%	71 13.2%	7 1.3%
	2004 V H267	417 38.6%	148 13.7%	38 3.52%	2 0.19%	5 0.46%	3 0.28%	0	56 5.19%	275 25.5%	0
	2003 V G14	2362 19.1%	731 5.9%	150 1.21%	27 0.22%	90 0.73%	64 0.52%	0	417 3.37%	2457 19.8%	298 2.4%
二里岗晚期	2001 V H11	175 21.1%	0	2 0.24%	0	85 10.3%	1 0.12%	0	17 2.05%	15 1.81%	0
	2002 V H46	515 20.4%	0	37 1.46%	0	449 17.8%	31 1.22%	0	76 3.0%	966 38.2%	0
	2005 V H386	46 49.5%	0	0	0	14 15.1%	2 2.15%	0	6 6.45%	5 5.21%	0

尽管上述 22 个典型单位在各期段的分布情况并不均衡，但仍然可以在相当程度上反映出二里头文化核心器物组合及其演变情况。其中最显著的特征有以下几点：

第一，深腹罐始终是二里头各期遗存最主要的炊器器类，此外另有少量的圆腹罐、捏口罐作为补充；甚至在二里岗文化阶段，深腹罐依然是最重要的炊器，在数量和比例上均超过鬲，这既反映出深腹罐这种器物顽强的生命力，也说明仅仅以深腹罐和陶鬲的数量作为区分夏商文化的首要标准是有局限性的。[1]

第二，二里头文化二、三期之间确实发生了比较显著的变化，主要表现为鬲和大口尊的出现，三足盘则趋于消失，尊的比例有所下降。但这些新出现的因素，特别是鬲的数量，远未达到"压倒"性的程度，二里头文化一、二期所形成的核心器类没有发生根本性改变。

第三，二里头文化二、三期之际发生的这些新变化在四期持续发展，这一阶段最瞩目的变化是大口尊异军突起，几乎完全取代了尊的地位，成为最主要的盛储器。鬲的数量虽然有所增加，但仍然十分有限，深腹罐仍然是主要炊具。

第四，在二里岗文化阶段，鬲的数量才有了根本性的变化，成为仅次于深腹罐的炊器器类；在这一阶段，二里头文化初始阶段的核心

---

[1] 二里头文化晚期和二里岗下层文化中深腹罐与陶鬲的比例因遗址不同而各有不同，二里头遗址的统计数据表明迟至二里岗晚期阶段深腹罐仍是数量最多的炊器，但据李维明对郑州岔河遗址出土陶器的统计，在属于二里头文化四期的 H10 中，深腹罐约占全部陶器个体总数的 35%，鬲约占 2.5%；而在二里岗下层阶段的 H6 中，鬲多至 28.6%，而深腹罐仅占 7.1%，两者的消长关系极为鲜明。类似的情况还见于郑州大师姑遗址二里头文化晚期的 H38 和二里岗下层的 H55 两个遗迹单位，由此说明这种现象比较普遍。二里头遗址与岔河、大师姑遗址的上述差别既可能与遗址等级相关，也可能是地域不同所致。但总体而言，从二里头文化到二里岗文化之间深腹罐和鬲此消彼长的总趋势是一致的。参看李维明《试论曲梁、岔河夏商文化遗址的分期》、《郑州市二里头文化晚期与二里冈下层一期两组单位统计数据分析比较》，收入《郑州青铜文化研究》，第 5—30、37—44 页。

器类也只剩下了深腹罐这一种器物了，文化面貌发生了根本性的变化。

综合上述特征，可以看出二里头文化一至四期是一个连续发展的过程，应该属于同一种考古学文化。但在二、三期之间，二里头文化开始出现比较显著的变化，这种变化一直持续到二里头四期晚段。到了二里岗晚期阶段，二里头遗址的文化遗存已经过渡为二里岗文化了。如果从深腹罐的沿用来看，从二里头文化一期到二里岗文化晚期阶段，二里头遗址的文化遗存表现出一种连续的渐变过程，其中看不出暴风骤雨式的剧变。这也就是说，如果夏商王朝的更迭确实发生在二里头二、三期或三、四期之间，那么它对物质文化的影响也是有限的，二里头文化并未因此而突变。同样，如果把夏商更迭确定在二里头四期和二里岗期文化之间，这两种考古学文化之间的显著差别也不是因为政权的变化而催生的突变，而是二里头文化自身长期的平缓发展演变的结果。二里头文化所表现出的上述特征不由得令我们想起了多年之前郑光先生的一个判断，他在对二里头遗址出土陶器进行系统研究后指出："从龙山晚期到殷墟间，文化连续发展的链条（即二里头一期到五期）在二里头遗址上完整地体现出来。"[1] 他甚至认为："自仰韶，经龙山，至小屯文化应无东西界域，应是分布在极广地区内同一文化的直接延续，无中断、更替痕，上下一脉相传，形成了一个整体。"[2] 以上表22个典型单位陶器的统计结果加以检视，我们不得不承认郑光先

---

[1] 郑光：《二里头陶器分期初论》，中国社会科学院考古研究所编：《中国商文化国际学术讨论会论文集》，中国大百科全书出版社，1998年，第11—40页。按，郑光关于二里头遗址五期遗存的最早认识见于他和赵芝荃联合执笔的《河南偃师二里头二号宫殿遗址》（载《考古》1983年第3期），而完整的表述则见于《试论二里头商代早期文化》一文（载中国考古学会编《中国考古学会第四次年会论文集》，文物出版社，1985年，第18—24页），其中明确提出"二里头一期属夏文化，二、三期属早商文化，四期（相当于二里岗期下层）及新分出的五期（相当于二里岗期上层）属中商文化"。

[2] 郑光：《夏商文化是二元还是一元——探索夏文化的关键之二》，《考古与文物》2000年第3期。

生的这一表述具有相当的合理性——至少河南龙山文化、二里头文化和二里岗期文化确实是一个一脉相承、连续发展的过程。因夏商王朝的更替而下意识地夸大二里头和二里岗文化的差异性，强调两者之间的突变，其实包含有研究者相当多的想象成分在内。

二里头文化所表现出的延续性与许宏所描述的二里头遗址的持续繁荣景象正相契合，而二里头遗址和二里头文化的持续繁荣无疑更有利于二里头文化一至四期为夏文化的观点。此外，从年代上看，即便按照仇士华先生拟合后的最晚数据，二里头四期的年代约为公元前1565—前1530年[1]，考虑到测年的误差因素，这个数据仍有可能在夏纪年范围之内。

当然，夏商王朝更迭究竟会在多大程度上影响到物质文化是一个无法判断的问题——李伯谦先生认为："夏、商王朝的更迭，商王朝的建立是'枪杆子里出政权'，是一个部族大规模武力征伐另一个部族的结果。其震动之大、变化之快，必然会在考古学文化上强烈地反映出来。"[2] 但在郑光先生看来，"朝代或政权的更迭，王都的迁徙，不可能引起文化，特别是陶器种类、形制特征的巨大变化。"[3] 按照这后一种逻辑，则二里头文化的兴衰与演变就根本无涉于夏商分界问题，而企图通过考古学文化的变迁来判断王朝更替也无异于缘木求鱼。因此，二里头文化和二里头遗址所表现出的上述特征尚不构成证明二里头文化一至四期均为夏文化的充要条件，我们还需要从其他角度加以考察。

如邹衡先生所言，夏文化的论定主要是通过与商文化的比较来获

---

[1] 仇士华等：《关于二里头文化的年代问题》，《^{14}C 测年与中国考古年代学研究》，第149—153页。
[2] 李伯谦：《关于早期夏文化——从夏商周王朝更迭与考古学文化变迁的关系谈起》，《文明探源与三代考古论集》，科学出版社，2011年，第98—102页。
[3] 郑光：《试论二里头商代早期文化》，中国考古学会编《中国考古学会第四次年会论文集》，文物出版社，1985年，第18—24页。

得的。而他早已论证,大约在二里头文化三、四期之交,以夹砂薄胎细绳纹鬲为核心因素的先商文化(下七垣文化)最早在冀南豫北地区兴起。[1] 近年来,常怀颖继邹衡先生之后,对这一区域夏商时期考古学遗存再次进行了系统研究,并特别注意了对陶质炊器变化的考察,获得了若干重要认识,主要有:

> 相当于二里头文化一、二期时,冀南地区以夹砂罐、鼎、甗为主体炊器,陶鬲、甗极为罕见。陶斝在本期有一定的数量。
>
> 相当于二里头文化三期时,豫北地区炊器以夹砂罐为主,陶鬲、甗次之,鼎处第三位。……冀南地区本期陶鬲开始出现,但尚未占据主导地位,陶鼎数量有所下降,陶甗开始消失。冀中南部地区本期炊器由鬲、甗、鼎、夹砂罐组成。陶鼎形式较复杂,鬲、甗数量较少,种类较少。
>
> 相当于二里头文化四期时,豫北地区炊器夹砂罐数量开始减少,鬲、甗数量增多,陶鼎的数量有所减少,偶见有陶斝,陶鬲的形态开始趋于规范化与一致。冀南地区鬲、甗数量上升明显,已经与夹砂罐的数量相当,到本期最晚阶段,陶鬲已经开始取代夹砂罐成为最主要的炊器,陶甗在本期已经极为罕见,陶鼎在本期虽有一定数量,但较上期减少明显。冀中南部地区本期陶鬲、甗数量增加明显,鼎、夹砂罐数量锐减,鬲、甗形态逐步规范与一致。[2]

常怀颖的上述认识表明,就陶器文化最核心层面的炊器而言,豫北冀南地区二里头文化时期文化面貌的演变与二里头遗址大致是同步

---

[1] 邹衡:《试论夏文化》,《夏商周考古学论文集》,第95—182页。
[2] 常怀颖:《夏商时期古冀州之域的考古学研究》,北京大学考古文博学院博士学位论文,2010年,第171—172页。

的——即从二里头文化三期开始,鬲的数量增加,但此时夹砂罐仍是最主要的炊器;二里头文化四期阶段,陶鬲持续增加,到本期末段,取代夹砂罐而成为最主要的炊器。

类似现象也见于山西夏县东下冯遗址。前文已经指出,在东下冯遗址的Ⅰ期至Ⅵ期遗存中,主要炊器器类有单耳罐、甗和鬲,而其演变轨迹大体是鬲对单耳罐的取代——鬲最早见于东下冯二期(相当于二里头文化二期),东下冯四期(相当于二里头文化四期)鬲与单耳罐基本持平,而到了东下冯五期(相当于二里岗下层阶段)时,鬲压倒性地取代了罐类器物成为最主要的炊器器类。

除此之外,考察夏商分界问题,不仅要关心二里头遗址在文化面貌上的变化,同时也要特别关注与这些遗存相关的考古背景,两者结合才更具说服力。如长期坚持在二里头遗址发掘第一线的赵海涛最近就指出:

> 二里头文化与下七垣文化、岳石文化虽因地缘相近而存在一些文化交流,但在四期晚段之前,二里头都城极少见到下七垣文化和岳石文化特征的器物,具有下七垣文化和岳石文化特征的陶器所占比例虽然较低,但它们在四期晚段第 2 阶段突然出现于二里头都城,而且是以破坏性的挖掘垃圾坑的方式出现于都城的核心区域官殿区内大型夯土基址近旁,甚至直接破坏了大型夯土基址,意义不凡,它同样有力地表明四期晚段第 2 阶段时,大型遗迹乃至二里头都城遭到了致命破坏而废弃,具有下七垣文化和岳石文化特征的陶器成组出现于包括核心区在内的二里头都城,这一变化应是下七垣文化、岳石文化代表的对立政权入侵二里头都城,也即商汤灭夏的结果。[1]

---

[1] 赵海涛:《二里头遗址二里头文化四期晚段遗存探析》,《南方文物》2016 年第 4 期。

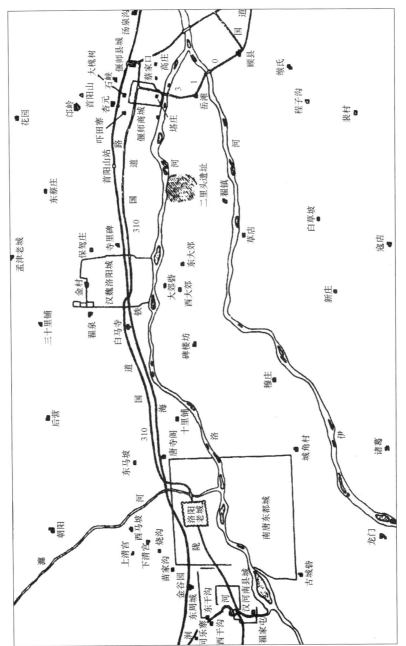

图4-11 偃师商城地理位置（据《偃师商城》）

因此，如果说夏商王朝更替在考古学文化上可以直观地表现为陶鬲对夹砂罐的取代，那么，上述考古材料最有利于夏商分界在二里头四期与二里岗下层之间的判断，而不支持二里头文化二、三期分界说或三、四期分界说。

二　偃师商城与夏商分界

偃师商城的发现在夏文化探索历程中具有里程碑性的意义，但同时它也是最具争议的一座商代城址。自1983年发现以来，考古学者围绕该城址的年代与性质展开了激烈的争论，迄今未有共识。概言之，目前学术界的主流意见认为偃师商城就是成汤的西亳，是最理想的夏商分界的界标；但另一方面，也有学者强烈质疑偃师商城始建年代不明确，偃师商城西亳说还缺乏足够的证据，是一个"不准确"的界标。[1] 更有甚者，还有意见认为偃师商城界标说的论证方法存在重大瑕疵，它是以循环论证方式缔造出的一个不确定的界标。[2]

要讨论偃师商城的性质，必须先确定该城址的始建年代。而要确定它的始建年代，又必须先明确始建的主体和标准。

偃师商城包括大、小两城。1983年春首先发现了大城，城址平面呈"菜刀形"，南北直线距离长约1745米，东西宽南部约784米，北部约1200米，总面积约190万平方米。1996年秋季确认了小城的存在，小城平面大体呈长方形，南北长约1130米，东西宽约766米，面

---

[1] 有关偃师商城的种种争议可参看拙文《什么可以成为夏商分界的证据——夏商分界研究综述》，《追迹三代》，第271—390页。
[2] 参看拙文《偃师商城西亳说的两点瑕疵》，《夏商都邑与文化》（二），中国社会科学出版社，2014年，第19—45页。

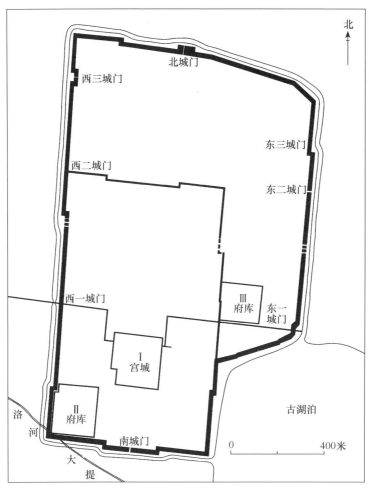

图 4-12　偃师商城平面图（据《偃师商城》）

积约 86 万平方米。⁽¹⁾ 发掘表明，偃师商城的大城是在小城的基础上扩建而成的，因此，偃师商城的始建应该以小城的始建为标志。

关于小城的建造年代，《偃师商城》发掘报告仅有一个简短的结论，这里照录如下：

> 西二城门地层关系表明，小城城墙早于大城城墙，大城城墙包夹着小城城墙。因此说，小城的建造年代应该早于大城，即早于商文化第 3 段。
>
> 小城北城墙的内、外发现一些打破城墙附属堆积和路土的商代墓葬，其中年代最早者为第 3 段，由此可知小城的建造、使用年代之下限是第 3 段。叠压在小城城墙之下的水沟，其城墙内侧部分填充着一些小城使用时候的灰土，其中包含的陶片，属于商文化第 2 段偏早或 1、2 段之际。因此可以认为城墙内侧水沟中灰土内出土陶片的年代，应该代表小城城墙建造年代的下限，即在商文化第 2 段偏早时候，小城城墙已经建成了。⁽²⁾

我们曾经指出，发掘者对于小城年代上限的判断是有瑕疵的。⁽³⁾ 为了说明问题，有必要将相关论述转引如下：

> 1996 年秋季，偃师商城小城被确认。在对小城五个地点的发掘中，获得了两组具有关键意义的地层关系：一是小城北城墙叠压着水沟 G2，另一是 22 座商代早期墓葬打破城墙及其附属堆积以及城外道路。也就是说，G2 可以卡住小城的年代上限，而 22

⟨1⟩ 中国社会科学院考古研究所：《偃师商城》第一卷，科学出版社，2013 年，第 9、175 页。
⟨2⟩ 同上书，第 727 页。
⟨3⟩ 拙文《偃师商城西亳说的两点瑕疵》，《夏商都邑与文化》（二），第 19—45 页。

座墓葬又可以确定小城的年代下限。

据发掘简报，G2长度"原应在57米以上"，"沟的形状笔直、规整，绝非自然形成，而系人工挖掘所致"。"沟内灰土中出土的陶器以深暗色调为主，明显具有偃师商城商文化第一期的特征。其中Ⅰ式鬲具有一期文化早段特点，Ⅱ式鬲则系典型的一期文化晚段器物"，而且"Ⅱ式鬲出土较多"。在22座墓葬中，"时代最早的是M16，其所出土陶器中鬲的形制为折沿、双唇、薄胎，饰细绳纹，时代相当于偃师商城商文化第二期早段"，此外，"M12出土陶鬲时代为二期晚段（相当于郑州二里岗H17为代表的下层晚段时期）"，"M6出土陶鬲、陶簋的时代为三期中段（相当于郑州二里岗上层早段）"。

根据上述地层关系，偃师商城小城的年代就应当是"不早于"G2包含物的年代，即偃师商城商文化一期晚段，同时"不晚于"22座墓葬中最早的M16之年代，也即偃师商城商文化的二期早段，然而发掘者的最终结论却是"小城城墙的修筑与初始使用时间应不晚于偃师商城商文化第一期晚段"。上文提到，杜金鹏担任队长伊始，明明指出判断偃师商城始建年代应遵循"城墙的始建时间不早于被城墙所打破或叠压的时代最晚的遗存的年代"之原则，那为什么话音未落就不按既定原则，反而会得出这种有违一般地层学原理的结论呢？王学荣和杜金鹏给出的解释是："按照通常的理解，这条被城墙叠压着的水沟的年代就是城墙建造年代之上限，而水沟中出土的时代最晚的遗物属于偃师商城商文化第2段偏早阶段，它们基本上代表着城墙建造年代的上限。但是，在发掘过程中，我们发现这条沟内的堆积在不同的地段呈现出不同的状况，由此而怀疑水沟出土物与城墙的年代关系，恐较上述通常的理解要复杂些。"

可见发掘者清楚地知道，"按照通常的理解"，小城的年代确实应该是"不早于"偃师商城商文化第 2 段（按，也即发掘简报中所说的"一期文化晚段"）的偏早阶段，但问题在于 G2 堆积具有特殊性，具体是："该水沟内的堆积情况是：在城墙基础和城外道路下，水沟的底部是淤土，上部是较纯净的赭红色夯土。在城外壕沟（G1）以北，水沟的底部是淤土，并伴出许多螺壳；其上层也是淤土，基本无文化遗物。在城墙以南，水沟的底部一般是淤土，而上部则是灰土，灰土中包含有不少的陶片，包括鬲、罐、盆、尊等的口沿，它们的形制特征较多地属于偃师商城商文化第 2 段，同时也有接近第 1 段的。因此说，这些灰土堆积的年代，应是当地商文化第 1、2 段之际或第 2 段偏早时。根据水沟内的上述堆积情况，似可这样推测，该水沟在城墙建造之前即已存在，修建城墙时，在城墙经过的地方用土填充了水沟并施夯；城墙以北地方的水沟，因城墙的阻截而形成'死沟'逐渐自然淤塞；而城内的水沟在城墙建成后，也变成了'死沟'，人们不断地将生活垃圾倾倒进沟内，很快将其填平。若情况果真如此，那么，城内水沟中的上层堆积，即灰土堆积，应该是晚于城墙建造时间的文化遗存，其年代可视为城墙建造的下限，也即城墙使用年代的上限。"

这就是说，发掘者认为这条水沟比较特殊，它是因建城墙而废弃的，城墙建好之后，城内的居民把废弃物丢在沟内，所以是先有城墙，再有沟内的废弃物，因此城墙的建筑年代就应该是"不晚于"沟内器物的年代，沟内包含物的年代也就从城墙建造年代的上限变成了年代下限。

发掘者对于 G2 形成过程的判断或许是符合事实的，但问题是，这毕竟是一个永远无法证实的推测，而且违背了考古地层学的基本原则。尤其是把它用作夏商分界这样的重大学术问题的基本证据时，更应该恪守规范，而不宜以特例来加以解释。因此，令人信服的做法只能是以这条水沟内包含物的年代作为小城始建年代的上限，而不是反过来将 G2 年代作为小城始建年代的下限。这也就是说，如果以偃师商城小城城墙为该城的始建标准，那么偃师商城的始建应不早于偃师商城商文化第一期第 2 段。

再看偃师商城小城始建年代的下限。从《偃师商城》所公布的材料来看，有关小城年代下限的判断也并非确凿无疑的。发掘报告有如下描述：

> 发掘表明，小城北城墙至迟在偃师商城商文化第三期时已经被平毁，如偃师商城商文化第三期的墓葬 1983YSⅢT5M1 打破连接 A 段和 B 段的南北向城垣，位于残存城墙夯土的中部。1997YSⅣT53 发掘出土的商代墓葬ⅣM48 和ⅣM60 皆直接打破城垣夯土，其中 M48 墓穴的西半部打破城墙夯土，东半部打破城墙附属堆积，M60 墓葬全部都打破城墙夯土。M48 和 M60 都没有发现随葬品，但从墓葬的排列组合判断，与 M48、M54 和 M63 东西排列成一排，间距相近，应同属一组墓葬，其中 M63 的年代属偃师商城商文化第 3 段；M60、M44 和 M52 东西排列成一排，间距相近，应同属一组墓葬，其中 M44 属偃师商城商文化第 5 段。[1]

上述材料表明，能够准确卡住小城城墙年代下限的只能是那三座直接打破城垣的墓葬，即 1983YSⅢT5M1、ⅣM48 和ⅣM60。[2] 在

---

[1] 中国社会科学院考古研究所：《偃师商城》第一卷，第 178—180 页。
[2] 据《偃师商城》，ⅣM48 和ⅣM60 实际上就是发掘简报所报告的"22 座"墓葬中的两座，当初采用 M1 至 M22 的编号方式，1998 年后则纳入偃师商城Ⅳ区的编号序列，分别编号 M44 至 M65。

这三座墓葬中，1983YSⅢT5M1出土有铜器、陶器等多件随葬品，年代确凿，属于偃师商城商文化第三期第6段无疑。[1]而ⅣM48和ⅣM60均无随葬品，按理应该无法判断其年代，但发掘者依据邻近墓葬M63和M44的年代推断M48和M60的年代分别为偃师商城商文化第3段和第5段。不仅如此，发掘者进而以此为依据，推断小城的年代下限不晚于偃师商城商文化第3段。很显然，这样的推论也是有瑕疵的，或者说都是违背地层学基本原则的——因为M48和M63虽属同组，但毕竟没有确凿证据表明它们的年代就完全一致。

因此，以现有的考古材料而论，偃师商城小城的年代上限是不早于偃师商城商文化第一期第2段，这是在讨论夏商分界问题时可以信据的年代基础。但发掘者不但主张小城的始建年代是不晚于偃师商城商文化第一期第2段，而且主张偃师商城的始建还另有标准——"只有最初的宫殿和宫城，才是该城始建年代真正的标志性建筑物"。[2]

发掘者之所以提出这个始建标准，归根结底是想把偃师商城的始建年代提早到偃师商城商文化的第一期第1段。实事求是地讲，如果在考古学上已经发现了这一阶段的宫殿和宫城，那么以此为始建标准也未尝不可。但实际情况并非如此，偃师商城内属于第一期第1段的遗存极少，更不见这个时期的宫殿或宫城。为此，发掘者不惜对相关发掘材料进行了种种勉强的解说，力证在第一期第1段时偃师商城已是繁华的都邑。对于发掘者的上述意图，我们此前也有详细分析[3]，可以转述如下：

> 为了丰富偃师商城第一期第1段的考古材料，偃师商城考古

---

[1] 中国社会科学院考古研究所：《偃师商城》第一卷，第374页。
[2] 高炜等：《偃师商城与夏商文化分界》，《考古》1998年第10期。
[3] 拙文《偃师商城西亳说的两点瑕疵》，《夏商都邑与文化》（二），第19—45页。

队于 1996 年秋、1997 年春以及 1999 年秋冬季对宫城北部的"大灰沟"（即此前赵芝荃发掘的宫城北部灰土沟）进行了多次发掘。发掘者先是推测"'大灰沟'很可能是取土后形成的沟状遗迹，之后，又被用来作为专门储存宫殿区内生活垃圾的场所"，但后来判断它实际上是商王室的祭祀遗存。

发掘者认为"大灰沟"的底部堆积，也即 T28 的第⑧、⑨、⑩层"在商文化年代学研究方面具有重要意义"，原因是："根据以往材料，二里岗期早商文化的最早遗存，以郑州二里岗 H9 为典型单位。根据我们对偃师商城和郑州商城有关考古材料的对比分析，认为郑州二里岗 H9 与偃师商城商文化以'大灰沟'T28 ⑧、大城东北隅 H8、H9 为代表的第 2 段的文化面貌基本相同，二者年代应基本相当。如此，则叠压在'大灰沟'T28 ⑧之下的 T28 ⑨、⑩层所代表的偃师商城商文化第 1 段，在年代上超出了传统认识上的二里岗期商文化，是目前所知最早的商文化遗存。"

偃师商城西亳说学者并以此为依据对该城的始建年代进行了新的判断，结论是："宫城北部原为建筑取土挖成的东西向大沟，沟内自下而上填埋着宫殿使用时期先后形成的、层次分明的堆积。其底层堆积在偃师商城陶器编年序列中位列第一期早段，是偃师商城中已知最早的商文化遗存。最初的宫殿应不晚于灰沟底层出土陶器所标识的年代。……偃师商城的发掘资料同样证明，大城（甚至包括小城）城墙的修筑年代，并不代表该城的始建年代。只有最初的宫殿和宫城，才是该城始建年代真正的标志性建筑物。因此，可断定灰沟底层堆积所代表的第一期早段，是该城出现于洛阳平原接近实际的年代。于是，城址始建年代这一关键性课题得到了解决。"

在这里，偃师商城西亳说学者先是提出应该用"最初的宫殿和宫城"来取代"大城（甚至包括小城）城墙"作为该城始建的依据，但在实际操作中又因为缺乏"宫殿和宫城"方面的材料，转而采用可能与宫殿建造相关的"大灰沟"来作为论据，并且把"大灰沟"底部商文化陶器的年代看作偃师商城始建年代的下限，理由是——大灰沟是商人建宫殿取土形成的，沟内包含物是居住在宫殿内的商人所遗留，所以宫殿年代不会晚于沟底陶器的年代。很显然，这种包含着层层假设——而且是最有利于己说的假设——的解释自然无法令学术界信服，以致有论争对手嘲讽偃师商城西亳说学者是在"大胆地对一些考古现象进行逼真的解说"。

问题还不仅限于此，以"大灰沟"底部堆积的年代作为"宫殿和宫城"的始建年代不但缺乏地层学依据而纯属推测，而且"大灰沟"底部第⑨、⑩层遗存的文化性质也存在争议。有学者就指出：

> 依"大灰沟"发掘简报言，其最下两层的遗存（第一段）"一方面包含有大量二里头文化因素，……另一方面，又包含一组具有鲜明下七垣文化特征的器物"。有西亳说者又概括云，第一段遗存"多数呈现二里头文化特征，少量属于典型的早商文化遗物"。两种概括大同小异，都认为以二里头文化因素为主，商文化因素为次。……按照通常判断考古学文化性质的标准，文化属性应由主要文化因素来确定。如此，"大灰沟"最下两层遗存，即第一段遗存应属二里头文化，可偃师商城西亳说的多数先生认为属商文化。这实际等于说"大灰沟"最下两层遗存，是一种以夏文化因素为主的商文化。那么，考古学文化的性质究竟如何确定？如何把握？即使承认第一段遗存属成汤亳都遗存，那么以这样的一类文化遗存作为夏商文化分界的界标，这个界标典型吗？如果典型，能适用于其他遗址吗？如

果不典型,那还能充当界标吗?[1]

而最新出版的《偃师商城》发掘报告中的相关描述证实了上述疑虑。该报告明确指出:"偃师商城遗址的商代陶器特征大多与二里冈期商文化一致,所不同的是,偃师商城遗址陶器体现的二里头文化因素更浓,尤以偏早阶段为甚。"[2]发掘报告又说,第一期陶器"以平底器和圜底器为主,三足器次之,有少量圈足器;器类以盆、罐为主,型式较多"。[3]熟悉二里头和二里岗文化面貌的学者都清楚,所谓平底器和圜底器主要是指深腹罐、圆腹罐等罐类器物,而三足器则以鬲、甗为代表。从发掘报告的这些描述来看,偃师商城第一期陶器中深腹罐的数量应该多于鬲的数量,二里头文化因素十分显著。但很遗憾,发掘报告没有公布偃师商城第一期第1段为数不多的几个典型单位的陶器统计数据,因此我们无法了解这些单位中的二里头文化因素究竟浓厚到何种程度。

如果拿偃师商城第一期第1段的遗存与二里头遗址第四期遗存进行比较,则发掘者所主张的偃师商城始建于这一阶段的判断就更加令人生疑。刘绪先生就曾经做过这样的比较研究,结果发现:

> 第一,若成汤都亳属偃师商城第一段,则本段考古遗存仅见于"大灰沟"——祭祀设施底部堆积,其他地段尚未发现。所谓此时建有宫城、宫殿等说法,均为推断,缺少直接证据。依此为前提,偃师商城第一段的考古遗存和二里头遗址第四期遗存便失去了比较的基础,因为二者的丰简程度相差太过悬殊。考古学研

---

[1] 刘绪:《困惑八问——向偃师商城西亳说求解》,《夏商都邑与文化》(一),中国社会科学出版社,2014年,第75—82页。
[2] 中国社会科学院考古研究所:《偃师商城》第一卷,第122页。
[3] 同上书,第132页。

究最重实证,即使"大灰沟"底部堆积与二里头遗址第四期同时,那也不敢说其他建筑等遗迹也与二里头遗址第四期同时。我以为,仅依靠"大灰沟"底部的一点遗存,就断定此时汤亳建成,实在太过大胆。

第二,放宽成汤在位的时限,把偃师商城第一期,即包括第二段在内均视作成汤时期,那么将偃师商城此期遗存与同时的二里头遗址第四期遗存比较,结果是,除府库和池苑为汤亳特殊设施,不见于夏旧都外,其他诸多方面,如遗址面积、宫城和宫殿建筑规模、墓葬数量和随葬品的丰简程度、手工业作坊的规格等等,汤亳均较夏旧都逊色。凡承认偃师商城第一期是汤亳,并与二里头遗址第四期同时者,就得承认这一客观现象。为什么成汤的亳都会比夏旧都逊色?为什么相隔六公里,夏文化和商文化还能同时并存一期之长?所有研究二里头遗址和偃师商城的学者,对这些客观现象和问题都应该有清醒的认识和深层的思考,做出更合乎情理的解释。[1]

这无疑是十分中肯的意见,理应引起偃师商城发掘者的重视,很显然,不能简单地把居民在偃师商城遗址开始活动的时间等同于城址的始建年代。[2] 针对发掘者在偃师商城始建年代判断上的瑕疵,我们

---

[1] 刘绪:《夏末商初都邑分析之———二里头遗址与偃师商城比较》,《中国国家博物馆馆刊》2013 年第 9 期。此外,刘绪先生最近在《漫谈偃师商城西亳说的认识过程》一文中对 G2 的形成过程及年代问题又有详细分析,收入《古代文明》第 10 卷,上海古籍出版社,2016 年,第 54—83 页。
[2] 殷玮璋先生就指出,研究偃师商城的年代至少要考虑四个方面的内容:居民开始在偃师商城遗址区内活动的年代、开始建筑城垣的年代、城垣废弃的年代和遗址废弃的年代。发掘者的上述意见,其实是把"遗址中反映早期居民开始在遗址区内生活、从事一般活动时留下的遗存作为依据,与建城的年代混为一谈"。参看《考古研究中的几个问题》,《社会科学管理与评论》2001 年第 2 期。

也曾经强烈建议：

> 判断偃师商城的始建年代还是应该回归到城墙本身，否则就容易陷入漫无标准的泥潭。就目前的材料而言，把小城北城墙下压的 G2 的年代视为偃师商城始建年代的上限，这才是最符合考古学通例、最不会招致论争对手诟病的年代基础。[1]

对于我们的这一建议，已经有部分发掘者表示认同。如现任偃师商城工作队队长谷飞先生就回应道：

> 孙庆伟教授分六点详细地梳理了偃师商城队多位前辈学者在偃师商城始建年代上的观点，针对判定城址始建年代的依据的不断变化提出了批评意见。孙庆伟教授指出西亳说学者对该城址始建年代的判断依据的多次变更固然有新材料出现的缘故，但归根结底还是研究方法上的问题。……不可否认，早期的观点确实是有问题的，在资料尤其是关键资料尚不具备的条件下提出的观点确实是超前了，推测的成分过多而实证不足，当然也包含着急于占领学术制高点的冲动，虽然可以理解，但是不宜提倡。[2]

学术研究应该提倡这样实事求是的精神。就现有考古材料而言，以小城城墙的建造年代（约相当于二里岗下层偏晚的 C1H17 阶段）作为偃师商城的始建年代是比较稳妥、能被广泛接受的做法。这个始建年代其实丝毫不影响偃师商城在夏商分界中的突出意义，这是因为早在 20 世纪 70 年代，邹衡先生就系统地论证了商文化年代序列，认为

---

[1] 拙文《偃师商城西亳说的两点瑕疵》，《夏商都邑与文化》（二），第 19—45 页。
[2] 谷飞：《偃师商城的筑城次序解析》，《华夏考古》2015 年第 4 期。

以郑州二里岗C1H9为代表的商文化第一期第Ⅱ组为先商文化之末，以二里岗C1H17为代表的第二期第Ⅲ组为早商文化之始，C1H9和C1H17这两个遗迹单位在年代上其实兼跨了夏、商两个王朝。[1] 尽管邹衡自己对此观点坚信不疑，而且也得到很多学者的呼应，但一如前文所述，通过观察考古学文化的演变来判断王朝更迭的时间节点是有局限性的，由于缺乏文字一类的"铁证"，往往难以坐实。而偃师商城的意义恰恰在于，因为它是在夏王朝腹心地带所建的商代城址，距离二里头遗址仅数公里之遥，所以它必然是在夏王朝覆灭之后才兴建起来的。这也就是说，虽然偃师商城的始建年代并不等同于夏商分界的年代，但它至少可以决定夏商分界的年代下限。偃师商城的这层界标意义，是由它得天独厚的地理位置所决定的，具有其他遗址不可比拟的优势。

偃师商城西亳说学者曾经指出，偃师商城最重要的贡献是"使以偃师商城第一期为代表的最早的商文化得以认定，夏、商文化界定难题随之可望解决"。[2] 而反对偃师商城西亳说的学者也认为偃师商城"最重要的学术意义之一是证明了二里岗文化是早商文化，使争论多年的夏商文化分界的讨论趋于一致"。[3] 偃师商城西亳说学者最终判定二里头文化"第四期（至迟其晚段）已经进入商代早期"，这与郑亳说历来所主张二里头文化一至四期为夏文化，二里岗期商文化为早商文化的观点已经只有半期之差，所以两派学者在早商文化的认定上前所未有地接近，夏商分界问题似乎已经彻底解决。

但实际上，这种皆大欢喜的背后其实包含着巨大的隐忧。这是因为偃师商城的始建年代只是确定了夏商分界的年代下限，但这个下限

---

[1] 邹衡：《试论夏文化》，《夏商周考古学论文集》，第95—182页。
[2] 高炜等：《偃师商城与夏商文化分界》，《考古》1998年第10期。
[3] 刘绪：《夏商文化分界探讨的思考》，《考古学研究》（五），科学出版社，2003年，第181—200页。

距离夏商分界究竟有多远依然是无法判定的。现在学术界有不少学者都坚持认为偃师商城是夏商分界唯一界标，但这一判断是有预设前提的——即偃师商城就是成汤的西亳。但问题是，这个预设前提能否成立。除了文献记载之外，在相当程度上又是依赖于偃师商城第一期第1段是最早商文化这一判断，所以实际上是循环论证、互为因果的。我们早已指出，发掘者赖以立论的"偃师商城西亳说"这一预设前提面临很多挑战。试想，如果夏商分界发生在二里头文化二、三期之间，那么偃师商城的始建距离夏商分界足有两期之久；而如果夏商分界发生在二里头文化三、四期之间，偃师商城的始建距离夏商分界也有一期左右的时间。从考古学的层面上讲，上述两种可能性现在都无法完全排除——因为我们既无法判断夏商王朝更替究竟会在多大程度上对考古学文化造成影响，我们也无法知晓商人究竟是在灭夏之后多长时间才开始兴建偃师商城的。[1]

但不可否认的是，相比其他遗址，偃师商城在充当界标上仍然具有特殊的优势，这是因为：

第一，根据上文的分析，迟至其四期晚段二里头文化的面貌才发生显著变化，大口尊在陶器中所占比例异常庞大，鬲的数量增加，而这两类器物都是二里岗期商文化的主要器类。

---

[1] 拙文《偃师商城西亳说的两点瑕疵》，《夏商都邑与文化》（二），第19—45页。殷玮璋先生也指出："偃师商城发现后，有些同人很快改变了二里头遗址西亳说的看法，主张后者为西亳。……观点的改变，自是研究者的自由，无可非议。可是二里头遗址中那部分商代文化遗存，也因'斟寻说'而变成夏代遗存，这就出现了问题：因为材料及其属性是不应，也不会因观点的改变而改变的。相反，材料及其属性是立论的基础与依据。对这些基础材料的属性置之不顾，却因西亳说变为斟寻说而将材料的属性也作了改变，这不就使因果关系倒置了吗？"这确实是偃师商城西亳说的致命伤，如果要证明偃师商城是西亳，就必须证明偃师商城第一期遗存是最早的商文化，二里头文化在主体上是夏文化，而恰恰相反，偃师商城西亳说的学者原先都是主张二里头文化三、四期为早商文化，未经论证就把早商文化推后两期，当然要遭到学术界的质疑了。参看殷玮璋《考古研究中的几个问题》，《社会科学管理与评论》2001年第2期。

第二，从陶器特征上讲，二里头文化四期和偃师商城第一期第1段年代相接甚或略有重叠，说明两者之间并无大的年代空隙。与此同时，二里头遗址的宫殿建筑一直沿用到四期之末，而偃师商城小城的始建最晚在二里岗C1H17阶段，二里头遗址的废和偃师商城的兴在时间上紧密衔接。文化面貌和遗址同步表现出的一废一兴，当以夏商王朝的更替来解释最为恰当。

第三，如偃师商城西亳说学者所强调，相比二里头遗址，偃师商城的地理位置与文献记载中的汤都西亳更为契合。

因此，虽然偃师商城的发现并没有彻底解决西亳和早商文化问题，但它无疑极大地推动了夏商分界研究。综合考察二里头遗址和偃师商城的相关情况，将夏商分界定在二里头文化四期之末或偃师商城始建之初应该是目前的最优解。

三　郑州地区的"二里岗革命"

郑州地处河南中部，西越嵩山即进入洛阳盆地，西南经具茨山和箕山至颍河、汝河上游地区，东方则与豫东平原紧密相连，是夏王朝与东方集团的缓冲区，也是成汤灭夏的必经之地。考古发现表明，在二里岗下层阶段，郑州地区经历了一次"革命"，最显著的标志就是大师姑和望京楼二里头城址的改建以及郑州商城的诞生。

（一）郑州大师姑[1]

大师姑遗址东南距郑州市22公里，西距偃师二里头遗址约77公

---

[1] 郑州市文物考古研究所：《郑州大师姑》，科学出版社，2004年。

里，行政隶属荥阳市广武镇。该遗址发现于1984年，最初判断面积约1万平方米。2002年，郑州市文物考古工作者对遗址进行了复查和钻探，结果在遗址的北、东、南三面都发现了环壕。随后的发掘表明，这是一处带有环壕和夯土城墙的二里头文化时期的城址。城址位于大师姑村和杨寨村南地，被索河河道分为东西两部分。四面城壕基本完整，四面城墙局部发现。已发现的城壕总长度2450米，复原长度2900米，整个城址呈东西长、南北窄的扁长方形，总面积约51万平方米。

发掘者将大师姑遗址的二里头文化遗存分为五段，分别与二里头遗址的二期、三期早段、三期晚段、四期早段以及四期晚段相当。根据夯土城墙的地层关系和出土陶器特征，发掘者认为大师姑城址始建于该遗址的二里头文化第一段（也即二里头文化第二期），续建于该遗址二里头文化的第二段和第三段之间（也即二里头文化第三期早、晚段之间）。

最值得注意的是，在该城垣的内侧另有一条壕沟，与城垣外侧的壕沟相互平行。从层位关系判断，外侧环壕与城垣同时，属二里头文化时期；内侧壕沟打破城垣外侧的二里头文化层和外侧壕沟，其形成年代大致在二里岗下层一、二期之间（也即二里岗C1H9和C1H17两阶段之间）。发掘表明，内侧壕沟形成时，二里头文化时期的城垣仍在使用，但城址的结构显然发生了变化。

（二）新郑望京楼[1]

望京楼遗址位于新郑市新村镇，北距郑州市区38公里，南距新郑

---

[1] 郑州市文物考古研究院：《新郑望京楼——2010—2012年田野考古发掘报告》，科学出版社，2016年。

市区仅4公里。因遗址西南部有一高出地面5—6米的台基,当地俗称"望京楼"而得名。自20世纪60年代以来,该遗址经过数次调查和钻探,确认具有丰富的二里头和二里岗时期的文化堆积。2010—2012年,郑州市文物考古研究院组织力量对该遗址进行了系统钻探和重点试掘,确认了内外两重城圈,分属于二里岗和二里头文化时期。

望京楼二里头文化城址由外城和内城组成。外城未发现城墙,是由一条人工壕沟与自然河流组成的外围防护圈。城址平面呈不规则长方形,南北长约1510米,北壕沟长约1181米,南边长为985.4米,面积约为168万平方米。内城则掩埋在现地表之下,目前仅发现了东城墙、东护城壕及东南、东北拐角处城墙,南、北护城壕各仅发现约一半。其中东城墙和东城壕比较完整,分别长625米和645米。若其他三侧城壕长度均以东城壕为准,则内城面积约为41万平方米。由于该遗址范围仅见二里头文化三、四期的遗存,所以发掘者推测望京楼二里头文化城址应该始建于二里头文化三期阶段。

望京楼二里岗文化城址是在二里头城址的基础上建造的,也由内城和外城组成。外城继续沿用二里头文化时期的人工壕沟与自然河道共同组成的防护圈,内城则由二里头时期的城垣向内收缩,并在城墙外侧挖有护城壕。内城平面略呈菱形,东西长624米,南北宽590米,总面积约37万平方米。

望京楼二里岗文化城址的始建年代比较清楚。发掘报告指出,在发掘东一城门时,发现一座二里岗下层二期的墓葬(M8)同时打破二里岗和二里头时期的城墙,由此表明,该二里岗城址的始建年代不晚于二里岗下层二期阶段。此外,城内发现有极少量二里岗下层一期的遗存,说明此时二里岗文化已经进入这一区域。与此同时,在东一城门的发掘过程中,还发现两座二里岗上层二期的墓葬(M27和M32)打破二里岗城壕内的淤土,表明在二里岗上层二期阶段该城址已经废弃。

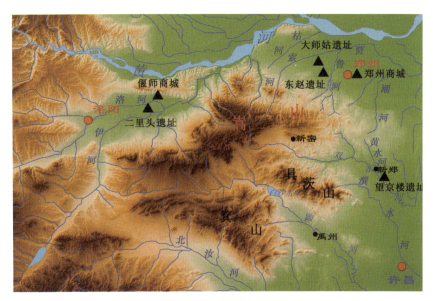

图4-13 望京楼遗址地理位置(据《新郑望京楼》)

图4-14 望京楼遗址城址平面图
（据《新郑望京楼》）

第四章 解读"夏文化" | 477

望京楼遗址西距偃师二里头遗址约 99 公里，该遗址二里头文化城址面积达 168 万平方米，是中原地区这一阶段仅次于二里头遗址的第二大城址，且遗址出土有夏代核心礼器玄圭，均说明该城址的重要性，有研究者甚至认为它就是夏代的"昆吾之居"。[1]二里岗下层阶段，该城址经精心改造后继续沿用，从遗址历年所出的诸多商代青铜器来看，该城址在二里岗文化阶段仍然居于突出地位，是一处重要的居邑。

（三）郑州商城[2]

1952—1953 年，考古工作者在郑州二里岗一带发现了丰富的商文化遗存。在最初的发掘报告《郑州二里冈》中，这里的商文化遗存被分为两大期：商代二里岗期下层和商代二里岗期上层。此后发掘者又进一步细化了分期，将上述两大期分为四期，即二里岗下层一期、二里岗下层二期、二里岗上层一期和二里岗上层二期。

郑州商城发现于 1955 年，城址位于今郑州市的管城区和金水区所辖的旧城区一带。城址夯土城垣的形制除北城墙东段略呈东南—西北向的倾斜状外，其他各部分城墙的方向基本上接近正东西和近南北向。整个商城夯土城垣略呈南北纵长方形，其中东墙和南墙长约 1700 米，西墙长约 1870 米，北墙长约 1690 米，总周长 6960 米，是迄今所见规模最大的商代城址。[3]

---

[1] 张国硕：《望京楼夏代城址与昆吾之居》，《苏州大学学报》2012 年第 1 期。张国硕先生另有韦在郑州、顾在大师姑遗址的说法，参看《夏代晚期韦、顾、昆吾等方国地望研究》，《中国历史地理论丛》2015 年第 2 期。
[2] 河南省文物考古研究所：《郑州商城——一九五三——一九八五年考古发掘报告》，文物出版社，2001 年。
[3] 虽然郑州商城早在 20 世纪 50 年代即已发现，但因为该城址完全被压在现在的郑州市区下，开展工作难度大，所以城址布局还不明朗。最新进展可参看刘彦锋等《郑州商城布局及外郭城墙走向新探》，《郑州大学学报》（哲学社会科学版）2010 年第 3 期。

发掘者历年来在郑州商城四面城墙上共开挖了22条探沟（探方），为解决郑州商城的年代问题提供了丰富的资料，其中关键性的证据包括：

第一是郑州商城夯土城垣中的中下部夯土层内包含的碎陶片中，时代最晚的应是属于郑州商代二里岗下层二期的。如在郑州商城东城墙北段解剖发掘探沟CET7内的商城夯土墙时，在城墙中下部的夯土层中，曾出土了较多的碎陶片。经鉴定其中时代最晚的陶片，是属于郑州商代二里岗下层二期的（即和《郑州二里冈》已发表的灰坑C1H17内出土的主要陶器类同）。

第二是在解剖发掘郑州商城夯土城垣部分城墙时，发现在商城的城墙内侧近底根处，有直接或间接叠压着靠城墙处高而向外斜低的商代二里岗下层二期文化层（或叫护城坡）。……这些商代二里岗下层二期的斜面堆积层，有的可能是属于护城坡，而有的则可能是属于在开始修建商城夯土城墙时，为了加高城墙夯土层而用城内附近商代二里岗二期灰土铺垫起来的向城墙上运土的路土层。……依此说明，郑州商城夯土城垣的开始修建时期，不会晚于商代二里岗下层二期。

第三是在解剖发掘郑州商城夯土城垣的22条探沟（或探方）中，曾在北城墙东段的探沟C8T24和西城墙北段的探沟CWT52内的城墙内侧近底根处堆积的所谓商代二里岗下层的护城坡与堆积层上，分别发现有两个相当于商代二里岗下层二期的圆形小灰坑（CWH6、CWH1）打破了护城坡与堆积层，……因而也间接证明郑州商城的最早修建时期也不会晚于商代二里岗下层二期。

第四是在解剖发掘郑州商城夯土城垣的22条探沟（或探方）中，曾在北城墙东段的探沟C8T25和西城墙北段的探方CWT1内的商城夯土城墙内侧近根底处的所谓商代二里岗下层二期堆积的护城坡或路土层内侧边沿上，还分别发掘出两座商代二里岗下层二期的残房基。……从房基内填土中包含的碎陶片看，多数应是属于商代二里岗下层二期的，……证明郑州商城的开始修筑时期也不会晚于商代二里岗下层二期。

第五是在对郑州商城夯土城垣解剖发掘的 22 条探沟（或探方）中，曾在北城墙东段探沟 C8T24、CNT1 和西城墙北段的探沟 CWT2 三条探沟（或探方）中，发掘出了商代二里岗下层二期的 5 座长方形竖穴土坑墓，都打破了该探沟内的郑州商城夯土城墙内侧近底根处的所谓商代二里岗下层二期的护城坡式堆积层。这 5 座商代墓内，分别都随葬有数量不等的陶器。……从这些陶器的形制特征看，都是属于郑州商代二里岗下层二期的。……因而也可证明郑州商城夯土城垣的开始修建时间也不会晚于商代二里岗期下层二期。[1]

上述发掘材料表明，郑州商城的修建时间应该在二里岗下层二期，这一结论也被学术界广泛接受。[2] 虽然绝大多数学者对郑州商城的始建年代并无疑义，但对于其性质的认识却大相径庭。一派以主持发掘的安金槐先生为代表，安先生历来主张夏商分界在二里头文化二、三期之间，二里头文化三、四期为早商文化，二里岗期为商代前期文化，因此他认为郑州商城是商王仲丁所居的隞都。另一派则以邹衡先生为代表，主张二里头文化一至四期均为夏文化，以 C1H9 为代表的二里

---

[1] 安金槐：《对于郑州商代城修建与使用时期的再探讨》，《安金槐考古文集》，第 271—283 页。
[2] 也有部分学者认为，郑州商城的始建年代可以早到二里岗下层一期阶段甚或洛达庙期，但尚未形成共识。有关讨论可参看拙文《什么可以成为夏商分界的证据——夏商分界研究综述》，《追迹三代》，第 271—390 页。其中袁广阔和曾晓敏的意见最具代表性，认为原发掘者将洛达庙期的陶片误判为二里岗下层阶段的，由此将郑州商城内城的年代拉晚至二里岗下层二期。参看《论郑州商城内城和外郭城的关系》，《考古》2004 年第 3 期。

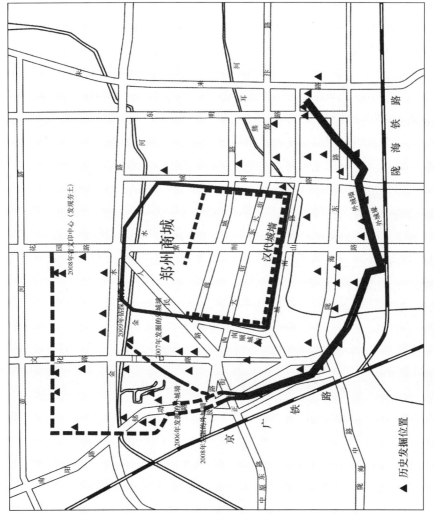

图 4-15 郑州商城内城与外郭城（据《郑州商城布局及外郭城墙走向新探》）

第四章 解读"夏文化" | 481

岗下层一期是先商文化，以C1H17为代表的二里岗下层二期是早商文化，因此郑州商城就是商汤的亳都。[1]

如果孤立地比较二里头遗址和郑州商城的早晚关系，自然很难化解上述两派学者的争论。但如果综合考虑郑州地区的"二里岗革命"，无疑有助于问题的解决。

上文已述，郑州地区毗邻夏王朝的腹心地带，是夏王朝的核心控制区。《诗·商颂·长发》所谓"韦顾既伐，昆吾夏桀"，成汤自东而西伐夏桀，必先至郑州地区，然后才可进入洛阳盆地，分布在郑州地区的夏代与国和居邑堪称夏王朝的屏障。[2]因此，郑州地区商代城址的出现，实际上也标志着夏王朝的灭亡，郑州地区商代城址的始建年代也可以视为夏商分界的年代下限，在这一点上，它们的界标意义与偃师商城是一致的。

而相比偃师商城这一座"孤城"，郑州大师姑、新郑望京楼和郑州商城三座商代城址几乎在同一时间节点——二里岗下层二期——在同一地区出现，其意义自然不容小觑。三座城址中，前两者是对原有二

---

[1] 相关论争可参看拙文《交锋——邹衡的夏商文化论争》，《追迹三代》，第153—204页；《商从哪里来——先商文化探索历程》，《追迹三代》，第205—270页。

[2] 古本《纪年·殷纪》载"汤有七名而九征"，方诗铭、王修龄《古本竹书纪年辑证》称："《孟子·滕文公下》：'（汤）十一征而无敌于天下。'《帝王世纪》：'（成汤）凡二十七征，而德施于诸侯。'（《御览》卷八三引）《广弘明集》卷一一法琳《对傅奕废佛僧事》所云：'汤凡九征二十七战'，则综合《纪年》《世纪》之文，所谓'九征''十一征''二十七征'，皆言其征伐之频繁，《存真》一一为之从典籍勾稽'九征'之名，以征葛、有洛、豕韦、顾、昆吾、夏、三朡当之，而以'余二征未详'，似泥。"需要指出的是，虽然就整体而言，商在东，而夏在西，但成汤伐夏桀最后一役，则因末嬉透露夏桀之梦，特意自西而东发起攻击。此说详见于《吕氏春秋·慎大》："汤与伊尹盟，以示必灭夏。伊尹又复往视旷夏，听于末嬉。末嬉言曰：'今昔天子梦西方有日，东方有日。两日相与斗，西方日胜，东方日不胜。'伊尹以告汤，商涸旱。汤犹发师，以信伊尹之盟，故令师从东方出，于国西以进。未接刃而桀走走。逐之至大沙，身体离散，为天下戮，不可正谏，虽后悔之，将可奈何？"清华简《尹至》也有"自西捷西邑，戡其有夏"的说法，可以相互印证。可参看蔡哲茂《夏王朝存在新证——说殷卜辞的"西邑"》，《中国文化》第44期，2016年10月。

里头城址的直接改造，郑州商城则是在当地二里头文化遗存（洛达庙类型）的基础上拔地而起的。在同一时间段对多座二里头文化的城址进行改造并修筑新城址，这显然不能用巧合来解释，结合当时的历史背景来审视，只能理解为夏商王朝更替的结果。

在实际研究中，考古学者很容易陷入上述城址始建年代早晚的争论，但如果考虑到考古发现本身的局限性、陶器类型学研究的主观性以及城址修筑本身所需的时间，这样的争论通常是不必要，也是没有实际意义的。一个显而易见的事实是，目前学术界普遍同意二里头文化与二里岗文化在时代上紧密衔接，而上述四座城址最晚在二里岗下层二期已经建成或改造完毕，那么我们大致可以说，夏商王朝的更替应该发生在二里头文化四期晚段或二里岗下层一期阶段（两者应有部分重叠），二里头文化一至四期都可以归入夏文化范畴，而二里岗下层二期则是进入商纪年的商文化。

结　语 | 牢记学科使命，重建夏代信史

本书是在"历史语境下"探索夏文化的一次尝试，在此可以对一些关键性认识和结论做一总结。

第一章是对夏代社会和若干史事的考察，我们所获的认识有：

（1）大禹治水包含了传说和神话的内容，但其核心是历史事实；大禹治水成功的关键不是技术的改进，而是以"德"政为基础构建了治水所需的社会组织机制；大禹因治水成功而获"赐姓"，成为姒姓部族的首领，同时被确定为禅让体系中的法定继承人。

（2）禅让是大禹嗣位和夏王朝建立的制度保障，发生在尧—舜—禹—皋陶（伯益）之间的禅让实际上是君长推选制的一种特殊形态——夷夏联盟下的轮流执政；启攻益而自取君位，禅让制崩溃，世袭制确立；启、益之争是纯粹的权力争夺，却被战国儒家刻意曲解为特殊意义上的"尚贤"，这实际上反映了战国知识阶层企图通过和平方式攫取权力的心声。

（3）"赐姓"和"命氏"相结合是夏代社会的一个显著特征，"姓是血缘关系，氏是地缘关系"，夏王朝正处于从血缘社会向地缘社会过渡的关键时期。通过"命氏"方式建立的氏族国家是夏王朝最主要的政治单元，这些氏族国家的首领在血缘上又分属为若干大的部族集团，并通过"赐姓"的方式确立部族首领；部族联盟是夏王朝统治的基本模式，夷夏联盟则是其政治基础；在这个联盟中，夏后氏是华夏集团的代表，皋陶、伯益所属的少皞氏则是东夷等泛东方集团的代表；有夏一代，东夷剧烈分化，部分夷人华夏化，与夏后氏结成政治同盟，这是理解夏代历史和夏文化的关键所在。

（4）夏后氏是夏王朝最高统治集团中的核心部分，夏代都邑的变迁，实际上反映了该族势力的消长。大体而言，在少康中兴之前，该部族的控制区主要是豫西的颍河上游地区和洛阳盆地，可能涉及晋南的局部地区；少康后期到帝廑时期，不仅巩固了豫西、晋南等传统势力范围，更向东拓展到豫东、豫北和鲁西地区；孔甲之后，夏后氏则退守豫西，广大的东方被以商族为代表的东方集团所占据。

（5）在夏代都邑中，阳翟（夏邑）最为重要。夏都屡迁，但阳翟始终存在，堪称夏代的圣都；由于夏王朝的统治模式是部族联盟，导致夏代都邑居民成分复杂，文化多元，这也是正确认识夏代都邑遗址考古学遗存的重要前提。

（6）《史记·夏本纪》所载夏后世系基本可信，古本《竹书纪年》记载的夏代积年471（472）年说不容轻易否定。依此积年数，则夏代始年至少应在公元前21世纪；研究者对于夏代世系及积年的质疑，必须以全面系统的文献研究为基础，而不能为"疑古"而"疑古"。

依据上述认识，可以将探索夏文化的主要对象锁定为黄河中下游地区的龙山文化和二里头文化。故本书第二、三章对河南中西部、豫北、鲁西、皖北和晋南地区的龙山遗存以及二里头文化进行了系统分析，其要点是：

（1）应以统一的标准对不同遗址的考古学遗存进行文化属性研究，在此基础上所获结论才具有说服力。在当前条件下，最容易获得的"统一标准"就是每类遗存的核心器物组合。本书对相关遗址的核心器物组合进行了全面梳理，以期正确认识河南龙山文化和二里头文化的器物内涵。

（2）核心器物组合的确定应基于典型单位出土器物的统计数据，而应尽量避免"大量""较多"或"较少"一类的模糊概念；在判断文化属性时，不同文化因素或者不同器类应该占有不同的权重，本书在进行具体研究中，特别突出了炊器在文化属性判断上的决定性意义。

（3）按此标准，本书将上述区域龙山时期遗存划分为：汝颍河上游地区的煤山类型、伊洛地区的王湾类型、豫东鲁西的造律台类型、豫北冀南的后冈类型、豫西西部和晋西南（东段）的三里桥类型。上述类型均以夹砂罐为主要炊器，可归入河南龙山文化系统。而同时期晋西南（西段）是陶寺文化分布区，皖北地区则是文化因素极其复杂的花家寺类型。从文化面貌的相似性来看，上述遗存形成了三层文化圈：第一文化核心区是煤山类型和王湾类型，第二核心区是造律台类型和后冈类型，第三核心区则是三里桥类型、陶寺文化和花家寺类型。

（4）通过对居址和墓葬出土陶器的统计分析，本书将二里头文化的核心器物群确定为以下14种，即炊器类的深腹罐、圆腹罐、鼎；食器类的豆、三足盘；酒器类的觚、爵、盉；盛储器类的深腹盆、平底盆、刻槽盆、捏口罐、大口尊以及器盖。

（5）以上述标准来审视二里头类型和东下冯类型，发现两者在炊器和酒水器上缺乏相似性，但在盛储器和食器上则比较接近。据此可以判定东下冯类型不属于二里头文化，而是一支独立的考古学文化类型。

（6）目前学术界对于新砦期的种种争论，归根结底在于考古学文化研究的局限性和模糊性。要彻底解决"新砦期"的问题，必须与二里头文化一期以及河南龙山文化晚期联系起来考虑，必须要确定一批没有争议的河南龙山文化晚期、二里头文化一期以及"新砦期"的典型单位，然后归纳对比各自的核心器物群，在此基础上方可得出合理的判断。分析表明，河南龙山文化晚期、"新砦期"和二里头一期遗存在文化面貌上一脉相承，无疑属于同一个文化体系，但新砦二期遗存缺乏不同于其他两种文化，且占主导地位的一组独特的文化因素，因此，新砦二期遗存不宜独立为"新砦二期文化"或"新砦文化"。在"新砦期"地位未定的情况下，测年学者以河南龙山文化晚期—新砦期—二里头文化一期为确切的考古学年代序列来拟合碳十四测年数据，并以此构建新的夏商年表，无疑是极具风险的。

本书第四章旨在融合前述内容，在夏文化的论证上做到逻辑自洽。本书关于夏文化的最终认识包括：

（1）考古学上的夏文化应有广、狭二义：广义夏文化实际上就是夏王朝文化，而狭义夏文化则是指夏后氏的文化。在当前的夏文化研究中，研究者常常忽视和模糊了夏文化的族属主体，混淆了广义和狭义层面的夏文化，由此造成了概念和认识上的混乱。

（2）从时间、空间和文化面貌三方面综合分析，前述第一核心区的王湾类型和煤山类型的晚期阶段可以理解为狭义的夏文化——以夏后氏为主体创造的文化；而第二和第三核心区内的诸考古学遗存的晚期阶段则可归入广义夏文化范畴。

（3）考古学上的夏文化是指夏王朝这一特定时间范畴内的文化，但考古学研究的局限性决定了它无法准确区分夏王朝建立之前和覆亡之后的物质文化，因此需要将夏王朝的始终转换为某些可视的考古学现象。因此，能够充当这种"转换器"的是那些在夏王朝建立和灭亡等关键时间节点附近，能够触发物质遗存发生变化的特殊历史事件。

（4）"禹征三苗"是夏王朝建立前夜发生的重大历史事件，豫西南、豫南和江汉平原普遍出现的河南龙山文化对石家河文化的替代是这一事件在物质文化上的直观反映，这是证明河南龙山文化晚期遗存为早期夏文化的关键证据。

（5）"禹锡玄圭"是夏王朝建立、夏代礼制确立的标志性事件，而学术界所习称的"牙璋"正是夏王朝的核心礼器——玄圭。河南龙山文化晚期阶段玄圭在中原腹心地区的兴起并大幅扩张，其背后的历史动因就是夏王朝的文明输出，因此玄圭的出现是证明河南龙山文化晚期阶段进入夏纪年的又一关键证据。

（6）在有文字证据之前，企图以成汤亳都来界定早商文化，从而确立夏商分界的做法都会不可避免地陷入无穷的纷争之中，夏商文化的区别只能通过文化的比较来获得；偃师商城西亳说在研究方法上存在明显瑕疵，严格来讲，偃师商城的始建年代只是确定了夏商分界的年代下限，因此偃师商城是不准确的界标，更不是夏商分界的唯一界标。

（7）器类统计表明，二里头文化一至四期和二里岗下层文化是一个连续发展、逐渐演变的过程，其中不存在物质文化上的突变；在此过程中，可以观察到的、比较明显的变化分别发生在二里头文化二、三期之间以及二里头文化四期和二里岗下层文化之间，但物质文化上的变化并不宜直接解释为王朝更替的结果。豫西地区河南龙山文化、二里头文化和二里岗文化所表现出的一脉相承、渐进式演变特征反而促使我们反思上述考古学文化的划分是否更多的是因为它们最早发现在不同遗址而被分别命名，而非文化面貌实际上的泾渭分明。[1] 因此，以此种考古学文化序列去对应虞夏商周等历史阶段，是需要极其慎重的。

（8）二里岗文化下层阶段，郑洛地区最大的变化并非物质文化，而是郑州商城和偃师商城的始建，以及大师姑和望京楼城址的改建。在二里岗下层阶段这个关键的时间节点上，同时兴建两座大型城址并对两座二里头文化城址进行改建，我们认为造成这种城市建设异动的

---

[1] 比如，假设二里岗下层文化最早也发现在二里头遗址，最有可能被划分为"二里头文化五期"，而不是另一个独立的考古学文化；反之，如果二里头文化四期遗存最早发现在二里岗，也最有可能归入同一个文化系统中。比如郑州洛达庙类遗存，在20世纪50年代刚发现时，就被认为是早于二里岗期商文化的早商文化，现在则一般归入二里头文化。类似的现象在其他考古学文化上也可见到，比如上文所讨论的石家河文化晚期遗存，从文化面貌上它和石家河文化早期明显分属两个考古学文化，但因为发现在同一处遗址，所以被命名为石家河文化晚期，近年才被称为"后石家河文化"或"三房湾文化"。反之，石家河遗址的兴盛期是在屈家岭文化阶段和石家河文化早期阶段，但实际上，"无论从考古学文化还是从聚落和社会的发展角度看，屈家岭文化晚期和石家河文化早期都应当是一个连续发展的时期，期间或许还有一些聚落和社会的变化，但并不能截然划归为两个不同的考古学文化，只是由于发现和研究的历史原因以及具有文化分期的意义才保留了不同的文化名称"。参看张弛《石家河聚落兴盛时期葬仪中的新观念》，《考古》2014年第8期。

最大可能就是在此时间段内完成了夏商王朝的更替，换言之，夏商分界应该就在二里头文化四期晚段和二里岗文化下层阶段（不排除两者略有重叠）这一时间节点上，二里头文化在主体上应属于夏文化。由此，河南龙山文化的煤山类型、王湾类型和二里头文化一至四期共同组成了完整的狭义夏文化。

两千多年前，司马迁在撰写《史记·五帝本纪》时就深感困扰，并由衷感叹"非好学深思，心知其意"者不足与之言五帝。如今两千多年过去了，不但五帝时代更为渺茫，夏代的信史地位也屡遭冲击。中国考古学因重建古史而起，考古学者理应不忘初心，牢记学科使命，奋发向上，追慕太史公之遗风，为建设真实可靠的夏代信史奉献力量。

附 录

附录一
疑古还是信古：
民国史家对于古史的基本态度
493

附录二
考古学与古史重建
524

附录三
如何通过考古学重建上古史？
——《上海书评》专访
583

附录一　疑古还是信古：民国史家对于古史的基本态度

1901年，流亡日本的梁启超在《清议报》发表了《中国史叙论》，文章开首即比较了"前者史家"和"近世史家"之不同，梁氏指出：

> 自世界学术日进，故近世史家之本分，与前者史家有异。前者史家，不过记者事实，近世史家，必说明所记事实之关系，其原因结果。前者史家不过记叙一二有权力者兴亡隆替之事，虽名为史，实不过一人一家之谱牒；近世史家，必探索人间全体之运动进步，即国民全部之经历及其相互关系。[1]

次年，自诩为"史界陈涉"的梁启超又在《新民丛报》连发六文，合称《新史学》，直陈旧史学的"四弊、二病、三恶果"，呼吁"史界革命不起，则吾国不救"。[2] 梁氏"新史学"的重心是写史，尤其是写

---

[1]《饮冰室合集·文集之六》，中华书局，1988年，第1页。
[2]《饮冰室合集·文集之九》，第1—20页。梁启超总结的"四弊"为："一曰知有朝廷而不知有国家"，"二曰知有个人而不知有群体"，"三曰知有陈迹而不知有今务"，"四曰知有事实而不知有理想"；任公总结的"二病"为："其一，能铺叙而不能别裁"，"其二，能因袭而不能创作"。由此带来的"恶果"则"厥有三端：一曰难读……二曰难别择……三曰无感触"。

民族的、民众的中国通史。⁽¹⁾在梁启超大声呼唤史学革命,且"预草一中国通史,以助爱国思想之发达"的同时⁽²⁾,章太炎、邓实、汪荣宝、曾鲲化等有识之士也相继发出了重写中国古史的呼声,史学革命顿时蔚为大观。⁽³⁾

20世纪初史学革命和新史学建设的一个显著特点是一众史学大家如梁启超、夏曾佑、吕思勉、张荫麟、钱穆、范文澜乃至陈寅恪都曾经或试图以编著中国通史为要务。⁽⁴⁾在新观念支配下,以新体例来撰写新式中国通史,无疑是最能体现新史学之"新",折射传统纪传体或编年体史书之"旧"的最佳途径。但撰述通史历来被史家视为畏途,甚至有"写中国通史永远是一种冒险"的感叹。⁽⁵⁾实际情况是,虽然20世纪上半叶陆续出版的新通史数量颇不少,"但很少能够达到理想的地步"。⁽⁶⁾

如果细究起来,在20世纪初兴起的这波著史大潮中,史家的学术背景其实并不单纯,其中既有"新史学"的先驱夏曾佑,也有"国粹派"中坚刘师培;既有"古史辨派"主帅顾颉刚,也有"唯物史观派"的旗手郭沫若和范文澜;既有接受西方系统学术训练的张荫麟,也有本土史家代表吕思勉和钱穆。⁽⁷⁾

⟨1⟩ 姜萌:《从"新史学"到"新汉学"——1901—1929年中国史学发展史稿》,山东大学硕士学位论文,2007年,第32—33页。该文概括梁启超《新史学》一文的主旨为:"简单地说,梁启超在这篇文章中提出的新史学就是:以进化论和民族主义为指导,打破旧的王朝体系以'民统'代'君统',写出民众的、民族的、国家的通史,唤醒民众,团结民众,教育民众,从而振兴中国!避免被瓜分被殖民的悲惨。"
⟨2⟩ 梁启超:《三十自述》,《饮冰室合集·文集之十一》,第19页。
⟨3⟩ 有关上述学者的史学主张可参看张岂之主编《中国近代史学学术史》,中国社会科学出版社,1996年,第76—83页。
⟨4⟩ 王家范:《百年史学回顾之三:中国通史编纂历程》,原载《史林》2003年第6期,收入《史家与史学》,广西师范大学出版社,2007年,第146—180页。
⟨5⟩ 张荫麟:《中国史纲》自序,上海古籍出版社,1999年。
⟨6⟩ 顾颉刚:《当代中国史学》,《顾颉刚古史论文集》卷12,中华书局,2011年。
⟨7⟩ 对于20世纪中国史学各派的有关分析,可参看王学典《新史学与新汉学:二十世纪中国史学评论续编》,上海古籍出版社,2013年。

撰写新通史，首当其冲的问题就是如何面对中国上古史。因此，检视当时代表性史家对中国上古史的态度，当不失为理解20世纪古史重建紧迫性和必然性的有效途径。

一 夏曾佑《中国古代史》[1]

夏曾佑（1863—1924），浙江杭州人。光绪十六年（1890）中举，任礼部主事。夏曾佑与梁启超关系密切，是梁氏"讲学最契之友"。1896年，夏曾佑更与梁启超、汪康年等人在上海创办《时务报》，鼓吹维新变法。

1902年，夏曾佑在丁忧期间致力于中国历史研究，并开始写作《最新中学中国历史教科书》，简称《中国历史教科书》。1904年该书第一册出版，1906年二、三册出版，叙述至隋代。但遗憾的是，直到1924年夏氏去世时，他也没有能够完成隋代以后的部分。1933年商务印书馆出版大学课本，将此书列入大学丛书，改名为《中国古代史》。虽然该书并非完璧，但因为它是中国近代"第一部有名的新式通史"[2]，"在中国现代史学史上自有其相当的地位"[3]，所以在学术界享有极高的声誉。

在该书的《叙》中，夏曾佑对史学意义进行了明确的阐述，指出：

---

[1] 夏曾佑：《中国古代史》，河北教育出版社，2000年。
[2] 齐思和：《近百年来中国史学的发展》，原载《燕京社会科学》1949年第二卷，此据王学典、陈峰主编《二十世纪中国史学史论》，北京大学出版社，2010年，第1—34页。
[3] 周予同：《五十年来中国之新史学》，原载《学林》第4辑，1941年，此据《周予同经学史论著选集》（增订版），上海人民出版社，1996年，第513—573页。周予同认为在20世纪初"使中国史学开始转变的，计有三人：一是梁启超，二是夏曾佑，三是崔适"，由此可见他对夏氏评价之高。

> 智莫大于知来，来何以能知，据往事以为推而已矣。故史学者，人所不可无之学也。

在夏曾佑看来，史学虽是"人所不可无之学"，但无奈"洎乎今日，学科日侈，日不暇给"，"无日力以读全史"，因此"是必有一书焉，文简于古人，而理富于往籍"，以便"足以供社会之需"，他的著史宗旨由此可以一览无余。

该书《凡例》明确地"分我国从古至今之事为三大时代"：从草昧以至春秋战国为上古之世；自秦至唐，为中古之世；自宋至今，则为近古之世。上古之世又可细分为两个阶段："太古三代"为传疑时期，"春秋战国"为化成之期。夏曾佑划分这两期的缘由是：

> 由开辟至周初，为传疑之期，因此期之事，并无信史，均从群经与诸子中见之，往往寓言、实事，两不可分，读者各信其所习惯而已，故谓之传疑期。由周中叶至战国为化成之期，因中国之文化，在此期造成，此期之学问，达中国之极端，后人不过实行其诸派中之一分，以各蒙其利害，故谓之化成期。[1]

夏氏并谓，三王、五帝、九皇乃"纯乎宗教家言，不可援以考实"，"中国自黄帝以上，包牺、女娲、神农诸帝，其人之形貌、事业、年寿，皆在半人半神之间，皆神话也"，所以他主张"言中国信史者，必自炎黄之际始"。[2]

可以看出，夏曾佑把自开辟到周初定位为"传疑之期"，仅仅是说这段历史"往往寓言、实事，两不可分"，研究者对于某些具体史实的

---

[1] 夏曾佑：《中国古代史》，第12页。
[2] 同上书，第18页。

理解可以多闻阙疑、择善而从，但这段历史，尤其是黄帝之后的历史客观存在则是毋庸置疑的。正因为夏曾佑对古史持这样的看法，所以他在《中国古代史》中列有多节专叙黄帝之史迹，如"炎黄之际中国形势""黄帝与炎帝之战""黄帝与蚩尤之战""黄帝之政教"等。特别是在"黄帝之政教"一节，夏曾佑强调"今日中国所有之文化，尚皆黄帝所发明"，并举其大要者凡九项，包括：天文、井田、文字、衣裳、岁名、律吕、壬禽、神仙和医经，由此论证"则中国之文化，自黄帝开之，可无疑义矣"。[1]

黄帝之下，夏曾佑又列专节分述"少昊氏颛顼氏""帝喾氏""尧舜""尧舜之政教"，认为"尧、舜二代之事，渐有可稽，非若颛顼以前之荒渺"。他对禅让制度的理解是，"求其近似，大约天子必选择于一族之中（必黄帝之后）"，"而选择之权，则操之岳、牧（四岳、十二牧），是为贵族政体"，可见他对尧舜时期曾行禅让制度毫不怀疑，并认为此种制度"近世欧洲诸国，曾多有行之者，而中国则不行久矣，故疑之也"。

夏曾佑认为，中国上古史的信史性质在大禹之世发生了根本性改变。在"禹之政教"一节，他特别强调了大禹在历史上的特殊地位：

> 近人谓中国进化，始于禹，禹以前，皆宗教所托言，此说未可论定。然禹之与古帝异者，其端极多，盖禹之于黄帝、尧、舜，一如秦之于三代，亦古今之一大界也。

夏曾佑进而归纳出禹之世的四个重大变化："一曰三苗至禹而结

---

[1] 夏曾佑：《中国古代史》，第24页。

局",代表了"吾族与土族之争,自黄帝至禹,上下亘千年,至此而兴亡乃定";"二曰洪水至禹而平",认为"考天下各族,述其古书,莫不有洪水","观此则知洪水为上古之实事,而此诸族者,亦必有相连之故矣";"三曰五行至禹而传",而"五行之说,殆为神洲学术之质干";"四曰传子至禹而定",由此则"专制之权渐固",此乃"世运进步使然"。

针对夏代的具体史事,夏曾佑又单列了"夏传疑之事"一节,专门讨论"益与启之事"和"羿与浞之事"。夏氏认为,古书之所以对此两事有不同的记载,皆缘于"古人著书,其去取之际,必非偶然,恐别有大义"。究竟历史真相如何,现在已经"不可知矣",所以"存疑可也"。

至于商、周两代史事,《中国古代史》则多本《史记·殷本纪》和《周本纪》,并无出彩之处,这里不再转述。但夏曾佑对于周公的历史地位给予了最高的评价,认为"周公集黄帝、尧、舜、禹、汤、文、武之大成,其道繁博奥衍",这大概也是他把西周定为"传疑之期"之终,而春秋为"化成时代"之始的关键所在。

有学者指出,夏曾佑此书"之所以被认可为我国第一部成名的新式中国通史,不在是否为章节体,重要的是它采纳了西方进化论的观点,将迄止当下的全部中国历史细梳其发展脉络、辨明各阶段特征,把它看作社会逐步演进的'整体历史',而不再是单纯的王朝史、帝王史"。[1] 但我们也应该看到,夏氏是书固然有浓郁的"新史学"气息,但它依然带有明显的旧史学传统,如以炎黄为中国信史之开端,自然是效法《史记·五帝本纪》的结果。至于该书把天文、井田等九项内

---

[1] 王家范:《百年史学回顾之三:中国通史编纂历程》,《史家与史学》,第155页。此外,吴泽主编,桂遵义、袁英光著的《中国近代史学史》(修订本,人民出版社,2010年)也有专节评价夏曾佑此书,可供参详。

容皆归于"黄帝所发明",则比《史记·五帝本纪》有过之而无不及,这无疑是不足取的。

二 刘师培《中国历史教科书》⁽¹⁾

刘师培(1884—1919),江苏仪征人,家传经学,有名于世。刘师培少承先业,服膺汉学,以复兴扬州学派为己任。刘师培19岁即中举,但会试不售,却因此结识章太炎,投身反清革命。后主撰《国粹学报》,为国粹派主将之一。刘师培英年早逝,但著述多达70余种,《中国历史教科书》是较有影响的一种。⁽²⁾

《中国历史教科书》编写于1904—1906年,书凡三册,第一册三十六课叙上古至殷商史事,第二、三两册合计三十六课,专讲西周历史。

在该书《凡例》中,刘师培解释了他写作此书的原因:

> 读中国史有二难:上古之史多荒渺,而记事互相歧;后事之史咸浩繁,而记事多相袭。中国廿四史即不合于教科,《通鉴》《通典》《通考》亦卷帙繁多,而近日所出各种教科书,复简略而不适于用。欲治中史,非编一简繁适当之中国历史莫由。

鉴于"上古之史多荒渺"且"记事互相歧",刘师培提出"今日治史不专赖中国典籍,西人作中国史者,详述太古事迹,颇足补中史之

⟨1⟩ 刘师培:《中国历史教科书》,《刘申叔遗书》,江苏古籍出版社,1997年,第2177—2272页。
⟨2⟩ 郑师渠:《晚清国粹派——文化思想研究》,北京师范大学出版社,1997年,第18页。

遗"。因此，在该书第一册第一课"上古时代述略"中，刘师培就依据西方人种学知识，强烈主张"汉族西来"说：

> 中国人民近世称为汉族，与亚洲之民同属黄种。盖黄为地色，上古之时五色之中黄色独崇故，即以土色区种色，称为黄种之民。然汉族初兴肇基迦克底亚，古籍称泰帝，泰古即迦克底之转音，厥后逾越昆仑，经过大夏，自西徂东，以卜居于中土，故西人谓华夏之称起于昆仑之花国，即花国一音之转。

在第六课"古代之地理（上）"中，刘师培又对古汉族的迁徙路线进行了分析：

> 汉族本居西方，及生齿日繁，乃以东方为殖民之地，由西徂东，与异族杂处。……汉族东迁盖分二途：一由中亚细亚经天山北路沿塔里木河以达陕甘之西境，沿黄河流域进达河南、山东；……一由卫藏之西东行至打箭炉折而入蜀。

在第九课"古代之交通"中，刘师培再以黄帝之史迹来证明汉族之西来：

> 黄帝虽与西方独立，然仍与西方交通，故济积石（今青海西），涉流河，登昆仑，取钟山之玉莹与西王母会。更由大夏入身毒，复梦游华晋之邦，故昆仑附近，有轩辕之国，有轩辕之邱，有轩辕之台，皆黄帝留迹西土之证也。

即使用现在的眼光审视，刘师培的上述看法也是十分激进的。而在19世纪末和20世纪初，持"中国民族西来说"的本土学者其实并不少见，刘师培堪称这派学者中的代表性人物。[1]然而，在坚持汉族西来的同时，刘师培又笃信文献中所述的上古史，如该书第二课"由九头纪至禅通纪"就专据《春秋命历序》讲述"由开辟至获麟"的十纪，第三至五课则依据文献记载讲述"五帝之事迹""夏代之兴亡"和"商代之兴亡"。这种看似矛盾的做法，其实是与刘师培宣扬"中国民族西来说"的目的密切相关的——使国人相信汉族与西方民族出于同种，同为世界上的优秀民族，由此来激发中国人民自强保种的自信心。[2]

一般认为，刘师培此书最具价值的是相关专题部分，包括地理、交通、民族关系、政治、阶级制度、封建、伦理、宗教、文字、美术、风俗、礼制、官制、田制、兵制、刑法、学校、商业、工艺、宫室、服饰和饮食，这些章节内容固然较为简略，但体系完备，堪称一部全面系统的上古社会生活史，所以有学者评价它"既非单纯之政治史，亦非军事史，而近乎内容宽泛的殷周文明史"。[3]

刘师培对待古史的上述态度，正反映了他的史学思想同时兼有通

---

[1] 周予同先生曾对19世纪末和20世纪初"中国民族西来说"在中西学界的流行情况有过介绍："公元1894年，法人拉克伯里（Perrien de Lacouperie）著《中国古文明西源论》（*Western Origin of the Early Chinese Civilization*），以为中国黄帝即巴比伦巴克族的酋长，率族东迁而来中国。1899年（明治三十九年），日人白河次郎、国府种德合著《支那文明史》，采用此说。1904年（光绪三十年，原书用孔子纪元，署纪元二千四百五十五年），留日学生所组织的东新译社将这书译出，改称为《中国文明发达史》。当时这说很流行于中国学术界，如章炳麟的《序种姓》（《检论》），丁谦的《中国人种从来考》（《穆天子传考证》），黄节的《种源篇》，刘师培的《思祖国篇》《华夏篇》《国土原始论》，蒋智由的《中国人种考》等都附和这说。独夏曾佑《中国古代史》说：'据下文最近西历一千八百七十余年后，法、德、美各国人数次在巴比伦故墟掘地所发现之证据观之，则古巴比伦人与欧洲文化相去较近，而与吾族之文化相去远，恐非同种也。'"参看周予同《五十年来中国之新史学》注三三，《周予同经学史论著选集》（增订版），第568页。
[2] 曹靖国：《刘师培史学思想述评》，《东北师大学报》（哲学社会科学版）1991年第6期。
[3] 李洪岩、仲伟民：《刘师培史学思想综论》，《近代史研究》1994年第5期。

史致用和倡言新史学建设这两大特色。⁽¹⁾在刘师培所处的时代，最大的通史致用莫过于通过"排满"来推动革命，因此包括刘师培在内的国粹派诸人治学时无不强调"辨种族"，并各有撰述传世，如黄节《黄史》第一章"种族书"、马叙伦《古政通志》第一篇"氏族志"、章太炎之"序种性"上下篇。但刘师培是国粹派同人中最突出的，除了《中国历史教科书》中的有关章节之外，并在《攘书》《中国民族志》和《古政原始论》中分别辟有"汉族起源""氏族原始"等专节，鼓动排满革命。⁽²⁾所以，刘师培对于上古史的这些认识，既是"参考西籍兼及宗教社会之书"的结果，也是秉持《春秋》"内夏外夷"之例的必然结局。而最能代表刘师培"保种"思想者，同时在史学界以及社会上影响最大的，无疑是他所倡言的"黄帝纪年说"：

> 民族者，国民特立志性质也。凡一民族，不得不溯其起原，为吾四百兆汉种之鼻祖者谁乎？是为黄帝轩辕氏，是则黄帝者乃制造文明之第一人，而开四千年之化者也。故欲继黄帝之业，当自用黄帝降生为纪年。⁽³⁾

刘师培重视社会进化理论，因此很关注上古史的史料来源。在《古政原始论·总叙》中，刘师培指出"盖欲考古政，厥有三端"，一曰书籍，二曰文字，三曰器物木刀石斧，并感慨"惜中国不知掘地之学，使仿西人之法行之，必能得古初之遗物"。⁽⁴⁾刘师培此论实际上是把中国上古史研究同时寄托于传世文献、出土文献和考古材料这"三

⑴ 邓师渠：《刘师培史学思想略论》，《晚清国粹派——文化思想研究》附录二。
⑵ 邓师渠：《晚清国粹派——文化思想研究》，第 210 页。
⑶ 刘师培：《黄帝纪年说》，《左盦外集》卷十四，《刘申叔遗书》，第 1662 页。而该文末自署"黄帝降生四千六百一十四年闰五月十七日书"。
⑷ 刘师培：《古政原始论·总叙》，《刘申叔遗书》，第 664 页。

重证据"之上，堪称远见卓识。

三 吕思勉《白话本国史》[1]和钱穆《国史大纲》[2]

吕思勉（1884—1957），江苏常州人，早年在私塾和家中接受旧式教育，未曾获得在新式学堂学习的机会。自1905年起即在大学和中学任教，毕生致力于史学，完成通史两部、断代史四部以及其他史学著作多种。《白话本国史》全名为《自修适用白话本国史》，是吕思勉完成的第一部通史著作，1923年由商务印书馆初版发行，此后多次修订重印，成为20世纪二三十年代最为流行的通史之一。[3]

读该书《序例》，可知吕思勉著《白话本国史》的宗旨是，"很想做一部《新史钞》，把中国历史上重要的事情，钞出来给大家看看"，具体做法则是，"把中国的历史，就个人眼光所及，认认真真的，将他紧要之处摘出来；而又用极谨严的法子，都把原文钞录（有删节而无改易），自己的意见，只注明于后"。

该书将中国历史分为上古史（周以前）、中古史（秦统一至唐朝全盛时期）、近古史（唐中叶至南宋）、近世史（元代至清中叶）、最近世史（清中叶之后）五大部分。在上古史部分，首列"汉族的由来"和"古史的年代和系统"，然后按时代分述"三皇五帝""三王时代""春秋战国"。在此之外，另设专章分别叙述"汉族以外的诸族""中国古代的疆域""古代社会的政治组织""古代社会的经济组织"和"古代

---

[1] 吕思勉：《白话本国史》，上海古籍出版社，2005年。
[2] 钱穆：《国史大纲》（修订本），商务印书馆，1996年。
[3] 参看李永圻和张耕华为《白话本国史》所写的前言。

的宗教和文化"。对于此种安排,吕思勉相当自信,认为该书"颇有用新方法整理旧国故的精神",而"其中上古史一篇,似乎以前出版的书,都没有用这种研究法的"。[1]

追溯起来,吕思勉之所以有此种著史精神,是与他对历史性质的认识密切相关。在该书《绪论》中,吕思勉开宗明义地对"历史的定义"进行了界定,认为"历史者,研究人类社会之沿革,而认识其变迁进化之因果关系者也",因此注重从不同方面来考察古代社会的变迁。

吕思勉采用"新方法整理旧国故"的效果,在该书第一章"汉族的由来"中就表现得淋漓尽致。这一章要回答的关键问题是:"汉族还是从'有史以前'久已在中国本部的呢?还是从他处迁来。"吕思勉认为:"关于这一个问题的回答,要算是'西来说'最为有力。"他从古书中有关昆仑的传说以及文献中汉族的称谓出发,得出"则汉族古代,似居于今葱岭帕米尔高原一带","汉族入中国,所走的大概是如今新疆到甘肃的路"等结论。吕思勉认为,"'汉族西来',现在虽没有充分的证据,然而蛛丝马迹是很多的",但相信"将来古书读得更精,古物发现得更多,再借他国的历史参考",那么这一重大问题"一定可以大为明白"。吕思勉的上述认识与前述刘师培的观点十分接近,反映了这一时期"汉族西来说"的强大影响力。不过,到了20世纪40年代,当吕思勉出版他的另两部重要著作——《中国通史》[2]和《先秦史》[3]时,他充分吸收当时已有的考古材料,完全放弃了汉族"西来说",转而主张"齐州为汉族发祥之地,可无疑义了"[4],"汉族缘

---

[1] 吕思勉:《白话本国史·序例》。
[2] 该书又名《吕著中国通史》,完成于1939年,分为上、下两册,分别于1940年和1944年由上海开明书店出版,此后多次印行,此据上海古籍出版社2009年版。
[3] 该书写作于20世纪30年代中期,1941年由上海开明书店出版。参看《先秦史》前言,上海古籍出版社,2005年。
[4] 吕思勉:《中国通史》,第303页。

起,必在震方也"。⁽¹⁾

在"古史的年代和系统"一章中,吕思勉一方面认为"《史记》确实的纪年,起于共和元年;从此以前的年代,都不可靠",但同时又根据《汉书·律历志》将古史年代上推至燧人氏元年,也即"民国纪元前的五千一百八十五年"。吕思勉当然知道"这种算法,固然极为可笑",但因为"现在实在没有别的法子想,也只得姑且如此",由此可见他对于三皇五帝抱有难以割舍的情结。

因此,在接下来的"三皇五帝"一章中,吕思勉就很自然地认为中国可考的古史"起于三皇五帝",而"三皇五帝的事迹,散见在古书里的很多,关于社会状况的也不少","但是苦于没有一个条理系统,而且不尽可靠"。吕思勉对此的态度是,"三皇的次序,应当从《尚书大传》,燧人在前,伏羲次之,神农最后",并主张燧人氏当在"渔猎时代",伏羲氏为"游牧社会",而神农氏则已是"耕稼社会",由此反映了吕思勉的史学思想受进化论影响颇深。

吕思勉固然以三皇五帝为中国信史的起点,但对于这一时期具体的史事,他也只能"提出几件五帝时代的大事来讲讲",如"黄帝和蚩尤的战争""尧舜的禅让"和"禹的治水"等。虽然吕思勉对这些史事的解读也无新意可言,但从中可以看出他对传统古史体系的笃信态度。

在第四章"三王时代"中,吕思勉以叙述夏、商和西周三代的重要史事为主,尤其注重世系、都邑和王朝更替,所依据的也都是文献记载,真正体现了他在《序例》中所言的"把中国历史上重要的事情,钞出来给大家看看"的宗旨。

钱穆(1895—1990),江苏无锡人。与吕思勉一样,钱穆也未曾接受过大学教育,学问多由自学而来。钱穆曾在常州府中学堂读书三年余,而当时吕思勉正在该校任教,是校内最年轻的教师,对钱穆颇有

⑴ 吕思勉:《先秦史》,第29页。

奖掖。钱穆成名之后，也常与吕思勉进行学术切磋，互有补益。[1]

1931年，经顾颉刚之荐，钱穆受聘于北京大学，在历史系讲授"中国上古史""秦汉史"和"近三百年学术史"等课程。特别是从1933年秋季开始，钱穆一人承担了北大历史系"中国通史"课程，因此集中精力撰写讲义，四年间数易其稿。西南联大期间，在陈梦家的建议下，钱穆在讲义的基础上撰成《国史大纲》两册，于1940年印行于上海，全书起自上古，结束于"抗战胜利建国完成中华民族固有文化对世界新使命之开始"。《国史大纲》不仅是20世纪上半叶诸多通史著作中难得一见的完整之作，同时也是"创见最多"的一部通史著作。[2]

《国史大纲》第一编为"上古三代之部"，包括三章：第一章"中原华夏文化之发祥（中国史之开始虞夏时代）"，第二章"黄河下游之新王朝（殷商时代）"和第三章"封建帝国之创建（西周兴亡）"。

在第一章开首，钱穆就申明对于上古史的探索，"终不免于只成为一种比较近理之测想"，这应该代表了他对上古史的总体态度。他进而指出，近代学术界对上古史的研究主要有两条途径，一是"史前遗物之发掘"，另一是"传说神话之审订"。对于前者，在罗列若干处新旧石器时代遗址之后，钱穆认为，"由于此等发现，遂使果然古史观念，渐渐脱离三皇五帝之旧传说，转移到有物可稽之新研寻，此不可不谓是近六十年来吾国人古史知识上的一大进步"。至于后者，钱穆认为从孔子作《春秋》以来，"历史观念至是已绝对超出了'神话'之范围而独立"，司马迁"以《史记》继《春秋》之后"，"五帝首黄帝，三皇传说早未列入"，"故三皇五帝之旧传说，在中国历来史学界，本未严格信守"。

对于古史中的"传说"，钱穆认为"各民族最先历史无不从追

---

[1] 钱穆：《八十忆双亲·师友杂忆》新校本，九州出版社，2012年，第44—51页。本文有关钱穆先生生平事迹多据严耕望《钱穆宾四先生与我》，收入《治史三书》，上海人民出版社，2011年第2版。
[2] 顾颉刚：《当代中国史学》，《顾颉刚古史论文集》卷十二，中华书局，2011年，第394页。

记而来，故其中断难脱离'传说'与带有'神话'之部分。若严格排斥传说，则古史即无从说起"。所以，他认为"古史并非不可讲，从散见各古书的传说中去找寻，仍可得一个古代中国民族活动情形之大概"。钱穆更指出中国古史传说的独到之处，认为"中国古代历史传说，极富理性，切近事实，与并世其他民族追述古史之充满神话气味者大不相同"，"如有巢氏代表巢居时期，燧人氏代表熟食时期，庖牺氏代表畜牧时期，神农氏代表耕稼时期"，"此等名号，本非古所本有，乃属后人想象称述"，但"与人类历史文化演进阶程，先后符合"。

钱穆虽然相信古史可稽，但他认为比较可靠的古史只能从虞、夏开始，而且"唐、虞时代的情形，决不能如《尚书·尧典》所记之美盛。大抵尧、舜、禹之禅让，只是古代一种君位推选制，经后人之传述而理想化"，实际情况应当是"当时尚未有国家之组织，各部落间互推一酋长为诸部落之共主"。

在谈到夏代史事时，钱穆主要是依据《史记·夏本纪》。他首先列举了夏代诸王世系，随后考证了禹征三苗、启伐有扈、太康失国以及少康中兴等历史事件，几乎完全采信了《夏本纪》的记载。究其原因，除了他对待古史的基本态度，在很大程度上也是因为殷墟卜辞的出土。他说："《史记·商（引者按，当为殷）本纪》所载商代帝王已有殷墟所得甲文为证，知其不虚。《商本纪》诸帝王可信，《夏本纪》诸帝王即不必不可信。"钱穆的这一看法，很明显的是源于王国维在《古史新证》中的相关认识。[1]

除了传统文献外，钱穆对于甲骨文这一类"直接史料"也给予了

---

[1] 王国维认为卜辞所载商先公先王世系与《史记·殷本纪》的世系，"虽不免小有舛驳而大致不误，可知史记所据之世本全是实录。而由殷周世系之确实因之，推想夏后氏世系之确实，此又当然之事也"。参看《古史新证：王国维最后的讲义》，清华大学出版社，1994年，第52页。

相当的重视。他之所以把虞夏时代定为"中国上古史之第一期",而"殷商可谓中国上古史之第二期",原因就在于后者"在近代已有直接史料发现,较虞、夏之纯为传说追记者更进一步"。因此,他对王国维《殷卜辞所见先公先王考》及《续考》给予了高度评价,并做了进一步的引申发挥,他说:

> 推证殷人出自帝喾之说。据此则《史记·殷本纪》《世本》《山海经》《左传》《鲁语》、皇甫谧《帝王世纪》种种传说可以参证连贯,均因卜辞之发见而重新估定此等书籍在古代史料上之价值。又据此知五帝之系统虽出于战国后人之编造,而五帝之个别传说,则各有渊源,决非亦出后人所捏造。[1]

王国维由《殷本纪》所见商人先公先王世系之可信而推断《夏本纪》所载"夏后氏世系之确实,此又当然之事也",钱穆在此则更进一步,认为系统的五帝或出于战国时人的编造,但作为"个别传说"之五帝,绝非出于后人所捏造,所以他对"史前遗物之发掘"充满了期待,希望对上古五帝的研究能够进入到"有物可稽"的新境界。

众所周知,钱穆是执着的文化保守主义者,他在北大独自承担"中国通史"课程是为了"从历史上去寻找中国文化的精神"。具体到对待古史的态度上,"他的疑古有时甚至还过于顾颉刚。但是他不承认怀疑本身即是最高价值。他强调:'疑'是不得已,是起于两信不能决。一味怀疑则必然流于能破不能立,而他的目的则是重建可信的历史"。[2]

---

[1] 钱穆:《国史大纲》(修订本),第26页。
[2] 余英时:《一生为故国招魂》,收入《钱穆与中国文化》,上海远东出版社,1994年,第19—29页。

细审《国史大纲》对上古史的处理细节,确实体现了钱穆著史以立为主、立中有疑的审慎态度。

四 顾颉刚《现代初中教科书本国史》⟨1⟩《中国上古史研究讲义》⟨2⟩和《中国上古史讲义》⟨3⟩

1923年,顾颉刚与好友王伯祥为商务印书馆合编了《现代初中教科书本国史》(以下简称《本国史》),分三册出版。也正是在这一年,顾颉刚发表了著名的《与钱玄同先生论古史书》,提出"层累地造成的中国古史"观。⟨4⟩因此,《本国史》最能反映"古史辨"运动初期顾颉刚对古史的认识。

《本国史》共分六编,第一编总说,第二编即为上古史——秦以前。在第二编的开首部分"社会的进化和建国的雏形"中,顾颉刚写道:

> 自称地面上初有人类以来,一直到所谓黄帝时,都是鸿荒之世,实在的事迹,还是暧昧难明。……大概古代传说的帝王,都只可说是文化史上几个重要变迁的象征。近人说,伏羲氏代表游牧时代,神农氏代表耕稼时代,黄帝代表政治组织的时代。每一个时代也许有千年之久。这种见解最为近理。

⟨1⟩ 顾颉刚、王钟麟合编,胡适校订:《现代初中教科书本国史》,《顾颉刚古史论文集》卷十二。
⟨2⟩ 顾颉刚:《中国上古史研究讲义》,《顾颉刚古史论文集》卷三。
⟨3⟩ 顾颉刚:《中国上古史讲义》,《顾颉刚古史论文集》卷三。
⟨4⟩ 可参看顾潮编著的《顾颉刚年谱》(增订本),中华书局,2011年。笔者所著《个性、时势与境遇——顾颉刚是如何走上"古史辨"道路》一文(《追迹三代》,上海古籍出版社,2015年)对顾颉刚在这一时期的心路历程也有较详细的分析。

接下来即述"洪水的传说",顾颉刚相信尧舜时代的大洪水"是中国历史开幕后第一次受到的黄河之累",但他更认为:

> 尧舜的传说,为后世所崇信;我们看惯了,遂以为古代真有一个圣明的尧舜时代了。其实尧、舜的故事,一部分属于神话,一部分出于周末学者"托古改制"的捏造;他们"言必称尧舜",你造一段,他又造一段,越造就越像真有其人其事了。

对于夏启以后的历史,顾颉刚则以信史的态度对待。不过,由于此书体例限制,《本国史》对上古史的叙述极为简略,少史事而偏重于社会的演进,注意突出每一时段的特色,如对于夏代史主要强调王位世系制度的确立,对于殷商史则强调其神权政治色彩,对于西周史则强调封建制度的确立,对于东周则关注诸侯的兼并。

《本国史》的一个显著特点是绝不以三皇五帝为真实的信史,并因此而遭禁。[1]但对于顾颉刚而言,疑古只是他探索真实上古史的开始。在《与钱玄同先生论古史书》前记中,顾颉刚就提出要"一部书一部书"地考察"层累地造成的中国古史",如《〈诗经〉中的古史》《〈周书〉中的古史》《〈论语〉中的古史》"。[2] 1929 年 9 月,顾颉刚应燕京大学之聘,任国学研究所研究员兼历史学系教授,开"中国上古史研究"课。为了上课的需要,他着手编写了《中国上古史研究讲义》,他的上述理想才得以实现。对于这本讲义的特点,他在《自序一》中

---

[1] 1927 年山东参议员王鸿一等人提出议案弹劾该书"非圣无法",要求查禁。但因为该书已发行 25 万册,故有人提出对商务印书馆课以重罚,商务总经理张元济请国民党元老吴稚晖出面说情,才免于罚款,但国民政府教育部依然下令禁止发行。说详顾潮:《历劫终教志不灰——我的父亲顾颉刚》,华东师范大学出版社,1997 年,第 79 页。
[2] 顾颉刚:《与钱玄同先生论古史书》,《顾颉刚古史论文集》卷一,第 180—186 页。

有详细的说明：

> 我编辑这份讲义的宗旨，期于一反前人的成法，不说哪一个是，哪一个非，而只就它们的发生时代的先后寻出它们的承前启后的痕迹来，又就它们的发生时代的背景求出它们的异军突起的原因来。我不想取什么，丢什么，我只想看一看这一方面的史说在这二三千年之中曾起过什么样的变动。

该讲义共分三十四节，每节考证分析一种（少数含多种）文献中的古史，真正地实现了他当初所说的"一部书一部书"地研究古史的计划。顾颉刚说，他的这部《中国上古史研究讲义》就是要通过"收集本证旁证，一一加以说明"，以坚读者"诸君之信"，懂得古史确实是层累地造成的。

由于此书着眼于史说的变动，所以在严格意义上讲它并不是一部通史著作，也很难从中看出顾颉刚对于上古史的总体认识。1939年1—7月，顾颉刚在云南大学又一次主讲中国上古史，再次编写了《中国上古史讲义》。这一次顾颉刚决定"以语体文字撰述，使读之者弗为考证之语所困"，因此这部古史讲义才是真正意义上的古史撰述。[1]

《中国上古史讲义》起于"中国一般古人想象中的天和神"，而终于"楚庄王的霸业"，但对史事的叙述却是始于"商王国的始末"，其中顺带涉及部分夏代史事，这一安排足证顾颉刚确实是疑禹而不夏的。[2] 至于夏代之前的传说人物，如黄帝、蚩尤等都被归入天神，尧舜禹则被视为儒家德治观念下的产物，至于三皇，在该书中则根本没

---

[1] 顾潮编著：《顾颉刚年谱》（增订本），第331页。
[2] 参看拙文《问禹为何物：顾颉刚的夏代史研究》，《追迹三代》，第41—76页。

有提及，这一架构大体反映了顾颉刚的上古史观念。

五 郭沫若《中国古代社会研究》[1]和范文澜《中国通史简编》[2]

马克思主义的传入、唯物史观史学的诞生，被认为是20世纪中国史学的重大事件。[3]

1928年2月，在党组织的安排下，郭沫若（1892—1978）悄然离开上海到日本，直至1937年卢沟桥事变后才秘密返国。在日本期间，郭沫若潜心于中国古代史和古文字学的研究。1930年，郭沫若将此前两年所写的数篇文章汇集出版，这就是著名的《中国古代社会研究》——"我国第一部自觉地运用马克思主义唯物史观研究中国古代社会历史发展的拓荒之作"，它的出版"为中国史学的发展划出了一个崭新的时代"。[4]

虽然《中国古代社会研究》并非一般意义上的通史著作[5]，而更多地体现了社会史倾向，但鉴于它的特殊地位，仍有必要加以分析研究。

该书共包括五篇文章，分别是：导论"中国社会之历史的发展阶段"、第一篇"《周易》时代的社会生活"、第二篇"《诗》《书》时代的社会变革与其思想上之反映"、第三篇"卜辞中的古代社会"和第四篇

---

[1] 郭沫若：《中国古代社会研究》，《郭沫若全集·历史编》第1卷，人民出版社，1982年。
[2] 范文澜：《中国通史简编》，河北教育出版社，2000年。
[3] 王学典："'年鉴范式'：20世纪唯物史观派史学的学术史意义"，《新汉学与新史学：二十世纪中国史学评论续编》，第153—173页。
[4] 林甘泉、黄烈主编：《郭沫若与中国史学》，中国社会科学出版社，1992年，第9—18页。
[5] 在《中国古代社会研究》后记中郭沫若曾说："我也起过这样的雄心，想写一部完整的《中国古代史》，把社会分析、思想批判等，通统包括在里面。但这项工作我没有着手，我恐怕永远也不会着手。"

"周代彝铭中的社会史观"。

在《自序》中我们可以洞察郭沫若撰作此书的目的——"对于未来社会的待望逼迫着我们不能不生出清算过往社会的要求",而"认清楚过往的来程也正好决定我们未来的去向",所以郭沫若的古史研究是有着明确的现实意义的。[1]但郭沫若注意到,"世界文化史的关于中国方面的纪载,正还是一片白纸。恩格斯的《家庭、私有制和国家的起源》上没有一句说到中国社会的范围",所以他深感"在这时中国人是应该自己起来,写满这半部世界文化史上的白页",并充满自信地宣称,"本书的性质可以说就是恩格斯的《家庭、私有制和国家的起源》的续篇"。

不仅是郭沫若自己对这部《中国古代社会研究》充满了自信,当时的史界同人,包括政治立场不同者,也都对该书表示出极高的评价。如被誉为天才史家的张荫麟就曾经赞誉此书为"例示研究古史的一条大道",而它"所例示的途径是值得后来史家的遵循的"。[2]而顾颉刚也承认:"近年唯物史观风靡一世,……他人我不知,我自己决不反对唯物史观。我感觉到研究古史年代、人物事迹、书籍真伪,需用于唯物史观的甚少……至于研究古代思想及制度时,则我们不该不取唯物史观为其基本观念。"[3]

在《自序》中,郭沫若还强调,"由人所组织成的社会也正是一样","中国人不是神,也不是猴子,中国人所组成的社会不应该有甚

---

[1] 这也是唯物史观派学者的共同特点,如翦伯赞就把"历史科学的任务"界定为:"我们研究历史,不是为了宣扬我们的祖先,而是为了启示我们正在被压抑中活着的人类;不是为了说明历史而研究历史,反之,是为了改变历史而研究历史。"参看翦伯赞《历史哲学教程》,北京大学出版社,1990年,第3页。
[2] 素痴:《评郭沫若〈中国古代社会研究〉》,《大公报》文学副刊第208期,1932年1月4日,转引自王学典《"年鉴范式":20世纪唯物史观派史学的学术史意义》。
[3] 顾颉刚:《古史辨》第四册顾颉刚序,《顾颉刚古史论文集》卷一,第124页。

么不同",所以应该"要用人的观点来观察中国的社会"。在这种思想的支配下,郭沫若在《导论》中就根据摩尔根《古代社会》和恩格斯《家庭、私有制和国家的起源》探讨了"社会发展之一般",然后"回头来看我们中国社会发展的程序"。

不过,在郭沫若看来,"我们中国的历史素来没有科学的叙述,一般的人多半据古代的神话传说以为正史,这是最大的错误,最大的不合理",因此首要问题就是"要弄明白中国的真正的历史时代究竟是从那儿开幕"。虽然"《尚书》是开始于唐、虞,《史记》是开始于黄帝",但"这些都是靠不住的",必须另寻出路,而郭沫若"根据最近考古学的知识所得的结果是"——"商代才是中国历史的真正的起头!"

郭沫若进而讨论了商代所处的社会发展阶段,认为"商代的社会应该还是一个原始公社制的氏族社会,至少应该是这种社会的末期"。以此为基础,郭沫若将中国历史划分为四个阶段:西周之前——原始公社制,西周——奴隶制,春秋以后——封建制,最近百年——资本制。[1] 这种古史分期学说,堪称唯物史观学派的经典表述。[2]

需要指出的是,郭沫若在《中国古代社会研究》之《追论及补遗》

---

[1] 当然,郭沫若对古代社会史的分期历经变化,有学者概括为"大变四,中变五,细变则难以枚举",究其原因,是他"把马克思和恩格斯著作中的一些论述……当作一成不变的原理来搬弄",误将"经典著作""关于奴隶社会和封建社会的论述""当作现成的公式",并以之"剪裁中国的历史"。参看许冠三《新史学九十年》,岳麓书社,2003年,第370—371页。

[2] 如王学典就指出:"郭沫若的追随者吕振羽、翦伯赞、邓云特、何干之、侯外庐和范文澜等史观派学人虽然在'奴隶型社会'与'封建型社会'交替在何时以及'亚细亚型社会'如何安置等问题上意见相互颇有出入,但他们都认定:人类社会也像生物进化绝对遵循一定的程序一样有着自己确定不移的先后秩序,这个秩序已经由摩尔根和马克思、恩格斯等人类学家发现出来;生物进化的原理是物种的选择变异,人类社会演化的基础是经济状况,制度、政治、文化等现象均为经济现象的派生物。"参看《实证追求与阐释取向之间的百年史学》,《新汉学与新史学:二十世纪中国史学评论续编》,第116—129页。

中又专列一节"夏禹的问题",专门谈他读了《古史辨》第一册之后的感想,其中归纳他对夏及夏禹的看法为四点:

> 照我的考察是:(一)殷、周之前中国当得有先住民族存在;(二)此先住民族当得是夏民族;(三)禹当得是夏民族传说中的神人;(四)此夏民族与古匈奴族当有密切的关系。[1]

郭沫若虽然相信夏代是真实的存在,但他还是把中国古史的"开幕"定在殷商时期,这与张荫麟的观点最为契合,但同为"史学三老"的范文澜在这一点上却与郭老迥异。

范文澜(1893—1969),浙江绍兴人,出生在书香门第,自幼接受良好的教育。1913年考入北京大学国学门,1917年毕业后在北大文科研究所进修并任蔡元培校长的秘书。1922年起先后任教于南开和北大等多所大学,1926年加入中国共产党,1939年到延安,随后两年在延安完成了《中国通史简编》。此书出版的背景是,为了全党整风的需要,毛泽东号召全党同志注意研究中国的历史实际和革命实际,范文澜受党中央委托,主持编写一部供广大干部阅读的中国历史读本,以便读者了解中国历史发展的概貌。[2]《中国通史简编》是第一部以马克思主义观点为指导的通史著作,在"唯物史观"派中具有举足轻重的地位。

该书第一编是"原始公社到中央集权的民族国家底建立——远古至秦",从章节设置来看,范文澜把上古史分为以下几个阶段:"原始公社时代——禹之前""原始公社解体到奴隶占有制度时代——夏商""封建制度开始时代——西周""列国兼并时代——春秋"和"兼

---

[1] 郭沫若:《中国古代社会研究》,《郭沫若全集·历史编》第1卷,第305页。
[2] 本节有关范文澜先生生平的内容多据《中国通史简编》蔡美彪所写的前言。

并剧烈时代——战国"。不难看出,《中国通史简编》的这种划分方法与《中国古代社会研究》所主张的西周奴隶制观点是明显不同的。

对于中国信史的开端,范文澜的看法也不同于郭沫若。他认为中国古史的基干是从黄帝一族流传下来的,因此"中国比较有系统的古史,可以承认从黄帝开始"。至于"远古(黄帝以前)的传说,如果刷去荒诞的神话,以及带有后代色彩的追叙,其中比较近乎事实的材料,还保存相当数量",所以范文澜认为有巢氏代表了穴居的时代,燧人氏代表由采集生活过渡到渔猎生活,包牺氏说明开始有了畜牧业,女娲氏的传说或许反映了对婚姻习俗的改革,而神农氏则说明了农业的开始,这些认识与郭沫若的观点相去甚远,而与钱穆的看法不谋而合。

不仅如此,范文澜对传说时代的古史人物及其事迹也颇多采信。如他说,"传说中人物,似乎比较可信,有太皞、炎帝、蚩尤三人。他们是三个种族的首领",而"黄帝攻杀蚩尤,本族仍居于西部和北部(陕甘宁等地区)。这与仰韶文化分布区域大体符合,仰韶与殷墟小屯(河南安阳县)是同一系统的文化,可见黄帝与殷商间,实有不可割断的脉络存在着"。甚至对于文献所载的黄帝族世系,范文澜也认为"实不能视为毫无根据"。

既然范文澜把中国可靠的古史上溯到黄帝,那他自然视尧舜禹为真实的历史人物。他对这段历史的总体认识是:

> 尧舜禹时代,组织黄帝族为主羌炎族为辅的部落大联盟。禹武功最大,压迫蛮族退回长江流域,中国中部成为黄帝族的根据地。……从黄帝到禹的社会制度,是原始公社制度。[1]

在尧舜禹之后接着叙述夏、商、周三代史事,范文澜依据的也主

---

[1] 范文澜:《中国通史简编》,第21页。

要是传世文献以及殷墟发掘材料。与其他学者不同的是,范文澜作为"唯物史观"历史学者自然不能仅限于单纯历史的描述,而是要对三代社会的历史发展阶段做出判断——夏代是原始公社瓦解和私有制度发展的阶段,商代是奴隶制社会,西周则是封建制度开始的时代。

同为"唯物史观派"的巨擘,郭沫若和范文澜对上古史的认识差异如此巨大,主要原因当在于二人学术背景的不同。如郭沫若自己所言,他之所以"从事古代学术的研究",是在流亡日本期间,"精力无处发泄",才以"娱情胜聊无"的心情去做"旧书本里面的蠹鱼"的,而且郭沫若自称"比较胆大","对于新史学阵营里的多数朋友们每每提出了相反的意见"。[1]而反观范文澜,他在北大求学期间即常师事陈汉章和黄侃等古文经学家,此后二十余年在中学和大学也多讲授经学,他的第一本著作为《群经概论》,成名作则是《文心雕龙注》,所以他是终生尊信汉儒,并长期以经生笺注方式治学。[2]二人在学术经历上的巨大差异自然造成了他们对待上古史旨趣的不同——郭沫若之疑古甚于顾颉刚,而范文澜之信古则堪与刘师培比肩。

六　张荫麟《中国史纲》[3]

张荫麟(1905—1942),广东东莞人,1921年入清华学堂,1929—1933年留学美国斯坦福大学,先后学西洋哲学、社会学,并

---

[1] 郭沫若:《十批判书》后记,《郭沫若全集·历史编》第2卷,人民出版社,1982年。
[2] 参看《范文澜历史论文选集》刘大年序和《范文澜同志生平年表》,中国社会科学出版社,1979年。有关郭、范二氏史学思想上的异同,可参许冠三《新史学九十年》卷六"史观学派(下)"。
[3] 张荫麟:《中国史纲》,上海古籍出版社,1999年。该版之前有王家范撰写的导读,对张氏史学成就及该书特点有详细深入的分析,可供参考。

最终立志于史学。1933 年，时年 28 岁的张荫麟自美返国，就任清华大学历史系教授，讲授中国学术史和宋史。[1] 1935 年，在傅斯年等人的推荐下，张荫麟接受国民政府教育部的委托，主持编写高中历史教材《中国史纲》。[2] 张氏自己撰写从先秦到唐的部分，并拟邀请吴晗、千家驹等人负责唐以后部分。1941 年该书初次印行时仅有前八章，即从先秦到秦汉之际，次年又补充了三章，叙述至"东汉的建立及其开国规模"。但就在同年，年仅 37 岁的张荫麟病逝，留下了这部仅至东汉建国的《中国史纲》。

据该书《自序》，张荫麟在写作之初就抱定了要以新史料和新观念来著史：

> 就中国史学的发展上看，过去的十来年可算是一新纪元中的一小段落；在这十年间，严格的考证的崇尚，科学的发掘的开始，湮没的旧文献的新发现，新研究范围的垦辟，比较材料的增加，和种种输入的史观的流播，使得司马迁和司马光的时代顿成过去。[3]

张荫麟在初版《自序》中又说，他在写作伊始"所悬鹄的"之一就是要"融会前人研究结果和作者玩索所得以说故事的方式出之，不参入考证，不引用或采用前人叙述的成文，即原始文件的载录亦力求节省"，所以该书结构紧凑，篇幅精要。加之张氏"文笔流畅粹美"，

---

[1] 有关张荫麟的生平和史学贡献可参看李洪岩《论张荫麟及其新史学》，《近代史研究》1991 年第 3 期。
[2] 《中国史纲》初版《自序》中说："这部书原不是作者创意要写的。创意要写这部书并且给他以写作这部书的机会的是傅孟真先生和钱乙藜先生。"
[3] 张荫麟：《中国史纲·自序》。

叙事"举重若轻",因此可读性极强,在通史著作中罕有其匹。⁽¹⁾

在《中国史纲》中,张荫麟处理上古史的方法确实别具一格。第一章"中国史黎明期的大势"仅用不到一页的篇幅就概述了商代以前的历史,这是因为张荫麟的"这部中国史的着眼点在社会组织的变迁,思想和文物的创辟,以及伟大人物的性格和活动","这些项目要到有文字记录传后的时代才可确考",而"严格的说,照现在所知,我国最初有文字记录的时代是商朝,略当于公元前18世纪中叶至12世纪中叶"。对于商朝之前的历史,张荫麟的处理方式是,"以商朝为出发点,然后回顾其前有传说可稽的四五百年,即以所知商朝的实况为鉴别这些传说的标准"。

因此,该书第一章第一节即为"商代文化",张荫麟主要根据殷墟考古发掘所得对晚商文化进行了"速写"(张氏语),内容包括三大部分:一是农业、渔猎、畜牧、青铜铸造、手工业、居室、交通用具等"物质文明";二是商人的"社会状况",如聚居方式、都邑变迁、王位继承制度、与周边族群关系、商业形态等;三是"表现于生产方法以外的智力",如文字、文书、占卜与祭祀、历法和音乐等。

在不长的篇幅中,按照张荫麟自己所定的撰写体例,"不引用或采用前人叙述的成文",所以这一章没有从《史记·殷本纪》中引用任何内容,这与同时代的通史著作形成了鲜明的对比。⁽²⁾

虽然张荫麟将商代作为信史的开始,但他并没有忽视商代以前的历史。在接下来的第二节"夏商大事及以前之传说"中,张荫麟对这一阶段的历史进行了扼要的概述。

关于夏代,他认为:"我们所知,远更模糊。例如夏朝有没有文

⟨1⟩ 参看《中国史纲》王家范导读。
⟨2⟩ 如邓嗣禹就评价是书"引证很少,论断精当,组织严密,写得相当漂亮"。参看邓嗣禹著,李扬眉、周国栋译:《50年来的中国历史编纂学》,原载《山东社会科学》2004年第6期,此据王学典、陈峰主编《二十世纪中国史学史论》,第146—164页。

字？有没有铜器？其农业发展到什么程度？其政治组织与商的异同如何？这些问题都无法回答。"而"所能抽出比较可信的事实"则有禹都阳城、晋阳、安邑,启始渡河而南,居今新郑、密县间,而"夏朝最大的事件是与外族有穷氏的斗争",因为由此而导致了太康失国、少康中兴等一系列史事。

对于夏代以前的历史,张荫麟的看法是,"我们若从夏代再往上溯,则见历史的线索迷失于离奇的神话和理想化的传说中不可析辨了",所以"自宜从略",仅用了不到一页的篇幅就完成了对尧舜和黄帝的叙述。但值得玩味的是张荫麟对待黄帝的态度,认为"他(黄帝)不独是中国人的共祖,并且是中国文化的源头,他的功用是把中国古代史大大地简单化了",这既体现了他对黄帝等上古人物的怀疑态度,又透露出即便像张荫麟这样接受过系统西方学术训练者也依然难以割舍的黄帝情结。

七 民国史家对于古史的基本态度

1941 年,周予同先生在他的名篇《五十年来中国之新史学》中对民国史家对待古史的态度有一个总括:

> 我以前曾撰《纬谶中的〈皇〉与〈帝〉》一文,在"前言"中曾将中国现代史学分为"泥古""疑古""考古"与"释古"四派。冯友兰在马乘风《中国经济史序》里,将新史学分为"信古""疑古"与"释古"三种趋势。钱穆在《国史大纲》"引论"里,将中国近世史学分为三派:一曰"传统派",亦称"记诵派";二曰"革新派",亦称"宣传派";三曰"科学派",亦称"考订派"。……大概我所谓"泥古派",就是冯氏的"信古",略

近于钱氏的"传统派";我所谓"考古派",略等于钱氏的"科学派";冯氏和我所谓"疑古""释古"两派,略等于钱氏的"革新派"中的"文化革命"和"经济革命"两期。虽各人所分派数多寡不同,所定名称详略互异,但大致也还相近。[1]

而对当今学术界影响最大的说法,还是来自冯友兰的"信古、疑古、释古"的三分法。在为《古史辨》第六册所写的序言中,冯友兰再次重申了他的观点:

> 我曾说过,中国现在之史学界有三种趋势,即信古、疑古及释古。就中信古一派,与其说是一种趋势,毋宁说是一种抱残守缺的人的残余势力,大概不久即要消灭;即不消灭,对于中国将来的史学也是没有什么影响的。真正的史学家,对于史料,没有不加以审查而直信其票面价值的。
>
> 疑古一派的人,所作的工夫即是审查史料。释古一派的人所作的工夫,即是将史料融会贯通。就整个的史学说,一个历史的完成,必须经过审查史料及融会贯通两个阶段,而且必须到融会贯通的阶段,历史方能完成。但就一个历史家的工作说,他尽可只作此两阶段中之任何阶段,或任何阶段中之任何部分。任何一种的学问,对于一个人,都是太大了。一个人只能作任何事的一部分。分工合作在任何事都须如此。由此观点看,无论疑古、释古,都是中国史学所需要的,这期间无所谓孰轻孰重。[2]

---

[1] 周予同:《五十年来中国之新史学》,《周予同经学史论著选集》(增订版),第513—573页。
[2] 罗根泽编著:《古史辨》第六册,上海古籍出版社,1982年。

冯友兰所说的三种趋势或者三派，除了信古者"抱残守缺"，"即将消灭"之外，疑古和释古则因分别代表了"审查史料"和"融会贯通"，因此"都是中国史学所需要"的。换言之，疑古和释古与其说是泾渭分明的两派，倒不如说是前后相继的两个阶段——疑古者可以进而释古乃至考古，而释古者的工作则必须建立在已经审查、确凿可信的史料上。

如果依据我们在上文中所分析的相关学者对待上古史的态度，民国史家对待古史的态度确实分为三派：

其一是传统派。此派学者对文献所述古史基本采信，认为可信的古史可以上推到黄帝时期，夏曾佑、刘师培、吕思勉和范文澜等人均属此派。

其二是温和派。这一派的学者以三皇五帝为传说或神话人物，真实可靠的古史可以从夏代开始，顾颉刚和钱穆属于此派。

其三是激进派。这派学者以上古为蒙昧无稽，三皇五帝全不足信，中国的信史当从商代算起，郭沫若和张荫麟是这派学者的代表。

但从上文的分析来看，虽然这些学者对待古史的基本态度各不相同，但传统派并不意味着落后甚至"行将消灭"，而激进派也未必更具生命力。即便是传统派中最为保守的夏曾佑和刘师培，也都以进化论的观点来审视人类社会的进步，并援引民族学、人种学的知识来支持自己的学术观点；而此派中最为谨严的吕思勉，更是密切关注和频繁征引考古资料来著史。最具意味的是范文澜，他既有卓越的旧学传统，又接受了最先进的马列思想；既可以用经生式的方法治学，也以唯物史观为指导来释古和著史。同样，高举"疑古"大旗的顾颉刚其实并不认为疑古是古史研究的主要工作，反而是认为"要建设真实的古史，只有从实物上着手的一条路是大路"，而他本人对古史系统的破坏，也是为了"使得破坏之后得有新建设，同时也可以用了建设的材料做破坏的工具"。[1] 再如激进派的郭沫若，不仅有《中国古代社会研究》风靡社会，也有《两周金文辞大系》和《卜辞通纂》泽被学林。因此，我们其实可以说，对于民国史家而言，几乎都同时兼有"信古""疑古"和"释古"的三个面相，所不同者，各人治学各有侧重而已。

（本文原载《古代文明》第 10 卷，上海古籍出版社，2016 年）

---

[1] 顾颉刚：《古史辨第一册自序》，《顾颉刚古史论文集》卷一，第 44 页。

附录二　考古学与古史重建

古史重建是20世纪中国史学的重要话题，并直接催生了近代科学考古学在中国的诞生。一个世纪以来，中国考古学背负着重建古史的重任踽踽独行，缔造辉煌。审视考古学重建古史的世纪历程，既是展现学科贡献的有效方式，更是展望学科未来的必要举措。

一　古史重建呼唤考古学

晚清以来，尽管康有为等人的"上古茫昧无稽"说曾经发聋振聩，甚嚣尘上[1]，但史界主流并不主张把中国上古史彻底抛弃，而是见仁见智地加以撮述，并致力于探究和建设真实的上古史。[2]典型者如有为弟子梁启超，一方面认为"三皇之事若存若亡，五帝之事若觉若梦者，其确实否，万难信据"，"故中国史起笔于夏禹，最为征信"；但同时又强调"黄帝为我四万万同胞之初祖，唐虞夏商周秦之君统，皆其裔派，颇有信据"，"黄帝以后为有史时代"。梁任公这种看似矛盾的表

---

[1] 康有为《孔子改制考》卷一开首即是"上古茫昧无稽考"，指出"吾中国号称古名国，文明最先矣，然'六经'以前无复书记。夏、殷无征，周籍已去，共和以前不可年识，秦、汉以后乃得详记"，故断言"夫三代文教之盛，实由孔子推托之故"。《康有为全集》第三集，上海古籍出版社，1992年，第2页。
[2] 拙文《疑古还是信古：民国史家对于古史的基本态度》，见本书附录一。

述，其实正折射出民国史家普遍的心态——既不满足于全盘接受史籍记载而落入"泥古"的泥淖，但又因为长期浸润于传统史学，对古史体系难以割舍。在风起云涌的时代大潮下，以新方法重建古史势在必行，进化论、唯物史观相继登上历史舞台，而刚刚传入中国的近代考古学则被普遍地寄予了厚望。如梁启超在注意到"欧洲考古学会专派人发掘地中遗物，于是有史以前之古物学遂成一学派"的同时，也在憧憬"以此学说为比例，以考中国有史以前古史，决不为过"的美好蓝图。[1]

无独有偶，"新史学的开山"王国维1925年在清华国学研究院讲授"古史新证"课程，针对传说与史实的纠纷，信古或疑古太过之倾向，提出了著名的"二重证据法"：

> 研究中国古史最为纠纷之问题，上古之事传说与史实混而不分。史实中固不免有所缘饰与传说无异，而传说之中亦往往有史实为之素地，二者不易区别，此世界各国之所同也。……皇甫谧作《帝王世纪》，亦为五帝三王尽加年数，后人乃复取以补太史公书，此信古之过也。至于近世，乃知孔安国本《尚书》之伪，《纪年》之不可信。而疑古之过，乃并尧、舜、禹之人物而亦疑之，其于怀疑之态度及批评之精神，不无可取，然惜于古史材料未尝为充分之处理也。吾辈生于今日，幸于纸上之材料，亦得地下之新材料。由此种材料，我辈固得据以补正纸上之材料，亦得证明

---

[1] 梁启超：《中国史叙论》，《饮冰室合集·文集之六》，第1—12页。有关康梁师徒在学问上的分歧，梁启超本人即有详细描述，他说："其师好引纬书，以神秘性说孔子，启超亦不谓然。……启超自三十以后，已绝口不谈'伪经'，亦不甚谈'改制'。而其师康有为大倡设孔教会定国教祀天配孔诸义，国中附和不乏。启超不谓然，屡起而驳之，……然持论既屡与其师不合，康、梁学派遂分。"参看梁启超《清代学术概论》，东方出版社，1996年，第78—81页。

古书之某部分全为实录。即百家不雅训之言，亦不无表示一面之事实。此二重证据法，惟在今日始得为之。[1]

在20世纪初叶，不唯梁启超呼吁发掘地中之物来考中国古史，也不仅是王国维通过"二重证据法"来对古史进行新证，越来越多的民国史家都盼望以考古材料来弥补上古史研究中的文献不足征，廓清何为史实、何为传说，进而建设真实的中国古史。如素以"冷静、客观、勤力、谨慎"著称的吕思勉在这一时期也对考古学情有独钟[2]，他说：

> 茫昧的古史，虽然可以追溯至数千年以上，然较诸民族的缘起，则是远后的。所以追求民族的起原，实当求之于考古学，而不当求之于历史。考古学在中国，是到最近才略见曙光的。……考古家安特生，J. G. Andersson，因谓中国民族，实自中亚经新疆、甘肃而来。但采陶起自巴比仑，事在西元前三千五百年，传至小亚细亚，约在西元前二千五百至二千年，传至希腊，则在二千年至一千年，俄属土耳其斯单早有铜器，河南、甘肃、青海之初期则无之，其时必在西元二千五百年之前，何以传播能如是之速？制铜之术，又何以不与制陶并传？斯坦因Sir Aurel Stein，在新疆考古，所得汉、唐遗物极多，而先秦之物，则绝无所得，可见中国文化在先秦世实尚未行于西北，安特生之说，似不足信。……然则中国文化，在有史以前，似分东、西两系。东系以黑陶为代表，西系以采陶为代表，而河南为其交会之地。采陶为西方文化东渐的，代表中国固有的文化的，实为黑陶。[3]

---

[1] 王国维：《古史新证——王国维最后的讲义》总论，清华大学出版社，1994年，第1—3页。
[2] "冷静、客观、勤力、谨慎"是严耕望对吕思勉的评价，参看《通贯的断代史家——吕思勉》，《治史三书》，第176—181页。
[3] 吕思勉：《中国通史》，第301—302页。

而治史充满了"浪漫的性格"的郭沫若不仅对"罗王之学"表示了充分的肯定[1]：

> 在中国的文化史上实际做了一番整理工夫的要算是以清代遗臣自任的罗振玉，特别是在前两年跳水死了的王国维：……罗振玉的功劳即在为我们提供了无数的真实的史料。他的殷代甲骨的蒐集、保藏、流传、考释，实是中国近三十年来文化史上所应该大书特书的一项事件。……大抵在目前欲论中国的古学，欲清算中国的古代社会，我们是不能不以罗、王二家之业绩为其出发点了。[2]

并且身体力行，花费了大量精力对出土资料进行了整理与研习：

> 在撰写这两篇论文的过程中（引者按，指《〈周易〉时代的社会生活》和《〈诗〉〈书〉时代的社会变革与其思想上的反映》），郭沫若深深感到，研究中国古代社会仅仅依靠文献材料尚有缺憾，于是他便把研究的重点临时"转移到了资料选择上来"。他说："我想要找寻第一手的资料，例如考古发掘所得的，没有经过后世的影响，而确确实实足以代表古代的那种东西。"为此，他决定中止写作，集中时间和精力钻研殷代的甲骨文和殷、周两代的青铜器铭文。1929年夏，在几个月的时间里，他研读了当时出版的几乎所有的甲骨文和青铜器图录的铭文和考释，并创造性地将古代史研究与古文字研究结合起来，写出17篇新意迭出的考释文章，

---

[1] 郭沫若在《中国古代社会研究》后记中称："我自己的兴趣是在追求，只想把没有知道的东西弄得使自己知道。知道了，一旦写出过，我便不想再写了。这是我的一个毛病，也许就是浪漫的性格。"《郭沫若全集·历史编》第1卷，人民出版社，1982年，第312页。
[2] 郭沫若：《中国古代社会研究·自序》，《郭沫若全集·历史编》第1卷，第6—10页。

后结集《甲骨文字研究》出版。[1]

古史重建的愿景直接催生了中国第一个考古学专门机构——北京大学国学门考古学研究室。1921年，北大国文系教授沈兼士受蔡元培校长的委托负责筹建北大国学门，草创伊始，沈兼士等人就对考古学给予了极大的重视。他后来回忆说：

> 民初，蔡元培长北大，初设史学系，大家都不大重视。凡学生考不上国文学系的才入史学系，但这不能不算打定了史学独立的基础。至于材料和方法方面倘若不革新，仍同先前一样呆板板地从纸堆中钻研，那是不能满足新时代求真的希望的。所以北京大学于民国十一年（1922年）设研究所国学门，首先创考古学研究室，其旨趣是把自来所谓供文人赏玩的古董，用考古学的方法去发掘搜集，作综合比较的研究。史学方面凭空添了一支强有力机械化生力军，古代史上许多问题，或者得了解决，或者起了疑问，这都是研究古代遗迹遗物之收获，予史学界以极大的冲动。……近代史学之新发展，多借助于考古学及民俗学，纵横经纬，合起来便成一种新的史学。[2]

由此可见，自20世纪初叶以来，借助考古学来重建古史已成为学界共识，在此大背景下，史学家对中国上古史的认识开始了从"文"到"物"的转变。[3] 然而，无论是梁启超、王国维，还是郭沫若或沈

---

[1] 林甘泉、黄烈主编：《郭沫若与中国史学》，中国社会科学出版社，1992年，第13—14页。
[2] 沈兼士：《近三十年来中国史学之趋势》，原载北平《经世日报》1946年8月14日"读书周刊"第一期，此据《沈兼士学术论文集》，中华书局，1984年，第371—374页。
[3] 参看查晓英《中国现代考古学的思想谱系》第一章"从'文'到'物'"，四川大学出版社，2014年。

兼士，这些学者大抵为文献史家，对于考古学是心有余而力不足。真正付诸实践，并以科学的、成系统的考古工作来重建中国古史者则当推中央研究院的傅斯年、李济和北平研究院的徐旭生、苏秉琦，前二人共同缔造了中国考古学的"史语所"传统，而在徐旭生的引领下，苏秉琦开创了考古学的"中国学派"，古史重建由理想变为现实。

二　傅斯年与李济的古史重建

史语所本是"无中生有"的志业，傅斯年创建史语所之目的，不仅是要"把历史学语言学建设得和生物学地质学同样"，更是要"科学的东方学之正统在中国"。[1]

如果追溯起来，傅斯年的这一理想当缘于他对中国传统学问的极度不满。他在北大求学阶段，就曾著文列举中国学术的七大弊端，以及由此弊端而形成的"教皇政治、方士宗教、阴阳学术、偈咒文学"。[2] 因此，年轻的傅斯年对"国故""国学"甚为不屑，迫切希望能有专门机构来建设科学的新学术：

> 向者吾校性质虽取法于外国大学，实与历史上所谓"国学"者一贯，未足列于世界大学之林；……期之以十年，则今日之大学固来日中国一切新学术之策源地。[3]

---

[1] 傅斯年：《历史语言研究所工作之旨趣》，原载《国立中央研究院历史语言研究所集刊》第一本第一分，1928 年 10 月，收入欧阳哲生主编《傅斯年全集》第三卷，湖南教育出版社，2000 年，第 3—12 页。
[2] 傅斯年：《中国学术思想界之基本谬误》，原载 1918 年 4 月 15 日《新青年》第四卷第四期，《傅斯年全集》第一卷，第 21—28 页。
[3] 《〈新潮〉发刊旨趣书》，原载 1919 年 1 月 1 日《新潮》第一卷第一号，《傅斯年全集》第一卷，第 79—82 页。

自然地,傅斯年很早就萌生了用科学方法来研究中国学问的念头,他说:

> 把我中国已往的学术、政治、社会等等做材料,研究出些有系统的事物来,不特有益于中国学问界,或者有补于"世界的"科学。中国是个很长的历史文化的民族,所以中华国故在"世界的"人类学、考古学、社会学、言语学等等的材料上,占个重要的部分。……研究国故必须用科学的主义和方法,决不是"抱残守缺"的人所能办到的。[1]

可以说,年轻时代的傅斯年对"科学"的崇拜近乎迷信,以至于一度对北京大学"哲学门隶属于文科之制度,颇存怀疑之念",认为研究哲学者必须具备自然科学知识,并上书蔡元培校长力请"使哲学门独立为一科",全校设置由"文、理两科","变作哲、理、文三科"。[2]

1919年12月26日,傅斯年由北京出发去上海,前往英国伦敦大学大学院留学。[3]他自述留学动机和计划是:

> 我将来要专那门科学,现在还不会定。但以心理学为心理的、社会的科学之根源,我至少以三年的工夫去研究它。在研究它以先,去研究动物学、生理学、数学。如此迂远,成功上实在讲不

---

[1] 傅斯年:《〈毛子水国故和科学的精神〉识语》,原载1919年5月1日《新潮》第一卷第五号,《傅斯年全集》第一卷,第262—263页。
[2] 傅斯年:《傅斯年致校长函》,原载1918年10月8日《北京大学日刊》,《傅斯年全集》第一卷,第37—40页。
[3] 参看《傅斯年先生年谱简编》,《傅斯年全集》第七卷,第404页。

定。但我宁可弄成一个大没结果,也不苟且就于一个假结果。⁽¹⁾

王汎森据此分析,傅斯年在英国求学的"主要目标是一方面摒弃代表着中国思维方式的模棱两可、过于笼统和形而上学的思维方式,同时运用一些实验的、观察的和数理分析的方法探求人类思想的深层"。⁽²⁾

傅斯年这种无畏的、不功利的探求,当然是难能可贵的。这不仅仅在于他对科学的信奉,更在于早早就抱定了这样的宗旨,即"无中生有的去替中国造有组织的社会,是青年的第一事业"。⁽³⁾他后来曾经有过这样的自我评价:

> 病中想来,我之性格,虽有长有短,而实在是一个爱国之人,虽也不免好名,然总比别人好名少多矣。心地十分淡泊,欢喜田园舒服。在太平之世,必可以学问见长,若为政府 **persecuted**,也还如是,惜乎其不然也。……我本心不满于政治社会,又看不出好路线之故,而思进入学问,偏又不能忘此生民,于是在此门里门外跑去跑来,至于咆哮,出也出不远,进也住不久,此其所以一事无成也。今遭此病,事实上不能容我再这样,只好从此以著书为业,所可惜者,病中能著书几何,大是问题耳。⁽⁴⁾

⟨1⟩ 傅斯年:《留英纪行》,原载 1920 年 8 月 6 日、7 日《晨报》,《傅斯年全集》第一卷,第 399—402 页。
⟨2⟩ 王汎森:《傅斯年:中国近代历史与政治中的个体生命》,生活·读书·新知三联书店,2012 年,第 61 页。
⟨3⟩ 傅斯年:《青年的两件事业》,原载 1920 年 7 月 3—5 日《晨报》,《傅斯年全集》第一卷,第 384—388 页。
⟨4⟩ 1942 年 2 月 6 日傅斯年致胡适信,《傅斯年全集》第七卷,第 234—235 页。

那么，在寻找到"科学"的史学研究方法之前，傅斯年又是如何看待中国古史的呢？在北大求学期间，傅斯年曾著文认为：

> 周平王东迁以前，世所谓唐虞三代，此时期中，虽政治不无变化，而其详不可得闻，既无编年之史（《竹书纪年》不足信），又多传疑之说（夏殷无论，即如两周之文王受命，周公居东，厉王失国诸事，异说纷歧，所难折衷）。惟有比而同之，以为"传疑时代"。盖平王以降，始有信史可言也。[1]

以周平王以降为中国信史的开端，这种观点不可谓不激进，但也恰好凸显五四时代的社会风尚。对于信史之前的神话传说，傅斯年的判断是：

> 就中国论，古来一切称帝之神王皆是宗神（tribal gods），每一部落有其特殊之宗神，因部落之混合，成为宗神之混合，后来复以大一统思想之发达，成为普遍的混合。《尧典》所载尧廷中诸人，……其来源皆是宗神，即部落之崇拜。后来或置之于一堂，或列之于多系，其混合方式要不出于战伐的，文化的，思想的。两民族或两部落攻战之后，一败一胜，征服人者之宗神固易为被征服者所采用，有时被征服者之宗神，亦可为征服人者所采用。文化高者之宗神固可为文化低者因文化接触而采用，有时亦可相反，本非一系一族之部落，各有其宗神，后来奉大一统思想者，亦可强为安置，使成亲属。此等实例累百累千，世界各地之古史

---

[1] 傅斯年：《中国历史分期之研究》，原载1918年4月17—23日《北京大学日刊》，《傅斯年全集》第一卷，第29—36页。

皆有之，不以中国为限矣。[1]

在欧洲七年间，傅斯年的学习和生活状态给人以"杂乱、颓放"之印象，但这种散漫的治学方式却令他最终成长为一个中国现代学术的设计师。[2] 在他的留学后期，傅斯年对于中国古史已有了新的认识。在给顾颉刚的论古史书中，我们可以读到他的以下看法：

> 三百［年］中所谓汉学之一路，实在含括两种学问：一是语文学；二是史学、文籍考订学。这两之外，也更没有什么更大的东西，偶然冒充有之，也每是些荒谬物事，如今文家经世之论等。[3]

这等于是昭示了数年之后傅斯年创办历史语言所实在是一种必然。他同时又对古史中的具体问题发表了看法：

> 禹、舜、尧、伏羲、黄帝等等名词的真正来源，我想还是出于民间。除黄帝是秦俗之神外，如尧，我拟是唐国（晋）民间的一个传说。舜，我拟是中国之虞或陈或荆蛮之吴民间的一个传说。尧、舜或即此等地方之君（在一时）。颛顼为秦之传说，喾为楚之传说，或即其图腾。帝是仿例以加之词（始只有上帝但言帝），尧、舜都是绰号。其始以民族不同方域隔膜而各称其神与传说；其后以互相

---

[1] 《性命古训辨证》，《傅斯年全集》第二卷，第 570 页。
[2] 王汎森：《傅斯年：中国近代历史与政治中的个体生命》，第 72 页。
[3] 傅斯年：《与顾颉刚论古史书》，原载 1928 年 1 月 23 日、31 日《国立第一中山大学语言历史学研究所周刊》第二集第十三、十四期，《傅斯年全集》第一卷，第 445—473 页。据该文所附顾颉刚的按语，傅斯年此文从 1924 年 1 月写起，直到 1926 年 10 月乘船从欧洲返国，仍未完稿。

流通而传说出于本境，迁土则变，变则各种之装饰出焉。

1927年，傅斯年结束了七年的欧洲留学生活返国。甫一回国即就任中山大学文科主任，创办中山大学语言历史研究所。在《语言历史学研究所周刊》发刊词中，傅斯年第一次吐露了他对未来的心声：

> 现在国立第一中山大学设立语言历史学研究所，给予我们以研究工作，我们对于这个机关抱有很大的希望。我们要打破以前学术界上的一切偶像，摒除以前学术界上的一切成见！我们要实地搜罗材料，到民众中寻方言，到古文化的遗址去发掘，到各种的人间社会去采风问俗，建设许多的新学问！[1]

在这里，傅斯年揭示了重建中国语言历史之学的三个重要途径——到民众中寻方言，到古文化的遗址去发掘，到民间去采风，统而言之，就是"要实地搜罗材料"。这就难怪一年之后，他创办中研院史语所，大声疾呼"近代的历史学只是史料学"了：

> 历史学和语言学在欧洲都是最近才发达的。历史学不是著史：著史每多多少少带点古世中世的意味，且每取伦理家的手段，作文章家的本事。近代的历史学只是史料学，利用自然科学供给我们的一切工具，整理一切可逢着的史料，所以近代史学所达到的范域，自地质学以至目下新闻纸，而史学外的达尔文论正是历史方法之大成。[2]

---

[1] 傅斯年：《〈语言历史学研究所周刊〉发刊词》，原载《国立第一中山大学语言历史学研究所周刊》第一集第一期，1927年11月，收入《傅斯年全集》第三卷，第12—13页。
[2] 傅斯年：《历史语言研究所工作之旨趣》，原载《国立中央研究院历史语言研究所集刊》第一本第一分，1928年10月，收入《傅斯年全集》第三卷，第3—12页。

这一时期，傅斯年在不同场合反复阐述这一观点，如他向中央研究院报告本所工作时就说：

> 此项旨趣，约而言之，即扩充材料，扩充工具，以工具之施用，成材料之整理，乃得问题之解决，并因问题之解决引出新问题，更要求材料与工具之扩充。如是伸张，乃向科学成就之路。[1]

在给友人的信中他也作如是说：

> 研究所的宗旨，一、到处找新材料。二、用新方法（可行付给之工具）整理材料。其事业：一、助有志此项研究之学者；二、继续已动手之工作之进行（有他处已动手，而力不足遂止者）；三、自己创始几件合众力方可成功的工作；四、训练若干有新观点、用新方法之少年工作者（我们都算在老年列里）；五、为全国同趣味之人创一个刊印研究结果，并奖励机关。此必我兄所赞同也。[2]

或曰：

> 敝所设置之意，并非求继续汉学之正统，乃欲以"扩充材

---

[1] 傅斯年：《国立中央研究院历史语言研究所十七年度报告》，《傅斯年全集》第六卷，第9页。
[2] 1929年10月6日傅斯年致冯友兰、罗家伦、杨振声信，《傅斯年全集》第七卷，第81—82页。

料，扩充工具"为方术，而致中国历史语言之学于自然科学之境界中。[1]

这一阶段，傅斯年不仅以"史学即是史料学"的观点来要求史语所同人，他本人在研究中也身体力行，注意践行这一宗旨。同在1928年，傅斯年在他的《中国古代文学史讲义》中就单列有"史料论略"一节，专门讨论史料的性质与整理，比较清晰地反映了史语所创办初期他的史学观点：

> 整理史料是件很不容易的事，历史学家本领之高低全在这一处上决定。后人想在前人工作上增高：第一，要能得到并且能利用人不曾见或不曾用的材料；第二，要比前人有更细密更确切的分辨力。近年能利用新材料兼能通用细密的综合与分析者，有王国维先生的著作，其中甚多可为从事研究者之模范；至于专利用已有的间接材料，而亦可以推陈出新找到许多很有关系的事实者，则为顾颉刚先生之《古史辨》诸文（多半尚未刊印）。[2]

随着时间的推移，傅斯年对于史料和史学的认识更趋成熟。1933年，傅斯年在执掌史语所的同时也在北大历史系讲授"史学方法导论"课程，并为此编写了同名讲义，系统阐述了他的史学观念和史学研究方法。[3] 该讲义凡七讲，分别是：

第一讲　论史学非求结论之学问

---

[1] 1930年9月13日傅斯年致王献唐信，《傅斯年全集》第七卷，第92页。
[2] 傅斯年：《中国古代文学史讲义》之"史料论略"，《傅斯年全集》第二卷，第43页。
[3] 傅斯年：《史学方法导论》，《傅斯年全集》第二卷，第307—351页。

　　　　论史学在"叙述科学"中之位置
　　　　论历史的知识与艺术的手段
　　第二讲　中国及欧洲历代史学观念演变之纲领
　　第三讲　统计方法与史学
　　第四讲　史料论略
　　第五讲　古代史与近代史
　　第六讲　史学的逻辑
　　第七讲　所谓"史观"

可惜讲义已无完稿，仅存第四讲"史料论略"，但恰好可以体现傅斯年的史学态度。在该讲的开首，傅斯年即阐述了以下三点：

　　一、史的观念之进步，在于由主观的哲学及伦理价值论变做客观的史料学。
　　二、著史的事业之进步，在于由人文的手段，变做如生物学地质学等一般的事业。
　　三、史学的对象是史料，不是文词，不是伦理，不是神学，并且不是社会学。史学的工作是整理史料，不是做艺术的建设，不是做疏通的事业，不是去扶持或推倒这个运动，或那个主义。

所以傅斯年在课堂上告诫学生："史学就是史料学，这话是我们讲这一课的中央题目。"在这样的观念支配下，"扩充材料，扩充工具"就成为了史语所的立所之纲，而在傅斯年眼里，考古学恰好就是符合这两项标准的新学问。傅斯年说：

　　考古学是史学的一部分，这个部分与其他部分不同，因其与自然界有关；与地质学是不能分开的，如离开了地质学，考古学就失其效用,考古学就根本不能成立的。所以考古学在史学当中是一个独异的部分。

　　古代史的材料,完全是属于文化方面,不比现代材料,多可注意于人事方面,因为文化史,特别是古代史的着意点,不是单靠零碎的物件,一件一件的去研究,必定有全部的概念方可。用一件一件的东西去研究,固然有相当的结果,所得究竟有限,况其物的本身,间有可怀疑之处,所以应当注重整个的观念。(1)

待史语所殷墟发掘开始之后,傅斯年更是对考古学充满了自信:

　　吾等所敢自信者,为近代科学的考古方法。故以殷墟为一整个问题,并不专注意甲骨等。满意工作经若干年,为中国古史解决若干重要问题,为中国史学争国际的地位,故李济、董作宾先生等在场工作,方法求其至细,工具求其至精,记录求其详尽。近代考古学之殊于传统的古器物学处,即在问题之零整,记录之虚实,目证之有无。(2)

傅斯年坚信殷墟发掘对于重建殷商古史乃至理解整个中国上古史具有决定性意义。在殷墟发掘后不数年,傅斯年就把可信的古史上推到殷商时代:

　　中国史之起点:据传说在五千年以前,然舍神话及传说而但

---

(1) 傅斯年:《考古学的新方法》,原载 1930 年 12 月《史学》第一期,《傅斯年全集》第三卷,第 88—95 页。
(2) 傅斯年:《致〈史学杂志〉编辑先生函》,《傅斯年全集》第三卷,第 64—66 页。

论可征之信史,实始于殷商之代,唐虞夏后,文献不足征也。[1]

他后来更指出:

> 古史者,劫灰中之烬余也。据此烬余,若干轮廓有时可以推知,然其不可知者亦多矣。以不知为不有,以或然为必然,既违逻辑之戒律,又蔽事实之概观,诚不可以为术也。今日固当据可知者尽力推至逻辑所容许之极度,然若以或然为必然,则自陷矣。即以殷商史料言之,加入洹上之迹深埋地下,文字器物不出土中,则十年前流行之说,如"殷文化甚低""尚在游牧时代""或不脱石器时代""《殷本纪》世系为虚造"等见解,在今日容犹在畅行中,持论者虽无以自明,反对者亦无术在正面指示其非是。差幸今日可略知"周因于殷礼"者如何,则"殷因于夏礼"者,不特不能断其必无,且更当以殷之可借考古学自"神话"中入于历史为例,设定其必有矣。夏代之政治社会已演进至如何阶段,非本文所能试论,然夏后氏一代之必然存在,其文化必颇高,而为殷人所承之诸系文化最要一脉,则可就殷商文化之高度而推知之。[2]

从学生时代坚持"平王以降,始有信史可言",到主张"可征之信史,实始于殷商之代",再到相信"夏后氏一代之必然存在,其文化必颇高",其间的变化不可谓不大,而这一切显然都拜考古学之赐。

但最可玩味的是,傅斯年固然希望史语所诸同人能够"动手动脚"找来新史料,但他在重视出土材料和明清内阁档案等"直接史料"的

---

[1] 傅斯年:《东北史纲》,《傅斯年全集》第二卷,第383页。
[2] 傅斯年:《性命古训辨证》,《傅斯年全集》第二卷,第594页。

同时，其实并不轻忽传世文献这类"间接史料"，而且强调两者颇可相互发明。

首先，傅斯年认为"间接材料"是研究者理解"直接材料"必不可少的知识背景。他说：

> 若是我们不先对于间接材料有一番细工夫，这些直接材料之意义和位置，是不知道的，不知道则无从使用。所以玩古董的那么多，发明古史的何以那么少呢？写钟鼎的那么多，能借殷周文字以补证经传的何以只有许瀚、吴大澂、孙诒让、王国维几个人呢？……所以持区区的金文，而不熟读经传的人，只能去做刻图章的匠人；明知《说文》有无穷的毛病，无限的错误，然而丢了他，金文更讲不通。……以上说直接材料的了解，靠间接材料做个预备，做个轮廓，做个界落。

反过来，傅斯年也主张直接史料对间接史料的"校正"作用：

> 一旦得到一个可信的材料，自然应该拿他去校正间接史料。间接史料的错误，靠他更正；间接史料的不足，靠他弥补；间接史料的错乱，靠他整齐；间接史料因经中间人手而成之灰沉沉样，靠他改给一个活泼泼的生气象。[1]

傅斯年对"直接材料"和"间接材料"的区分，可以说是颇具"二重证据"的意味，而这也是傅斯年一直以来秉持的态度。如早在1926年，他读到顾颉刚的《古史辨》时，即与胡适谈道：

---

[1] 傅斯年：《史学方法导论》，《傅斯年全集》第二卷，第307—351页。

> 颉刚的《古史辨》，我真佩服得"五体投地"。……同类的思想，我也零零碎碎的以前想到几条，只是决不会有他这样一体的解决（系文题）。这一个中央思想，实是亭林、百诗以来章句批评学之大结论，三百年中文史学之最上乘。由此可得无数具体的问题，一条一条解决后，可收汉学之局，可为后来求材料的考古学立下一个入门的御路，可以成中国……之结晶轴。[1]

所以，傅斯年并不是要简单地抛弃间接史料，而是希望能够找到处理这类史料的科学方法——比如顾颉刚的《古史辨》方法。而在1932年出版的《东北史纲》第一卷中，我们可以窥见他对两类史料的运用方法：

> 一、近年来考古学者人类学者在中国北部及东北之努力已证明史前时代中国北部与中国东北在人种上及文化上是一事。
> 二、以神话之比较为工具，已足证明历代之东北部族与开中国历史之朝代有密切之关系。
> 三、以殷商朝鲜肃慎等地名之核比，知在中国史之初期中，渤海两岸是一体。
> 四、更以诸史所记东北部族之习俗生活等，知其与所谓"汉人"有一共同的基本成分，转与漠北之牧族，西域之胡人，截然不同。
> 人种的，历史的，地理的，皆足说明东北在远古即是中国之一体。此系近代科学寻求所供给吾等之知识，有物质之证明，非揣测之论断。[2]

---

[1] 1926年8月17—18日傅斯年致胡适信，《傅斯年全集》第七卷，第42—43页。
[2] 傅斯年：《东北史纲》，《傅斯年全集》第二卷，第396页。

傅斯年重视史料，自然是为了写出新的科学的古史。1934年，傅斯年在北京大学历史系讲授"中国上古史单题研究"一课，从他拟定的课程纲要里我们大致可以看出傅斯年对中国上古史的整体理解及著史方式：

> 此科所讲，大致以近年考古学在中国古代史范围中所贡献者为限，并以新获知识与经典遗文比核，以办理下列各问题：(1) 地理与历史。(2) 古代部落与种姓。(3) 封建。(4) 东夷。(5) 考古学上之夏。(6) 周与西土。(7) 春秋战国间社会之变更。(8) 战国之大统一思想。(9) 由部落至帝国。(10) 秦汉大统一之因素。[1]

以"新获知识"和"经典遗文"来整理古史，其实是傅斯年一以贯之的态度。然而，傅斯年虽于史语所有创立之功，但无奈他"非官非学"，"无半月以上"可以连续为其自由支配的时间，所以很难将他的理念真正付诸自身的研究实践中来。[2] 所幸的是，傅斯年选定了李济担任史语所考古组主任，这位远离政治、心无旁骛的学者在实际上组织实施了该所古史重建的使命。[3]

1928年冬，李济在毫无思想准备的情况下接受了傅斯年的邀请，答应出任该所考古组主任，并立即赶赴安阳，与已经主持了殷墟第一

---

[1] 傅斯年：《中国上古史单题研究课程纲要》，1934年度《国立北京大学一览》，《傅斯年全集》第五卷，第42页。
[2] 傅斯年：《性命古训辨证》序，《傅斯年全集》第二卷，第502页。
[3] 如李济的高足许倬云就回忆道："济之师只喜欢学术工作，除了学术工作以外，不慕荣华，多次中央研究院院长出缺，他代理院务，却拒绝出任院长。他以自由主义者的立场，始终不支持蒋介石的专制及国民党的威权，只因为他无所求，他才能在蒋氏面前，不卑不亢，泰然自若。这是从智慧延伸而得的自尊，智者与勇者，本是一体。"参看《长忆济之师：一位学术巨人》，《家事、国事、天下事——许倬云先生一生回顾》附录一，南京大学出版社，2012年，第349—353页。

次发掘的董作宾会面。[1] 1929 年秋, 也就是殷墟第三次发掘结束之后, 考古组不仅收获了刻字甲骨、刻花骨片和白陶等精美器物, 而且采集了"那极多极平常的陶片、兽骨等", 李济由此展望"在这种材料上我们希望能渐渐地建筑一部可靠的殷商末年小小的新史"。[2]

但是, 通过锄头考古学发掘出的新史料来构建"殷商末年小小的新史"还不是李济的终极目标, 因为他深切地知道:

> 现代中国新史学最大的公案就是中国文化的原始问题。要研究这个问题, 我们当然择一个若明若昧的时期作一个起发点; 这个时期, 大部分的学者都承认在秦汉以前的夏商周三个朝代。因为我们中国文化的基础是在这"三代"打定的。要能把这将近两千年长的文化找出一个原委, 中国文化的原始问题, 大部就可解决。……要是我们能够如此一步一步的追寻出来, 中国早期文化的递嬗的痕迹, 当然也就可以看出来了。[3]

寻找中国文化的源头才是李济的根本目标, 而殷墟则是实现这个目标的起点。以殷墟为起点去追溯更早时期的中国文化, 实际上就是重建中国上古史的另一种表述。从构建"殷商末年小小的新史"出发, 进而建筑"新中国上古史", 这就是李济为史语所同志所描绘的宏伟蓝图。李济曾经说:

---

[1] 有关 1928 年冬傅、李二人的初次会面以及李济受邀加入史语所的经过可参看李济所撰的《傅所长创办史语所与支持安阳考古工作的贡献》一文, 原载《传记文学》第 28 卷第 1 期 (1975 年);《李济文集》卷五, 上海人民出版社, 2006 年, 第 234—237 页。
[2] 李济:《民国十八年秋季发掘殷墟之经过及其重要发现》, 原载《安阳发掘报告》第二期 (1930 年);《李济文集》卷二, 第 225—248 页。
[3] 李济:《中国古器物学的新基础》, 原载《台湾大学文史哲学报》第 1 期 (1950 年);《李济文集》卷一, 第 334—344 页。

自从研究院开始发掘殷墟以来，我们就感觉到有发掘附近遗址的必要。所选择的第一个是殷墟东南靠平汉路的一个鼓出的地方，土名叫后岗。发掘是梁思永君一人经手的。作了两次，他就得到了我们天天梦想而实在意想不到的发现。……无疑的，这是一个极重要的发现。第二次后岗发掘以后，我们又在后岗西北的侯家庄与河南浚县大赉店发现堆积情形与后岗相同的遗址。这更可证明这三组文化相互的关系了。当然这里边没解决的问题还多得很。这只算替中国建筑"新中国上古史"的同志辟开了一个比较可靠的出发点，由此往前就可以渐渐地到那平坦大路。[1]

　　但人算不如天算。殷墟发掘为古史重建开了一个好头，也为史语所赢得了崇高的学术声誉，但先后接踵的八年抗战和三年国内战争极大地束缚了史语所的工作。1949年，史语所迁台，李济从此失去了在中国大陆从事考古发掘的机会，他却开始全盘思考中国上古史的重建问题，并把殷墟作为古史重建的关键"支点"。李济相信："安阳的发现，一方面把地上与地下的材料联系起来，一方面把历史和史前史联系了起来。"[2]

　　但古史重建是个系统工程，究竟该从何着手？李济看到了这层纷扰，并提出了自己的见解：

　　　　就中国上古史说，亟待解决的问题，虽说是多方面的，但是，据我个人看来，有两个基本课题，比其他题目更为重要。这两个课题的一个，是构成中国民族的人种问题。……我们基本课

---

[1] 李济：《中国考古学之过去与将来》，原载《东方杂志》第31卷第7号（1934年）；《李济文集》卷一，第325—331页。
[2] 李济：《中国上古史之重建工作及其问题》，原载《民主评论》第5卷第4期（1954年）；《李济文集》卷一，第353—360页。

题的第二个——中国文化的开始。⁽¹⁾

追寻中国民族和中国文化之原始,实际上早已蛰伏在李济心中。早在学生时代,李济就曾经在一份《自撰简历》中表述了如下的志向:

> 他的志向是想把中国人的脑袋量清楚,来与世界人类的脑袋比较一下,寻出他所属的人种在天演路上的阶级出来。要是有机(会),他还想去新疆、青海、西藏、印度、波斯去刨坟掘墓、断碑寻古迹,找些人家不要的古董来寻绎中国人的原始出来。⁽²⁾

李济在史语所所做的努力实际上是践行了他年轻时代的理想,但此时的李济更是赋予了古史重建这项工作以重大的社会意义,希望通过历史和考古学者的工作来树立民族自信心和自豪感。⁽³⁾他说:

> 我们相信,健全的民族意识,必须建立在真实可靠的历史

⟨1⟩ 李济:《再谈中国上古史的重建问题》,原载《中央研究院历史语言研究所集刊》第33本(1962年);《李济文集》卷一,第406—416页。
⟨2⟩ 李济手稿,据李光谟估计,当写于1920年李济离开克拉克大学去哈佛研究院前后,《李济文集》卷五,第412页。
⟨3⟩ 在一些西方学者看来,中国考古学具有强烈的"民族主义"色彩,如普林斯顿大学贝格利教授在《剑桥先秦史》"商代考古"中就指出:"考古学压倒一切的任务是满足强烈的民族主义需要。由于这一因素,当时(中国考古初期)没有什么比找出安阳文明的本土源头更受到重视。……通过显示其证史能力,安阳发掘为考古学这样一个国共两党均不重视的学科(两党均将外国学者排斥在田野工作之外)在中国赢得了立足点,但其代价是它成了证史的工具。"参看唐际根《考古学·民族主义·证史倾向——〈剑桥中国史·商代考古〉提出的问题》,《考古与文化遗产论集》,科学出版社,2009年,第9—16页。类似地,美国学者罗泰也认为:"考古学被接纳是因为在她的处女航中(如果可以这样说的话),为反驳'疑古派'提供了武器,并能被用来维护传统。"参看洛沙·冯·福尔肯霍森(罗泰)著,陈淳译:《论中国考古学的编史倾向》,《文物季刊》1995年第2期。

上。要建设一部信史，发展考古学是一种必要的初步工作。[1]

在李济的晚年，他更是竭尽全力地推动《中国上古史》的编撰工作，并始终强调民族的发展和文化的演进两大主题：

> 五十余年来，地下发掘出来的考古资料已经累积到一个颇为可观的数量，发表的报告不断地透露了在远古的时代，中国民族与文化形成的消息。……如何把这批史前的史料与中国文明的黎明期衔接起来，实为治中国上古史的同志们当前面临的一个紧要课题。……如何整理？我们想尝试这一件工作。我们的目的是想编辑一部比较可信的中国上古史。我们无意再写一部偏重政治方面的专史，褒贬过去的帝王卿相，评论每一朝代的兴替。我们想把它的重心放置在民族的发展与文化的演进两组主题上。[2]

从1928年傅斯年创办史语所，到1972—1985年四卷本《中国上古史》（待定稿）在史语所陆续出版，历经半个世纪，虽然结果差强人意，但傅斯年和李济古史重建的理想得以部分地实现，呼应了傅斯年当年发出的让"科学的东方学之正统在中国"的呐喊。[3]

---

[1] 李济：《〈田野考古报告〉编辑大旨》，原载《田野考古报告》第1册（1936年）；《李济文集》卷一，第332—333页。
[2] 李济：《〈中国上古史〉编辑计划的缘起及其进行的过程》，原载《中国上古史（待定稿）·第一本》（1972年）；《李济文集》卷五，第151—153页。
[3] 《中国上古史》拟定一百个题目，分属史前部分、殷商篇、两周篇，1972年第一本出版后，因为数位学者相继谢世，撰写计划陷于停顿。直到1985年才推出第二本殷商篇和第三本两周篇之一"史实与演变"与第四本两周篇之二"思想与文化"，四本总共66篇论文，实际上相当于四部论文集。故有学者认为"称为《中国上古史》，有点名不副实"。参看宋镇豪主编《商代史》卷一《商代史论纲》总序"重建商代史的学术使命与契机"，中国社会科学出版社，2011年。

三　徐旭生与苏秉琦的古史重建

1919 年夏,在法国巴黎大学学习了六年哲学的徐旭生回到中国,开始在河南开封第一师范学校及河南留学欧美预备学校教课。两年后,他受聘于北京大学哲学系,讲授西洋哲学史。[1] 但令徐旭生本人也没有想到的是,此次北京之行会让原本专攻西洋哲学的他从此走上研究中国古史的道路。他自己后来追记道:

> 回忆我自 1921 年后在北京大学任教,当日我国的史学界受欧西科学的影响,对古史材料重新估价的口号高唱入云,我个人也未能自外于时代思想的潮流。不过因为我在法国留学时学的是哲学,所以在北大教的总不出哲学史的范围,对于历史自身没有时间向前深造。

但这一时期异军突起的"古史辨"运动深深刺激了徐旭生,他说:

> 1923 年前后顾颉刚、刘掞藜二先生,对于禹是否天神,是否有实在的人格的讨论哄动一时,我对此问题虽也深感兴趣,但是因为没有工夫搜集资料,所以未能参加讨论。当时史学界的普通意见似有利于顾氏,可是我个人虽对他的工作有较高的评价,却绝以为他走得太远,又复失真,所以颇不以他的结论为是。[2]

虽然徐旭生没有参加到与"古史辨"派的论争中去,但他对史学的浓厚兴趣很快就有了实践的机会。1927 年,中瑞西北科学考察团成

---

[1] 有关徐旭生先生的生平可参看黄石林《徐旭生先生传略》,收入徐旭生《中国古史的传说时代》,广西师范大学出版社,2003 年,第 356—364 页。
[2] 徐旭生:《中国古史的传说时代》序言。

立,时任北京大学教务长的徐旭生出任中方团长,开始真正进入古史研究领域。[1]特别是1932年,徐旭生辞去北平师范大学校长的职务后,出任北平研究院史学研究院研究员、考古组组长,从此成为专职的史学研究人员。

与同时代大多数历史学者不同的是,徐旭生从一开始就主张历史研究不能"专在斗室故纸堆中绕弯子"[2],所以他到任北平研究院后即着手组建陕西考古会[3],亲自前往关中开展考古调查,探寻周秦两民族文化,并最终选定宝鸡斗鸡台遗址作为发掘地点的首站。[4]

中研院史语所专注于商,而北平研究院史学所则直奔周秦,这种选择当然不会是偶然的。作为这一过程的见证人,苏秉琦后来这样概括两家机构的目标与使命:

> 随着考古学的兴起,中国开始正式设置考古研究机构。南京的中央研究院,其中的历史语言研究所于1928年设考古组,一成立就直奔安阳,因为那里发现了甲骨文,目的是去研究商史。北平的北平研究院,其中的史学研究会(后改为所)于1929年设考古组,先去了燕下都,后去了陕西宝鸡,因为那里出了青铜器,目的是研究先周先秦史。由此可见,从考古学专门机构设置之日起,目标就很明确:为了修国史。[5]

---

[1] 有关中瑞西北科学考察团的情况可参看王可云《中瑞西北科学考察团研究》,华东师范大学历史系硕士学位论文,2005年。
[2] 徐旭生:《徐旭生西游日记》第一卷,宁夏人民出版社,2010年第2版,第2页。
[3] 罗宏才:《民国时期陕西考古会成立之缘起与大致经过》,《考古与文物》1998年第3期。
[4] 关于斗鸡台遗址的发掘经过及意义可参看拙文《有心栽花与无心插柳——先周文化探索的早期阶段》,收入《追迹三代》,上海古籍出版社,2015年,第469—500页。
[5] 苏秉琦:《圆梦之路·上》,《东南文化》1995年第4期;《圆梦之路·下》,《东南文化》1996年第1期。

陕西考古调查和斗鸡台遗址的发掘让徐旭生彻底完成了从哲学研究者到史学研究者的转变。但是，虽然徐旭生是北平研究院在陕西考古工作的策划者和领导者，但他本人这一时期的研究重点却不是斗鸡台遗址的发掘品。他自述这一阶段的研究经历是：

> 等到 1932 年我接受了前北平研究院史学研究会（至 1937 年春改所）的聘约以后，才专心研究历史。不过接续五六年间总是在陕西的黄土原上面奔走，从事调查及发掘的考古工作，还没有工夫对有文字的古史作进一步的研究。……1938 年冬到昆明，次年春在昆明附近的黑龙潭定居。……遂立意拿我国古史上的传说材料予以通盘的整理。……传说时代的范围，上限未能定，下限暂定于商朝的盘庚迁殷以前，因为到盘庚迁殷以后就已经有明确的史料，进入了狭义的历史范围，不属于传说时代了。[1]

徐旭生对古史传说材料通盘整理的结果就是完成了名著《中国古史的传说时代》，他概括自己的研究方法是：

> 工作的程序，是先把先秦古书中属于普通历史的材料仔细检查一遍，并且把这些段落勾画出来，请人把它完全抄录在一个本子上以便检查（专书如《尚书》前五篇、《史记》前三篇等不抄）。……这样比较的结果，才看出我国古代的部族的分野，大致可分为华夏、东夷、苗蛮三集团——仔细分析也未尝不可以分为六部分，因为西北方的华夏集团本来就分为黄帝、炎帝两大支，黄帝支居北，炎帝支居南。

---

[1] 徐旭生：《中国古史的传说时代》序言。

徐旭生的这部著作，与其说是为了重建古史，倒不如说是为了消除"疑古"思潮对于学界的影响。因为当时"极端的疑古派学者对于夏启以前的历史一笔勾销，更进一步对于夏朝不多几件的历史，也想出来可以把它们说作东汉人伪造的说法，而殷墟以前漫长的时代几乎变成白地"。因此，徐旭生写作《中国古史的传说时代》这本书的目的有二：一是巩固国人对于古史的信心，二是寻找正确的古史研究方法。尤其在后一点上，徐旭生着墨尤多，体现了良好的学术素养。

在该书首章"我们怎样来治传说时代的历史"中，徐旭生首先罗列了"古史辨"派学者在研究方法上的四点重大缺陷：第一，太无限度地使用默证；第二，武断地对待反证；第三，过度强调古籍中的不同记载而忽视其共同点；第四，混淆神话与传说。进而强调了古史研究中应该注意的三个基本问题：第一，我民族初入历史的时候，也同其他古代民族初入历史的时候一样，为复杂的，非单纯的；第二，综合材料比未经系统化的材料价值低；第三，需注意此期史料原始性的等级性。

可以说，这一时期徐旭生对于如何重建古史进行了深入思考，他对于传说时代的古史研究方法以及相关认识除了集中见于《中国古史的传说时代》一书外，还体现在他与苏秉琦合写的《试论传说材料的整理与传说时代的研究》一文中。⁽¹⁾ 在该文的引言中，徐旭生明确指出：

⟨1⟩ 徐旭生、苏秉琦：《试论传说材料的整理与传说时代的研究》，原载北平研究院史学研究所《史学集刊》第五期，1947年。收入《苏秉琦文集》二，文物出版社，2009年，第54—69页。在徐旭生执笔的"引言"中，他对此文的撰作背景有详细的说明："如果我们肯仔细地想一想，就不难看出不能得到公同承认的结果的真正原因，是由于没有预先找出来一个公同承认的方法。……曾写出一篇《整理我国古代文献方法之商榷》。……文成之后，友人苏秉琦先生就本诸我的意思另外写成一篇，其条理尚有愈于余文之处。我们的文章写成已经二三年，也还没有发表。因为在昆明时，耗子太多，我的原稿的后一二页被它们拉去垫窝，遂不完全。……而重写现在也尚无兴趣，因此就劝苏君将他草成的稿子发表，我又为之校改一遍，所以这篇文字可以说是我们两个共同拿出来的同大家商讨的。"

> 一部理想的中国上古史必须是根据全部可用的文献、传说和遗物，三种材料综合运用，适当配合，写成的。迄今为止，我们还没有看到这样的一部书的主要原因，恐怕多半还是由于基本的准备工作不够。

他进而对三种史料各自的优劣进行了详细分析：

> 文献，主要是流传下来的古代典籍。其次是各种古器物上的文字。……大体说来，以现有的基础而论，在古史研究中，这一类材料算是最严整的了。
>
> 传说，即是先由口耳相传，经过千百年后，始被写下来的历史故事。这自然不是一等的史料。但其对于古史的研究自有其重要地位，不可随便抹杀。……所以，这一部分材料亦是研究古史的一种基本材料。……关于这些传说材料的利用和处理，恐怕是最麻烦，最头痛的问题了。
>
> 遗物是考古学和民族学的研究对象。近代的考古学，在我国的历史还很短。发掘的工作还少，已发表的材料尤少。……将来必有一天，我们可能根据丰富可靠的地下遗物遗迹，和考古学的成就，来描述中华民族的史前文化。即使有文字以后，如商周的历史，亦定可借地下发现的新材料，新事实，大量的充实其内容，改正其史籍记载的错误。

虽然徐旭生和苏秉琦都是刚刚接触到考古学，并对考古学寄予了厚望，但他们对考古学和考古材料的局限性已经有了清醒的认识：

> 但存在于我们传说材料中的世次还多，各部族的远代故事还

多。要想把它们一一用地下材料来证实或否定，是不可能的。将来我们由地下发现的材料，尽管比现有的再加上十倍百倍千倍，我们由此所能知道的，永不外是些"打制石器""磨制石器""彩陶""黑陶""甲文化""乙文化"。我们永远不会发现哪些是黄帝炎帝；哪个是尧墟舜墟。

这就是说，在徐、苏师徒二人看来，要建设真正的古史，仅靠考古材料是远远不够的，必须倚重文字和传说材料，它们三者之间的关系是：

> 如果我们把我们的上古史当作一出三幕剧来看，……第一幕，即"史前史"。……第二幕，即"传说时代"。第三幕，即"历史时期"。有了文字记载，亦即犹如一部真实但残缺的"本事"。再配合上考古材料，传说材料，我们对于这最后的一幕戏剧，纵不可能完全复原重演，但剧中人的音容笑貌，剧情始末，至少已有了部分真实的记录。它的内容形式亦有了一定的标准。我们如果把传说材料删掉，我们的古史将不成为一个整体。我们的传说材料，如不加整理，则其史料价值亦将永远是一个无法计算的"未知数"。

他们甚至认为：

> "传说时代"的史料，如前所说，有两大部分：一、是包括于先史考古学中的"地下遗物"；一、是包含于各期典籍中的"传说"。我们由先史考古学的研究所得的譬如是真正的历史开场以前的舞台布景。至于这出历史大戏开场以前的"楔子"或者"冒戏"乃是以传说（包括歌谣古迹）的形态保存下来的。唯有靠了这些"传说"，我们才可能把这一段有文字以前的历史模拟想象出它的十分或百分之一二的真相，才可能把完全茫昧（不是完全没有文

化）的先史文化时期，与有真实记载的历史时期，互相联系起来。

这实际上就是说，单凭考古材料，只能"见物"，只有结合文献和传说材料，才能"见人"，建设起真正鲜活的历史。而在当时，不仅是徐旭生和苏秉琦有这种想法，其他很多学者也作如是想，后来张光直对此有个很好的概括：

> "疑古"的气氛极浓的时候，大家颇有把伪古史一笔勾销，寄真古史之希望于考古学上的趋势。考古学在华北开始了几年，史前的文化遗物开始出现之后，史学家逐渐对考古资料感觉失望起来，因为在这些材料里，固然有石斧有瓦罐，但可以把黄帝、尧舜等古史人物可以证实的证据之发现，似乎逐渐成为一个渺茫的希望。30年代以后，有的史学家似乎逐渐采取了"各行其是"的态度——考古者考其古史，而神话资料上亦可以"重建"先殷古史。换言之，传统的先殷古史是神话，但其材料可以拿来拆掉重新摆弄一番，建立一套新的先殷古史。……新的先殷古史，固然仍使用老材料，但都是经过一番科学方法整理以后的结果，其可靠性，比之传统的神话，自然是大得多了。[1]

正是在此背景下，徐旭生出版了《中国古史的传说时代》，而苏秉琦则完成了《斗鸡台沟东区墓葬》。前者是典型的使用新方法整理老材料，而后者则属于使用新工具整理的新材料，徐、苏师徒二人实际上代表了这一时期古史重建两条最主要的路径。

但世界终究是属于年轻人的，学术研究亦然。新中国成立之后，

---

[1] 张光直：《商周神话之分类》，原载《中央研究院民族研究所集刊》（1962）14，此据《中国青铜时代》，生活·读书·新知三联书店，1999年，第358—396页。

徐旭生作为考古界的元老，供职于新成立的中国科学院考古研究所，并以1959年的夏墟调查而开启了夏文化探索的先声[1]，但是重建古史的重任还是交到了年富力强的苏秉琦手里。

对于当年在徐旭生的指导下参加斗鸡台遗址的发掘并整理出土材料，苏秉琦曾经再三表示这是他一生学问事业的关键点，由衷地感慨自己遇到了"好的课题，好的导师，好的切入点"。[2] 虽然日后苏秉琦走上了与徐旭生颇为不同的研究道路，成长为一位非常纯粹的考古学家，并被尊为考古学"中国学派"的奠基人，但他的毕生研究其实有深深的徐旭生烙印。[3]

---

[1] 徐旭生：《1959年夏豫西调查"夏墟"的初步报告》，《考古》1959年第11期。
[2] 陕西省考古研究院：《追寻八十年前巨人的足迹——"纪念宝鸡斗鸡台考古80周年座谈会"纪要》，《中国文物报》2014年5月23日第6版。据苏秉琦哲嗣苏恺之先生回忆，苏秉琦先生分别在20世纪60年代和1994年两次向他表述了此一层含义。
[3] 据俞伟超、张忠培的描述，考古学的"中国学派"是由指导思想、方法论和目的性三方面结合在一起的考古学研究。"第一是以马克思列宁主义、毛泽东思想为指导，从考古材料出发，运用考古学的方法，仔细观察与分析考古现象所呈现出的矛盾，具体地研究中国境内各考古学文化所反映的包括生产力和生产关系、经济基础和上层建筑这些内容的社会面貌及其发展阶段性"；"第二是在科学发掘的基础上，运用由我国学者所发展了的考古类型学方法，分区、分系、分类地研究各考古学文化的发展过程，通过考察我国考古学文化的谱系来研究中国这一以汉族为主体的多民族国家的形成过程，研究这一总过程中各考古学文化的相互关系及其发展的不平衡性"；"第三是这种研究，以揭示历史本来面貌作为目的，对促进人民群众形成唯物主义历史观，激发他们的爱国主义、国际主义和民族团结思想情感，有着重要的作用"。参看他们执笔的《苏秉琦考古学论述选集》编后记，文物出版社，1984年。但有意思的是，当时中国考古学的领导者夏鼐则并不认同有所谓"中国学派"，他在日记中质疑道："（苏秉琦说）我国的考古工作及考古学发展已进入一个新时代，它的主要标志是：一、已有相当数量的一批比较系统而不是零星的，扎扎实实的而不是草率的田野考古工作、工地和原始资料（鼐按：这只是相对而言，'新时代'是质变而不是量变。从量变到质变，什么数量才算是'新时代'呢？）。二、已经初步形成具有中国特色的学科体系（鼐按：曾问过这与所谓'中国学派的考古学'是否一回事？所谓'特色'是体系的特色，或仅以内容是中国材料，犹是中国特色的历史，即中国史。他说这是后者）。三、已有一批在建国后新培养成长起来的专家学者（鼐按：要有新人，是必要的，但有新人并不便是新时代，还要新人的学术思想及拿出的成果，是否足以代表）。"参看《夏鼐日记》第9卷，华东师范大学出版社，2011年，第334页。

1952年8月，苏秉琦先是被委派来北大办考古人员训练班；9月，又受邀在北大办考古专业，担任专业主任。先后四届训练班学员以及北大考古专业培养出来的历届学生几乎是新中国考古的全部力量，作为专业主任，苏秉琦的学术思想自然深深地影响了整个考古学界。但与此同时，学生们在特定社会背景下所提出的诉求也几乎改变了苏秉琦的研究理路，一场关于考古学研究"见物不见人"的批斗令苏秉琦终生难忘。苏秉琦在他的长篇回忆录《圆梦之路》中对此事有详细的回顾：

> 1956年春，应届毕业班同学因为对各门课程教学不满意，一而再，再而三地向领导反映情况，得不到实质的改善，于是直接给校长写了一封长信，反映专业教学中的问题。同学们感到考古界那种"见物不见人"的研究和教学，那种封闭状态，与社会上轰轰烈烈的社会主义热情很不协调，他们不甘心于那份寂寞，要求改变现状，这种心情是可以理解的。这引起校领导的重视，并由副教务长张道纯亲自出马和系主任翦伯赞主持，召开了一次考古专业全体师生大会，让学生面对面地向教研室开炮。作为考古教研室的主任，我和同事们耐心听取同学们的意见。那次会给我的震动很大，我这才意识到，我和青年同学之间有这么大的距离，意见一大堆，言辞尖锐，而且火气很大，乍听起来很不舒服，细想起来又感到发人深思。难道我们不是生活在同一个社会里的人吗？为什么看问题的角度如此不同？为什么说我们讲的考古学"见物不见人"，难道我们教师讲的内容不是在探讨古代社会历史吗？同学们讲的"见物不见人"的这个"人"字究竟是什么意思？五十年代时考古专业师生之间在理论上不应有大的分歧，而在实践上却好像确有一条"代沟"。原因是什么呢？怎样解决呢？我反复思考着这个问题。

上文已经提到，苏秉琦在年轻时代也清楚地意识到考古材料都是哑巴材料，从瓦鬲陶罐中找不出三皇五帝来，换句话说，仅凭考古材料难以重建古史。学生的困惑其实也是苏秉琦自己的困惑，所以他束手无策，只能寻找援兵：

> 当我实在感到为难、没辙的时候，1958年春天，我就请尹达来给同学做报告。尹达是我三十年代的朋友，抗日战争爆发后，他"投笔从戎"跑到延安去了。他去延安前想的是到前方杀敌，不料当他去到延安之后，党组织却让他回去取来考古资料，在延安写《中国原始社会史》，这说明考古学对现实是何等的重要，到了五十年代，我们又成为合作共事的同志。我请他做报告时，他提出了"建立马克思主义的中国考古学体系"的口号，考古专业的同学们听过后受到鼓舞，我也觉得有道理。但是，如何在工作中把它变为现实呢？

那是一个说干就干的年代，苏秉琦和一众学生马上行动起来，为"建立马克思主义的中国考古学体系"而奋斗。⁽¹⁾他回忆道：

> 1958年8、9月间，在校党委的统一布置下，我们考古教研室教员与53、54级同学共同写书，为考古学寻找新的出路，口号就是"建立马克思主义考古学体系"，向庆祝建国十周年献礼。当时，"向苏联学习"的口号仍很响亮，对苏联的成就，包括考古学的成果仍深信不疑并视为楷模。师生们共同写书时，是以《家庭、

⟨1⟩ 在这次师生合作编写《中国考古学》讲义过程中，苏秉琦主要负责编写"战国秦汉考古"。参与编写工作的除苏秉琦外，还有北大考古专业53级和54级学生祝广祺、高广仁、王鸿玲、高建民、杨式挺、俞伟超、徐光冀、马耀炘等人。参看苏秉琦《战国秦汉考古》"整理说明"，上海古籍出版社，2014年。

私有制和国家的起源》《古代社会》为红线，以苏联《考古学通论》《原始文化史纲》为样本来写中国考古学的。当时，师生合作分成旧石器时代、新石器时代、商周时期、战国秦汉时期、南北朝至宋元时期等编书小组，经过40天的奋战，写出了《中国考古学》各段初稿。经过反复修改，也向国庆十周年作了献礼。但是，写来写去，始终未能写出大家满意的结果。

虽然这次尝试并不十分成功，但苏秉琦并未停止探索的脚步。这一时期，他最主要的考古实践是主持洛阳中州路的发掘并指导发掘报告的编写。[1] 1954年秋至1955年春，考古所与河南文物工作二队在中州路进行了大规模发掘，主要遗迹是260座东周墓葬。在洛阳中州路，苏秉琦遇到的问题与他当年在斗鸡台的困境类似，都是要用类型学的手段把一堆无序的陶器整理出内在的演变逻辑来。有了斗鸡台的经验，苏秉琦不仅做到了，而且所做的远不止于此，他的学生俞伟超对这项工作的意义有如下的评价：

> 他在《洛阳中州路》一书中，又把260座东周墓分为大、中、小三型和七个期别，即将每一座墓当作一个整体来分型、分式，不仅找到了演化顺序，还看出了墓主身份的差别。如果说，类型学本是为了寻找考古学遗存形态变化过程而出现的，现在则上升到了可以探索人们社会关系的高度。这是类型学的一大进步。[2]

---

[1] 中国科学院考古研究所：《洛阳中州路（西工段）》，科学出版社，1959年。
[2] 参看俞伟超为苏秉琦《中国文明起源新探》一书所写的卷首语《本世纪中国考古学的一个里程碑》，生活·读书·新知三联书店，1999年。

俞伟超所谓"探索人们社会关系",具体来说就是:

> 在《中州路·结语》中,又把东周墓分为大、中、小三型;并进而分析出春秋前期只有大型铜器墓才有的鼎,春秋中期又出现于中型墓葬,至春秋晚期则小型陶器墓也用;而春秋中期只有中型陶器墓才出的陶鼎,到春秋战国之际则大型铜器墓也出。这种分析,开始揭示出东周时期鼎类礼器使用情况的变化,及其所反映的社会等级状况的某些变化。把整个墓葬加以分型,并注意到各型墓葬在不同期别发生的不同现象和某些现象的转移情况,是对墓葬进行分类研究的发端。在阶级社会时期,人们是被划分为等级的。对这时期的墓葬作分类研究,就可达到探索社会关系及其变化的深度。[1]

客观来说,虽然苏秉琦对斗鸡台和中州路出土材料的整理方式都具有开创性意义,迄今仍被中国考古学界奉为典范,并在长时期内深远地影响了数代考古学人,但如以古史重建的标准来衡量,这两项研究仍不能令人满意——因为这两处遗址出土的都是瓦鬲陶罐一类的"哑"材料,要从这部"天书"中寻找出它们的内在逻辑尚且不易,又何谈把它们用作重建古史的史料?斗鸡台发掘报告完全没有涉及特定的古史,而《洛阳中州路》虽然就随葬品组合的变化出发来尝试探索社会关系的变化,但距离古史重建还相当遥远。所以,张光直就曾经这样评价考古学在古史研究中的局限性:

> 从一个考古学者的立场来说,这些史学家对考古研究所能达

---

[1] 俞伟超、张忠培:《苏秉琦考古学论述选集》编后记。

到的"境界"的怀疑是有根据的,因为先殷的考古学恐怕永远是不能全部说明中国上古神话史的。考古学的材料是哑巴材料,其中有成群的人的文化与社会,却没有英雄豪杰个人的传记。假如夏代有文字,假如考古学家能挖到个夏墟,也许将来考古学上能把三代都凑齐全也说不定。但绝大部分的神话先殷史,恐怕永远也不可能在考古学上找到根据的。这是由于考古这门学问的方法和材料的性质使然,是没有办法的事。[1]

进入20世纪60年代,苏秉琦的研究工作又一次发生了变化。在当时,随着仰韶文化出土资料的日益丰富,如何正确认识这种分布范围广、延续时间长的考古学文化就成了急迫的问题。1965年,苏秉琦发表了著名的《关于仰韶文化的若干问题》一文[2],学术界评价这篇文章的重要意义"在于寻找到了一条考察各种考古学文化的正确途径:划分区域类型,按类型寻找来龙去脉,依期别分析社会面貌的变化"。苏秉琦自己也十分看重这项研究成果,他甚至认为正是对仰韶文化的研究才让他获得了考古生涯中的"顿悟":

> 从60年代前期把仰韶文化认识提高到分子水平及对类型的重新界定,使我们顿悟:不论是"修国史"还是"写续篇""建体系",都必须走这条路,必须首先从对文化遗存作分子分析和对考古学文化作比较研究入手,确定哪些遗存属于同一文化社会实体,各个文化群体各自经历了一种怎样的发展过程,它的原始公社氏族制度受何种动力的驱使发展到繁荣而又走向衰落,如何从氏族变为国家的,也就是在一个具体的考古学文化系统中文明因素如

---

[1] 张光直:《商周神话之分类》,《中国青铜时代》,第358—396页。
[2] 苏秉琦:《关于仰韶文化的若干问题》,《考古学报》1965年第1期。

何出现，国家又是如何一步一步形成的。只有这样，所写的历史才能符合史实，才能有血有肉，才能体现它的独具特征和它独具的发展途径，我们不能笼而统之，大而化之，把一般社会发展规律当成教条，添加些考古材料交差了事。[1]

因此，苏秉琦对于斗鸡台、中州路和仰韶文化的研究实际上树立了考古学研究的三个典范，即：

> 于40年代基本建立了单种器物的分型分式法，50年代发展为包括成组物品的遗迹单位的分型分式法，在60年代就又推进到考古学文化的分型分式法。[2]

苏秉琦对斗鸡台、中州路和仰韶文化研究的重要意义并不在于构建了与此相关的某一段古史，而是摸索出了分析处理考古材料的科学方法，找到了将考古材料升华为史料的有效途径，这种方法论上的探索可能比复原某段古史本身意义更加重大。在此后的学术生涯中，苏秉琦反复强调了把考古材料转化为史料的关键意义：

> 史前史的史源主要来自史前考古学，但史前史不等于史前考古学。考古学研究的对象是具体的遗址，具体的遗迹、遗物，这些古代物质遗存无疑具有珍贵的史料价值，但素材不等于历史，依考古文化序列编排出的年表也不等于历史。史前史不是田野发掘报告的堆砌，也不是田野考古资料的总合。从史前考古学到中国史前史要有个升华过程，即概括和抽象的过程，科学思维的过

---

[1] 苏秉琦：《中国文明起源新探》，第30—31页。
[2] 俞伟超、张忠培：《苏秉琦考古学论述选集》编后记。

程。……这就是说，从研究史前考古学到研究史前史，考古学家在思想观念上、工作上要有个转变。……只有依靠正确的观点、方法，才能驾驭浩如烟海、纷繁复杂的史料，对中国史前史做出科学的总结。[1]

在这一时期，苏秉琦对于古史重建有了更为自觉的追求，特别注重考古学研究要"见物见人"的诉求。在《关于仰韶文化的若干问题》的结语部分，苏秉琦指出"在关于仰韶文化的一系列问题之中，其中心问题是社会发展阶段（或性质）和民族文化关系"，试图把仰韶文化与特定的历史阶段和特定的族群联系起来，并就此两个核心问题给出了自己的回答：

> 仰韶文化大约同传说神农氏时代相当，河南龙山文化的早期则大约同传说黄帝尧舜时代相当。传说神农氏时代，是和平发展的时代，而传说黄帝尧舜时代则是在战争中诞生的，是在新与旧、人们集团与人们集团之间尖锐的矛盾斗争中启幕的。由此可见，仰韶文化向河南龙山文化早期及其相当诸文化类型的过渡之所以具有如此显著的飞跃形式，是同这一历史背景分不开的。
>
> 仰韶文化的两期是华族或华夏族（汉族）及其文化发生和最初形成的两阶段，也是华族同其他兄弟民族文化关系发展的两阶段。

但实际上，该文这一部分原稿的内容更为充实，但当时未能发表，直到1991年才在《辽海文物学刊》上刊出，并以原貌收入后来出

---

[1] 苏秉琦：《关于重建中国史前史的思考》，《考古》1991年第12期。收入《苏秉琦文集》三，第175—180页。

版的《苏秉琦文集》。⁽¹⁾从原标题"仰韶文化同历史传说的关系"就可以看出,苏秉琦始终在尝试把考古学文化与具体的历史联系起来。原稿"主要谈两个问题:(一)仰韶文化相当我国古代历史传说的哪一个发展阶段?(二)仰韶文化相当我国汉族共同体形成的哪一个发展阶段?"。对于前一个问题,苏秉琦的答案是:"仰韶文化只能是相当早于黄帝尧舜的神农氏时代,而仰韶文化的两期即神农氏时代的两阶段。"对于后者,苏秉琦认为:"仰韶文化应当相当华族或夏族的最初形成阶段。……华族的核心是仰韶文化庙底沟类型的人们。华族之名即源于他们使用的花卉图案,而华山之名则由于它是华族最初所居之地。"⁽²⁾

从内容上不难看出,这一节原稿的核心内容实际上在《关于仰韶文化的若干问题》一文的结语中已经得到完全的体现。我们推测原稿之所以未能以全貌发表,可能还是在于当时学术界对于这种把考古学文化与特定古史挂钩的做法存在不同意见,但从苏秉琦的这次尝试中可以清晰地看到徐旭生的影子。⁽³⁾

在该文完成后,苏秉琦原本打算对大汶口和龙山文化进行系统研究,这自然是受了徐旭生"三集团"说的影响,但可惜这一计划被"文化大革命"中断。20 世纪 70 年代以后,黄河中游以外地区的考古

⟨1⟩ 有关该文刊出的背景及曲折可参看苏恺之《我的父亲苏秉琦——一个考古学家和他的时代》中"《关于仰韶文化的若干问题》的发表"一节,生活·读书·新知三联书店,2015年,第 190—196 页。
⟨2⟩ 苏秉琦:《仰韶文化同历史传说的关系》,收入《苏秉琦文集》二,第 203—206 页。
⟨3⟩ 如唐际根就指出:"20 世纪 50 至 80 年代,只有极少数的考古学家尝试过运用考古资料对中国古代社会进行解释(如张忠培先生的《元君庙仰韶墓地》),绝大多数的中国考古学家都在埋头于发掘、整理田野资料。那时中国的考古工作主要由夏鼐先生主持和安排,夏鼐先生严格要求中国的考古学者只发表材料,而不允许作随意性解释。翻开当时的《考古》或《考古学报》,发掘简报或报告占了绝大多数。简报或报告的作者即使在报告的结语中写上了自己对材料的解释,但发表时大都被删除。我相信夏鼐先生是有意识这样做的。"参看《考古学·民族主义·证史倾向——〈剑桥中国史·商代考古〉提出的问题》,《考古与文化遗产论集》,第 9—16 页。

新材料不断涌现，对不同区域的原始文化进行谱系研究就成了极为紧迫的事情。这一时期，苏秉琦"奔走于半个中国，对长城内外、长江中游，对从山东半岛到长江三角洲，从洞庭、鄱阳两湖周围到岭南海边等这样一个极为广阔的空间范围的新石器至青铜时代的文化遗存，和许多直接参加发掘的同志在一起，做了大量具体材料的分析与比较工作"。[1]

更为重要的是，20世纪50年代北大考古专业学生对考古学研究中"见物不见人"的批判深深刺激了他。苏秉琦后来曾向学生解释道：

> 大批判以后，你们觉得没有事了，我却长期平静不下来。总是在想，过去的一套有哪些不足呢？如何才能达到大家的要求呢？怎样才能建立起正确的中国考古学系统呢？[2]

1975年8月，他应邀给吉林大学考古专业的师生以"学科改造与建设"为题作了一次演讲，这是他首次在公开场合就学科发展方向等重大问题系统地阐述自己的见解。[3] 在演讲提纲中，苏秉琦明确提出中国考古学未来发展方向应该是"建立马克思主义的，具有民族风格、民族气派的中国考古学"。他并列举了本学科中长期的、带有普遍性的五个课题，即：

（一）人类起源、原始社会及文化的最初阶段
（二）中国文化起源问题
（三）关于从原始社会解体到阶级国家产生问题

---

[1] 俞伟超、张忠培：《苏秉琦考古学论述选集》编后记。
[2] 同上。
[3] 苏秉琦：《学科改造与建设——1975年8月间为吉林大学考古专业同学讲课提纲》，《苏秉琦文集》二，第210—217页。

(四）关于奴隶制、封建制社会的发展问题

(五）关于以汉族为主的统一多民族国家的形成

如果说上述五个问题只是远景规划，不可能一蹴而就的话，那么他在演讲中明确提出的未来第一项重点工作——对"条条和块块（核心和'五湖四海'）"的研究，就具有重大现实意义了。主持这次演讲的张忠培在事隔多年之后依然抑制不住激动的心情，充满感情地回忆道：

> 1975年夏天，当中国大地把"批判资产阶级法权""评法批儒""评水浒"正搞得热火朝天的时候，他应我的邀请，在中国科学院考古研究所发表了后来成文的以"关于考古学文化的区系类型问题"为主要内容，也就是我们现今读到这本书中的"条块"说的基本内涵的演讲。听这个演讲时，我即认为他讲得太重要了，全是新的，抓到了解析考古学文化的要领，感到他似乎已从自己的座位上飞到天空，自由地翱翔在白云点缀着的蓝天的学术里，……当他结束这一演讲时，我本能地感到必须迅速地带头鼓起掌来，以此顶住似乎挤压着这间小屋愈益变小的压力。历史依着自身逻辑向前发展，以后的进程说明：这是个非常重要的时刻，历史在这里出现了转折，苏秉琦先生的考古学文化区系类型论，愈益获得了广大考古界同仁的支持，在他的这一理论的指引下，中国考古学踏上了新的征途，创造了苏秉琦时代。[1]

这是苏秉琦考古学文化区系类型理论的最早表达，它已经在苏秉琦头脑中萌芽并基本成形了，但还没有完全成熟，更没有成长为指导

---

[1] 张忠培：《中国古代文明研究的新阶段——〈中国文明起源新探〉读后》，《中国考古学：走近历史真实之道》，科学出版社，1999年，第47—53页。

全国考古界同人的重要理论方法。

在随后的几年时间里，苏秉琦一直在思考这个重大理论方法问题。1979年4月，"全国考古学规划会议""中国考古学会成立大会"在陕西西安召开。苏秉琦参会并做了发言，对未来的考古工作提出了"两点意见"和"一点希望"：

> 两点意见：一是全国古文化的区、系、类型问题；二是原始社会的解体与阶级、国家的产生，以及统一多民族国家的形成和发展问题。
>
> 一点希望是：全国分区开展学术活动问题。[1]

苏秉琦的两点意见和一点希望其实可以概括为：通过考古学文化区系类型的研究来达到古史重建之目的。

1981年5月，被张忠培誉为创造了考古学"苏秉琦时代"的《关于考古学文化的区系类型问题》一文正式发表。[2] 在这篇文章中，苏秉琦提出考古学文化的区系类型研究就是"着力于把该地区的文化面貌及相互间的关系搞清楚"，具体做法是：

> 要选择若干处典型遗址进行科学的发掘，以获取可资分析的典型材料。然后，在准确划分文化类型的基础上，在较大的区域内以其文化内涵的异同归纳为若干文化系统。这里，区是块块，系是条条，类型则是分支。

---

[1] 苏秉琦：《在"全国考古学规划会议""中国考古学会成立大会"上的发言》（摘要），原载《华人·龙的传人·中国人——考古寻根记》，收入《苏秉琦文集》二，第246—247页。

[2] 苏秉琦、殷玮璋：《关于考古学文化的区系类型问题》，原载《文物》1981年第5期；《苏秉琦文集》二，第288—296页。

在文章中，苏秉琦对六个区域的考古学文化谱系进行了概述，这六个区域是：（1）陕豫晋邻近地区；（2）山东及邻省一部分地区；（3）湖北和邻近地区；（4）长江下游地区；（5）以鄱阳湖—珠江三角洲为中轴的南方地区；（6）以长城地带为重心的北方地区。

区系类型理论的提出，实际上是因为苏秉琦注意到以下现象：

> 过去有一种看法，认为黄河流域是中华民族的摇篮，我国的民族文化先从这里发展起来，然后向四处扩展；其他地区的文化比较落后，只是在它的影响下才得以发展。这种看法是不全面的。在历史上，黄河流域确曾起到重要的作用，特别是在文明时期，它常常居于主导的地位。但是，在同一时期内，其他地区的古代文化也以各自的特点和途径在发展着。各地发现的考古材料越来越多地证明了这一点。同时，影响总是相互的，中原给各地以影响；各地也给中原以影响。在经历了几千年的发展之后，目前全国还有五十六个民族，在史前时期，部落和部族的数目一定更多。它们在各自活动的地域内为开发祖国，在同大自然的斗争中创造出丰富多彩的物质文化是可以理解的。

所以后来苏秉琦把"根深蒂固的中华大一统观念"视为历史教育中的两大怪圈之一，强调考古学要独立研究历史，在探索中华文化和文明的起源时，一定要建立本学科的方法论。[1]相比他20世纪60年代的仰韶文化研究，此时的苏秉琦更加强调对考古材料本身的分析，而不建议急切地与古史发生联系：

---

〔1〕 苏秉琦：《中国文明起源新探》，第4—7页。

> 目前还有这样一种倾向：即把某种考古学文化与文献上的某个族人为地联系起来，把它说成是××族的文化。从长远来说，进行这样一项工作可能是研究工作的一个方面；但在现在，在对各地的考古学文化的内涵、特征、与其他文化的关系以及上下的源流等的认识还很不充分，还不具备做这种探索或考订的时候，似应先做些基础性的研究，积累起必要的原始素材，以备为进一步的研究工作打下牢固的基础。[1]

整个20世纪80年代，苏秉琦一直在思考通过考古学文化的区系类型研究来达到古史重建的目标，并对此充满了信心。1989年，在辽宁兴城的一次座谈会上，他指出"我们学科的目标"是：

> 从现在起到本世纪末下世纪初，我们这个学科奋斗的目标，可以概括为，第一是复原中华五千年文明古国历史的本来面貌，第二是复原中华民族历史在世界史上的地位，改变传统编写世界史的内容，为振兴中华、为世界的进步做出贡献。[2]

苏秉琦还谈到，考古学能够独立完成这一目标，但它的研究结果应当与传统史学殊途同归：

> 当我们提出，从华山脚下延伸到大凌河流域和河套地区，再南下到晋南，这一古文化活动交流的路线时，我们并没有引《五帝本纪》，却与《史记》记载相同，我们是从考古学角度提出自己

---

[1] 苏秉琦、殷玮璋：《关于考古学文化的区系类型问题》，原载《文物》1981年第5期；《苏秉琦文集》二，第288—296页。
[2] 苏秉琦：《文化与文明——在辽宁"兴城座谈会"上的讲话》，原载《辽海文物学刊》1990年第1期；《苏秉琦文集》三，第74—79页。

的观点，再去对照历史传说，就可以相互印证，这不是生搬硬套的比附，而是有机的结合，多少年来梦寐以求的历史与考古的结合终于找到了一条理想的通路。

同样，在1989年他八十寿诞那天，众学生为他祝寿，苏秉琦则专门写了题为"学科建设构思"的讲稿，其中列举"当代中国考古学"的首要任务：

> 是寻找考古与历史史书的连接点，是长期、念念不忘的，却不是可以一次解决的课题，重要的是有赖于以下任务的协调配合，以把考古与传统史学连成一体。[1]

进入到20世纪90年代，苏秉琦迎来了古史重建的重大契机——应老同学白寿彝教授的邀请主持编撰多卷本《中国通史》的第二卷"远古时代"。在接受任务后，苏秉琦"即召集吕遵谔、俞伟超、张忠培、严文明和郭大顺"等人，"对该卷的设想进行了多次讨论"，然后由他自己写出提纲，并责成张忠培、严文明分工撰写。[2]

在他自己执笔撰写的序言中，苏秉琦开宗明义地指出，"重建中国古史的远古时代是当代考古学者的重大使命"。苏秉琦认为，中国远古时代历史涉及两个重大问题：一是从猿到人，二是从氏族到国家。因此该书的章节设置为：

第一章 我们的远古祖先（约180万年前至1万多年前）

---

[1] 苏恺之：《我的父亲苏秉琦——一个考古学家和他的时代》，第346页。
[2] 苏秉琦主编，张忠培、严文明撰《中国远古时代》后记，上海人民出版社，1994年初版，此据2010年版。

第二章　新石器时代（约公元前1万年至公元前3500年）

第三章　铜石并用时代（约公元前3500年至公元前2000年）

第四章　周边地区的远古文化（包括东北、甘青、东南与华南、西南地区）

在同时期的另一篇文章中，苏秉琦对于重建中国史前史的若干关键问题有更清楚的表述。[1] 首先，他对史前史的界定是：

> 中国史前史是中国通史的史前部分。与有文献记载的历史相对，史前史是指有文字记载前的人类历史。具体来说，中国史前史是指商代以前的历史；同时，不限于中原，不限于黄河中、下游和长江中、下游，凡960万平方公里以内的古人类遗址和原始文化遗存，都属于中国史前史的范畴。

同时，他把史前史研究的主要内容确定为两个方面的三个问题：

> 人类起源是史前史的头一个大课题。……旧石器时代之后的历史时期是新石器时代。对这一时期的研究我想大致可分为两部分主要内容。一根主线是技术、经济的发展，特别是社会本身的发展。广义的新石器时代的历史是一部从氏族社会向早期国家发展的历史，也就是要研究社会发展的规律在中国史前史中的具体体现的过程；另一部分内容则要具体研究中华民族的形成，中国文化的形成及其特征，中国文化传统的组合与重组的史实。

因此，苏秉琦理解的史前史其实是一部人类社会的进化史——从

---

[1] 苏秉琦：《关于重建中国史前史的思考》，《考古》1991年第12期。

猿到人的进化、社会形态的进化,以及中华民族和中国文化的进化。这也正是苏秉琦一直以来所强调的学科目标,"即真正从理论上对中华文化、中华民族、中华国家这三个课题做出自己的贡献"。⑴

基于上述思考,《中国远古时代》每一章节关注的重点主要是文化谱系、手工业、农业、建筑形态、居住方式、埋葬习俗以及意识形态等,内容的编排显然是紧密围绕上述主题的。《中国通史》总主编白寿彝对该卷的评价是:

> 本卷的完成,在极大程度上概括了远古时代考古学研究尤其是他们本人的研究成果,他们实事求是,认真地从考古学文化入手,理清了中国史前民族、文化及社会的发展脉络。这在以往的通史撰述中是没有前例的。这在考古学工作上,也是一项创举。⑵

白寿彝的评价无疑是公允的,但纵观全书,似乎很难说它已经"理清了中国史前民族",因为这既不是苏秉琦所理解的史前史的主要关注点,也不是现阶段所能解决的问题。因此,有学者评价该书"由探讨从猿到人、从氏族到国家这两个与远古历史密切相关的重大理论问题出发,总结了中国史前考古重要发现,勾勒出了中国远古历史的大体轮廓",更为恰当。⑶ 不过,由于苏秉琦著史始终注意"见物见人",而且强调中国史前史要解决由氏族到国家的演变问题,因此就不可避免地要涉及传说时代的上古帝王和族群。在该书《序言》中,苏

⑴ 苏秉琦:《辽西古文化古城古国——试论当前考古工作重点和大课题》,《辽海文物学刊》1986 年创刊号。
⑵ 参看《中国远古时代》白寿彝"题记"。
⑶ 王仁湘:《溯渊源于尘壤化传说为信史——读苏秉琦主编的〈中国通史〉第二卷》,《史学史研究》1996 年第 3 期。

秉琦单列了一节专门谈三皇五帝的问题，他说：

> 在我国古籍中有许多关于远古时代的传说，过去有不少学者进行过研究，徐旭生和童书业先生等还曾进行过系统整理。不过那时史前考古学尚未充分发展起来，无法同考古资料进行比照。有一些作者想用考古资料印证传说，又往往牵强附会。现在史前考古已有了长足的发展，本身就可以大体复原远古时代的漫长历史，传说资料反而只起参照的作用。若从整理传说史料本身来说，史前考古资料则已成为不可忽视的最可靠的参照系。

那么，史前考古材料究竟如何与传说史料相对应呢？或者说，是否能够把某些史前遗存与特定的族群联系起来呢？苏秉琦在这一点上显得非常谨慎，他说：

> 三皇或类似三皇的说法应属后人对荒远古代的一种推想，并非真实历史的传说。而五帝则可能实有其人其事，所以司马迁著《史记》时径直从《五帝本纪》开始，而于五帝以前的历史则只字不提。……五帝的时代究竟相当于考古学上的哪个时代，现在虽然还无法论定，但也不是毫无边际。……从夏人活动区域的考订与考古学文化分布范围的比照来看，从夏的典章制度与考古学文化内涵的比照来看，从夷夏关系、夏商关系与考古学文化关系的比照来看，二里头文化更像是夏文化。假如这个判断没有大错，那么五帝的时代的下限就应是龙山时代。……五帝的时代的上限应不早于仰韶时代后期。

相比他 20 世纪 60 年代对仰韶文化所处历史阶段的判断，此时的苏秉琦无疑更为谨严。由于苏秉琦深知三皇五帝与仰韶、龙山文化"难以简单比附"的道理，所以他现在更加关注的问题是如何"把我国的远古历史同夏商周三代的历史更好地衔接起来"，以及"把在中国这块土地上如何产生私有制和阶级，最后出现国家的具体进程及其特点阐释得更加清楚"。在晚年苏秉琦的眼中，重建中国史前史并非是将考古学文化与古代族群的简单对应，而是要阐述中国史前社会的演变过程。从这层意义上讲，苏秉琦所著的史前史，确确实实是要为恩格斯《家庭、私有制和国家的起源》完成中国续篇。

在苏秉琦晚年，他实际上已经为这个续篇勾勒出了大致的轮廓，高屋建瓴地提出"中国国家起源问题可以概括为发展阶段的三部曲和发展模式的三类型"。这一重大结论的获得又是与他的考古学文化区系类型理论密切相关的，苏秉琦自己解释道：

> 从"古文化、古城、古国"的观点，到"古国—方国—帝国"的理论，是中国各区系由氏族到国家具有普遍意义的发展道路，但由于史前六大区系不同的文化特征、历史过程和不同的个性，具体道路又各不相同。
>
> 中国国家起源中发展类型的"三模式"，就是对这各不相同的具体道路的一种概括。阶级产生于分工，社会分工导致社会分化，这是由氏族到国家产生的一般道路，燕山南北地区走的就是这条道路，所以是中国古代国家发展模式中的"原生型"。……从陶寺到夏商周，中原地区国家的最终形成，主要是在从洪水到治水的推动下促成的，这是超越社会大分工产生政治实体的推动力。所以中原地区是中国古代国家发展模式中的"次生型"。……秦汉统一中华之后的近两千年间，正是北方草原民族几次大迁徙、大融合的动乱时代。几次大迁徙、大融合的主要民族是鲜卑人建立的北朝（北魏等）、契丹人建立的辽朝、蒙古人建立的元朝、满族

人建立的清朝。它们立体交叉，各自的开国史都经历过古国、方国、帝国这"三部曲"。它们所建立的国家是中国国家形成的又一类型，可称为中国国家发展三模式中的"续生型"。[1]

苏秉琦关于中国国家起源的"三部曲"和"三模式"的提出真正打破了历史研究中的另一个怪圈——"把马克思提出的社会发展规律看成是历史本身"。他对中国文明和国家起源发展道路的揭示，是中国考古学界对于人类文明研究的重大理论贡献。但令人惊讶的是，苏秉琦并没有停止思考，而是将眼光放得更为深远，开始考虑中国考古学与世界考古学、古与今的"双接轨"问题了。在生命的最后阶段，苏秉琦是"把寻找中华古文明的民族灵魂和精神支柱，作为思考的重心"，表明他已经"触及到了考古学最根本的价值，深入到了考古学生命之树的根系"。[2] 苏秉琦以六十年的努力来圆古史重建之梦，将20世纪的中国考古学引上了一条具有中国特色的成长道路上，并把它推进到了一个崭新的高度。苏秉琦在留下巨大学术财富的同时，也让人清晰地看到了他"身后那段长长的空白"和未竟的事业，令人"深感震惊"。[3]

四 关于古史重建的忧思

1950年，意气风发的郭沫若在《蜥蜴的残梦》中用文学家的笔法对旧时代的考古工作者发出了无情的讥讽：

---

[1] 参看苏秉琦《中国文明起源新探》之六"三部曲与三模式"。
[2] 参看俞伟超《本世纪中国考古学的一个里程碑》，《中国文明起源新探》卷首语。
[3] 张忠培：《中国考古学的重要奠基人与中国考古学新时代的开拓者》，《北方文物》1998年第4期。

> 以前搞田野考古的人大抵缺乏社会发展史的知识,有的人更根本不相信社会发展史的阶段划分,故他们对于这些史料不加重视,或则兢兢于古器物尺度轻重的校量,或则根据后来的历法推谱所谓"殷历",真可以说是捧着金饭碗讨饭了。[1]

郭沫若的揶揄,固然是政治立场上的尖锐对立,但更是史学思想上截然不同的取向。郭沫若曾经自述他与胡适等人在史学上的巨大差异:

> 胡适的《中国哲学史大纲》,在中国的新学界上也支配了几年,但那对于中国古代的实际情形,几曾摸着了一些儿边际?社会的来源既未认清,思想的发生自无从说起。所以我们对于他所"整理"过的一些过程,全部都有从新"批判"的必要。
>
> 我们的"批判"有异于他们的"整理"。
>
> "整理"的究极目标是在"实事求是",我们的"批判"精神是要在"实事之中求其所以是"。
>
> "整理"方法所能做到的是"知其然",我们的"批判"精神是要"知其所以然"。
>
> "整理"自是"批判"过程所必经的一步,然而它不能成为我们所应该局限的一步。[2]

应该说,郭沫若的以上评价并不是基于政治立场上的盲目自大,

---

[1] 郭沫若:《蜥蜴的残梦——〈十批评书〉改版书后》,收入《奴隶制时代》,《郭沫若全集·历史编》第3卷,人民出版社,1984年,第71—78页。
[2] 郭沫若:《中国古代社会研究》自序,《郭沫若全集·历史编》第1卷,人民出版社,1982年,第6—10页。

而是源于对唯物史观的充分自信。王学典对此有过精辟的分析：

> 史料考订派的实证性研究走到尽头之处，恰好是史观派的阐释性研究起步之时。郭沫若的追问胡适所说的"黑暗的"社会到底是个什么样、何种形态的社会之前，其实早已胸有成竹。他的"成竹"就是马克思恩格斯的经济学理论以及根源于这一理论的所谓"经济史观"（这是五四运动以后对唯物史观的流行称呼）和为马克思所称引的摩尔根等人类学家对人类社会演变序列、演变类型的见解，即"氏族型"或"部落型""奴隶社会型""封建社会型"和"资本主义社会型"等，另外还有"亚细亚型"，这些类型的社会依次递进，环环相扣。然后，郭沫若回答胡适说：你所说的那个"黑暗的"社会，是个"奴隶社会形态"，你和顾颉刚所说的《诗经》之前的"存疑的时代""传说的时代"实际上是"氏族型社会"或"原始共产型社会"。战国秦汉后的社会则是"封建型社会"。……由这种认识所决定，与史料考订派不同，史观派从一开始就把经济学、社会学、人类学的基本理论引入历史研究中来，而且着眼于对大规模社会变动的探讨，倾力于对历史作通贯性解释与梳理，一扫民初以来笼罩学界的那种繁琐与枝蔓。……史观派学人利用经济学、人类学、社会学等学理来阐释中国历史的做法，开启了历史研究的新方向，顺应了世界史学的新潮流。[1]

不难看出，郭沫若并非是对田野考古本身有非议，而是不满足于田野资料的单纯累积或基于田野资料所作的考订，他希望在"整理"的基础上而能有"批判"，反对以史料代替历史本身。为此，他曾经明

---

[1] 王学典：《实证追求与阐释取向之间的百年史学——兼论历史学的性质问题》，《新汉学与新史学：二十世纪中国史学评论续编》，上海古籍出版社，2013年，第116—129页。

确指出：

> 研究历史当然要有史料。马克思主张尽可能地占有大量资料，也说明资料对科学研究的重要。占有了史料，就必须辨别它的真假，查考它的年代，去其糟粕，取其精华，这一番检查的功夫，也就是所谓考据。这些工作是不可少的，是应该肯定的。……占有和整理了史料，如何运用它们，这是历史研究中更重要的问题。有了史料，如果没有根据辩证唯物主义和历史唯物主义的方法加以处理研究，好像炊事员手中有了鱼、肉、青菜、豆腐而没有烹调出来一样，不能算作已经做出了可口的菜。研究历史的目的，是要用大量的史料来具体阐明社会发展的规律。……固然，史料不能代替历史学，但在历史研究中，只有历史唯物主义的一般原理而没有史料，那是空洞无物的。……由此看出，没有史料是不能研究历史的。因而，对搜集、考察史料的工作，不能一概加以否定。我们反对的是为考据而考据，以史料代替史学。但如有少数人一定要那样作，我认为也可以由他去，因为这总比"饱食终日，无所用心"的要好一些。[1]

所以，郭沫若嘲讽李济、董作宾等人"捧着金饭碗讨饭"固然刻薄，但内中确实包含有"恨铁不成钢"的意味。倘若郭沫若换一种说法，不那么刺耳，便一定会吸引到更多的听众。李济、董作宾等人培养出来的高足张光直就是这么做的。

1980年，张光直在耶鲁大学出版社出版了他的重要著作《商文明》。张光直本人对该书的定位是"基于所有可以利用的材料而撰写的

---

[1] 郭沫若：《关于目前历史研究中的几个问题——答〈新建设〉编辑部问》，《郭沫若全集·历史编》第3卷，第477—488页。

一部简明而又整合的中国商代（公元前18—前12世纪）文明史"[1]，所以我们不妨把它视为一部简明的商代史。著史首重体例，而该书的"绪论：探索商代历史的五条途径"实际上代表了张光直重建商代历史的思路，他列出的五条途径分别是：传统历史文献、青铜器、卜甲和卜骨、考古学以及理论模式。

在上述五项中，前四者都属于"二重证据"，或者说"史料"，并没有超出王国维、李济等人的窠臼，而他所强调的"理论模式"才是真正意义上的突破。在谈到"理论模式"时，张光直指出：

> 在商代史学中，有两种成为详细理论的基本倾向占主导地位：史料学和马克思主义。可以这样说，把史料学等同于史学，是中央研究院历史语言研究所在1928年在广东成立至今的基本观点。由于历史语言研究所在安阳发掘中的重要地位，无论是所内产生的还是所外实践但深受历史语言研究所影响的商史理论，都在很大程度上注重新史料的取得和对它们的逐一研究。……
>
> 参与安阳发掘工作的学者们只是与资料本身打交道。……从正面讲，我们关于商代历史的认识确被安阳发掘所得的史料大大丰富和扩展了。问题是，事实真的能自己说话吗？资料的分类代表着对古代文明的分类法。这种方法真的能最好地揭示我们正在研究的这一文明的内在秩序吗？换句话说，史料学是一种理论。这是古代史研究的最好理论吗？
>
> 不，马克思主义者说。他们是惟一在明确理论指导下研究商史的学者群体。对于郭沫若这个最有影响并且最早倡导用马克思主义诠释中国历史的学者来说，像李济、董作宾这些史料学者们

---

[1] 张光直著，张良仁等译：《商文明》前言，辽宁教育出版社，2002年。

是"捧着金饭碗讨饭"的乞丐。[1]

张光直很技巧地借郭沫若的口说出了他自己的想法，以免显得对师尊们不恭——"史料学是一种理论"，但它是"古代史研究的最好理论吗"？答案显然是否定的。不仅马克思主义史学家说不，张光直心里其实也是这样想的。因此，他在对商史重建时就格外地强调了在史料与理论间取得平衡：

> 不论是史料还是概括性的发展理论，对于了解商文明——以及其他一切文明——都是必要的；我们也需要一个中介理论模式来帮助我们把史料和理论结合在一起。正如上文所述，史料学并不缺乏理论；只是它的理论是无序的、不明确的并且不能检验。另一方面，在我们说我们可以用一种普遍适用的理论解释我们的史料之前，我们最好确认这些迄今建立在世界其他地区材料基础上的理论确实是普遍使用的。为此，我们必须根据其本身的迹象把史料组织在一起，排除理论的干扰。

表面上看，张光直既不满意史料学派，也不完全赞同唯物史观派。但实际上，就重建古史这个层面上讲，张光直显然是倾向于唯物史观派的，即主张著史必须在某种理论的指导下展开——只是这个理论未必就是马克思主义。[2]

商代历史是古史重建的关键部分。2011 年，由宋镇豪主编的十一

---

[1] 张光直：《商文明》，第 51—56 页。
[2] 张光直曾经坦承他自己"过去是马克思主义分期的信徒"，而原因"是因为郭沫若在他的商代青铜器的伟大著作中应用了马克思的体系"。他同时还指出，"解放以前，理论问题不是十分重要，甚至李济也对理论不感兴趣，理论从来不是真正明晰的"。参看《与张光直交谈》，《考古人类学随笔》，生活·读书·新知三联书店，1999 年，第 205—244 页。

卷本《商代史》出版,这是迄今为止最为系统的一部先秦断代史。从规模上讲,这部《商代史》十余倍于张光直的《商文明》,宋镇豪概括该书的研究方法和途径有以下四点:

1. 对传世商史文献资料进行全面搜集、整理、研究和考订,给出其真正的商代信史价值。

2. 尽量利用甲骨文、金文、陶文、玉器契刻文字等近现代地下出土的商代文字材料(包括晚后的简帛文献材料),结合传世商代器物上的文字记录材料,作为商代史研究的重要依据。

3. 充分利用当代考古学新材料,进行典型和一般遗址、遗迹、墓葬、文化遗物的分析,从历史学视点详细考察其社会背景和文化背景,综合阐释,深入探究。

4. 强调跨学科性,整合甲骨金文学、古文字学、文献学、考古学、民族学、民俗学、人口学、文化人类学、历史地理学、经济学、天文学、古代科学技术史诸多学科的有效研究手段,集结众家学术研究成果,以获得商代史重建工作的新起点和新认识。[1]

从内容上看,《商代史》各卷作者确实是围绕上述四个方面来构建殷商新史的,但同时也应该看到,构建这部《商代史》的核心基础依然是甲骨学研究成果,所以作者之一的王宇信评价该书"既是百多年来甲骨学商史研究的总结,也是今后甲骨学商史研究继续深入和不断创新的起点和基石"。[2] 由于甲骨之外的考古材料在《商代史》中处于配角的地位,主要发挥"证经补史"的作用,因此该书没有讨论考古

---

[1] 宋镇豪主编《商代史》卷一《商代史论纲》总序"重建商代史的学术使命与契机"。
[2] 王宇信:《新中国甲骨学六十年(1949—2009)》,中国社会科学出版社,2013年,第498页。

材料向史料转化的理论问题,更未涉及宏观的著史理论问题,这不能不说是一个遗憾。

20世纪50年代后期,苏秉琦等北大师生曾经试图建立"马克思主义的中国考古学体系",但连苏秉琦本人也觉得这次尝试并不成功。进入20世纪90年代,唯物史观派史学遭遇到了前所未有的"合法性"危机,它存在的学术必要性遭到严重的质疑。[1]但中国考古学并未停止古史重建的努力,如有学者指出:

> 90年代以来,随着大量新的科技手段被广泛应用到考古学的实践中,以科技考古命名的交叉学科大量出现,考古学研究的领域大为拓宽,关注的兴趣也开始出现了多元化的发展趋势,比如对人地关系的环境考古研究、对资源生计的动植物考古研究、对生产技术的手工业考古研究等等。在这种情况下,以考古学为基础,以上述文明起源理论为指导,以各种现代科技手段为支撑的国家级考古项目,如"中华文明探源工程"开始出现,并引起了世界范围的关注。而在一个更高的学术起点上,探索中华文明的起源,重述中国的上古史再度点燃了中国考古人的热情。[2]

但在中国考古学界,不仅是对唯物史观的疏远乃至抛弃,对于理论的忽视更是普遍存在的现象,所以有学者忧心忡忡地表示:

> 虽然中国考古学的出土材料激增,但是具体研究仍没有给古史重建带来一片灿烂的阳光。究其原因,很大程度上应归咎于我

---

[1] 王学典:《唯物史观派史学的学术重塑》,《新汉学与新史学:二十世纪中国史学评论续编》,第209—218页。
[2] 张海:《中国考古学的历史主义特征与传统》,《华夏考古》2011年第4期。

国学界只把考古看作是掘地技术,是历史学的附庸,而不是一门独立提炼信息的学科。中国考古学的这种缺陷显然是在它被引入中国时的定位和期待所决定的。一些学者信奉王国维的二重证据法,认为考古发掘为文献研究提供材料才应该是中国考古学的特色。殊不知,像甲骨和金文简帛这样的地下之材料毕竟有限,大量无言的物质遗存如果无法转化为有意义的社会历史信息,中国的上古史仍将是一片迷茫。长期以来,中国考古学将原始材料的积累视为第一要务,而对材料的信息解读则不重视,使得这门学科的成就主要体现在材料积累,而不是对材料的信息解读上。……而这正是中国古史重建目前存在的最大问题:一大堆出土材料如果要成为一门科学,并转化为历史学家所能利用的具体知识,那么考古学除了类型学和地层学之外,还需要其他理论方法的开拓与帮助。[1]

上述评论所提到的现象并不是孤例。近二三十年间,李学勤先生是提倡古史重建最力的历史学家,在不同的场合反复呼吁"走出疑古",重新估价中国古代文明。但有学者针对李学勤的研究给予了严厉的批评:

> 有一点已经可以看得非常清楚:在援引的诸位现代学者中,李先生真正奉为宗师的其实只有王国维。就对古书、古史可信性的态度而言,唯有王氏的"古史新证"与李先生的"释古"意向最为接近。王氏对古书古史谨慎的保守立场,使他成为"备受推重"的"走出疑古"的开山。而其他人,冯友兰是因为"不很清楚"而误引,郭沫若因为基本认同"疑古"立场而与李先生意旨相悖,李济因为偏向田野发掘而离开现代考古学"正统",他们都

---

[1] 陈淳:《疑古、考古与古史重建》,《文史哲》2006年第6期。

不是重建古史的正路，只有王国维的"二重证据法"和"古史新证"才是古史重建的唯一正路。[1]

论者认为，这样做的结果就是"李先生虽然重视考古学，却反对考古学离开'证经补史'的文献学范畴自立门户，更反对将整个古史研究的根本落到考古学上"，并因此强调"必须改变鄙薄理论的风习，必须有一些人肯在科学的基础上，进一步深入到非'证据'所能穷尽的理论领域"。

就中国考古学的现状而言，这样的忧思并非危言耸听。一来考古材料自身有着难以克服的局限性，二来中国考古学者对于理论方法的探讨天然地缺乏热情[2]，在这两方面因素的共同作用下，中国考古学的古史重建之路任重而道远。

(本文原载《李下蹊华——庆祝李伯谦先生八十华诞论文集》，科学出版社，2017年)

---

[1] 杨春梅：《去向堪忧的中国古典学——"走出疑古时代"述评》，《文史哲》2006年第2期。
[2] 如中国考古学界最近的一次重量级理论争论还要追溯到20世纪90年代初期俞伟超和张忠培两位先生关于"新考古学"的不同意见，而且在张光直先生的化解下，这场争论也很快平息。参看张光直《从俞伟超、张忠培二先生论文谈考古学理论》，原载《中国文物报》1994年5月8日，收入《考古人类学随笔》，第143—150页。

附录三 | 如何通过考古学重建上古史？
——《上海书评》专访*

《上海书评》按语：现任北京大学考古文博学院副院长的孙庆伟教授，主要从事中国青铜时代的考古教学与研究，多次参与山西曲沃晋侯墓地、陕西周原与周公庙遗址的考古发掘工作，出版《周代用玉制度研究》《最雅的中国——春秋时代的社会与文化》等专著。在去年出版的《追迹三代》一书中，他系统地梳理了中国考古学者追寻夏商周三代史迹的历史，而今他更是尝试讲述近代以来，通过考古学重建的中国上古史。此次访谈，就是对他的尝试的一种展示，用他的话来说，中国考古学目前到了认真思考如何讲好夏商周三代故事的时候了。

---

* 本文为《上海书评》记者郑诗亮对本书作者的专访。刊登于《上海书评》2016年10月9日。——编者

您在《追迹三代》这本书中，以相当长的篇幅介绍了顾颉刚先生的生平学说，分析了他是如何走上"疑古"道路的。有趣的是，虽然顾先生对大禹是否真有其人的怀疑人尽皆知（尤其是被鲁迅讽刺地概括为"大禹是条虫"）之后，他却并不怀疑夏代的存在。在您看来，顾先生为何会持有这样的态度？

孙庆伟：这个问题挺有代表性的。事实上，民国时期很多学者在撰写通史或者做上古史研究的时候，都会涉及古史传说时代的可信性问题。但因为顾先生的影响力大，知名度高，大家就把顾先生当作疑古的典型代表了。而且有些人没有认真读过顾先生的著作，以为他连夏代是否存在也一并怀疑。其实不是这样，顾先生从来没有怀疑过夏代的存在，他只是质疑禹的属性问题，探讨禹究竟是神还是人的问题，对于夏启之后的夏代，顾先生从来没有怀疑过。一般的读者容易有一种错觉，认为民国时期疑古派是史学界的主流，其实这也是不对的，当时史学界的主流其实是信古，不要说怀疑夏代，很多学者连三皇五帝都不怀疑。

那么，顾先生为什么疑古？其实对他这一代学者来说，信古是自然的，疑古则是不自然的，就顾先生的学术背景来讲，他应该算作一个特例。对于顾先生如何走上疑古的道路，我在书里面有比较详细的分析，这其中其实有种种的机遇，说来话长，这里就不再细说了。简单来讲，顾先生走上疑古之路，既有必然性，其实也有偶然性。仔细来看，民国史家里面否定夏代存在的人是非常少的，比如郭沫若，一方面他根据考古材料，认为"商代才是中国历史的真正的起头"，但他并不否定夏代的存在，他在读了《古史辨》第一册之后，就直言"殷、周之前中国当得有先住民族存在"，而且相信"此先住民族当得是夏民族"。因此，对于那个时代的中国学者来说，相信夏代的存在不是一个问题，而几乎是一个自然的反应。对于一些极端的疑古观点，比如杨宽和陈梦家否定夏代的一些意见，顾先生其实是不赞成的，为此还专门为《古史辨》写过编者按，表示对极端疑古思想持保留态度。

顾先生的上述态度，其实是基于他对传统史学的掌握，是很自然的结果。他固然是疑古的，但并不是对所有文献记载都持怀疑态度。比如他就不怀疑《诗经》，《诗经》里面就讲到夏，《尚书》也讲到了夏，顾先生并不怀疑。有些读者容易把疑古学派绝对化，以为就是怀疑一切古书或古史，这当然不对，之前有不少学者都讲到过，所谓疑古，实际上是主张对史料进行严格的审查，这是一种科学研究的态度。这一种态度，不光是疑古派，非疑古派也是这样。比如徐旭生先生写《中国古史的传说时代》，主旨是针对疑古派的，但他在书中也花了很大篇幅，把文献分为好几个可信等级，从来没有人把徐先生当疑古派，但他的这种做法说明他对文献也不是一视同仁的。所以，顾先生和徐先生的差别，某种程度上不妨说是五十步和一百步的差别，就看谁信得多一点，谁信得少一点，或者说，谁的标准更严格一些。

有意思的是，顾先生的"疑古"并非一以贯之，而是颇有些学随时变的味道。20世纪30年代，顾先生在《禹贡》杂志的发刊词中，明确表示他之所以从事上古地理研究，探讨"九州""四岳"等问题，乃是直接针对鸟居龙藏、白鸟库吉以及矢野仁一等日本学者的"满蒙非中国说"。如果之前他的"疑古"说颇有些"民族虚无主义"的意味，因而引发强烈争议的话，这个阶段的顾先生的研究，又带上了强烈的民族主义色彩，从"疑古"走向了某种程度上的"信古"乃至"释古"——试图对"自古以来"加以论证。您怎么看待这种变化？

孙庆伟：说顾先生"历史虚无主义"恐怕是不对的，我觉得虽然他疑古，对古史的某些环节有所质疑，但他从来就不是一个历史虚无主义者，相反，他对中国历史是抱着极大热情的。你提到他针对"满蒙非中国说"，这是个挺有意思的话题，倒可以多说几句。现在来看，当然可以说顾先生办《禹贡》杂志、研究上古历史地理有政治上的考虑，但最初他的目的是纯学术的。因为在他编了《古史辨》第一册之后，就有了一个很宏大的构想，要做"帝系考、王制考、道统考、经学考"等所谓"古史四考"。其中的《王制考》，就是从《尚书》着手，这样一来，很自然地就涉及《禹贡》这一篇上古地理之书。但是，随着20世纪30年代政治形势的发展，特别是"九一八"之后，他的思想发生了转变，所以在《禹贡》发刊词中他就发表了很多爱国言论。我们知道，像顾先生这一代学者，比如他的好朋友傅斯年，虽然政见和治学取向未必一致，但情怀却往往相同。傅先生写《东北史纲》也是针对"九一八"之后的国内形势，有满腔的爱国热忱要表达，以致不惜牺牲学术上的准确性。顾先生既是一个很纯粹的学者，但是身上又有传统读书人的担当和家国情怀。抗战时期，他做了两件很有意义的事情，一件是创办通俗读物编刊社，编辑出版抗日读物；另一件就是主编《禹贡》。这两种出版物是有明确针对性的，按顾先生的设想，要"使中国的上层阶级"因《禹贡》半月刊"而认识中国"，又要"使中国下层阶级因通俗读物而知道自己是中国人"。他花大力气做这些事情，当时很多人不理解，但实际上是顾先生书生报国的热情和途径。他在给胡适的信里面就说，我编《禹贡》，在研究学术的同时，也能发挥开启民智、宣传爱国的功效，因为郡国利病，边疆要害，本来就与政治密切相关的。只不过顾先生注重策略，认为史地研究的政治功能不宜过多公开宣扬，以免招来汉奸们的干涉。在这里我们不妨引一段当年顾先生在《中国疆域沿革史》绪论中的一段话，它最能代表顾先生当时的心境：

> 吾人处于今世，深感外侮之凌逼，国力之衰弱，不惟汉、唐盛业难期再现，即先民遗土亦岌岌莫保，衷心忡忡，无任忧惧！窃不自量，思欲检讨历代疆域之盈亏，使知先民扩土之不易，虽一寸山河，亦不当轻轻付诸敌人，爰有是书之作。

关于这个问题还可以多说几句。抗战期间，有一场非常著名的关于中华民族的争论，顾先生在报纸上发表过一篇文章，《中华民族是一个》，这是傅斯年让他写的。当时他在做边疆史地研究，天天讲边疆民族，傅斯年就对他说现在国家山河破裂，你怎么还在谈这些呢？顾先生深以为然，就公开发表了这篇文章，强调民族的统一性和整体性，这其实和顾先生的学术主张是相抵触的。文章发表后，吴文藻、费孝通师徒有不同的看法，认为不能否定中国境内的各个少数民族，双方在报纸上有公开的讨论。从这件事情上可以看出傅斯年、顾颉刚这些学者强烈的家国情怀，治学不忘救国，历史虚无主义与他们是绝缘的。

虽然我在《追迹三代》里面有很大篇幅说到顾先生，但坦率地说，纯属意外。我的专业是考古，并非学术史，本不该过多讨论顾先生的生平学说。之所以如此，首先是因为我很景仰顾先生，大学以来读过他的很多著作，多少有些基础。同时，因为这本书要综述三代考古的学术史，顾先生的夏代史研究就必然要涉及。写作过程中，觉得还有必要追溯顾先生走上疑古道路的原因，于是就向外扩展了一些，写成了书里的前两篇。用一位《追迹三代》书评作者的话来说，这两篇纯属"溢出性"研究，确实如此。但很有意思，学界朋友也好，普通读者也罢，对这两篇的反响似乎都还不错，这只能归功于顾先生魅力无穷。

我读顾先生的日记，注意到了一些很有意思的细节，顾先生特别喜欢算命、看相和摸骨一类的活动，他在日记里面提到多次，还把人家对他的评价记下来。有一次，算命先生对他说，从文你是个大学者，习武你是个大将军，顾先生似乎深以为然。顾先生的这些做法，似乎和一个大学者的身份不相吻合。而我的理解是，这其实不是顾先生迷信，而是体现出他的自我期许非常高。他十三岁时写过一个自述，表达了三个"恨不能"，其中第一条就是"恨不能战死沙场，马革裹尸"。所以，顾先生从小就有很高的自我期许，很强的家国情怀。我常常在想，顾先生之所以能做这么大的学问，最重要的原因恐怕还是因为他格局宏大，眼界高远，这一点尤其值得我们这些后学仔细体悟。

"疑古"和"释古"这两种思潮一直贯穿于"古史辨"运动以来中国的考古学与上古史的研究当中。20世纪90年代初，李学勤先生提出"走出疑古时代"之后，"释古"之风大长。有人根据新出土的简帛，肯定古书和古书中所载的古史传说，进而肯定包括"三皇五帝"谱系在内的传统古史观。您怎么评价这些观点？在您看来，我们应该怎样对待"疑古"和"释古"这两种思潮？

孙庆伟：我也注意到这个问题。我一直有一个疑惑，觉得我们现在是不是过分强调了信古、疑古和释古之间的区别，生硬地划分出这样几个派别。我前段时间写了一篇小文章，其中涉及这个问题，我的一个感觉是，民国时期很多学者其实是同时具有这三个面相的。就拿顾先生来说，他难道就是单纯的疑古吗？当然不是，他也有信古的一面，比如他对夏代的存在就深信不疑的，所以，信是疑的基础，没有信，疑又从何而来？对我来说，与其说疑古和释古这两者是对立的，我更愿意把它们看成一回事，疑古难道不是释古的一种方式吗？我们去阐释古代，难道就只能是信古吗？事实上，很多当时的历史学家都是信中有疑，疑中有信，没有哪个学者是一股脑儿地全信或者全疑。所以，似乎不必，也不能截然地划分疑古派、信古派或释古派，它们只不过侧重点不一样。

那么，我们对古史、古书究竟应该持一种什么态度呢？我个人的态度——借用一个法律上的说法——是"疑罪从无"：如果没有充分的证据证明某一种古书、某一条记载是错误的或者伪造的，那么就认为它是可信的。我们不能先入为主地说，文献是假托的，古史是伪造的。实际上，那种彻头彻尾都是伪造的古书是极其罕见的，即便是《伪古文尚书》，恐怕也有些许的价值。用王国维的话来讲，即便是百家不雅驯之言，里面也有真实的素地。我觉得我们应该做的工作，是把这些真实的素地尽量地抽绎出来。我们现在说文献不可靠，很多时候其实是在说文献中有很多说法相互矛盾，让我们很难选择。但这是我们这种史学大国、文献大国必然具有的现象，我们需要的是能鉴别和选择的"慧眼"，而不是盲目地怀疑。

现在有很多学者根据出土文献重新审视三皇五帝这些问题，我个人对此没有专门研究，谈不上有什么具体的意见。但是我们不妨来看看裘锡圭先生的态度。裘先生曾经在他的文章里说过，五帝的世系肯定经过后人的加工，是整齐化的结果，但是我们不能说五帝以及禅让是全然出于后人的伪造。我很认同这个意见。就拿禅让来说，它很有可能是特定历史时期特有的一种部落首领推选制。所以，就我个人而言，如果非要把我归到哪个派别的话，或许我更愿意被归为信古派，因为我认为信是一个大前提，疑是具体的工作方法。

现在有哪些最新的考古发现，能够给信古提供证据呢？

孙庆伟：就拿大家比较熟悉的尧舜禹为例吧。从考古学上来讲，现在学术界的主流意见还是把尧都平阳定在山西的陶寺遗址，这和古代文献的记载是契合的。夏也是这个情况，虽然争议很多，不管夏都是在二里头，还是在登封，或者禹州，但总不出豫西一带。也就是说，考古学的研究结果与文献记载的尧以及夏人的活动空间都是契合的，这肯定不是偶然。从这个例子就可以看出来，流传至今的文献是有相当的可信度的，应该倍加珍惜。

说到夏文化，您将中国考古学界对夏文化的探索称为"中国考古学的哥德巴赫猜想"，这个提法很有意思。

孙庆伟：这个说法不是我的发明，社科院考古所的好几位学者，像杜金鹏先生、许宏先生，都这样打过比方，我完全同意他们的这个提法。考古界之所以这样称呼夏文化的探索，我个人理解，有两个方面的原因。一个当然是因为夏代在中国历史上的特殊地位。作为中国历史上的第一个家天下的王朝，夏代如果能在考古学上加以证明，这当然是一件非常有意义的事情。这是由夏代本身的重要性决定的。另一个则是由考古学研究方法所决定的。考古学研究可以从旧石器时代一直到元明清，但每一个时段的侧重点和研究方法是不一样的，夏商周三代是比较适合考古学施展身手的一个时段。一方面，夏商周三代有文献记载，能够给考古研究提供必要的线索，但同时"文献不足征"，需要考古学在其中发挥关键作用。打个不太恰当的比喻，学术研究就好比玩游戏，如果太难，完全没有头绪，参与者就会绝望，失去一试身手的冲动；反之，如果游戏太平淡、太容易，也会让参与者兴趣索然而放弃。夏文化探索问题就是这样一个具有独特魅力的"游戏"，可望，似乎也可即，但不是伸手可及，而是得大费周折，但正是在这种探索中能够让考古学最大限度地释放学科能量，展现学科特色，所以说它是"中国考古学的哥德巴赫猜想"。

您谈到，殷墟是中国考古学的圣地，以殷墟为中心构建的殷商信史则是中国考古学在20世纪取得的最瞩目成就，并将殷商考古最重要的两位学者李济和邹衡的治学取向分别概括为著史与分期。而事实是，殷墟分期不仅确立了新中国考古学文化分期的新范式，并在相当长的时间内成为新中国考古学研究的主要内容。与此同时，古史重建——也就是"著史"——却相对边缘化了。您怎么看待著史与分期之间的关系？在您看来，应该如何处理这两者的关系？

孙庆伟：《追迹三代》各篇文章的标题当时都是仔细斟酌过的。关于李济先生和邹衡先生的这篇文章，究竟起个怎样的题目，是很费思量的。因为我既要保证最基本的客观公允，又要体现我自己在学术上的价值判断。学术史也是一种历史，著史是要有褒贬的，所以后来我采取了一种比较夸张的做法，有意将"著史"和"分期"对立起来。李济先生从事考古学研究，尤其是在发掘殷墟之后，他的目标是非常明确的，就是要写一本新的、可靠的殷商史。这就决定了李济先生处理考古学材料的手段，这一点非常重要。邹衡先生走上考古学研究道路的时候，和李济先生不同，他一开始就是针对非常具体的学术问题，他自己也讲了是三大学术问题。所以，他是非常实在地、一步一个脚印地在做自己的研究。他做殷墟问题，就是要研究分期，从来没有说过自己要写一本殷商史。而且，从他留下的文字来看，他似乎也没有这样的企图和规划。当然，这不是说著史高于分期。实际上，分期是著史的基础，但问题是，在邹先生的殷墟分期研究出来之后，就树立了一个学术典范，让很多考古学研究就止步于分期。这当然跟20世纪中国考古学的发展阶段是息息相关的，因为时空框架还没有建立起来，所以每个考古学家在开展自己工作的时候，特别是发掘新的遗存的时候，第一件要做的事情就是分期。但是，在大部分区域考古学文化的年代序列和分期框架建立之后，中国考古学是不是要"不忘初心"？

是不是要回到这门学科建立之初定下的目标,也就是苏秉琦先生说过的——要以修国史为学科使命呢?所以,这篇文章既是分析这两位学者各自的具体治学特点,其实也是在呼吁,在新的条件和环境之下,中国考古学应该要重视著史这个宏大的学术目标。分期是研究手段,而不是研究目的,当然从总体上看,中国考古学现在已经逐渐走出了分期的研究范式。

关于先周文化研究,您谈到,苏秉琦先生和石璋如先生对瓦鬲的研究因为不同考古学方法得出了不同答案,而先周文化具备了各种有利条件结果却不太令人满意,原因"与其说是材料的,毋宁说是理论的"。在您看来,先周文化研究存在哪些理论和方法上的欠缺,又有可能在哪些方面取得突破和进展呢?

孙庆伟:你对问题的把握很敏锐,我在《追迹三代》当中花了很大的篇幅讨论先周文化,归结起来也就是这一句话,现在先周文化研究当中遇到的问题,"与其说是材料的,毋宁说是理论的"。而且这句话不单是针对先周文化的,其实也是针对中国考古学研究的一个核心问题:考古学文化如何和族属对应起来。因为关中地区晚商时期考古学文化的序列,可以说是清楚得不能再清楚了,很少有哪种考古学文化能被研究得这么透彻。但是,从道理上讲,既然分期研究都做得这么透彻了,甚至于每一期、每一段的年代跨度比碳十四测年还要做得细致了,但是为什么我们依然不能解决一个最基本的问题——哪个考古学文化是先周文化?反过来再看夏文化研究,又何尝不是如此呢?夏商周考古是中国考古学的核心领域,但是这么多年研究下来,到今天为止,夏文化和早商文化的分界究竟断在哪儿,依然争论得一塌糊涂。这一定不是考古材料的问题,夏文化和早商文化一定就在发掘出来的某个考古学文化当中,但是学者们依然不能彼此说服对方,所以这一定是理论和方法的问题。诸如夏文化、先周文化这样的问题,当务之急恐怕不是要接着挖,而是如何把这个故事给讲好了,就是一个讲故事的方法问题了。我们现在讲故事的基本方法,就是考古学文化。最近这两年我一直在考虑一个问题,作为中国考古学核心工具的考古学文化会不会有什么弊病,是不是在所有考古学研究中都能所向披靡?自从科学的考古学传入中国以来,大家就一直在使用这个工具,但随着研究的不断深入,就会发现这个工具有时候用起来很不称手,有时候还很容易引发争议。表面上看,好像争议主要发生在夏文化、商文化和先周文化这几个领域,其实,其他考古学文化也是如此。假如说我们现在去讨论仰韶文化应该和古代哪个族属去对应,同样会争得不可开交。所以,不是没有问题,没有争议,只是因为盖子还没有揭开而已。细究起来,问题的症结在于——如何把考古材料转化为历史研究的史料。我们挖出来的是一堆瓶瓶罐罐,但是我们拿这些瓶瓶罐罐去研究具体的历史问题的时候,总觉得怎么都不得劲。所以我才会说,与其说是材料的,不如说是方法的。也就是说,我们如果想要解决夏商周三代的重大历史问题,恐怕还需要寻找考古学文化之外的辅助手段,甚至是比考古学文化更加主要的手段。这个手段究竟是什么,坦白讲,我也还在思考,没有成熟的意见。要解决三代的问题,主要还是要靠考古学,但目前来看,解决得并不好。解决得不好,不完全是考古材料不够的问题,材料已经很多了,所以是理论和方法的问题。或许有人说,等到哪天地下挖出文字材料了,夏文化的问题自然就解决了。对此我不敢苟同。这等于是说,这门学科是建立在偶然性的基础之上的,那这就不是学术研究了。如果永远也发掘不出夏代的文字,难道中国考古学就永远也解决不了夏的问题?当然不是这样。如果学术研究要靠运气的话,那一定是出了大问题。

西方学者在研究夏商周三代历史的时候,当然有很多独特的视角和贡献。但整体而言，就我们刚才讲的运用考古材料来解决夏文化、商文化和先周文化的时候，他们比中国学者更加束手无策。要解决这些问题，还是要靠中国学者自己。

您在北大开了一门课，叫"考古学与古史重建"，能够向大家介绍一下这门课的主要内容吗？

孙庆伟：这门课是面向全校同学的通识核心课，是北大近年来倡导通识教育的一个具体反映。这门课主要是结合新的考古发现成果与历史文献，向学生展示考古学在古史重建过程中发挥的作用，并大体勾勒出五帝、夏、商、周、秦期间的中国历史图景。课程从20世纪史学革命与古史重建诉求讲起，依次讲述《五帝本纪》与龙山时代、《夏本纪》与夏文化探索、《殷本纪》与商代考古、《周本纪》与周代考古，以及《秦本纪》与早期秦文化探索，最后讲夏商周断代工程与三代年代学。这门课刚刚讲了一轮，还很不成熟，希望将来在讲课的基础上能写出相关的书，现在已经动笔在写。其实《追迹三代》就是讲课的产品，我在书的后记中也提到过。作为老师，给学生上课，我觉得不能光讲考古材料，材料太多，不可能都塞给学生，否则他们是越听越糊涂。我当初是想把有关学术问题的来龙去脉讲清楚，把材料融进问题中，这样学生就容易理解。事实证明我的想法是对的，不光是北大，很多兄弟院校考古专业的同学都比较喜欢读《追迹三代》，这当然不是说书的内容有多好，而是表达的方式比较契合同学们的需求，而且学术史体裁的著作本身也比较容易吸引人。我自己学了这么多年考古，深知一些专业书籍太难读了，所以我自己写书的时候，就希望可读性强一些。但也应该看到，考古学专业著作，因为涉及很多考古材料的分析，势必会影响到可读性。

"考古学与古史重建"这门课，我是希望通过系统地讲述考古学重建的中国上古史，帮助学生树立必要的古史观和古史框架。前面说了，我个人对古史的态度是建立在信的基础之上，这也直接影响到课程的安排，每一讲我都是先讲文献材料，再讲考古材料，之所以这样编排，就是希望学生先阅读文献之后再来审视考古材料。我们考古界同行喜欢讲考古学的context，我在讲这门课的时候，更喜欢强调一个历史的context，因为只有在历史的背景下，考古材料才能真正地活起来。否则的话，我们就很难避免苏秉琦先生一直感叹的"见物不见人"的问题。因为考古发掘出来的材料都是哑巴材料，如何让它们开口说话，变得有血有肉呢？那就是要让它们成为史料，一旦成为史料，那就活起来了。如何让它们成为史料呢？那就要求研究者心中要有历史的意识，多思考具体的历史问题，通过问题把材料串起来。如果我们没有任何的历史意识，挖到陶寺遗址的时候，怎么会联想到尧，挖到二里头遗址的时候，怎么会联想到夏呢？这是无从想象的。所以我个人认为，一定要在历史的框架下审视考古材料，这样陶寺的彩绘龙盘和二里头的铜鼎才会具有崭新的历史内涵。我自己在备课讲课的过程中，已经尝到了一些甜头，通过这样一种方法去审视考古材料，是可以得到一些新的认识的。总的来说，现在我们面临的主要问题不是材料问题，而是如何运用这些材料去讲好故事的问题，我正是抱着这种态度在讲这门课，在写我的新书，效果如何，现在还不得而知。

后　记

2015年春天，我的那本小书《追迹三代》出版之后，得到很多师友的关注，以致有朋友称我是"考古学史专家"。这让我很是难堪，因为实际情况并不是这样的。我在该书前言中说得很清楚，"正确认识夏商周考古已有的成就，深入了解当前面临的问题"，是为了"明确学科未来的发展方向"。在书的后记里，我更是强调《追迹三代》只是"照着讲"前贤的成就，接下来我应该"写一部阐述自己学术观点的书"，如此"才算得上是一项完整的研究"。李零老师在看到《追迹三代》之后，就几次敦促我——表示想听听我本人对于这些问题的看法。所以，实际上早在2014年夏天，在《追迹三代》交稿后，我就开始了新的写作——更准确地说，是继续我的写作。

但在过去的三年多时间里，我的想法几经变化，甚是煎熬。

我最初的设想是，再写一本《追迹三代》的姊妹篇，把该书重点阐述的三个问题——夏、商、周三族的起源问题做一个通盘的研究，提出自己的看法，这项研究就算告一段落。但甫一动笔，就意识到自己把问题想得太简单了，这样的三个重大问题，岂是一本书所能囊括？所以大概在2015年年初——也就是《追迹三代》面世后不久，我曾暗发一宏愿，立意以十年之功完成"三代五书"——即对夏、商、周、秦、楚各写一书，将五族的文化来源问题做一彻底的清理。下定决心后，也立即调整了写作计划，决定先从夏文化着手，于是才有了眼前的这本《鼏宅禹迹》。但也正是在写作本书的过程中，我的想法再一次发生了转变,深深体会到以考古材料重建古史的局限性以及我本人在研究方法上的窘迫——在没有很好地解决前述两个问题之前,我勉为其难地尝试着重建夏代信史自然是可行、可容许的,但如果将同一研究范式反复操练五次,完成我所谓的"三代五书"——我既担心自己会产生极大的审美疲劳,更觉得如此做法是对学术研究工作的极不尊重。所以,于我而言,"三代五书"的念头真可谓昙花一现,我期盼自己会有重拾这一愿望的那一天。

在三代考古乃至整个中国考古学中,夏文化问题始终占据着特殊的地位,不但考古学者孜孜以求,社会各界也在翘首以盼,希望考古学界能够给出一个明确的说法。虽然学界同人对于夏文化的认识众说纷纭,但就我本人来说,最为服膺的还是邹衡先生所强调的,"夏文化不是没有发现,而是用什么方法去辨认它"。我始终觉得,在夏文化这个问题上,我们面临的主要问题不是材料问题,而是如何理解材料和运用材料去讲好夏文化这个故事的问题。从这层意义上讲,夏文化探索面临的首要问题是研究者对待古史的基本态度问题。20 世纪初叶以来,学界常有所谓"疑古""信古"之分,杨宽先生在他的《中国上古史导论》自序中就有以下的评述:

> 近人分我国古史学之派别为四:曰信古,曰疑古,曰考古,曰释古。主信古者动谓战国秦汉之书近古,所记传说必有所本,一切皆为实录,未可轻疑;主疑古者以古书既有真伪,所传古史又不免失实,苟无精密之考证批判,未可轻信;主考古者,轸病于传说之纷繁,莫由遵循,又鉴于近人争辨古史,立论绝异而均不出故纸堆之范围,乃谓但有纸上之材料无用,非有待于锄头考古学之发掘不为功;主释古者,则以古人十口之相传,"事出有因",必有史实之残影存乎其间,未容一概抹杀,苟据新史观加以归纳推理,即为可信之古史。此四说者,除信古一派外,无不持

之有故，言之成理。

具体到每一位学者，其实并不一定就归属于某派。就我自己的取向而言，介于杨宽先生所说的"信古"和"释古"之间。我对于古史的基本态度可以一言以蔽之，那就是坚信以《史记》为代表的古史框架基本是可信的。邹衡先生所说"夏文化不是没有发现，而是用什么方法去辨认它"，其实也就是在"信古"的基础上如何去"释古"的问题。在写作本书的过程中，我最感困惑的也恰恰是论证夏文化的叙述逻辑，在几经调整之后，才最终选择了目前这种最为平实的叙事方式，效果如何，当然要由读者来评判。

除了"释古"的逻辑外，研究中最令我心忧、最感无所适从的则是考古学界对于考古学文化这一概念的随意界定和混乱使用。苏秉琦先生早已强调，考古材料不等同于史料，考古学文化实际上是将考古材料"加工"或"转化"为史料的关键一环。因此，发掘者对于考古学文化的不同理解不仅直接影响到原始材料的刊布，更影响到考古材料向史料的转化。考古学文化概念的随意界定和随意使用，其结果便是没有人能够在一个按照统一标准提供的、客观的史料平台上开展后续研究，由此导致学者们在很多问题上进行不必要的反复纷争，从而极大地影响了考古学研究的科学性，伤害了考古学的学科声誉。如何准确界定考古学文化这个概念，以及如何区分文化、类型、期、段，建立一套客观可视的量化标准或操作规范，应是学界同人所面临的紧迫任务，也是学科建设的当务之急。

和本书写作密切相关的教学工作是我自 2016 年以来主讲的北京大学通识核心课"考古学与古史重建"。我在课程大纲中强调，这门课的首要任务是帮助同学建立起"正确的古史观和古史框架"。因为就一般年轻同学而言，他们天然地相信"疑古"是先进、科学的治史态度，而"信古"则是保守、落后的研究取向。任由李学勤先生有关"对古书的反思"和"走出疑古时代"的呐喊与呼吁,同学们依然是我自岿然不动。我当然不是要否定"古史辨"派学者的先进性和重大贡献,恰恰相反,我是想提醒同学们读完了《五帝本纪》《夏本纪》《殷本纪》《周本纪》和《秦本纪》再来"疑古"也不迟——"疑古"不仅仅是一种态度,更应该是具体的学术实践——毕竟不是人人都有资格来"疑古"的。本书附录中的前两篇文章,都是配合讲课所写的讲义,主旨与本书密切相关,所以一并收入于此。

在过去的几年中,考古学界最显著的一个变化是越来越多的同人关注并投身于公众考古活动中来,我自己也应邀参加过数次公众考古活动。虽然这些活动已经初见成效,但我始终认为,考古学科和考古知识的普及化其实并不能,或主要不能依靠普通民众猎奇式的浅尝辄止的参与,而应该依靠学界同行在社会大众普遍关注的重大学术问题上能够拿出直击人心的学术成果来。考古学科之所以是"小"学科,并不仅仅是因为社会大众的关注度和参与度不够,而主要是因为我们这个学科具有重大社会影响力的学者和学术成果太少。换句话说,民众应该被"打动",而不是被"引导"。一个学者社会影响力的获得,既需要深厚的学养,更需要对话题的精准选择——前者不可一蹴而就,后者却可以立竿见影。被余英时先生誉为"朴实楷模"的史学大家严耕望先生就曾经以自身治学经历着重谈学术研究"论题选择"的重要性。严先生坦言自己的《唐仆尚丞郎表》一书的"功力之深实远在"他的另一著作《中国地方行政制度史》之上,但影响力却远逊于后者。究其原因,严先生认为就在于问题的选择上。因此,严先生在《治史经验谈》中谆谆告诫后学:

> 从事文史学科的研究,本不应谈实用问题,不过假若你想你的工作对于别的研究者有较大用处,并对一般人也有用;换言

之，欲有较大影响力，就不能不考虑实用问题。论者本身成就的高低是一回事，对于别人是否有用是一回事，这两方面往往不能兼顾，但也可以兼顾，关键是在问题的选择。……就实用观点说，也很难有绝对的标准。不过就目前一般观点言，国家大计、社会动态、人民生活、思想潮流是最为大家所关注的问题，在这些方面有了重要的贡献，较易为大家所注意所看重，可产生较大的影响力。

严先生并称：

> 讲学问诚然不应有功利主义，也不必理会对人是否有用，但若是望辛勤的著作能得到学术界的大反应，就不能不考虑选择论题的重要性！

严先生的这一番肺腑之言可谓当头棒喝。我之所以在近年将研究的重点转移到"古史重建"上来，是因为我相信这是考古学的学科使命，也是社会大众对于考古学科的主要期盼；而我之所以在"三代五书"中先从夏代着手，并不仅仅因为夏是"三代"之首，更是因为夏代历史对于社会大众而言"更为有用"，或者说，社会大众对于了解夏代历史的心情"更加急迫"——社会需求，理应成为研究者论题选择的重大考量。试问，有哪位作者不是期盼自己辛苦写出的著作能够得到"学术界的大反应"呢？实际上，社会大众对本学科的某个学术问题抱有浓厚兴趣，这实在是学科之大幸，研究者又岂能熟视无睹，置之不顾呢？

本书的写作，得到我的老师李伯谦先生一如既往的关注和支持。李老师是夏商文化研究领域最具影响力的学者之一，早在20世纪80年代，他就提出二里头文化"既不是夏代晚期的文化，也不是整个夏代的文化,而很有可能是'太康失国''后羿代夏'以后的夏文化"这一创造性观点。在此基础上,他后来更是率先明确了夏文化的"三段论"——河南龙山文化晚期为早期夏文化、新砦期为"后羿代夏"的夏文化、二里头文化为"后羿代夏"之后的夏文化。这些观点影响深远,迄今仍是学术界的主流意见。但读者不难看出,在有关夏文化的认识上,尤其是关于夷夏关系、"新砦期"的有无、二里头文化的属性、东下冯类型的归属等根本性问题上,本书的观点均与李老师的持论相左,甚至是针锋相对的。这些看法我都曾经与李老师反复交流,甚至互相驳难,李老师在坚守自己观点的同时,更鼓励和敦促我早日完成书稿。如今我自己在北大任教也超过二十年了,也有了自己独立指导的博士研究生和硕士研究生,李老师的学术雅量令我认真思考为师之道——言传与身教缺一不可,道德与文章不可偏废。

北大考古文博学院商周组真是个神奇的团队——这里有授我学业的刘绪、徐天进和孙华三位老师,有雷兴山、董珊、曹大志三位同事,更有一众朝气蓬勃的研究生。三位老师素来谨严,当面从无溢美之词,但从他人处知道老师们对我其实颇多褒奖,天进师更是在《追迹三代》出版之后,用他隽永的书法手书"修学好古、实事求是"八个大字加以奖掖鼓励。雷、董、曹三兄和我在治学上虽然各有侧重,但始终相互激励,以求共同进步。在此氛围之下,各位年轻同学也都一心向学,各有专攻,俨然世界一流大学的学术气象。

早在学生时代,我就梦想有朝一日可以在三联书店出版自己的学术著作。现在梦想成真,要格外感谢成立不久即享学术盛誉的北京大学人文社会科学研究院。衷心感谢文研院院长邓小南老师的青睐,允我充任该院的工作委员,在这里我得以和学生时代的朋友李猛、周飞舟等再续前缘,砥砺学问,并结识渠敬东等一众新朋友。

还要感谢同为北大同学的冯金红，蒙她不弃，大力促成这本小书在三联的出版。

本书的写作始于2014年夏天，三年多来，白天的时间基本上都用在教学和行政事务上，写书都靠晚上和节假日的零碎时间来进行。这样的写作方式既不痛快，更影响叙述的连贯性，但这也是无可奈何之事。为了保证必要的写作时间，这三年中我连最低限度的家务也未承担，斯皇同学的学习更未顾及，这是我对妻女最感亏欠的地方。此时但求此书对夏文化的探索有所贡献，以稍减我的愧疚之心。

2018年是北大建校一百二十周年，届时我本人在北大学习工作也满三十年。在此时间节点出版此书，也算是一个小小的纪念。

孙庆伟
2017年11月18日于陕西周原考古基地